Ich schäme mich des Evangeliums nicht; denn es ist eine Kraft Gottes, die selig macht alle, die daran glauben.

Römer 1, 16

Herbert Achterberg

Zeugen des Evangeliums

– Personenlexikon –

300 Gestalten
aus den 20 Jahrhunderten
nach Christus

BRENDOW VERLAG

CIP-Kurztitelaufnahme der Deutschen Bibliothek

Achterberg, Herbert:
Zeugen des Evangeliums – Personenlexikon: 300 Gestalten
aus d. 20 Jh. nach Christus / Herbert Achterberg. –
Moers: Brendow, 1987.
(Edition C:M; 106)
ISBN 3-87067-300-1
NE: Edition C/M; HST

ISBN 3-87067-300-1
Edition C Reihe M 106 Best.-Nr. 57106

Umschlaggestaltung: Gerd Pels, Brendow design
Printed in Germany

INHALTSVERZEICHNIS

VORWORT

Der Hebräerbrief spricht von der „großen Wolke der Zeugen" (12,1), die uns umgeben. Das ist die vollendete Gemeinschaft von Gott begnadeter und zugleich sündiger Menschen, die er zu seinem Eigentum erwählt hat und die in aller Schwachheit in seinem Geiste als Glieder seiner Gemeinde in dieser Weltzeit lebten.
Unter ihnen gibt es viele hervorragende Persönlichkeiten, Frauen und Männer, in all ihrer guten und auch schwachen Menschlichkeit. Sie waren und sind die „großen Verwandler", die Versöhner, die Liebenden, Werkzeuge des göttlichen Geistes. Beter und Bettler, Evangelisten und Reformer, Märtyrer und Missionare hinterließen Spuren, die bis in die Gegenwart hineinreichen. Fehlurteile der Zeitgenossen über diese Männer und Frauen haben ihre Gedanken und Werke nicht unterdrücken oder gar auslöschen können.
Es geht bei dieser Darstellung christlicher Persönlichkeiten nicht um Menschenverehrung, sondern um ein demütiges, dankbares und fragendes Erinnern. Viele unter den hier beschriebenen Gestalten können Vorbilder und Mahner für uns heute sein, etwas von ihren Glaubenszeugnissen, von ihrem Wesen in unseren Alltag aufzunehmen. Sie können Stützen für unseren Glauben, für unser Leben und unsere Liebe, für eine freudige Hingabe im Dienst für den Herrn und sein Reich werden.

Frühjahr 1987

64 Märtyrer unter Nero
100 Clemens von Rom
110 Ignatius Theophorus
155 Polykarp
202 Irenäus
220 Tertullian
230 Cäcilia
250 Christophorus
254 Origenes
258 Laurentius
258 Cyprian
286 Mauritius
288 Sebastian
303 Georg
303/304 Märtyrer der heiligen Bücher
307 Margaretha
307 Katharina
320 Die vierzig Ritter von Sebaste
337 Konstantin der Große
344 Pusei
350 Nikolaus
356 Antonius
367 Hilarius von Poitiers
373 Athanasius
373 Ephraem der Syrer
383 Wulfila
390 Gregor von Nazianz
397 Ambrosius
397 Martin
407 Johannes Chrysostomus
420 Hieronymus
430 Augustin
461 Leo der Große
547 Benedikt von Nursia
604 Gregor der Große
615 Columbanus
645 Gallus
718 Rupert
735 Beda Venerabilis
739 Willibrord
754 Wynfrith (Winfried) Bonifatius
766 Chrodegang von Metz
779 Walburga (Walpurgis)
804 Alkuin
814 Karl der Große
856 Hrabanus Maurus
869/885 Kyrillus und Methodius

MÄRTYRER UNTER NERO
† 64 n. Chr.

Zahllose erste Zeugen des Evangeliums haben für ihr Bekenntnis des Glaubens an Jesus Christus ihr Leben gelassen. Als „Erzmärtyrer" nennt die Überlieferung nach der Apostelgeschichte Stephanus. Er ist im Jahre 32 gesteinigt worden. Etwa 44 fand unter Herodes Agrippa die Hinrichtung des Apostels Jakobus statt, 61 wurde der Herrenbruder Jakobus gesteinigt.

Unter Nero erlitten Ungezählte ein grausames Martyrium. Im Jahre 37 geboren, dauerte seine Regentschaft als römischer Kaiser von 54 bis 69, nachdem die Mutter den Stief- und Schwiegervater Claudius vergiftet hatte. Der Philosoph Seneca war lange Zeit Neros Lehrer gewesen. Trotz des mäßigenden Einflusses zeigte sich seine grausame Natur bald in schrecklicher Weise: 55 ließ er seinen Stiefbruder Britannicus, 59 seine Mutter, 62 seine Stiefschwester und eigene Frau Octavia umbringen. Jede, wenn auch nur vermutete, Opposition unterdrückte er. Lang ist die Liste der unter Nero Umgekommenen. 63 oder 64 wurde auch Paulus in Rom enthauptet.

Tacitus hat in seinen Annalen einen Bericht über die Neronische Grausamkeit gegeben. Als im Juli 64 ein gewaltiger, länger als eine Woche dauernder Brand den größten Teil der Stadt Rom in Asche legte, betrieb Nero sofort nach eigenen Plänen energisch den Wiederaufbau. Da kam das Gerücht auf, der große Brand sei befohlen worden. Offenbar um diesen Verdacht zu entkräften, klagte der Kaiser die Christen als Täter an, ließ eine große Anzahl von ihnen ergreifen und durch eine Untersuchung, die über eine Brandstiftung allerdings nichts erbrachte, feststellen, daß die Christen „Feinde des Menschengeschlechts" seien. Sie mußten sterben. Wahrscheinlich hat auch Petrus den früh bezeugten Kreuzestod bei diesem großen Martyrium gefunden.

Nach einer Erhebung gegen Nero wurde er vom Senat zum Tode verurteilt.

CLEMENS VON ROM
† um 100

Clemens I., auch Clemens Romanus genannt, war nach Tertullian der zweite, nach Irenäus der dritte Nachfolger des Petrus. Origenes identifiziert ihn mit dem Clemens, den Paulus im Philipperbrief als einen Mitarbeiter nennt und unter die Zahl derer rechnet, die im „Buch des Lebens" stehen. Chrysostomus macht ihn zum Begleiter des Heidenapostels. Doch alle Nachrichten der Kirchenväter über Clemens sind Legende. Die einzige sichere Quelle ist der sogenannte erste Clemensbrief, ein ausführliches Schreiben der römischen Gemeinde an die Gemeinde zu Korinth, ein wirklicher Brief mit aktueller Veranlassung, von den meisten Forschern auf das Jahr 96 datiert.

In Korinth war Zwist in der Gemeinde ausgebrochen. Die jüngere Generation hatte sich gegen das Regiment der älteren aufgelehnt, den von dieser gewählten Episkopus (Bischof) und die Diakone ihrer Ämter enthoben. Offenbar hatten sie geistliche und weltliche Macht in einer Hand vereinen wollen. Clemens bejaht in seinem Schreiben nun die apostolische Autorität, denn Presbyter seien bloß „technische Funktionäre". Die Begründung dafür ist das Alte Testament. Richten sollen sich alle nach Christi Liebestat. „Liebe ist allen Christen geboten, sie kennt keine Spaltung und sondert sich nicht ab, sondern tut alles in Eintracht. Schaut auf Christus! Die Liebe vereinigt uns in Gott, nichts ist ihm wohlgefällig ohne Liebe. Selig sind wir, wenn wir seine Gebote halten in einträchtiger Liebe. Unsern Herrn Christus, dessen Blut für uns vergossen ist, wollen wir verehren. Unsere Liebeswerke wollen wir nicht nach Neigung ausüben, sondern in heiliger Gesinnung gleichermaßen allen zuwenden, die Gott fürchten."

Das Martyrium des Petrus und des Paulus, also die Neronische Verfolgung, werden im Clemensbrief als Ereignisse aus jüngster Vergangenheit berichtet. Offenbar ist auch die Verfolgung unter Domitian (81–96) in Rom und Kleinasien gerade erst überstanden.

Auch über den weiteren Lebensweg des Bischofs berichtet nur die Legende. Danach wurde Clemens um seines mutigen Bekenntnisses willen nach der Halbinsel Tauris im Schwarzen Meer verbannt und ist dort ertränkt worden.

IGNATIUS THEOPHORUS
† 110

Ignatius von Antiochien (er selbst hatte sich den Beinamen „Theophorus" = Gottesträger gegeben) wurde während der kurzen Verfolgung unter Kaiser Trajan zu Beginn des Jahres 107 als Bischof des in der Alten Kirche so berühmten Antiochia (mehr als dreißig Konzile sind dort in den ersten Jahrhunderten abgehalten worden), dem heutigen Antakija, gefangengenommen und vom Kaiser dazu verurteilt, in Rom als Bischof der syrischen Christen zur Schau gestellt zu werden. Von einer Abteilung Legionäre sollte er durch das westliche Kleinasien über Smyrna und Troas nach Rom gebracht werden. Während dieser Reise schrieb Ignatius in Smyrna, wo er bei einer längeren Rast beim Bischof Polykarp wohnen konnte, vier Briefe, drei andere in Troas. Diese sieben Briefe an die Gemeinden in Ephesus, Magnesia, Tralles, Rom, Philadelphia, Smyrna und an Polykarp sind erhalten und geben Auskunft über die Theologie des Ignatius, berichten von seiner Gemeinde in Antiochien und auch allgemein von der kleinasiatischen Kirche. Es sind echte Gemeindebriefe. In ihnen zeigt sich sein gesetzesfreies Christentum.

Ignatius dankt den Gemeinden für ihre Liebe, mahnt zur Wahrung der Einheit und zur Abwehr der Irrlehren. Garant der Einheit ist ihm die Ordnung der Kirche mit den Ämtern: Bischof, Presbyter und Diakone. Wie Clemens von Rom etwa fünfzehn Jahre vorher die Auffassung vertrat, daß dem Bischofsamt nach göttlichem Recht die Leitung der Eucharistie zustehe, erklärte Ignatius von Antiochien den monarchischen Episkopat nur für eine göttliche Anordnung. Damit beginnt die Entwicklung der Kirche zur Rechts- und Priesterkirche.

Der letzte Brief gilt der Gemeinde in Rom. Er enthält die Bitte, sein Martyrium nicht zu verhindern. Offenbar hatte er

erfahren, daß die Christen in dieser Stadt alles versuchen wollten, um eine Begnadigung vom Kaiser zu erlangen. Er bat die Brüder beschwörend, ihm nicht den Weg zu verwehren, der zur Vollendung führe. „Lasset zu, daß ich mich Gott zum Opfer darbringe, da der Altar bereitet ist. Stimmt ein Danklied an, daß er mich vom Morgen zum Abend hat kommen lassen, um mich in seine Herrlichkeit einzuführen. Ich bin Gottes Weizenkorn und soll durch die Zähne der wilden Tiere gemahlen werden, damit ich als ein reines Brot Christi erfunden werde."
Am letzten Tag der öffentlichen Spiele kam die Kohorte mit ihm in Rom an. Noch am gleichen Tage wurde Ignatius den Löwen vorgeworfen.

POLYKARP
* 70 † 23. 2. 155

Polykarp, ab 96 Bischof von Smyrna, wurde von Ignatius vor anderen ausgezeichnet, als er ihm einen persönlichen Brief mit einem „Bischofsspiegel" übersandte. Später sammelte Polykarp auch die Gemeindebriefe des Ignatius und sorgte für ihre Verbreitung. Im Kampf gegen Irrlehrer war er besonders streitbar, ohne dabei seine hierarchische Stellung besonders zu betonen. Sein Kampf galt vor allem dem Häretiker Marcion. Viele Gemeinden fragten ihn um Rat. Von seinem bedeutenden Briefwechsel ist jedoch nur ein Brief an die Gemeinde in Philippi erhalten.
Bald nach 150 hatte Polykarp Rom besucht. Er wollte sich dort mit dem römischen Bischof Aniket über kirchliche Fragen verständigen. Es gelang ihm aber nicht, den Bischof zu überzeugen, die Passafeier, wie sie in Kleinasien üblich war, zu halten. Daß beide Kirchenführer trotzdem sehr brüderlich zueinander standen, zeigt die Tatsache, daß der kleinasiatische Bischof ausdrücklich auf Anikets Anregung statt seiner beim römischen eucharistischen Gottesdienst amtieren durfte.
In hohem Alter erlitt Polykarp dann in Smyrna den Märtyrer-

tod. Der Achtzigjährige wurde lebendig verbrannt. Über sein Martyrium hat die Gemeinde einen ausführlichen Bericht nach Philomelion im Inneren Kleinasiens gegeben. Dieser Bericht wurde als Rundbrief verbreitet und so vielen bekannt. Auf dem Scheiterhaufen soll Polykarp noch gebetet haben: „Herr Gott, allmächtiger Vater deines geliebten Sohnes Jesus Christus, durch den wir die Gnade empfingen, dich zu kennen, Gott der Engel und aller Kräfte, aller Geschöpfe und aller Gläubigen, die vor deinem Angesicht leben: ich preise dich, daß du mich gewürdigt hast, am Kelch deines Sohnes Anteil zu nehmen. Nimm mich auf vor dein Angesicht als ein wohlgefälliges Opfer, das du dir selbst bereitet hast."
Die kirchliche Feier des Martyriums am Jahrestage des Todes ist im Osten und auch in Afrika offenbar früher zur festen Sitte geworden als in Rom.

IRENÄUS
*** um 130 † 202**

Irenäus stammte aus Smyrna in Kleinasien, einem Land reich an christlicher Überlieferung. In seiner Kindheit hatte er von Polykarp gehört und sah in ihm einen der edelsten Vertreter der nachapostolischen Generation. Vielfältige Aufgaben führten Irenäus nach Lyon an der Rhône in Gallien. Der dort stattfindenden Verfolgung entging er, da er gerade im Jahre 177 in Rom weilte, um beim Bischof Eleutherus gegen den Bruch mit den Montanisten zu sprechen. Ein Jahr später wurde Irenäus zum Bischof von Lyon berufen. Hier wurde, wie in Kleinasien und gelegentlich noch in Rom, griechisch gepredigt, was nur Gebildete verstanden. Irenäus berichtete später, er habe auch fleißig keltisch sprechen müssen, um die Herzen der Menschen zu erreichen.
Sein Hauptwerk „Entlarvung und Widerlegung der falschen Gnosis" umfaßt fünf Bände. Ein zweites Buch, „Darlegung der apostolischen Verkündigung", ist eine kurze Darstellung der Gotteslehre und Christologie. Diese gegen die Häresie gerich-

teten Werke sind nicht nur eine unersetzliche Materialsammlung über die gnostischen Lehren, sondern haben selbständige theologische Bedeutung. Irenäus entwickelte die kirchliche Lehre von dem einen Schöpfer- und Erlösergott, Alter und Neuer Bund gehören zusammen. Gott hat sich in dem Menschen Jesus offenbart, er ist die Inkarnation Gottes. Jesus Christus als der zweite Adam bringt die Vollendung der Schöpfung. Dieser Jesus Christus gehört nicht dem Mythos an, sondern der Geschichte.

Mit der Lehre von der Vergottung der Menschheit durch den menschgewordenen Gott ist Irenäus ein Vorläufer des Athanasius. Nicht Spekulation, sondern heilsgeschichtliches Denken kennzeichnet seine Theologie, in der er das Evangelium in die Mitte rückte und auch die Tradition, vor allem die Sukzession der Bischöfe, hervorhob.

TERTULLIAN
*** um 160 † nach 220**

Tertullian, als Sohn eines römisch-heidnischen Centurio in Karthago geboren, hatte eine vorzügliche juristische und rhetorische Ausbildung erhalten und lebte danach als Anwalt in Rom. Um 195 kehrte er in seine Heimatstadt zurück. Hier entschloß er sich, für die Verbreitung und Vertiefung des christlichen Glaubens zu arbeiten. Seine in freiem, künstlerisch geformtem Latein geschriebenen Werke sind erhalten, einige griechische Schriften verloren. Er führte seine Feder mit leidenschaftlichem Temperament. Sittenstrenge und eschatologische Erwartung führten ihn um 203 zum Montanismus. Zuletzt ging er völlig eigene Wege.

Einige der praktischen Schriften behielten ihre Gültigkeit auch in der Großkirche, nachdem er sich von ihr getrennt hatte: so die orthodoxe Christologie und die Trinitätslehre. Viele in der Kirche gebrauchte Begriffe wurden von ihm geprägt. Er verwarf zwar die Scheinweisheit der Gnosis, doch konnte er sich nicht ganz ihrem Einfluß entziehen. Für das abendländische

Christentum wurde seine Deutung der Religion als ein Rechtsverhältnis zwischen Gott und dem Menschen bestimmend. „Verdienste“ wurden gefordert und ewige Strafen für schwere Sünden angedroht. Vergebung wurde nur durch die Buße der Kirche erreicht. Auch die urchristliche Autorität des Geistes gegenüber der katholischen Amtskirche betonte er, blieb aber selbst in einer Gesetzlichkeit befangen, die die frei machende Wirkung des Evangeliums fast ausschaltete.
Lange hatte Tertullian für die Tradition gestritten, zuletzt aber schrieb er: „Älter als die Gewohnheit ist die Wahrheit. Was gegen die Wahrheit ist, ist Häresie, auch wenn es alte Gewohnheit ist.“ Zur Verteidigung der Christen in der Verfolgungszeit entstand im Jahre 197 sein berühmtes „Apologeticum“, die gediegenste Verteidigungsschrift des Altertums. In ihr findet sich zum ersten Mal der Satz: „Das Blut der Märtyrer ist der Same der Kirche.“

CÄCILIA
† um 230

In der römischen Meßliturgie wird Cäcilia als eine der sieben heiligen Frauen neben Perpetua und Felicitas genannt. Nach der Legende stammte sie aus dem Rittergeschlecht der Cäcilier in Rom und wurde schon als Kind christlich erzogen. Da sie von großer Schönheit war, soll sie viele Freier gehabt haben, bis sie schließlich mit Valerian verlobt wurde. Sie habe ihm aber im Brautgemach anvertraut, daß sie im Schutz eines Engels stehe. Er selbst werde ihn schauen, wenn er sich taufen ließe. Er folgte ihr in das Haus des Bischofs Urban und in die Katakomben.
Schließlich getauft, sah er den Engel bei seiner Braut. Nach seinem darauffolgenden überschwenglichen Bekenntnis wurde er vom Statthalter Almachius festgenommen. Dieser ließ ihn hinrichten. Als man sein Vermögen einziehen wollte, hatte Cäcilia es schon an die Armen verschenkt. Auch sie wurde nun vor den Richterstuhl gezerrt. Die Folterknechte beschworen

sie, um sich zu retten, das Opfer für den Kaiser zu bringen. Cäcilia habe, wie die Legende weiter berichtet, erwidert: „Ich sterbe nicht, ich werde nur verwandelt. Ich gebe Staub für Gold. Wollte euch jemand einen Gulden für einen Pfennig geben, ihr liefet weit! Was man aber Gott gibt, das vergilt er auf unsagbare Weise." Als der Richter auf seine Macht über Leben und Tod verwiesen habe, soll sie entgegnet haben: „Mitnichten; denn du magst wohl den Lebenden das Leben nehmen, aber den Toten kannst du es nimmermehr wiedergeben. Also hast du Macht über den Tod, doch nicht über das Leben."
Im 9. Jahrhundert wurde ihr Grab in der Calixtus-Katakombe gefunden. Ihre Gebeine überführte man in die Kirche, die im 5. Jahrhundert über ihrem angeblichen Vaterhaus errichtet worden war.
Cäcilia gilt seit dem späten Mittelalter als Schutzherrin der Musik, sie wird als Heilige bei den Dichtern und Musikern verehrt. Als Attribute sind ihr beigegeben: Kessel, Orgel, Schwert und Engel.

CHRISTOPHORUS
† um 250

Neben seinem Namen Reprobus (auch Offerus) und der Tatsache seines Martyriums unter Kaiser Decius kann nur Legendäres erzählt werden: Er entstammte vermutlich einer vornehmen Familie aus Kanaan, ein Riese von zwölf Ellen mit großer Kraft. Er war nach Samos oder auch Sizilien gekommen, um nur dem stärksten Herrn zu dienen.
Zuerst kam er zu einem König, der angeblich der mächtigste in der Welt war. Als eines Tages ein Spielmann in einem Lied den Teufel nannte und der christliche König sich bekreuzigte und auf die Frage des Riesen, warum er dies tue, antwortete, daß er sonst unter die Gewalt des Teufels kommen könne, verließ er ihn und suchte den Teufel auf. Nun ritt er mit ihm so lange, bis dieser eines Tages einen Bogen um ein am Wege stehendes Kreuz schlug. Befragt, bekannte der Teufel: „Es war

einer, Christus mit Namen, den hat man an das Kreuz geschlagen. Sooft ich dieses Zeichen erblicke, muß ich fliehen, denn der Gekreuzigte ist nicht tot.“ So trennte sich Reprobus (Offerus) vom Teufel, suchte weiter und fand schließlich einen frommen Einsiedler, der ihm von Christus als dem König aller Könige und Herrn aller Herren erzählte. Ihm wollte er nun fortan dienen, nicht mit Fasten und Beten, wie ihm zuerst geraten wurde, sondern als Fährmann um Gotteslohn, für die Menschen, die der Hilfe am breiten Strom bedurften. Er nahm einen baumstarken Stab und trug manches Jahr Menschen durch das reißende Wasser.

In einer stürmischen Nacht hörte er eine Kinderstimme vom anderen Ufer. Er holte das Kind, nahm es auf die Schulter und schritt in den Fluß. Doch das Kind wurde ihm zu einer so schweren Last, daß er immer tiefer in die Flut sank, bis er endlich das Ufer erreichte. Er fragte verwundert: „Ich meinte, die ganze Welt zu tragen.“ Da sprach das Kind: „Du hast nicht nur die Welt getragen, sondern auch den, der sie erschaffen hat. Ich bin Christus, dein König. So taufe ich dich. Du sollst nunmehr Christophorus heißen, das bedeutet Christusträger. Trage mich zu den Menschen. Sie brauchen meine Liebe durch dich.“ Christophorus pflanzte den Stab in die Erde, der ergrünte und brachte Frucht, wie das Kind ihm noch verheißen hatte.

Christophorus wird zu den Vierzehn Nothelfern gezählt. Jesuskind und Stab sind seine Attribute.

ORIGENES
*** um 185 † um 254**

Origenes, aus Alexandria gebürtig, war der älteste Sohn eines gebildeten Lehrers namens Leonides, der ihn selbst unterrichtete. Während der Verfolgung des Severus 202 wurde der Vater mit dem Schwert hingerichtet, die Mutter konnte den Sohn nur mühsam zurückhalten, sich freiwillig töten zu lassen. Da ihr Vermögen eingezogen worden war, suchte Origenes eigene

Schüler. Die Schule des kaum Achtzehnjährigen wurde vom Bischof anerkannt. Doch aus finanzieller Not mußte er seine große Bibliothek für wenig Geld verkaufen und lebte in den nächsten Jahren ist strengster Askese.

Der junge Meister besuchte trotzdem noch die Vorlesungen des Ammonius, der aus einem Sackträger zum bedeutenden Philosophen geworden war, studierte Plato, die neueren Platoniker und Pythagoräer. Er blieb Christ, näherte sich aber in seiner Lehre über Gott und die Dinge der Welt griechischem Denken. Große Bedeutung für ihn gewann der reiche, bekehrte Ambrosius. Er ermöglichte dem von ihm hochverehrten Origenes weitere literarische Tätigkeit, indem er ihm sieben und mehr Schreiber zur Verfügung stellte, die seine Vorlesungen mitschrieben und zur buchmäßigen Veröffentlichung vorbereiteten.

Origenes weilte in Rom und Arabien, schließlich in Cäsarea, wo er durch die Bischöfe von Cäsarea und Jerusalem zum Presbyter geweiht wurde. Der Bischof von Alexandria erkannte seine Weihe nicht an, nahm ihm sein Lehramt und wies ihn aus, so daß 230/231 Cäsarea in Palästina seine neue große Wirkungsstätte wurde, wo er sich zum größten Theologen der morgenländischen Kirche entwickelte. Er lebte auch jetzt noch sehr asketisch, besaß nur einen Rock, ging barfuß und schlief auf dem Fußboden.

Für seine Lehre bildete die philologische und theologische Arbeit am Bibeltext die Grundlage. Hinzu kamen textkritische, historische, ja sogar archäologische Studien. Sein System der christlichen Grundlehren bildete eine erste christliche Dogmatik: Gott ist der Uranfang alles Gewordenen. Er offenbart sich in seinem Sohn, der von ihm ausgeht, doch bleibend ihm zugehört. Der Sohn ist das Organ, durch das der Vater wirkt. Darum soll man den Vater anbeten durch den Sohn. Der wiedergeborene Mensch bringt Früchte der Gerechtigkeit. Dies Läuterungswerk ist mit dem Tode nicht abgeschlossen. Da Origenes eine Selbstbefreiung des Menschen von der Sünde lehrte, hat die Kirche seine Lehre später verworfen. Unter Kaiser Decius wurde auch Origenes eingekerkert; er starb an den Folgen der Gefangenschaft.

LAURENTIUS
† 258

Laurentius soll in Spanien geboren und jung nach Rom gekommen sein, wo er zum Priester geweiht wurde. Er war dann Diakon unter Bischof Sixtus und wurde in der Valerianischen Verfolgung mit diesem und sechs anderen Diakonen hingerichtet. Der Bischof hatte nur noch bei Nacht in den Katakomben die Gläubigen durch Wort und Sakrament stärken können, während Laurentius in seinem Auftrag in den Häusern die Armen besuchte und die Kranken pflegte. Überall war er mit Rat und Hilfe zur Stelle. Als der Bischof schon mit einigen Diakonen verhaftet war, übernahm Laurentius die Leitung der verwaisten Gemeinde, wurde jedoch kurz darauf selbst ergriffen. Freimütig bekannte er sich zu seinem christlichen Glauben. Dem Kaiser war berichtet worden, daß er die Liebesgaben der Gemeinde verteile und sie auch verwalte. Nach der Legende soll der Kaiser auch dem Gerücht geglaubt haben, in den Katakomben wären große Schätze der Christen verborgen und Laurentius wäre der Hüter des geheimnisvollen Hortes. So gab er ihm drei Tage Frist, die Reichtümer herbeizuschaffen. Der Diakon sammelte in dieser Zeit alle Armen, Kranken, Blinden und Krüppel, führte sie in den Hof des Kaiserpalastes und meldete Valerian: „Siehe, der ganze Hof ist voll goldener Gefäße. Das sind Schätze, die wachsen in aller Zeit. Das Gold, nach dem du Verlangen hast, ist Ursache vieler Verbrechen. Sein Glanz ist trügerisch. Das wahre Gold ist das Licht der Welt, Jesus Christus, der Abglanz göttlicher Herrlichkeit. Diese aber sind des Lichtes Kinder, der wahre Schatz der Kirche, ihr Gold und Edelgestein." Der Kaiser fühlte sich genarrt und betrogen und übergab den stolzen Bekenner den Folterknechten. Sie zogen ihn aus, legten ihn auf einen glühenden Rost und ließen ihn brennen. Der Märtyrer soll dem Kaiser noch zugerufen haben: „Wisse, du armer Mensch, mir ist dieses Feuer eine Kühle, dir aber bringt es ewige Pein!"

Später wurde Laurentius zum Patron in Feuersgefahr (wie Florian). Über dem Grabe an der Via Tiburtina wurde schon unter Konstantin eine Kapelle errichtet, später die Basilika

S. Lorenzo fuori le mura, eine der sieben römischen Hauptkirchen.
Im Volksmund wurden lange Zeit die Anfang August auftretenden Sternschnuppenschwärme „Laurentiustränen" genannt.

CYPRIAN
*** um 200 † 14. 9. 258**

Als Sohn eines Senators in Karthago geboren, empfing Cyprian eine ausgezeichnete Ausbildung in den Wissenschaften und wurde bald ein angesehener Rhetor. Er blieb jedoch innerlich mit seinem Leben unzufrieden. Um 246 ließ er sich taufen. Einen großen Teil seiner Güter schenkte er den Armen und zog sich für zwei Jahre in die Einsamkeit zurück, um sich in die Schriften der Väter zu vertiefen.
Kurze Zeit darauf wurde er schon zum Bischof von Karthago gewählt. Wahrer Glaube, Barmherzigkeit und sittliche Zucht waren hier selten geworden. Der neue Bischof mahnte, warnte und strafte, doch blieb alles weithin vergeblich. So kam es, daß während der Verfolgungen unter Decius sich Tausende zu den Altären drängten, um Opfer für den Kaiser zu bringen. Die Stimme des Bischofs verhallte, Haß wandte sich gegen ihn. Stimmen wurden laut, die riefen: „Vor die Löwen mit Cyprian!" Nach strenger Gewissensprüfung verbarg er sich, um die verstörte Gemeinde aus dem Versteck heraus zu stärken. Im Frühjahr 250 hatte die Verfolgung begonnen, Ostern des folgenden Jahres konnte der Bischof zurückkehren. Er wehrte sich nun gegen Spaltungen und auch gegen eine unbedachte Wiederaufnahme Abgefallener ohne Buße.
Aus seinen Schriften haben drei Gedanken kirchengeschichtliche Bedeutung gewonnen. Erstens: In seiner Schrift „Vom guten Werk und Almosen" ist der katholische Verdienstgedanke ausgesprochen. Die Taufe habe nur vergangene Sünden getilgt. Neue müßten durch gute Werke gesühnt werden. Zweitens: Das Abendmahl ist ein Opfer, vom Priester an Stelle Christi darzubringen. Aus der Gabe Christi ist ein Opfer der

Kirche geworden. Drittens: Außerhalb der Kirche gibt es kein Heil. Er meinte dabei die bischöflich organisierte, sichtbare Kirche, bestritt aber den Vorrang des römischen Bischofs. Er will ihm nur einen Ehrenprimat zugestehen.
Als die Valerianische Verfolgung ausbrach, zeigte sich die Gemeinde Karthagos gefestigt. Tausende traten den Weg in die Bergwerke an, ohne um ihr Leben zu betteln. Cyprian sollte zunächst aus der Stadt verbannt werden. Er aber war bereit zu sterben und wurde enthauptet.

MAURITIUS
† 286

Mauritius gehörte zu der legendären Thebäischen Legion. Nach der Hinrichtung des Bischofs Eucherius von Lyon wurden während der Diokletianischen Verfolgung 6600 aus dem ägyptischen Theben stammende christliche Soldaten niedergemacht. Es rankt sich um diese Ereignisse eine Legende:
Im Herbst des Jahres 286 war der römische Cäsar Maximianus Herkulius mit mehreren Legionen über den großen St. Bernhard gezogen, um die Straße nach Gallien zu gewinnen und dort einen Aufstand der Bauern (Begaudae) niederzuwerfen. Zugleich wollte er gegen den christlichen Glauben vorgehen, der schon jenseits der Alpen, sogar in römischen Kastellen, Fuß gefaßt hatte. Bei der alten Römerfeste Octodurum (Martigny), am Knie der oberen Rhône, sollten die Truppen das Lager aufschlagen und auch durch ein feierliches Opfer von den Göttern Waffenglück für den Feldzug erflehen. Die Nachhut bildete die 22. Legion, die durch ihren Kampfesmut berühmte „Thebäische". Als deren Offiziere von dem geplanten Opfer Nachricht bekamen, zogen sie mit ihren Soldaten, die wohl fast alle Christen gewesen sein müssen, an Octodurum vorbei drei Stunden weiter rhôneabwärts bis Agunum, dem heutigen Sankt Moritz. Maximianus war empört über die Eigenmächtigkeit des Kommandeurs der Legion, des Obersten Mauritius, und befahl die Rückkehr der Legion zu den Opferfeierlichkeiten. Als

der Befehl nicht befolgt wurde, ließ er jeden zehnten Mann niederhauen. Da die erhoffte Wirkung nicht eintrat, ließ er die Legion erneut dezimieren. Mauritius begab sich mit dem Lagerführer Exsuperius und dem Fürsprecher der Legionäre, Candidus, zum Feldherrn, um ihm ihrer aller Treue zu versichern. Er aber forderte bedingungslosen Gehorsam. Die Offiziere waren nicht bereit, Christus zu verleugnen, und bezahlten ihre Glaubenstreue mit dem Tod. Die Legende berichtet den Untergang der gesamten Thebäischen Legion im Waldiser Land. Sie legten Waffen und Schilde nieder und ließen sich wehrlos niedermachen. Auch die schon bis an den Rhein vorausgeeilten Teile der Legion erlitten den Tod, so Ursus und Viktor in Solothurn, Thyrsus mit seiner Schar in Trier, Cassius und Florentinus mit sieben Kameraden in Bonn, Gereon mit 318 Legionären in Köln und weitere 320 in Birten bei Xanten.

SEBASTIAN
† 288

Sebastian stammte aus Narbonne in Südgallien. Er war mit römischen Kohorten nach Mailand und Rom mitgezogen und wurde im Heer früh Oberst. Der Kaiser Diokletian vertraute ihm sogar den Befehl über seine Leibwache an. Als die Diokletianische Verfolgung begann, die Gefängnisse sich mit christlichen Männern und Frauen füllten, kam, wie die Legende berichtet, die Stunde für seinen bis dahin verborgenen Glauben, jedoch noch nicht das Martyrium. Der Offiziersrang und sein Ansehen, das er in hohem Maße genoß, öffneten ihm die Kerkertüren. Er ging, sooft er Zeit hatte, die Todgeweihten zu stärken, Gemarterte zu pflegen, Verzagte aufzurichten und vor dem Abfall zu bewahren. Rührend erzählt die Legende, wie er zwei Brüder getröstet und deren traurige Eltern dabei bekehrt habe. Sebastians christlicher Dienst der Barmherzigkeit blieb nicht verborgen. Vor den Kaiser gerufen, bekannte er sich ohne Zaudern zu Christus. „So bist du, dem ich mein Leben anvertraut habe, insgeheim gegen mich gewesen und gegen unsere Götter?“

Sebastian erwiderte dem Kaiser: „Ich habe immer Christus für dein Heil und den Bestand deines Reiches angerufen." Weil der Oberst in seinem Bekenntnis zu Jesus Christus unerschüttert verharrte, befahl der Kaiser seine Übergabe an eine Kohorte afrikanischer Bogenschützen. Diese banden ihn an einen Baum und schossen viele Pfeile auf ihn, so daß sie schließlich vermuten mußten, er sei tot. Halbtot aber wurde er nachts heimlich von Christen weggetragen. Unter ihrer liebevollen Pflege gesundete er wieder. Sebastian, zum Sterben bereit, trat noch einmal vor Diokletian, als dieser auf der Treppe seines Palastes stand, und rief ihm zu, er solle doch von den Verfolgungen der Christen ablassen: „Du zwingst Christus nicht!" Erschrocken starrte der Kaiser in das noch blutleere Gesicht seines früheren Obersten, den er doch bereits unter den Toten wähnte. Dann aber ließ er Sebastian durch Sklaven erschlagen.
Seit Ausgang des Mittelalters sollten die Heiligen Sebastian und Rochus vor der Pest schützen können.

GEORG
† um 303

Als das menschliche Abbild des Erzengels Michael erscheint auf den Ikonentafeln der Ostkirche der heilige Georg. Seine Drachenlegende erzählt: Vor einer Stadt Solena in Libyen (oder auch, nach einer anderen Version, vor Lasia in Kappadozien) hauste in einem Sumpf ein furchtbarer Drache, der mit seinem Gifthauch Feld und Flur erfüllte und Krankheit und Tod verbreitete. Um ihn zu besänftigen, wurde ihm zuerst täglich ein Schaf oder Lamm vorgeworfen. Als dies nicht mehr ausreichte, wurde ein durch Losen bestimmtes Kind geopfert. Auch dies wiederholte sich an allen Tagen. Haß, Neid, Argwohn und Mißgunst schlichen von Haus zu Haus. Angst machte das Dasein zur Hölle. Da traf das Los die Tochter des Königs. Der Vater bot vergeblich Silber und Gold, um sein Kind zu retten. Erst als ein Aufstand drohte, war er bereit, seine Tochter preiszugeben. Auf seinem Opferweg begegnete dem Mädchen der Ritter Georg, der den Drachen mit seiner Lanze tötete und mit der Königstochter auch das ganze Land rettete. Der König bot dem Retter unermeßliche Schätze an. Der Glaubensheld aber, dessen Fahne das Zeichen des Kreuzes trug, lehnte alles ab: „Gebt das Gold denen, die in der Zeit der Not ihre Söhne und Töchter verloren. Sorgt dafür, daß die Drachensaat des Bösen nicht wieder mächtig unter euch werde. Liebt euch und glaubt, so werdet ihr unüberwindlich sein!“ Den König lehrte er, für die heilige Kirche Gottes zu sorgen. Alles Volk ließ sich zusammen mit dem König taufen, da Gottes Gewalt, Hilfe und Erbarmen offenbar geworden waren.

Sankt Georg ist wohl eine geschichtliche Persönlichkeit gewesen. Als Führer einer Legion soll er von dem alternden Kaiser Diokletian Gerechtigkeit für die Christen gefordert haben und mit dem Schwert hingerichtet worden sein.

Er wurde zu einem beliebten Nothelfer des Altertums und des Mittelalters, seine Verehrung war in Ost und West weit verbreitet. Die frühesten Georgsbilder der Ostkirche aus dem 10. Jahrhundert zeigen den Heiligen als Krieger in byzantinischer Hoftracht und erst vom 12. Jahrhundert an auch als Drachentöter zu Pferd. Im Westen wurde Georg seit Beginn des Mittelalters als Märtyrer für den Glauben, aber erst seit dem 1. Kreuzzug als „Ritter Sankt Georg“ verehrt. Seit dem 15. Jahrhundert kennt man ihn als den jugendlichen, hoch zu Roß mit dem Drachen kämpfenden Helden. So begegnet er uns noch heute in den zahlreichen barocken Nothelfer- und Georgskirchen Süddeutschlands, aber auch auf vielen Flügelaltären des Nordens. Ungezählte Georgs-Hospitäler vor den Toren der Städte entstanden und wurden vielfach Leprosenhäuser, auch St.-Jürgen-Hospitäler genannt.

MÄRTYRER DER HEILIGEN BÜCHER † 303/304

Im Februar 303 begann die große Diokletianische Verfolgung in Nikomedia (kaiserliche Residenz am Bosporus seit 284). In der Frühe des 23. Februar erschien der Polizeipräfekt mit seinen Leuten vor der Kirche. Die Türen wurden zerbrochen, die Bibeln verbrannt, die Einrichtung der Plünderung preisgegeben und schließlich das Gebäude dem Erdboden gleichgemacht. Verschiedene strenge Edikte wurden in den nächsten Tagen erlassen. Alle Kirchen des Landes sollten niedergerissen und die heiligen Schriften verbrannt oder abgeliefert werden. Alle Greuel der früheren Zeit wurden wiederholt. Die Menge der Schwachen, der „lapsi", war nicht klein. Um so mehr ist zu verstehen, daß die Alte Kirche die standhaften Bekenner, die kein heiliges Buch ausliefern wollten und dafür in den Tod gingen, in der Folgezeit an einem besonderen Tag als „Märtyrer der heiligen Bücher" ehrte, dabei aber nur wenige Namen nannte.
Der Bischof Felix von Tiberias in Nordafrika erklärte, wie überliefert wurde, im Verhör: „Hier ist mein Leib, verbrennt ihn. Die Bücher, in denen die Worte und Werke Christi und seiner Apostel verzeichnet sind, werdet ihr nicht erhalten. Ich habe sie verwahrt. Niemals werde ich sie ausliefern." Er wurde nach Venusia in Apulien gebracht und starb durch das Schwert.
Den jungen Diakon Timotheus ließ der Statthalter von Ägypten blenden, weil er die Bücher nicht herausgab. Seine Frau Maria bestürmte zuerst ihren Mann, nachzugeben, aber durch seinen Zuspruch gestärkt, reichte sie ihm dann die Hand, blieb auch unter der Folter stark und starb mit ihm.
Als dem Bischof Philippus von Heraklea die Kirche versiegelt wurde, beschloß er mit dem Presbyter Hermes und dem Diakon Severus, nicht von den Türen der Kirche zu weichen. Sie wurden festgenommen und unter Androhung der Todesstrafe aufgefordert, die goldenen und silbernen Gefäße und alle Bücher, aus denen vorgelesen und gelehrt werde, auszuliefern. Der Bischof erklärte: „Nicht mit kostbarem Schmuck preisen wir

Gott, sondern mit der Ehrfurcht unserer Herzen. Die heiligen Bücher werden wir nicht herausgeben." Die Altargeräte gaben sie hin. Nach sieben Monaten schwerer Haft wurden die drei Märtyrer nach Adrianopel gebracht und nach grausamen Folterungen verbrannt.

MARGARETHA
† um 307

Margaretha, die in der Ostkirche als Großmärtyrerin verehrt wird und dort auch Marina heißt, stammte aus Antiochien und war nach der Legende die Tochter des heidnischen Priesters Theodosius in Silicien. Da ihre Mutter früh gestorben war, wurde sie von einer frommen Amme erzogen, die ihr die Botschaft von Jesus Christus erzählte. Mit vierzehn Jahren wurde sie ohne Wissen des Vaters getauft. Der Vater bewunderte ihr Wesen, stellte aber mit Befremden fest, daß sie den Opferfeiern fernblieb und sich oft zur Versammlung der Christen hielt. Um der Ehre seines Priesterstandes willen beschwor er sie, von der christlichen Torheit zu lassen, er züchtigte sie auch. Schließlich befahl er ihr, schwere Arbeiten zu verrichten. Damit hoffte er ihren Starrsinn zu brechen. Der Präfekt Olybris sah sie eines Tages und ließ sie vor sich führen. Als er sie nach ihrer Herkunft befragte, bekannte sie sich sogleich als Christin. Der Präfekt versuchte sie und sprach: „Da dir die Götter so viel Liebreiz verliehen haben, sei nicht undankbar. Laß ab von deinem gekreuzigten Gott, so soll meine Liebe dich beglücken und dich zu hohen Ehren erheben." Margaretha entgegnete: „In den Schriften der Christen ist von Jesu Leiden und Sterben geschrieben, aber auch von seiner Auferstehung und Himmelfahrt. Ich habe mich meinem Erlöser anverlobt. Nie werde ich den Staub der Erde gegen den Himmel tauschen." Der Präfekt rief im Zorn: „Gehorchst du mir nicht, so will ich deinen Leib zerreißen lassen in bitterer Pein." Er ließ die Jungfrau auf die Folter spannen und mit Ruten schlagen, doch er erreichte sein Ziel nicht. Am anderen Tage wurde sie wieder

aus dem Kerker geholt. Man riß ihr die Kleider vom Leib und brachte ihr mit brennenden Fackeln schwere Brandwunden bei. Als sie schließlich enthauptet werden sollte, betete sie, indem sie zunächst ihres Vaters gedachte, anschließend auch für ihre Verfolger und Peiniger und sprach dann zum Scharfrichter: „Nun heb dein Schwert, Bruder, und schlag zu!"
In der christlichen Kunst wird sie mit Krone oder Perlenkranz dargestellt. Die katholische Kirche zählt sie, wie auch die heilige Katharina, zu den Vierzehn Nothelfern.

KATHARINA
† um 307

Die heilige Katharina von Alexandria genießt im Osten (Sinai/Katharinenkloster) wie im Westen hohes Ansehen. Von ihrer weitverbreiteten Verehrung zeugen viele künstlerische Darstellungen. Die in zahlreichen Lesarten überlieferte Legende ist ohne geschichtliche Quellen, zehrt aber vom Bestand vieler Märtyrerakten und Heiligenleben. Demzufolge entstammte Katharina fürstlichem Geschlecht und war in allen Künsten und Wissenschaften so gut unterrichtet, daß ihr an Schärfe des Geistes kaum jemand gleichkam. Trotzdem blieb sie demütig. In Jesus hatte sie das beste aller Menschenkinder erkannt und sich ihm reinen Herzens angelobt. Als Kaiser Maximinus im Jahre 307 in Alexandria einzog und viele Christen, aus Furcht um ihr Leben dem Befehl des Kaisers folgend, ihre Opfer vor den Altären des Zeus und der Aphrodite darbrachten, trat Katharina in flammender Entrüstung vor den Kaiser und beschwor ihn, von seinem Befehl abzusehen, um nicht unzählige Menschen in Schuld und Verdammnis zu stürzen. „Erkenne den einen und wahren Gott", rief sie ihm zu, „der dir dieses Reich gegeben hat, und beuge deine Knie vor ihm. Er erhält auch jene, die wider ihn toben und wüten, und nimmt den Reumütigen mit Erbarmen auf." Ihre Kühnheit, Weisheit und Schönheit beeindruckten den Kaiser. An einem späteren Tag sollte sie sich vor fünfzig Philosophen und Gelehrten verteidigen. Das große Streitgespräch fand in Gegenwart des Kaisers statt. Man wandte alle Beredsamkeit auf, um sie für den Götzendienst zu gewinnen, aber vergeblich. Viele bekannten sich nun selbst zum christlichen Glauben. Wutentbrannt verdammte der Kaiser diese Männer zum Feuertod. Da es ihnen leid tat, ohne Taufe sterben zu müssen, sprach Katharina zu ihnen: „Seid getrost und fürchtet euch nicht. Das Feuer wird euch taufen, und euer Blut wird euch krönen." Als Maximinus durchblicken ließ, er werde sie zur Kaiserin machen, wenn sie das Opfer vollziehe, erntete er nur ein Lächeln. Rasend vor Zorn ließ er Katharina mit Ruten schlagen und ins Gefängnis werfen. Dort wurde sie heimlich von der Kaiserin aufgesucht, die das Mädchen zu sehen begehrte, das die Hand des Kaisers ausgeschlagen hatte. Die Glaubensfreudigkeit der Gefangenen erreichte, daß nun auch die Kaiserin ihr Herz Christus zuwandte. Katharina sollte auf das Rad geflochten werden. Da ein Blitz das Marterwerkzeug zertrümmerte, wurde sie mit dem Schwert hingerichtet.

DIE VIERZIG RITTER VON SEBASTE
† um 320

Der christliche Glaube begann im Westen des Römischen Reiches früher als im Osten Duldung zu erlangen. Zwar hatte auch der Mitregent Konstantins, Kaiser Lucius, ein dem Mailänder Toleranzedikt entsprechendes Edikt erlassen, doch machte er sich später noch einmal zum Anwalt des Heidentums. Auch der Zwölften Legion, die man „Fulminata" (die „Blitzende") nannte und die zu jener Zeit gerade in Sebaste in Armenien stand, wurde der Befehl des Kaisers übermittelt, Offiziere wie Legionäre hätten dem Kaiser Opfer darzubringen. Der Statthalter von Armenien haßte die Christen, der Tribun der Zwölften Legion teilte diese Gesinnung. So wurde die Ausführung des Befehls streng überwacht. In der Legion dienten vierzig christliche Offiziere, die wegen ihrer Tapferkeit und Sittenreinheit bekannt waren. Sie meldeten sich bei dem Tribun, um die Verweigerung des Opfers bekanntzugeben.

Er ließ sie nach vergeblichen Überredungsversuchen mit Ruten schlagen und auf die Folter spannen. Die Ritter erklärten, sie wollten weder Rad und Kreuz noch Flammen fürchten, sondern ihrem himmlischen König die Treue halten. Da ersann der Statthalter eine neue Todesart. Die Offiziere wurden, ihrer Kleider beraubt, auf das Eis des Flusses Kisil-Irmak hinausgeführt. In eisigem Nordwind mußten sie die Nacht verbringen, während am Ufer die Wachfeuer brannten und in einer Halle warme Bäder bereitgehalten wurden. Von Stunde zu Stunde waren die Fragen der Wachhabenden zu vernehmen, ob einer von seinem Irrtum lassen wolle und zum Opfer bereit sei; das heiße Bad warte auf ihn. Mit dem Morgengrauen wurde der Wind schneidender, die Wachen rückten näher ans Feuer. Einige der Verurteilten waren schon erfroren. Wieder hörte man den Ruf über das Eis. Da erhob sich einer der Verurteilten und taumelte trotz der beschwörenden Bitten seiner noch lebenden Gefährten dem Ufer entgegen. In diesem Augenblick schossen die ersten Strahlen der Sonne empor und umrandeten die Wolken mit goldenem Saum. In großer Bewegung beobachtete ein Legionär der Wache das Farbenspiel. Er war betroffen, daß einer untreu geworden war, zählte er doch am Himmel vierzig goldumrandete, ihm wie Kronen erscheinende Wolken, bereit zur Krönung der Überwinder. Da warf er, berichtet die Legende, seine Kleider ab und eilte auf das Eis zu den Märtyrern, damit die Zahl der Getreuen wieder voll würde und keine Krone verlorenginge. Mit dem neuen Tage wurden die vierzig Ritter dem Feuer übergeben, die noch Lebenden vorher mit dem Schwert getötet. Ihre Asche wurde in den Wind gestreut.

KONSTANTIN DER GROSSE
* um 285/288 † 22. 5. 337

Mit Konstantin, den man später den Großen nannte, begann eine neue Epoche in der Geschichte des Christentums, die Zeit der Christenverfolgungen ging unter seiner Herrschaft im Römischen Reich zu Ende. Er wurde als Sohn des Konstantius, Kaiser des Westens, in Serbien geboren und am Hof in Nikomedien erzogen. Zwar wollte Kaiser Galerius ihn sich dienstbar machen, doch durch Flucht gewann Konstantin die Freiheit und traf seinen Vater in Trier. Dort wurde er Zeuge seines Sieges und unerwarteten Todes. Die Legionen riefen daraufhin 306 in Gallien den Sohn zum Augustus aus. Er verständigte sich mit dem Ostkaiser Galerius, Licinius wurde Mitregent. Fausta, die Tochter des abgedankten Kaisers Maximian, nahm er zur Frau. Nach anderen vorangegangenen Verschwörungen erhob sich in Rom Maxentius, der Sohn des Maximian, um den zum Tode verurteilten Vater zu rächen und selbst die Kaiserwürde zu erlangen. Galerius war 311 gestorben. Konstantin schlug nach Überschreitung der Alpen im Jahre 312 vor den Toren Roms seinen Gegner Maxentius. Vor der Schlacht soll er, wie er viele Jahre später dem Geschichtsschreiber Eusebius berichtet hat, eine Vision gehabt haben. Am Himmel seien ein Lichtkreuz und die Inschrift erschienen: „In diesem Zeichen wirst du siegen (tuto nika)!“ Mag dies Legende sein, Konstantin ließ die Schilde der Legionäre das Monogramm Christi tragen, und der Kaiser selbst führte von diesem Zeitpunkt an eine kostbare Kreuzesfahne mit.

313 erließ Konstantin von Mailand aus ein Toleranzedikt für die Christen. Er ging aber behutsam vor: Kein Andersgläubiger sollte in seiner Gottes- oder Götterverehrung behindert werden. Licinius hatte inzwischen die Herrschaft über den Osten erlangt. Es kam zum Bruch zwischen beiden Regenten und schon 314 zur ersten Machtprobe. Der 323 ausgebrochene Krieg endete in der Schlacht von Chrysopolis mit der endgültigen Niederlage des Licinius. Konstantin der Große war nun zum Universalherrscher über das gesamte Reich geworden. Er begann die Christen zu begünstigen. Der Sonntag wurde vor der Entheiligung geschützt. Die Kreuzigung von Verbrechern wurde verboten, um das heilige Zeichen der Christenheit nicht zu schänden. Das Kaiserbild wurde den Tempeln entzogen. Kaiserliche Erlasse empfahlen dem Orient die Annahme des Christentums.

Den Titel eines Pontifex maximus behielt Konstantin bei. Kurz vor seinem Tode ließ er sich von Bischof Eusebius taufen. In

Byzanz, dem heutigen Konstantinopel, wurde er in der Apostelkirche beigesetzt.

PUSEI
† um 344

Von Antiochien war das Christentum nach Edessa in Mesopotamien gelangt, vor allem wohl durch Tatian. Um 220 hatte es sogar im östlichen Perserreich schon eine ansehnliche Verbreitung gefunden. Die Ansiedlung christlich-römischer Kriegsgefangener trug zur Stärkung dieser Gemeinden bei. Die Kämpfe ab 313 mit dem inzwischen christlich gewordenen Rom gefährdeten jedoch die nun als gefährlich angesehenen Christen erneut. So kam es zwischen 340 und 345 zu grausamen Verfolgungen.
Schapur II., seit 310 Regent, wollte durch Festigung der Staatsreligion und äußere Kämpfe das Perserreich in alter Größe wiedererstehen lassen. Einer der ersten in einer unübersehbaren Schar von persischen Blutzeugen war Pusei, der, von griechischen Deportierten abstammend, mit einer Perserin verheiratet war. Er verstand sich besonders auf die Weberei und das Sticken von Goldornamenten. Der König hatte ihn mit der Aufsicht über alle Handwerker in den königlichen Werkstätten betraut, ohne von der Zugehörigkeit der Familie zur christlichen Gemeinde zu wissen. Als Pusei um 344 in der Stadt Schabar einer Schar christlicher Bekenner begegnete, die zum Tode geführt wurde, begleitete er sie zur Richtstätte. Hier bemerkte er einen Greis, der beim Ablegen der Kleider zitterte. Ihm rief er zu: „Fürchte dich nicht! Schließe ein wenig deine Augen, und du siehst das Licht Christi!“ Bestürzung überfiel den die Hinrichtung überwachenden Großmagier und seine Kommissare, daß ein Mann aus der Umgebung des Königs wie ein Feldherr im Lager der Christen stand.
Gefangen wurde Pusei dem König vorgeführt. Im Verhör erklärte er: „Wenn du, König Schapur, mich tausendmal fragst, wirst du tausendmal hören, daß ich ein Christ bin. Das ge-

schieht nicht, um deine Majestät zu beleidigen, sondern um Gott zu gehorchen. Wenn du sagst, daß du die Christen hassest, so ist ein Gott, der sie liebt." Er wurde zur Hinrichtung geführt. Als Schapur ihm aus dem Fenster seines Palastes nachblickte, schien es ihm schade um den aufrechten, von ihm sonst hochgeschätzten Mann. Er sandte ihm daher den Großmagier nach. Wenn Pusei nur einmal seine Hände betend zur Sonne erhebe, sollte er am Leben bleiben. Pusei soll auf die beschwörenden Worte des Abgesandten geantwortet haben: „Alles Sichtbare ist niemals Gott, weil es geschaffen und darum vergänglich ist. Unser Glaube lehrt uns, den Unsichtbaren, Unbegrenzten und Unveränderlichen anzubeten. Ich lobe den Schöpfer, nicht das von ihm geschaffene Gestirn."

NIKOLAUS
† um 350

Der heilige Nikolaus ist zwar noch heute eine der bekanntesten Gestalten in der Überlieferung und im Volksmund, seine Lebensgeschichte aber ist kaum erfaßbar. Es wird berichtet, er sei als Bischof von Myra zur Zeit des Konzils von Nicäa wirksam gewesen und um 350 hingerichtet worden. Nach einer legendären Vita ist er eines natürlichen Todes gestorben.

Die Legende erzählt: Nikolaus war das Kind reicher Eltern aus Patera im Südwesten Kleinasiens. Im christlichen Glauben erzogen, hielt er sich früh zum Gottesdienst der Christen und nahm die Botschaft des Evangeliums fest in sein Herz, so daß er bald seine Altersgenossen an Gottesfurcht und auch an Weisheit übertraf. Rückhaltlos weihte er sein Leben dem Dienst des Herrn. Seine früh verstorbenen Eltern hinterließen ihm ein großes Erbe, das er mit vollen Händen verschenkte, wo er Not und Armut antraf, da er sich vor Gott nur als Verwalter und Ausspender der empfangenen Güter betrachtete. Immer aber wollte er, daß die Beschenkten nicht erführen, wer der Geber war. Nur Gott sollten sie preisen.

Der Stadt Myra habe Nikolaus in einer Hungersnot geholfen,

erzählt die fromme Sage, indem er einem reichen Handelsmann im Traum erschienen sei und ihn veranlaßt habe, mit seinen Getreideschiffen nach Myra zu segeln. So wurde er später der Schutzpatron der Seefahrer. Viele Kirchen in Hafenstädten im Süden und Norden sind ihm geweiht.

Die große Verehrung, die er als Kinderfreund genießt, knüpft an die Geschichte an, er habe drei Töchtern eines verarmten Edelmanns zur Heirat verholfen, indem er nachts Goldstücke für die Mitgift durchs Fenster des Vaters warf, dabei aber selbst verborgen blieb.

Seine Frömmigkeit trieb ihn in das Heilige Land. Dort lebte er als Einsiedler, Tröster der Bekümmerten und Bedrängten, Wegweiser der Verirrten, Lehrer und Freund der Kinder. Zurückgekehrt wurde er, obwohl er sich in seiner Bescheidenheit dagegen sträubte, zum Bischof ernannt. Der Gemeinde war er ein guter Hirte, stand ihr in der Zeit der Verfolgung tapfer zur Seite und wurde schließlich selbst in den Kerker geworfen, aber durch Kaiser Konstantin freigegeben.

In der Ostkirche überstrahlt Nikolaus alle anderen Heiligen. Sein Bild fehlt an keiner Ikonenwand. Seit dem 9. Jahrhundert ist seine Verehrung auch im Westen nachweisbar. In Deutschland wird er im 11. Jahrhundert beliebt, besonders in der Nähe reißender Gewässer, im Alpengebiet etwa. Als Vorbote des Christkindes verschmolz Nikolaus mit anderen Gestalten des Volksglaubens, besonders mit Knecht Ruprecht.

ANTONIUS
*** um 250 † 356**

Von Anfang an gab es in den christlichen Gemeinden Weltentsagung und Askese. Die älteste Form war das Anachoreten- oder Eremitenleben, der „Vater des Mönchtums“ wurde Antonius. Er war als Sohn reicher Eltern in Keman (Koma) in Ägypten an der Grenze der Thebais geboren worden. Nach dem frühen Tod beider Eltern gab er unter dem Eindruck des Evangeliums vom reichen Jüngling (Matth. 19) seinen gesamten Besitz den Armen und ging um 285 in eine Einsiedelei, eine Höhle nahe seiner Heimatstadt. Er ernährte sich von Brot, Salz und Wasser, kniete nächtelang im Gebet, schlief auf nackter Erde oder hartem Felsboden, fastete streng, kasteite seinen Leib und wollte die Sünden der üppigen Stadt Alexandria büßen. Seine älteren Lehrmeister nannten ihn bald „Liebling Gottes". Sie waren traurig, als er näher an den Rand der Wüste zog, um dort allein seinen Kampf fortzusetzen, wo er von schweren Versuchungen geplagt wurde.

Nach zehn Jahren hatte er wohl den Frieden seiner Seele gewonnen, wurde aber von Besuchern so verehrt, daß er Stolz und Eitelkeit als neue Anfechtung empfand. Mit einer Karawane zog er tiefer in die arabische Wüste. In einer Felsschlucht am Berge Kolzim verbarg er sich. Schüler fanden ihn dennoch und baten, in seiner Nähe ein Eremitenleben führen zu dürfen. Er siedelte sie am Fuße des Berges, zwischen Nil und Rotem Meer, nahe einer starken Quelle als „geistliche Genossenschaft" an. Sie sollten in friedlicher Nachbarschaft wohnen, Begierden und Leidenschaften abtöten und ihre Seelen in Gott sammeln. „Nie soll der Gedanke der Ewigkeit eurem Geist entfliehen. Verrichtet jede Handlung mit Andacht, als ob sie die letzte eures Lebens wäre, und hütet euch vor den listigen Anläufen des Teufels. Er schreckt vor Gebet, Fasten, vor Demut und Werken der Liebe zurück."

Antonius hielt seine Schüler zur Arbeit, zur Ordnung und Zucht an. Um 311 begleitete er gefangene Christen nach Alexandrien vor den Richter, stand in weißem Gewand in ihrer Nähe und stärkte sie zu treuem Bekennen. Er verschaffte sich Einlaß in die Gefängnisse und stieg in Bergwerke hinab, um den Zwangsarbeitern Trost zu bringen. Fast hundertjährig weilte er noch einmal in Alexandrien, um im arianischen Streit Zeugnis für die göttliche Trinität abzulegen.

Bald darauf starb er.

HILARIUS VON POITIERS
*** um 315 † um 367**

Hilarius wurde als Sohn heidnischer Eltern in Poitiers in Gallien geboren, erhielt in Bordeaux seine Ausbildung und wurde dann ein berühmter Redner. Er erkannte früh die Ohnmacht des alten Götterglaubens und suchte einen Gott, der ewig und allmächtig, Anfang und Ende aller Dinge sein sollte. Als er die Heilige Schrift las, wurde er von deren Botschaft ergriffen, besonders aber von der Psalmdichtung. Auf Grund des Prologs des Johannes-Evangeliums, der das Geheimnis der Erscheinung Gottes im Fleisch beinhaltet, ließ er sich taufen. Er trennte sich auch in Güte von seiner Frau, um sich dem ihm übertragenen Bischofsamt ganz widmen zu können. Seine Gemeinde bestärkte er gegen die aufgekommene Irrlehre, die die Ehre Gottes schmälern und die Gottheit Christi nach seiner Überzeugung leugnen wollte, und trennte sich von den Bischöfen, die den Arianismus begünstigten.
Kaiser Konstantius verbannte ihn 356 nach Phrygien in Kleinasien. Dort lernte er Griechisch und schrieb ein großes Werk über die göttliche Dreieinigkeit, um die beiden Naturen Christi zu verteidigen. Er hatte tiefe Einsichten in die Theologie der Ostkirche gewonnen und konnte sie der abendländischen Christenheit vermitteln, als er vier Jahre später heimkehren durfte.
Seine theologische Schriftstellerei wurde von seinen Zeitgenossen mit großem Beifall aufgenommen. Das älteste uns erhaltene Werk ist ein Kommentar zum Matthäus-Evangelium. Sein Ruhm aber wurde vor allem durch seine zwölf Bücher über den Glauben begründet, die er noch in der Verbannung geschrieben hatte. Hilarius förderte auch mit großer Liebe den Hymnengesang. Die ersten lateinischen Hymnen stammen von ihm. Sie sollten Waffen im Kampf gegen Anfechtung und Irrlehre sein. Er unterwies die Gläubigen: „Wenn ihr alles auf Gottes Ehre zurückführt, wird euer Leben ein ununterbrochenes Gebet und eine ständige Betrachtung des göttlichen Willens, und Tag und Nacht werdet ihr euch freudig bemühen, ihn zu erfüllen. Gott neigt sich zu den einfachen Seelen und verstößt alle, die sich ihm mit geteiltem Herzen nahen."

ATHANASIUS
*** um 295 † 2. 5. 373**

Sprecher der Nicäner im arianischen Streit, später auch „Vater der Rechtgläubigkeit“ genannt, wurde von 325 an mehr und mehr Athanasius. Er wurde in Alexandrien in Ägypten geboren. Der Bischof Alexander kannte ihn schon als Kind und beschloß, ihn für den geistlichen Stand erziehen zu lassen. An den Schriftstellern des Altertums schärfte der junge Athanasius seinen Verstand, die Heilige Schrift weckte und vertiefte seinen Glauben. Er übte sich im Beten und Fasten, hat wahrscheinlich auch einige Zeit als Einsiedler bei Antonius in der Wüste gelebt, dessen Leben er später beschrieb. 319 wurde er Diakon des Bischofs von Alexandrien und griff früh mit eigenen Schriften in den arianischen Streit ein, der um das Wesen Christi geführt wurde. Die Ansichten über das Verhältnis der Gottheit in Christus zur Gottheit des Vaters gingen auseinander. Die Unterscheidung mußte im Wesen Gottes begründet sein. Doch der Sohn durfte nicht als ein zweiter, untergeordneter Gott erscheinen. Athanasius wurde für den Bischof von Alexandrien in der Verteidigung der orthodoxen Anschauung ein höchst energischer Helfer. Durch seine große Formulierungsgabe gewann er Einfluß auf die Abfassung des Bekenntnisses von Nicäa, in dem die Wesensgleichheit des Sohnes mit dem Vater zum Dogma der Kirche erhoben wurde. Doch der Streit war mit dem Konzil noch lange nicht beendet, ging auch nach dem Tode des Arius unvermindert weiter. Die zum Teil machtpolitischen Kämpfe bestimmten von nun an den Lebensweg des Athanasius.

Drei Jahre nach dem Konzil von Nicäa wurde er 328 Metropolit von Alexandrien, nach über Monate sich hinziehenden Wahlgängen. Bald nach seinem Amtsantritt sollte er Arius wieder in die Kirchengemeinschaft aufnehmen. Er weigerte sich entschieden, wurde beim Kaiser verleumdet, von der Synode 335 gestürzt und durch den Kaiser nach Trier verbannt. Er konnte 337 auf seinen Bischofsstuhl zurückkehren, ist aber in der Folgezeit nicht weniger als viermal in die Verbannung gegangen. Die Rechtgläubigkeit des Athanasius war in seiner christlichen

Überzeugung verwurzelt. Seine Frömmigkeit offenbart sich in seinen berühmten Worten: „Christus wurde Mensch, damit wir vergottet würden."

EPHRAEM DER SYRER
• um 306 † 373

Ephraem (Afrem) wurde als Sohn christlicher Eltern zu Nibisis im römischen Mesopotamien (zwischen Euphrat und Tigris) geboren. Der Bischof Jakob, der ihn auch getauft hatte, nahm sich seiner an. Zum Diakon geweiht, diente er der Gemeinde als Lehrer (Katechet). Als Julian der Abtrünnige (Apostata) als begeisterter Hellenist von 361 bis 363 noch einmal eine Restauration des Heidentums versuchte und außerdem die Perser näher rückten, mußte Nibisis von der Bevölkerung geräumt werden. Auch Ephraem verließ die Heimat und hat fortan bis zu seinem Tode in Edessa gelehrt.
In seiner eigenen Kirche wird Ephraem „der Große" genannt oder auch „der Prophet der Syrer". Er war ein Asket, daneben ein bedeutender Schriftsteller und Poet. Mit seinen zahlreichen Kommentaren zu biblischen Büchern und vor allem mit seinen Dichtungen übte er weit über die Grenzen Syriens hinaus großen Einfluß aus. Über seine zerstörte Heimat hatte er, wie Jeremia über die Trümmer Jerusalems, geklagt: „Meine Kinder sind getötet / Meine Töchterstädte draußen / Umgestürzt sind ihre Mauern / Ihre Kinder sind zerstoben / Ihre Tempel sind zertreten ... Und die Vogelsteller scheuchten / Meine Tauben aus dem Turm / Sie verließen ihre Nester / Senkten ihren Flug zur Tiefe / Und sie fielen in die Netze."
Die Bestimmung der Synode von Laodicea (um 360), daß nur biblische Hymnen in der Kirche gesungen werden dürfen, konnte sich nicht durchsetzen. Unter und durch Ephraem blühte die Hymnendichtung besonders in der syrischen Kirche. Er selbst faßte seine Abhandlungen über Glaubensfragen und Widerlegung der Häretiker in Versform.
Dem Julian Apostata, der sterbend die Worte gesprochen ha-

ben soll: „Du hast doch gesiegt, Galiläer!", hat Ephraem über das Grab nachgerufen: „Siehe, nun rollen die Räder des ewigen Königs. Von seinem Wagen, von Engeln getragen, läßt er den Donner erschallen. Der Galiläer zermalmt deine Herde und überläßt sie den Wölfen der Steppe. Doch das Volk der Christen erstarkt und erfüllt die Welt."

Man nannte Ephraem auch die „Harfe des heiligen Geistes". Als Basilius der Große ihn zum Bischof weihen wollte, lehnte er dies demütig ab. Während einer Hungersnot in Edessa hat er mit diakonischer Liebe den Armen geholfen. Seine letzten Lebensjahre verbrachte er völlig zurückgezogen in einer Klosterzelle.

WULFILA
*** um 311 † 383**

Der erste germanische Stamm, der mit dem Christentum in Berührung kam, waren die Westgoten. Von einem Kriegszug nach Kappadozien hatten sie christlich gesinnte Gefangene mitgebracht. Diese begannen unter ihnen schon in der zweiten Hälfte des 3. Jahrhunderts zu missionieren. Zum eigentlichen Begründer des gotischen Christentums wurde dann Wulfila (Ulfilas), der Sohn eines Goten und einer Kappadozierin griechischer Abkunft. Sein Geburtsland war die Walachei, in der sich sein Stamm während der Völkerwanderung befand. Von seiner Mutter christlich erzogen, wurde er Lektor einer gotischen Christengemeinde, hatte im Gottesdienst heilige Texte vorzulesen, ins Gotische zu übersetzen und auszulegen. Im Jahre 337 zog er mit einer gotischen Gesandtschaft bis nach Antiochien in Syrien, um vom Kaiser dafür, daß die Goten im Donauland Ruhe hielten, Tribut einzuholen.

Wahrscheinlich 341 wurde er in Konstantinopel durch Bischof Eusebius von Nikomedien zum Missionsbischof unter den Goten geweiht. Eusebius war Arianer. So lernten auf der Völkerwanderung alle germanischen Stämme das Christentum in arianischer Form kennen. Bewußte Absonderung bei der Begeg-

nung mit den unterworfenen römischen Bevölkerungsschichten hat sie sicher in ihrem Arianismus bestärkt, sie gewannen jedoch kein tieferes Verständnis für die Spekulationen der morgenländischen Theologie.
Wegen ihrer aufrichtigen Gottesfurcht und Sittenstrenge wurden die Goten den dekadenten Römern vielfach (von Chronisten und Schriftstellern) als Vorbilder hingestellt. Wulfila war immer bestrebt, aus seinen Goten ein für Gott und Christus lebendes Volk zu machen. Er fand für die gotische Sprache die ersten Lautzeichen und formte sie, anders als es die Runen waren, zu einer Schrift, die sich zum Schreiben auf Pergament eignete, das Boten aus Konstantinopel holten. In langen Jahren schuf Wulfila die Gotenbibel, von der uns wesentliche Teile erhalten geblieben sind. Auf purpurgefärbten Blättern sind die Buchstaben in Silber- und Goldfarbe aufgetragen. Fragmente davon befinden sich als „Codex argenteus" in Uppsala.
Im Alter von über siebzig Jahren nahm Wulfila an dem Konzil von Konstantinopel teil, gewillt, für seine Goten Duldung zu erkämpfen. Ehe die Kirchenversammlung der Bischöfe zu Ende ging, starb Wulfila.

GREGOR VON NAZIANZ
*** um 329 † um 390**

Gregor wurde in Nazianz in Kappadozien als Sohn eines Staatsbeamten geboren. Seine Mutter Nonna soll ihn schon vor der Geburt dem Dienste Gottes geweiht haben und erzog ihn in diesem Sinn. Mit seinem jüngeren Bruder Cäsarius besuchte er die Schulen in Cäsarea, Alexandrien und Athen. Hier schloß er mit Basilius Freundschaft. Erst 357 verließ er Athen und kehrte zunächst in sein Elternhaus zurück, um das väterliche Landgut zu verwalten. Nach dem Empfang der Taufe folgte er der Einladung seines Freundes Basilius, im Pontischen Gebirge, mitten in herrlicher Landschaft, ein Einsiedlerleben zu führen. Zeit ihres Lebens haben beide Freunde an diese Stille der Versenkung in Gottes Wort, der Ergebung in seinen Willen und an ihre Lobgesänge zurückgedacht. 359 wurde Gregor, der zwischen kontemplativ-besinnlichem und aktivem Leben schwankte, von seinem inzwischen Bischof gewordenen Vater zum Priester und 372 von Basilius dem Großen zum Bischof von Sasima geweiht. Sein Widerstreben gegen diese geistlichen Ämter, ja seine zeitweilige Flucht vor ihnen, hat er später in einer großen Rede begründet, in der er sagte, es habe sein Gutes, sich vor dem Rufe Gottes zurückzuziehen, wie vor alters Mose und Jeremia taten, und es habe auch sein Gutes, bereitwillig hervorzutreten, wie Aaron und Jesaja taten, nur müsse beides mit demütigem Sinn geschehen, jenes wegen unserer Schwachheit, dieses im Vertrauen auf die Kraft dessen, der da ruft.

Nach seiner Weihe zum Bischof verwaltete Gregor das nach dem Tod seines Vaters verwaiste Bischofsamt in Nazianz. Um einem Streit mit den umwohnenden Bischöfen zu entgehen, zog er sich 375 nach Seleukia zurück.

Zum Höhepunkt seines Wirkens wurden die Jahre 379–381. Als Theodosius, ein Anhänger des Nicänums, zum Kaiser erhoben wurde, rief die kleine orthodoxe Gemeinde von Konstantinopel Gregor von Nazianz, damit er dem rechtgläubigen Bekenntnis Bahn breche. Er kam, mahnte zur Liebe und Duldung und warnte vor Irrlehren. Seine Gedanken kleidete er in die Sätze über die göttliche Trinität: „Wir beten den Vater, den Sohn und den heiligen Geist an, ihre Eigenständigkeit unterscheidend, ihre Einheit in der Gottheit bekennend.“ Gregor amtierte zunächst in der kleinen Auferstehungskirche, bis Theodosius in Konstantinopel einzog und ihn in die Hagia Sophia führte. Als auf dem ökumenischen Konzil in Konstantinopel die Beschlüsse von Nicäa bekräftigt worden waren, wurde Gregor 381 zum rechtmäßigen Bischof von Konstantinopel gewählt, doch noch auf dem Konzil trat er von seinem Amt zurück und lebte fortan in der Stille in Kappadozien.

AMBROSIUS
*** um 339 † 4. 4. 397**

Ambrosius wurde als Sohn eines römischen Präfekten in Trier geboren. Nach dem frühen Tod des Vaters zog die Mutter mit ihren drei Kindern, die sie christlich erzog, nach Rom. Dort bereitete sich Ambrosius auf den Beruf eines Staatsmannes vor, übte sich aber auch in der Rhetorik und der Dichtkunst. 373 wurde er sehr jung Statthalter von Oberitalien, seinen Sitz hatte er in Mailand. Mit Gerechtigkeit, seinem Eintreten für die Armen, die Witwen und Waisen und als Friedensstifter zwischen den sich streitenden Orthodoxen und Arianern gewann er das Volk, so daß er schon ein Jahr nach der Übernahme seiner Statthalterschaft spontan vom Volk zum Bischof gewählt wurde, obgleich er noch ungetauft war. Er weigerte sich zunächst, gab aber schließlich dem allgemeinen Verlangen nach. Er empfing nun die Taufe, die Priester- und Bischofsweihe und übernahm Weihnachten 374 sein Amt. Bald kamen Gläubige auch aus fernen Städten, um sich unter die Gewalt seiner Predigt zu stellen. Der junge Afrikaner Augustinus bekannte später: „Indem ich ihm mein Herz öffnete, um zu hören, wie gut er sprach, wurde ich unversehens inne, wie wahr er redete." Der Bischof vermied den offenen Kampf mit den Arianern und vertraute auf die Kraft der Wahrheit. Als aber die Kaiserin Justina die Auslieferung einer Kirche an die Arianer verlangte, hielt er sich mit der Gemeinde drei Tage hindurch singend und betend in ihr auf, bis die Truppen, die das Gotteshaus belagert hatten, abgezogen wurden.

In dieser unruhigen Zeit hat er zur Stärkung der Gemeinde kirchliche Hymnen, die schon länger in der Ostkirche im Gebrauch waren (auch den später nach ihm genannten „Ambrosianischen Lobgesang"), in Mailand eingeführt. Der Schwerpunkt seiner theologischen Arbeit aber lag in der unermüdlichen Bibelauslegung. Seine Kommentare und Abhandlungen erwuchsen aus der Predigttätigkeit, seine besonders praktische, ethische und soziale Auslegung zeigt ein lebendiges Verständnis für die Fragen von Sünde, Buße und Gnade. Ambrosius griff darüber hinaus auch in die großen Auseinandersetzungen der west-östlichen Kirchenpolitik ein, teils in Zusammenarbeit, teils auch in Spannung mit dem Bischof von Rom. Unter verschiedenen Kaisern wirkte er, immer unter betonter Wahrung seiner geistlichen Unabhängigkeit, als einflußreicher Berater und imposante, führende Gestalt der abendländischen Kirche. In späteren Jahren arbeitete er besonders mit Theodosius dem Großen zusammen, scheute sich aber nicht, den Kaiser 390 nach der Unterdrückung eines Aufstandes in Thessalonich, die in eine blutige Metzelei ausgeartet war, wegen Mordes zur Kirchenbuße zu nötigen.

MARTIN
* um 316 † 8. 11. 397

Der heilige Martin von Tours wurde als Soldatenkind in Sabaria in Pannonien (Ungarn) geboren. Mit zwölf Jahren besuchte er in Pavia den Taufunterricht. Ein kaiserlicher Befehl verpflichtete die Söhne gedienter Soldaten zum Waffendienst. So kam er zu einer Reiterlegion nach Gallien. Als er an einem eisigen Wintertag nach Amiens ritt, traf er am Tor einen in Lumpen gehüllten, frierenden Bettler. Er zog sein Schwert, zerteilte seinen Reitmantel und gab die Hälfte dem Armen. Die Legende berichtet, in der Nacht habe Martin im Traum Christus gesehen, mit der Mantelhälfte angetan, und vernommen: „Was ihr getan habt einem unter diesen meinen geringsten Brüdern, das habt ihr mir getan."
Zwei Jahre später erhielt Martin in Ehren seinen Abschied aus dem Heer. Kurz zuvor hatte er sich taufen lassen. Hilarius weihte ihn zum Exorzisten (Dämonenaustreiber, besonders beim Vollzug von Taufen). Vorübergehend weilte er in der Heimat, führte dort auch seine Mutter zum Christentum. Längere Zeit lebte er dann als Einsiedler auf der Insel Gallinaria vor Genua. Als er erfuhr, daß der vorübergehend verbannt gewesene Bischof Hilarius nach Gallien zurückgekehrt war, zog es auch ihn wieder dorthin. Er gründete in der Nähe von Poitiers nach 360 das erste gallische Kloster in Liguge.

Gegen seinen Willen wurde er 371 zum Bischof von Tours gewählt, lebte aber weiterhin asketisch in einer Zelle neben seiner Kirche. Er gründete dann das Kloster Marmoutiers an der Loire, das mehr als 1000 Jahre Mittelpunkt des geistlichen Lebens in Frankreich blieb. Von diesem Kloster aus wirkte Martin in seinem weiten Sprengel, von Brüdern begleitet, nicht als großer Theologe, sondern als Missionar, Prediger des Evangeliums und Mönchsvater (mehr als achtzig Mönche lebten in asketischer Armut bei ihm im Kloster) und als Volksarzt. Die Legende weiß auch von Wundern zu berichten.

Als der Bischof Priscillianus als Irrlehrer gebrandmarkt war, zwei spanische Bischöfe beim Kaiser den Tod des Ketzers forderten und seine Anhänger, die Priszillianer, blutig verfolgt wurden, hat sich Martin, obwohl er die falsche Lehre ebenfalls ablehnte, gegen das Blutvergießen gewandt, denn Glaube lasse sich nicht befehlen. Außerdem hielt er es für frevelhaft, einen Glaubensstreit vor ein kaiserliches Gericht zu bringen.

Martin wurde vom Volke sehr geliebt, da er selbst stets gütig und milde war. So ist es verständlich, daß er zum Schutzpatron der Franken wurde und zu einem der volkstümlichsten Heiligen. An seinem Gedenktag im Herbst jeden Jahres wird in vielen Gegenden bis heute das Martinsfest (Martini) gefeiert, das mit verschiedenen Bräuchen verbunden ist (Martinsgans, Martinsmännchen, Martinshörnchen).

JOHANNES CHRYSOSTOMUS
* um 354 † 14. 9. 407

Der berühmte Johannes „Chrysostomus" erhielt den zweiten Namen, der „Goldmund" bedeutet, erst lange nach seinem Tode, im 6. Jahrhundert. Unter diesem treffenden Namen ist er bis heute bekannt als einer der beliebtesten Prediger der Ostkirche, einer der Klassiker der späten griechischen Literatur.

Johannes war der Sohn eines Feldobersten, geboren in Antiochien in Syrien. Nach sorgfältiger Ausbildung auf der Schule des berühmten Lehrers Libanius und seinen theologischen Stu-

dien bei Diodor von Tarsus und einem darauf folgenden Leben als Einsiedler wurde er 386 von Bischof Meletius zum Presbyter geweiht. Zwölf Jahre blieb er in Antiochien. Während in seinen Jugendschriften, auch in der berühmtesten, der Abhandlung über das „Wesen eines Priesters", noch der Gedanke einer Weltflucht in mönchische Stille als Ideal erscheint, predigte Chrysostomus in Antiochien und später als weltoffener Seelsorger, der seiner Gemeinde den Trost und auch die Kraft des Bibelwortes erschloß, nicht nur als theologischer Denker, sondern auch als Praktiker und Erzieher. Seine Predigten wurden darum teils Reden über Tagesfragen, über Heilige und Märtyrer, teils Homilien: Auslegungen ganzer biblischer Bücher. Die Reden haben seine Zeitgenossen tief erschüttert. Sie zeichnen ein farbiges Bild von den kulturellen und kirchlichen Zuständen in zwei bedeutenden Hauptstädten der alten Welt.
Im Jahre 398 wurde er zum Bischof und Metropoliten von Konstantinopel berufen. In dieser bedeutenden Stellung forderten das damals stark rivalisierende Verhältnis zwischen verschiedenen großen Bischofssitzen und Patriarchaten wie auch die Behauptung der Unabhängigkeit vom kaiserlichen Hof Tatkraft und persönlichen Mut. Chrysostomus erweiterte seinen Sprengel über Ephesus bis nach Phrygien. Er vereinfachte die bischöfliche Hofhaltung, baute statt kirchlicher Prunkpaläste Spitäler, ordnete den Gottesdienst neu, führte Hymnengesänge ein und nötigte die Priesterschaft zu geistlichem Leben. Auch gegen die Unsitten am kaiserlichen Hof, besonders gegen die der Kaiserin Eudoxia, führte er eine freimütige Sprache. Als er in die Origenistischen Streitigkeiten eingriff, benutzte dies der Patriarch von Alexandrien, um Chrysostomus auf einer Synode zu stürzen. Er wurde zweimal verbannt, erst nach Armenien, dann nach Pythus am Ostufer des Schwarzen Meeres. Auf dem Wege dorthin starb er mit den Worten: „Gelobt sei Gott für alles." 438 wurden seine Gebeine feierlich nach Konstantinopel zurückgeholt.

HIERONYMUS
* um 340/350 † 30. 9. 420

Hieronymus wurde als Sohn christlicher Eltern um 340 in Stridon in Dalmatien geboren und studierte in Rom bei Donatus Rhetorik und Grammatik. Vor 366 wurde er getauft. In Rom ging er aus Interesse zu vielen Gerichtsverhandlungen, kannte auch das Vergnügungsviertel der Stadt und lief fast Gefahr, im Leben der Großstadt unterzugehen. Ein Besuch in den Katakomben, wo viele Märtyrer beigesetzt waren, mag die Ursache gewesen sein, daß er zur jungen Christenheit nach Gallien reiste, wo er das Mönchstum kennenlernte und in Trier beschloß, selbst Mönch zu werden. Dürers behagliches Bild vom „Hieronymus im Gehäuse" hat ihn in inniger Meditation dargestellt. Nach dem Aufenthalt in Aquileja lebte er von 374 bis 375 in Antiochia, danach als Asket in der Wüste von Chalkis in Ostsyrien, wo er bei einem getauften Juden Hebräisch lernte. Nach der Weihe zum Presbyter hörte er in Antiochia exegetische Vorträge des Apollinaris von Laodicea. Seit 380 lebte er in Konstantinopel und wurde dann in Rom Freund und Sekretär des Papstes Damasus. Nach dessen Tod, vier Jahre später, begab er sich nach Jerusalem und lebte auch in Bethlehem. Von hier aus leitete er vierunddreißig Jahre lang die von seiner patrizischen Freundin Paula gegründeten Klöster. Sein Charakter war nicht ohne Fehler, doch unbestreitbar bleiben seine große Gelehrsamkeit und Schaffensfreude. Er war der belesenste aller lateinischen Väter. Die größte Leistung seines sehr umfangreichen Werkes wurde die Zusammenstellung eines zuverlässigen lateinischen Bibeltextes. Unter dem Namen Vulgata ist diese Übertragung des Hieronymus bis heute in der römisch-katholischen Kirche im Gebrauch. Nicht die Dogmatik, sondern die Exegese lag ihm besonders am Herzen. Er erweiterte auch die wertvolle Chronik des Eusebius und schrieb eine eigenständige christliche Literaturgeschichte (De viris illustribus), in der er auch Nichtchristen berücksichtigte. Polemisch wandte er sich jedoch gegen die Feinde der Askese. Seine sorgfältig abgefaßten Briefe gingen in alle Welt. In ihnen beantwortete er Glaubens- und Gewissensfragen, spendete Trost und geißelte Laster und Torheiten. Immer wieder empfahl er die Weltentsagung. Berühmt geworden ist sein „Gespräch mit dem göttlichen Kind in der Krippe", das er kurz vor seinem Tode niedergeschrieben hat.

AUGUSTIN
* 13. 11. 354 † 28. 8. 430

Augustins Lebensweg bis 387 war bestimmt durch sein mit Leib, Seele und Geist ausschweifendes Leben. In seiner Unruhe las er viel und suchte Erkenntnisse in verschiedenen Gemeinschaften. So kam er zu dem phantastisch-eindrucksvollen Manichäismus, der auf den Perser Mani zurückgeht und den Dualismus zwischen Licht und Finsternis, Gut und Böse lehrt. Neun Jahre, bis Ende 382, war er Auditor dieser gerade in Afrika beliebten Sekte. Etwa achtundzwanzig Jahre alt, trennte er sich von ihr. Zweifel und Skepsis wurden stärker. Nicht die Existenz Gottes war seine Hauptfrage, sondern die Möglichkeit seiner Erkennbarkeit. In Mailand erschien ihm durch die Predigten des Ambrosius und durch die Lektüre einiger Schriften des Neuplatonismus eine Synthese zwischen Vernunft und Christenglaube möglich. Doch erst die berühmte Gartenszene (er hörte ein Kind mehrfach singen „tolle, lege: nimm und lies") brachte ihn dazu, das Neue Testament aufzuschlagen, und zwar den Brief an die Römer, Kapitel 13. Er wurde dadurch so angesprochen, daß er diese Stunde immer als die seiner „Bekehrung" angesehen hat. Er wählte nach der Taufe die mönchische Form des Christenlebens. Auf der Rückreise in das heimatliche Afrika starb im Herbst 387 in Ostia seine Mutter Monnica. Nach etwa einjährigem Aufenthalt in Rom kam Augustin über Karthago nach Thagaste und lebte dort mit einigen Freunden auf dem väterlichen Grundstück in philosophisch-asketischer Gemeinschaft. Bei einem Besuch in Hippo 391 wurde er gegen seinen Wunsch zum Presbyter geweiht, schon 395 zum Mitbischof und 396 zum Nachfolger des Bischofs Valerius.

Fast fünfunddreißig Jahre lang residierte er in Hippo Regius und gewann immer stärkeren Einfluß auf die gesamte Kirche des Abendlandes. Die Berufung in das kirchliche Amt hatte ihn vom Neuplatonismus ganz zu den Wirklichkeiten des kirchlichen Lebens geführt: Kirche, Wort Gottes, Sakrament. Durch das Studium des Paulus kam er zu der Ausbildung seiner Gnadenlehre und der Lehre von der Erbsünde, der Prädestination, auch zu seiner Lehre von der Kirche, dem Reich Gottes. Seine umfangreiche schriftstellerische Arbeit, ob autobiographisch, polemisch, exegetisch oder dogmatisch, ist bis heute von Bedeutung. Die Grundstimmung seiner Frömmigkeit war die Hingabe an die ewige Liebe, die den Sünder aus Gnade errettet. So betete er: „Du, Herr, hast uns geschaffen mit der Sehnsucht nach dir, und unser Herz ist ruhelos, bis es Ruhe findet in dir."

LEO DER GROSSE
† 10. 11. 461

Leo I. stammte aus der Toscana. In Rom hatte er sich früh eine gründliche Bildung erworben, wurde zum Erzdiakon bestellt und gewann als solcher schon Anteil an der Verwaltung und Leitung der Kirche. 440 wurde er zum römischen Bischof gewählt und blieb über zwanzig Jahre Papst, der einzige, der außer Gregor I. den Ehrentitel „der Große" erhielt. Beim Amtsantritt sagte er in einer Predigt: „Muß ich auch zittern der Verantwortung wegen, so darf mein Glaube doch getrost sein um der Gnadengabe willen: denn der Herr, der mir die Last des Amtes auflegt, hilft mir auch desselben walten. Der Blick auf meine Schwachheit und auf die Größe des Amtes schreckt mich; dennoch weiche ich nicht, weil ich nicht auf mich, sondern auf den, der in mir wirkt, meine Zuversicht setze! Alles, was ich in meinem Amt recht mache, das tut Christus."
Leo, persönlich würdevoll, besaß außerdem eine große staatsmännische Begabung, zugleich war er ein ausgezeichneter Prediger und Kirchenlehrer. Die Kirche, schon seit Konstantin

4 4331

eng mit dem Staat verbunden, stand in Gefahr, in den Untergang des römischen Staates mit hineingerissen zu werden. Mit Umsicht erkämpfte Leo ihre Eigenständigkeit und Unabhängigkeit, er wurde so der eigentliche Begründer des römischen Primats: Petrus stehe über allen Aposteln und wirke in seinem Nachfolger, dem Inhaber der Cathedra Petri, fort. Dem Bischof von Rom, dem „vicarius Christi", sei die Sorge für die Gesamtkirche übertragen worden. Der gesamte Episkopat sei von ihm abhängig.

Leo herrschte auch tatsächlich im Abendland, daneben in Spanien, Afrika und in Südgallien. Im Kampf gegen Hilarius von Arles, der ein von Rom unabhängiges gallisches Patriarchat begründen wollte, erreichte er von Valentinian III. 445 ein Edikt, das seinen Jurisdiktions-Primat über das Abendland bestätigte. Sechs Jahre später hat Leo im Orient auf dem Konzil von Chalcedon (451) zusammen mit dem byzantinischen Kaiser den Patriarchen von Alexandria gestürzt und die römische Lehrform zum Siege geführt. Die Nachwelt erblickte in Leo dem Großen auch deshalb den „Retter der abendländischen Kirche", weil er dem Hunnenkönig Attila (452) und dem Herrscher der Vandalen, Geiserich, (455) erfolgreich entgegengetreten war.

BENEDIKT VON NURSIA
*** um 480 † 21. 3. 547**

Benedikt stammte aus Umbrien und war ein gebildeter Römer, der sich zunächst auf den Staatsdienst vorbereitete. Jedoch unbefriedigt von seinem Studium, zog er sich in die heimatlichen Sabiner Berge zurück und lebte lange als Einsiedler in einer verborgenen Klause. Nachdem er entdeckt worden war, forderten ihn Mönche eines benachbarten Klosters in Vicovaro auf, als Abt zu ihnen zu kommen, ertrugen aber seine feste Führung nicht. Sie sollen sogar versucht haben, ihn zu vergiften. So zog er sich erneut zurück, bis sich einige junge Männer um ihn scharten. Um 529 errichtete er mit ihnen auf dem Monte Cassino ein neues Kloster, das zum Stammkloster des großen Benediktinerordens werden sollte, dem Benedikt durch seine Regel Gestalt gab. Sie wurde grundlegend für alle Klöster und Orden des Abendlandes. Das Kloster auf dem Monte Cassino war von ihm in einem alten Apollotempel, 500 Meter über dem antiken Casinum, begonnen worden. Nach seiner Regel wurden Gemeinsinn und strenge Unterordnung, christliche Liebe und Brüderlichkeit Kennzeichen der klösterlichen Gemeinschaft. Der Abt war nicht nur Hausvater, sondern auch der geistliche Vater seiner Mönche. Ihm waren die Seelen anvertraut. Er wollte das gemeinsame Leben gemäß dem Evangelium geordnet sehen, wobei er wußte, daß wir „allzumal Sünder“ sind. Bei aller Strenge (und im Leiblichen auch Härte) ließ Benedikt Raum für Maß und Milde. Nur Erreichbares wurde als Norm gesetzt. Er unterwarf die Mönche dem Wort und Willen des Abtes, aber nicht der Diktatur eines absoluten Ideals. Bereitschaft zu Armut, Keuschheit und Gehorsam wurde verlangt, doch nicht das Opfer ständiger Bußübungen und Kasteiungen. Sein Ziel war nicht Weltverzicht, sondern Weltüberwindung durch tätige Liebe. Seßhaftigkeit und Arbeit bedeuteten ihm mehr als Exil oder Pilgerschaft. Die Ordnung des Tages sollte in harmonischer Verbindung von Gebet und Arbeit beachtet werden.

Die Mönche lebten in sozialer Gemeinschaft von ihrer Hände Arbeit, betrieben Ackerbau und Viehzucht, Mühlen und Bäckereien, Werkstätten und Gartenbauschulen. Auch die Musen hatten in diesem System einen legitimen Platz. Die Pflege der Wissenschaften war „eine Schule des Dienstes am Herrn“. Benedikt starb am Altar, nach Empfang des Abendmahls.

GREGOR DER GROSSE
* um 540 † 12. 3. 604

Aus senatorischem Geschlecht stammend, wurde Gregor zuerst selbst Staatsmann und mit zweiunddreißig Jahren schon Stadtpräfekt von Rom. Er versah dieses Amt mit Umsicht und

Gerechtigkeit, doch es genügte ihm nicht. Als sein Vater gestorben war, stiftete er aus seinem Vermögen sieben Klöster, sechs auf Sizilien und das siebente in Rom selbst in seinem väterlichen Palast. In diesem, dem Andreaskloster, lebte er als Abt mit den Mönchen nach der Benediktinischen Regel. 577 wurde er Diakon in Rom, 590 gegen seinen Willen Papst – der zweite, dem die Kirche später den Beinamen „der Große" gegeben hat.

Seine persönliche Frömmigkeit verlangte nach Kontemplation in Abgeschiedenheit, er entzog sich aber nicht den vor ihm liegenden ungeheuren Aufgaben. So wurde er der Restaurator des kirchlichen Lebens. Darüber hinaus war er der Verfasser vieler Schriften, auch einer über Benedikt, den „Patriarchen des abendländischen Mönchtums". Als „Knecht der Knechte Gottes" lebte er in seinem Palast wie ein Bettelmönch. In guter Haushalterschaft verwaltete er das große Stiftungsvermögen der Kirche, so daß er Rom in den Jahren der Pest und des Hungers vor dem Untergang retten und auch an die Langobarden den geforderten Tribut zahlen konnte. Die Latifundien der Kirche mehrten sich unter seiner vortrefflichen Verwaltung derart, daß damit die Grundlage für den späteren Kirchenstaat gelegt werden konnte. Die Römer nannten ihn den „Konsul Gottes".

Mit Energie und Barmherzigkeit nahm er den Kampf gegen alles Elend auf. Als man eines Morgens einen Verhungerten in der Nähe der Peterskirche aufgelesen hatte, legte er die liturgische Gewandung zur Seite und sagte: „Wenn in Rom ein Mensch Hungers stirbt, ist der Papst nicht würdig, die Messe zu feiern." Um den Stand des Klerus zu heben, verfaßte er eine „regula pastoralis". Den Gottesdienst und die Liturgie ordnete er neu, wobei er den Gesang in der Messe einem geübten Chor zugewiesen haben wollte, für den er die vielen Weisen aufschreiben ließ, die heute noch „Gregorianischer Choral" genannt werden. Er war der erste Papst, der die Bedeutung der germanischen Völker für die römische Kirche erkannte. Er knüpfte die Beziehung zu den Franken und Westgoten fester, gewann die Langobarden für den Katholizismus (die meisten germanischen Stämme waren arianische Christen) und sandte im Jahre 596 den Abt Augustinus mit sechsunddreißig Brüdern aus dem Andreaskloster zu den Angelsachsen nach Britannien.

COLUMBANUS
* um 530 † 23. 11. 615

Vom Kloster Lerins vor Cannes war Patricius mit vierundzwanzig Gefährten an der irischen Küste gelandet, hatte viele bekehrt und Klöster gegründet. 432 hatte er seine Missionstätigkeit auf der Insel begonnen. Das Klosterleben war dort schon vor ihm von ägyptischen und syrischen Einsiedlern geprägt und von leidenschaftlicher Selbstzucht und Askese bestimmt. Die Mönche lebten (meist in Zwölfergruppen) in kleinen Holzhütten jeder für sich. Die Zusammengehörigkeit wurde durch einen die bescheidenen Bauten umgebenden Erdwall gekennzeichnet. Der Erzvater Abraham war ihr Vorbild, seine Wanderschaft (peregrinatio) das Leitbild ihrer Weltflucht in die Welt hinein. Sie zogen einzeln oder auch in kleinen Gruppen auf Felseninseln im Ozean, die Hebriden, die Orkneys, nach Island und Grönland.

Columbanus war früh Mönch geworden. Er trat in das Kloster Bangor ein, lernte Latein und Griechisch, studierte außer den heiligen Schriften auch Werke antiker Dichter und hatte in ernstem, gottgefälligem Leben Weisheit und Erkenntnis gewonnen. Da trieb es ihn, als er etwa fünfzig Jahre alt war, in die Ferne. 585 erwirkte er von seinem Abt die Erlaubnis, das Wort Gottes auf dem Festland zu verkündigen. Er setzte über und durchwanderte mit zwölf Gefährten die Bretagne und das mittlere Frankenreich, gelangte nach Burgund und gründete mehrere Klöster in den Vogesen, darunter Luxeuil, dem er selbst vorstand.

Er verfaßte eine Regel von alttestamentarischer Strenge. „Ihr müßt alle Tage fasten, alle Tage beten, alle Tage arbeiten, alle Tage lesen. Ein Mönch muß unter der Aufsicht eines einzigen Vaters, aber in Gemeinschaft mit vielen Brüdern leben, damit er von dem einen Demut, von einem anderen Geduld, einem dritten Schweigsamkeit, einem vierten Freundlichkeit erlerne ... Er muß beim Zubettgehen so müde sein, daß er schon auf dem Wege zum Lager einschläft.“ Alle drei Stunden läutete die Glocke zur Lobpreisung Gottes. Zum gemeinsamen Mahl rief die Glocke nur einmal, gegen Abend, doch auch nachts im gewohnten Rhythmus zum Gebet.

Allmählich wurde Luxeuil der Mittelpunkt mönchischen Lebens in Westeuropa mit über fünfzig Tochtergründungen. Die iro-schottischen Mönche blieben aber trotz der vielen Klöster Wanderprediger. Mit Pilgerstab, Hostie und Kelch zogen sie durch das Land, verfluchten die noch verehrten Heidengötter als Teufel oder Dämonen und predigten den Christen Buße. Columbanus schreckte dabei auch nicht vor den Mächtigen zurück. Daher überwarf er sich mit Theuderich II. von Burgund und wurde ausgewiesen. Das Schiff, das den zürnenden Heiligen in seine Heimat zurückbringen sollte, strandete an der Küste des Festlandes, Columbanus nahm die asketische Pilgerschaft sofort wieder auf und ging nach Metz. Den dort residierenden Fürsten erzürnte er durch seine Mahnungen so sehr, daß er weiterziehen mußte. Er kam so zu den Alemannen an den Bodensee, wirkte in Bregenz und wanderte schließlich über die Alpen nach Italien. Während des Baues des Klosters Bobbio starb er dort.

GALLUS
* um 550 † 16. 10. 645

Als Sohn einer vornehmen Familie in Irland geboren, war Gallus früh in das Kloster Bangor eingetreten und von dort mit Columbanus und seinen Gefährten gemeinsam nach Luxeuil gekommen. Er blieb auch bei seinem geistlichen Vater, bis dieser mit ihm zusammen in Bregenz auf den Trümmern einer Römerfeste eine Kapelle errichtet hatte. Von Columbanus wurde er dort zurückgelassen, um sein Missionswerk weiterzutreiben. Gallus, der bei der Trennung von Columbanus erkrankt war, wurde von dem Priester Willimar, bei dem sie vorher in Arbon geweilt hatten, gesund gepflegt. Mit einem einheimischen Bruder namens Hiltibold wanderte er das Flüßchen Steinach aufwärts bis zu der Stelle, wo das Wasser, von einem Felsen herabstürzend, einen fischreichen Weiher inmitten einer grünen Talaue bildete. Aus zwei Haselnußstöcken, erzählen mittelalterliche Chronisten, errichtete Gallus ein schlichtes Kreuz und

hängte daran eine Reliquienkapsel. Hier pflegte er zu beten. Daneben baute er eine Holzhütte für sich und den Diakon. Fern der Welt wollte der Sechzigjährige hier sein Leben, die Güte und die Werke Gottes betrachtend und preisend, vollbringen. Bald stellten sich aber erste Jünger ein. Mit ihrer Hilfe wurde der Wald gerodet; weitere, noch armselige Behausungen und eine Kapelle entstanden, wahrscheinlich auch ein Vorratshaus mit Küche und gemeinsamem Speiseraum. Das Ganze wurde von einem Holzzaun umgeben. Die Glocke rief die Brüder zur Arbeit und zum Gebet. Sie bebauten ihren Acker, pflanzten Obstbäume, hielten dabei die heiligen Zeiten des Gebets und versenkten sich in die Heilige Schrift. Zwischen Saat und Ernte durchwanderten sie das Appenzeller und Toggenburger Land, predigten und lehrten zugleich. Als der Bischof von Konstanz gestorben war und man Gallus zu seinem Nachfolger haben wollte, lehnte er ab und schlug dafür seinen Schüler Johannes vor. Auch die Abtwürde für Luxeuil hat er nicht übernommen.
Die Reichenauer Mönche Wetti und Walafried Strabo haben zweihundert Jahre später sein Leben beschrieben und dabei anschaulich manche Interpretatio Christiana (christliche Glaubensdeutung) aufgezeichnet. Sie berichteten, daß die heidnischen Berggeister, „daemones montani“, den Bannkreis der Einsiedelei hätten respektieren müssen. Nachts habe man ihre klagenden Stimmen vernommen. Bilder von Lokalgottheiten hatte Gallus schon zu Beginn seiner Missionstätigkeit in den Bodensee gestürzt. Wie ein Idyll mutet es uns an, wenn von der Begegnung mit zwei „Dämonen“ in weiblicher Gestalt (Bachnixen oder -hexen) erzählt wird, die auf die bloße Erscheinung des heiligen Gallus hin verschwanden, während sie vorher seinen Diakon mit Steinen beworfen hatten.
Nach einer Predigt in Arbon blieb der Patriarch Sankt Gallus noch zwei Tage bei den zusammengeströmten Gläubigen und verschied dort, fünfundneunzig Jahre alt.

RUPERT
† 27. 3. 718

Rupert (Hrodbert) trat um 690 als Bischof von Worms ins Licht der Geschichte. Ob er ein Franke aus dem königlichen Merowingergeschlecht war, ein Iro-Schotte oder Angelsachse, bleibt dunkel. Auf jeden Fall ist er im Geist der frommen Mönche als Wanderapostel vom Rhein in die Ferne gezogen, die Donau entlang nach Osten. In Bayern begab er sich 696 nach Regensburg zum Herzog Theodo, dem Agilolfinger, der um 700 das Land verwaltete. Dieser war der erste der bayrischen Fürsten, der die kirchlichen Dinge nicht dem Selbstlauf überlassen wollte. Er meinte, daß dem „wildgewachsenen" Christentum seiner Heimat Ordnung not tat. Rupert erhielt von ihm die Erlaubnis, für sich und seine Begleiter einen geeigneten Ausgangspunkt zu suchen, das ganze Land stünde ihm offen, außer Regensburg selbst, vielleicht weil dort schon für den kirchlichen Dienst gesorgt war. Rupert gelangte die Donau abwärts bis zu den Ruinen der alten Römerstadt Laureacum (Lorch). Dann wandte er sich an der Traun aufwärts dem Gebirge zu. So kam er an die Seen des Salzkammerguts. Hatte er an der Ems ein verödet liegendes Land gefunden, so begegnete ihm nun eine verhältnismäßig zahlreiche Bevölkerung. Neben den Germanen wohnten in nicht wenigen Orten Romanen. Die Salinen im späteren Reichenhall waren in lebhaftem Betrieb. Rupert fühlte, daß er hier gebraucht wurde. So entschloß er sich zu bleiben und gründete als erstes die Peterskirche am Südufer des Kleinen Wallersees, um die bald der Ort Seekirchen entstand.

Als er später erfuhr, daß wenige Wegestunden entfernt die Trümmer der einst volkreichen Römerstadt Juvavum (Salzburg) zu finden wären, erbat er sich vom Herzog die Überlassung des vom Wald überwachsenen Geländes, wo sogar noch einige Leute wohnten. Theodo ermöglichte ihm, sich dort anzusiedeln, überließ ihm den Ort, die auf dem späteren Nonnenberg gelegene herzogliche Burg und die dazugehörige Flur. Unterhalb der Burg erbaute Rupert eine dem Apostelfürsten geweihte Kirche und bald daneben ein Kloster mit Wohnungen

für die Kleriker. Unter Herzog Theodebert errichtete er in der Burg ein Nonnenkloster, in dem seine Verwandte Ehrentrud als Äbtissin dem Nonnenkonvent vorstand. Sie lebten nach der Regel Benedikts. Salzburg wurde der Stützpunkt für die Slawenmission im Süden. Rupert selbst wirkte noch manches Jahr in Bayern, vor allem in den Nachbargebieten, im Atter-, Traun- und Pongau. Zu Ruperts Lebzeiten entstand noch das Filialkloster Maximilianszell. Erst später wurde Salzburg zur Metropole, auch für Regensburg, Freising und Passau.
Weil Rupert die Salinen seiner Stadt ausbauen ließ, wird er in der christlichen Kunst mit einem Salzkübel dargestellt, wobei auch an das Wort Christi an seine Jünger zu denken ist: „Ihr seid das Salz der Erde."

BEDA VENERABILIS
* um 673 † 26. 5. 735

In Northumbria hatte ein reicher Mann mit Namen Biskop (Benedikto) um 650 auf seinem Besitz, dem er als Mönch entsagte, zwei Klöster gegründet, Wearmouth und Jarrow. Eifrig war er bemüht, als Abt seine Klöster zu Zentren der Wissenschaft und Kunst zu machen. Fünfmal reiste er nach Rom und brachte reiche Schätze an Büchern mit zurück. Einmal überließ ihm der Papst sogar einen Kantor, damit dieser die Mönche beider Klöster, in denen die Regel Benedikts eingeführt worden war, mit dem Gregorianischen Gesang vertraut machen konnte.
Beda war schon im Alter von kaum sieben Jahren dem Abt Biskop zur Erziehung übergeben worden, lebte dann als Mönch zunächst in Wearmouth und dann in Jarrow. Mit neunzehn Jahren wurde er bereits zum Diakon geweiht, mit dreißig Jahren zum Priester. Höhere geistliche Ämter erstrebte er nicht, erhielt aber mit Recht den Beinamen Venerabilis, d. h. der „Ehrwürdige". Ein großer Schülerkreis sammelte sich um ihn. Viele von ihnen wurden im Laufe der Jahre Äbte und Bischöfe und haben ihren Lehrer und Meister immer hoch verehrt. Zu

dem Doppelkloster gehörten im Jahre 716 schon 600 Mönche. Beda hat das Kloster nur ein einziges Mal, gegen Ende seines Lebens, kurz verlassen. Als Lehrer und Gelehrter war er aber auf allen Wissensgebieten tätig und wirkte über die Klostermauern hinaus. Seine lehrende und schriftstellerische Arbeit vermittelte das Wissensgut der Vergangenheit wie der Gegenwart und legte die Grundlage für die sogenannte Karolingische Renaissance. Er schrieb Werke über Erd- und Himmelskunde, suchte Erklärungen für Naturereignisse, befaßte sich mit Physik und Chronologie, Grammatik und Metrik (er dichtete auch selbst) und vor allem mit Geschichte und Biographien. Neben einer Weltchronik sind besonders seine fünf Bücher der englischen Kirchengeschichte zu nennen, die er 731 vollendete. Sie ist zugleich eine politische Geschichte von Cäsar bis zum Jahr 731. Was bis zur Bekehrung der Angelsachsen mitgeteilt wurde, ist ihm nur die Vorgeschichte. Ausführlich behandelt er die Zeit von 596 bis 731.
Theologisch bedeutsam für seine Zeit waren auch Bedas exegetische Schriften, teils Kommentare, teils Abhandlungen über einzelne Stücke, Erklärungen schwieriger Stellen und Homilien. Noch auf dem Krankenlager diktierte er seine angelsächsische Übersetzung des Johannes-Evangeliums weiter. Am Abend des Himmelfahrtstages 735 starb er.

WILLIBRORD
* um 657 † 7. 11. 739

Daß die Angelsachsen ihre Missionstätigkeit in Friesland (als einem leicht zu erreichenden Gebiet an der Gegenküste, mit einer ihnen am ehesten verwandten Bevölkerung) zuerst versuchten, ist verständlich. Ohne bleibenden Erfolg wirkten dort nacheinander Wilfrith von York und der in einem irischen Kloster erzogene Mönch Wikbert. Erst Willibrord wurde der „Apostel der Friesen“.
Willibrord war ein Sohn des adligen Wilgis aus Northumbria, der in asketischer Frömmigkeit lebte. Als Schüler Wilfriths von

York in Ripon erzogen, nahm er schon als Jüngling den Habit. Von da an strebte er voller Begeisterung nach der Erreichung des mönchischen Ideals und ging daher in das als streng bekannte Kloster Rathmelsigi in Irland zu dem gleicherweise frommen wie gelehrten Abt Egbert. Zwölf Jahre blieb er dort. Dann machte er sich mit zwölf Gefährten auf, den Friesen das Evangelium zu bezeugen. Das war 690, ein Jahr vorher unterlag der friesische König Radbod im Kampf mit den Franken, das südliche Friesland war in fränkischen Besitz übergegangen. Der Erfolg der Missionsarbeit in diesem Gebiet war groß. Willibrords Gefährte Suitbert wurde 692/693 zum Bischof erhoben, doch von Pippin nicht anerkannt. Suitbert sandte Willibrord nach Rom, wo er 695 die Weihe zum Erzbischof erhielt. Sein Sitz wurde Utrecht. Von dort führte er die Christianisierung der Friesen im fränkischen Bereich weiter, gründete auch verschiedene Klöster. Als sein Versuch, unter den unabhängigen Friesen zu arbeiten, erfolglos blieb, ging er für kurze Zeit mit ebensowenig Erfolg zu den Dänen. Auf der Heimfahrt wurde sein Schiff nach Helgoland verschlagen. Als er dort an einer heidnischen Göttern (Fosete?) geweihten Quelle einige aus dem dänischen Land mitgebrachte Jünglinge taufte, wurde er ergriffen. Doch das dreimal über ihn geworfene Los bestimmte seinen Tod nicht.

Zurückgekehrt nahm er seine Missionsarbeit in Friesland wieder auf. Im Jahre 706 gründete er das Kloster Echternach als Stützpunkt für seine Mission. Unter dem Schutz Karl Martells konnte er seine Tätigkeit weiter nach Norden ausdehnen. Nach zwei Jahrzehnten (von 719 bis 722 war Bonifatius sein Mitarbeiter) schienen die Friesen endgültig für den christlichen Glauben gewonnen, doch nach dem Tod des mittleren Pippin lehnten sich die Friesen unter Radbod erneut auf. Der Plan Willibrords, ein großes Erzbistum im Norden entstehen zu lassen, ließ sich noch nicht verwirklichen. Die Christianisierung der Friesen konnte erst unter Karl dem Großen zu Ende geführt werden.

Im Alter von zweiundachtzig Jahren ist Willibrord in Echternach gestorben. Er hatte dies Kloster schon in seinem 726 verfaßten Testament zu seinem Erben eingesetzt. Dort wurde er auch begraben.

WYNFRITH (WINFRIED) BONIFATIUS
* um 673/675 † 5. 6. 754

Wynfrith (Winfried) wurde in Wessex geboren und im Alter von sieben Jahren mönchischer Obhut anvertraut. Zuerst hielt er sich im Benediktinerkloster Exeter auf, dann in Nursling, das zwischen Winchester und Southampton gelegen ist, wo er in dem Abt Winbert einen väterlichen Freund und Mentor fand. Seine Ausbildung umfaßte außer der Theologie auch das Studium antiker Autoren. Als volkstümlicher Prediger und diplomatischer Leiter einer Delegation zum Metropoliten von Canterbury bewies er Geschick und Geistesschärfe. Mit vierzig Jahren war er schon ein imponierender, souveräner Kirchenmann des angelsächsischen Christentums.

Plötzlich verließ er den ihm offensichtlich vorgeschriebenen Weg, zur führenden Persönlichkeit seiner Heimatkirche zu werden, um in Friesland zu missionieren. 716 betrat er bei dem heutigen Wijk bij Duurstede im Rheindelta den Kontinent. Da er wegen der Ungunst der Zeit noch einmal in die Heimat zurückgekehrt war, schlug man ihn zum Abt von Nursling (Nhutcelle) vor. Er lehnte ab und begab sich 718 nach Rom, um sich einen päpstlichen Auftrag für die Mission zu holen. Am 15. Mai 719 erteilte ihm Papst Gregor II. die Erlaubnis, unter den Thüringern zu christianisieren, und gab ihm zugleich den Namen Bonifatius. Er sollte in der in Rom üblichen Form taufen und das durch die Iro-Schotten begründete Christentum in die rechte Ordnung bringen. Die Nachricht vom Tode des Friesenfürsten Radbod 719 führte ihn zu der dreijährigen Missionstätigkeit an die Seite Willibrords. Danach ging Bonifatius nach Hessen, das noch weitgehend heidnisch und von der Herrschaft der Franken wenig behelligt war. Hier gründete er als seine Stützpunkte die beiden Klöster Amöneburg und Fritzlar. Auf einer zweiten Romreise empfing er die Bischofsweihe, blieb aber ohne festen Bischofssitz. Doch leistete er den Eid, sein Gebiet der päpstlichen Jurisdiktion zu unterstellen. Ein Schreiben Gregors II. an Karl Martell verschaffte ihm dessen Schutzbrief.

Von 723 an wirkte nun Bonifatius mit viel Erfolg in Hessen und bis nach Thüringen hinein. 724 fällte er die Donarseiche bei Geismar; aus ihrem Holz wurde in Fritzlar eine Kapelle des heiligen Petrus gebaut. Auch in Thüringen baute er Kirchen und ordnete das Leben der Priester, z. T. gegen den Widerstand iro-schottischer Mönche. Zahlreiche angelsächsische Mönche und Nonnen wurden in das Land und die kirchliche, mehr und mehr an Rom gebundene Arbeit gerufen. Am Nordabhang des Thüringer Waldes gründete Bonifatius Ohrdruf, das erste Kloster in Thüringen.

732 wurde er zum Erzbischof ernannt und errichtete, nach einer dritten Romreise als päpstlicher Legat, die Bistümer Freising, Passau, Regensburg, Salzburg, Seben und Eichstätt in Bayern. Zuletzt wollte er noch einmal in Friesland missionieren. In Dokkum wurde er erschlagen. Überlebende Gefährten brachten seinen Leichnam nach Fulda.

CHRODEGANG VON METZ
*** nach 700 † 6. 3. 766**

Aus einem Geschlecht der ripuarischen Franken, in dem heutigen Limburg, zwischen Maas und Mosel, stammend, war Chrodegang noch Laie, als er im September 741 als Notar eine Schenkungsurkunde Karl Martells für St. Denis unterzeichnete. 742 wurde er Bischof von Metz und gehörte zu den reformfreudigen fränkischen Angehörigen des Klerus, die den Angelsachsen, auch Bonifatius gegenüber, nicht gerade wohlgesonnen waren. Als Papst Stephan II. vor den ihn bedrängenden Langobarden Schutz suchte, sandte Pippin 753 Chrodegang als seinen Boten nach Italien, um den Papst an den fränkischen Hof zu geleiten, wo er mit allen Ehren vom König empfangen wurde. Ein Jahr später wurde der Metzer Bischof zum Nachfolger des Bonifatius, zum austrasischen Metropoliten und Erzbischof erhoben, ohne daß dadurch Metz Erzbistum wurde. Die Fürsten des fränkischen Reiches waren damit einverstanden, daß Chrodegang als energischer und geschickter Kleriker an der Reform der Kirche arbeitete. Ohne sich dem König ent-

gegenzustellen, versuchte er doch, die fränkische Kirche der römischen anzugleichen und ihre Kanonisierung zu festigen. Chrodegang gründete die Klöster Gorze und St. Peter, 761 auch Gengenbach im Tal der Konzig im mittleren Schwarzwald und drei Jahre später in dem damals noch waldbedeckten Weschnitzgrunde im Odenwald das Kloster Lorsch. Chrodegangs Bruder Gundeland und fünfzehn andere Mönche aus Gorze wurden hier die ersten Klosterbrüder. Zur Hebung des inneren Lebens der Kirche und ihrer Kleriker schuf Chrodegang die Kanonikerregel, die eine Annäherung des Lebens der Geistlichen an das der Mönche nach der Regel Benedikts erstrebte. Die Domgeistlichen von Metz sollten gemeinsam leben und wohnen, doch nicht auf persönlichen Besitz verzichten müssen. Zu bestimmten Stunden versammelte sich das Kapitel zur Betrachtung der Heiligen Schrift und zum Gebet. Die hierarchische Gliederung unter den Klerikern wurde beibehalten und besonders die bischöfliche Autorität geachtet.
Unter Karl dem Großen war das Kanonikat, ursprünglich als Regel nur für die Priesterschaft der Kathedrale von St. Stephan durch Chrodegang bestimmt, zur Musterschule der fränkischen Kirche geworden. Im Jahre 789 schrieb der König das kanonische Leben für alle Priester im Frankenreich vor. Chrodegang sagte seinen Klerikern im Prolog seiner Regel: „Mögen wir nicht wert sein, von dem Herrn zu hören: Ei, du frommer und getreuer Knecht, so möge uns doch wenigstens das gewährt werden, daß wir Vergebung unserer Sünden erlangen ... Darauf laßt uns den Sinn richten, soviel wir können; wir können ja nicht, soviel wir sollen."
In seinem Kloster Gorze wurde er begraben.

WALBURGA (WALPURGIS)
* um 710 † 25. 2. 779

Walburga, angelsächsische Benediktinerin, folgte ihren Brüdern Wynbald und Wilbald, die von ihrem Oheim Wynfrith Bonifatius gerufen worden waren, zehn Jahre später nach

Deutschland und wurde Äbtissin der Nonnen von Heidenheim. Hier hatten die Brüder ein einsames Waldtal am Hahnenkamm, der als Höhenzug die beiden Flüsse Altmühl und Wörnitz trennt, erworben. Als Wynbald um 751 das Doppelkloster Heidenheim gründete, gab es dort noch keine menschlichen Niederlassungen. Heidenheim wurde mitten in der Wildnis eine Kulturstätte besonderer Art. Walburga, neben Lioba die zweite bedeutende englische Nonne in der deutschen Missionsgeschichte, hatte aus der Heimat die Werke der Väter mitgebracht. Sie las die Schriften gemeinsam mit den Nonnen. Mit mütterlicher Liebe war sie den ihr anvertrauten Schwestern zugetan, darüber hinaus aber nahm sie sich mit ihnen gemeinsam vieler Kranker und Bedürftiger an. Was sie von zahlreichen Gönnern des Klosters an Hab und Gut geschenkt erhielt, reichte sie stets weiter.

Wilhelm Löhe, einer der Väter der evangelischen Liebesarbeit im 19. Jahrhundert, nannte in seinem Martyrologium, seinem Alterswerk, Walburga eine „Diakonisse der Armen und Kranken, eine Beterin und Leserin der Heiligen Schrift“, der zuweilen die Gnade verliehen gewesen sei, wunderbare Heilungen durch ihr Gebet zu vollbringen.

Die tatkräftige Äbtissin holte später eine junge Verwandte, die schreibgewandte Nonne Hugeburg, in ihr Kloster, die in ihrem Auftrag die Viten der Brüder schrieb. Hier finden wir die erste Beschreibung einer Pilgerreise in das Heilige Land.

Als ihr Bruder Wynbald im Jahre 761 starb, wurde Walburga auch das Mönchskloster von Heidenheim unterstellt. Sie wußte Mönche und Nonnen in gleicher Weise zu leiten und geistlich zu führen. Unermüdlich verwaltete sie ihr Amt bis ins hohe Alter.

Ihr Fest wurde der 25. Februar, ihr Todestag. Da aber an einem 1. Mai ihre Reliquien nach Eichstätt übergeführt worden sind, wurde später auch dieser Tag kirchlich gefeiert. Nur so ist es zu erklären, daß im alten Volksglauben die Hexennacht des 1. Mai später auch „Walpurgisnacht“ genannt wurde.

ALKUIN
* um 730 † 19. 5. 804

Alkuin (Albinus) stammte aus einer wohlhabenden Familie Northumbrias, von der aber weiter nichts Näheres bekannt ist. Seine Heimat wurde das berühmte Kloster in York, wo er eine universelle Bildung erhielt, unterrichtet nicht nur in der Theologie, sondern auch in den Sieben Freien Künsten: Grammatik, Rhetorik, Dialektik, Astronomie, Arithmetik, Geometrie und Musik. Eine enge Verbindung bestand zwischen Alkuin und Aelbert, dem Gehilfen und Nachfolger des Erzbischofs Ekbert. Vielfach begleitete ihn Alkuin auf seinen Forschungsreisen, er lernte berühmte Klöster wie Echternach und Murbach kennen und machte auch eine Reise nach Rom. Er erhielt die Diakonenweihe; größeren Ehrgeiz, in der kirchlichen Hierarchie aufzusteigen, hatte er nicht. Seine Lebensaufgabe fand er im wissenschaftlichen Unterricht. Mitte der sechziger Jahre war er schon ein angesehener Magister der Yorker Schule. Ihre Leitung und die Verwaltung der wertvollen Bibliothek erhielt er, als Aelbert 778 auf seine Ämter verzichtete.

Karl der Große gewann Alkuin als Mitarbeiter seiner Schule. 793 trat jener in seine Dienste ein (wie verschiedene kluge Männer aus Italien, aus Franken und Angelsachsen, die Karl um sich sammelte). Der bedeutendste war neben Paulus Diaconus (720–795) und Einhard (770–840) eben Alkuin. Er wurde Karls getreuer Ratgeber und später Leiter der Hofschule. Karl der Große übertrug ihm auch die Abteien von Tours und Ferriers. Alkuin selbst wäre lieber als Mönch in das Kloster St. Martin eingezogen, als daß er künftig als Abt regierte. „Es ist etwas anderes, die Welt zu besitzen, und etwas anderes, von ihr gefangen zu sein“, sagte er.

Die Klosterschule von Tours aber erlangte unter ihm Weltruhm. Zu Alkuins besonderen Leistungen gehörte hier die Revision der Bibelübersetzung des Hieronymus und damit die Herstellung der für lange Zeit gültigen Form der Vulgata. Auch Teile einer althochdeutschen Bibelübersetzung entstanden in seiner Schule. Daneben schrieb Alkuin dogmatische

und exegetische Werke, die Zusammenstellung eines Homiliars und eine Reform des Taufunterrichts für die Missionare, eine Rhetoriklehre, die zugleich ein „Königsspiegel" sein sollte.
Alkuin erwirkte besonders gegen die berüchtigte „Capitulatio" Karls ein viel milderes „Capitulare Saxonicum", da er jede blutige Wiederholung der gewaltsamen Missionspraxis verabscheute. An Arno von Salzburg schrieb er: „Zur Taufe kann man die Leute zwingen, aber nicht zum Glauben. Unermüdlich mußt du predigen, doch der Erfolg liegt in Gottes Hand. Das Wort des Predigers prallt ab, wenn nicht die göttliche Gnade die Herzen öffnet. Darum gehört zur Predigt die Fürbitte."
In der Frühe eines Himmelfahrtstages starb Alkuin.

KARL DER GROSSE
*** um 742 † 28. 1. 814**

Im Alter von sechsundzwanzig Jahren übernahm Karl nach dem Tode seines Vaters Pippin, der von 741 bis 768 König gewesen war, die Regierung des fränkischen Königreiches und erweiterte es um Ober- und Mittelitalien, um Bayern und Kärnten, um die bis dahin heidnischen Gebiete der Sachsen und Avaren und um die spanische Mark. Dieses große Reich sollte gleichzeitig zu einer christlichen „Reichskirche" gehören. So sah Karl seinen Auftrag. Dabei ging er stürmisch und auch rücksichtslos vor: Oft (unter Androhung der Todesstrafe bei Nichtbefolgung) wurden Massentaufen angeordnet. Kinder sollten sogar schon im ersten Lebensjahr getauft werden. An ihrer Stelle hatten Paten wie alle erwachsenen Täuflinge zum Beispiel das altniederdeutsche Taufgelöbnis zu sprechen: „Ich entsage dem Teufel und allem Teufelsdienst und allen Teufelswerken, Donar und Wodan und Saxnot und allen Unholden, die ihre Genossen sind. Ich glaube an Gott, den allmächtigen Vater, an Christ, Gottes Sohn, und an den heiligen Geist." Die Priester hatten dafür zu sorgen, daß jeder Pate über Grund und Ursache seines Glaubens Auskunft geben konnte und das Vaterunser und das Apostolikum beherrschte.

Karls größter Gegner Widukind nahm endlich, nicht nur, weil er besiegt und die Irminsul gestürzt war, sondern weil er das Vertrauen zum Götterglauben seiner Väter verloren hatte, das Friedensangebot Karls an, wurde in Attigny getauft und trat damit gleichberechtigt unter die anderen Fürsten des Reiches.
Immer öfter wurden in der Folgezeit von den Bischöfen, auch von Karls Ratgeber Alkuin, alle Massen- und Zwangstaufen verworfen. Der Kaiser ließ sich manchmal belehren. Er forderte aber seinerseits von den Bischöfen, daß sie nicht Fürsten und Herren sein sollten, sondern Hirten der Kirche Christi.
Karl sorgte daneben nicht nur für eine allgemeine Bildung, sondern veranlaßte vor allem die bessere Ausbildung der Priester, die Unterrichtung der Gemeindeglieder, die Ordnung des Gottesdienstes und den Bau der Gotteshäuser und ihre reiche, kunstvolle Ausstattung. Predigten sollten an jedem Sonntag und Feiertag in der Landessprache gehalten werden. Er ließ Predigtsammlungen der Väter übersetzen, forderte die Einführung der Beichte und das tägliche dreimalige Läuten der Glocken, die zum Gebet rufen sollten. Die Sonntagsruhe mußte am Vorabend eingeläutet und allgemein beachtet werden. Der König und spätere Kaiser besuchte selbst regelmäßig die Gottesdienste. In seiner letzten Stunde segnete er sich selbst mit dem Zeichen des Kreuzes und sang mit leiser Stimme aus dem Nachtgebet der Kirche: „Herr, in deine Hände befehle ich meinen Geist.“

HRABANUS MAURUS
* um 776/780 † 4. 2. 856

Hrabanus, in Mainz geboren, wurde als Klosterschüler in Fulda erzogen. Einige Jahre studierte er dann in Tours bei dem bedeutenden Alkuin, der ihn so schätzte, daß er ihm den Namen Maurus beilegte, denn so hatte einst der Lieblingsschüler Benedikts von Nursia geheißen.
Nach seiner Rückkehr wurde er in Fulda Schulmeister, 801 wurde er zum Diakon geweiht, 814 zum Priester. Nach dem

Tode des Abtes Eigil, zu dem er in einem guten Verhältnis gestanden hatte, wurde ihm die Leitung des großen Klosters mit seinem ausgedehnten Besitz übertragen. Die Klosterkirche wurde nun zur dreiteiligen Basilika umgebaut und nahm 836 in ihre Krypta die Gebeine der heiligen Lioba auf, die bis dahin in der Nähe der Bonifatiusgruft geruht hatten. Von dieser Krypta sind drei Nischen mit den ältesten deutschen Wandgemälden erhalten, die Hrabanus in lateinischen Versen besungen hat. 850 weihte er den Vorgängerbau der heutigen „Festspielruine" in Hersfeld.
Schon seine Studenten verehrten Hrabanus Maurus als den ersten „Praeceptor Germaniae". Über die Amtspflichten der Priester verfaßte er 822 drei Bücher. Zwischen 842 und 847 schrieb er in Anlehnung an die Etymologie Isidors unter dem Titel „De Universo" das erste wissenschaftliche Lexikon in 22 Bänden. Er wurde allmählich zum bedeutendsten Schriftsteller der Karolingischen Zeit. In der Schriftauslegung verband er Väterexzerpte mit eigenen Erklärungen. Zur Erklärung des Alten Testaments zog er jüdische Schriften heran. Die Schule von Fulda wurde so zum Mittelpunkt der gelehrten Welt. Fuldaer Schüler waren unter anderen Wahlafried, Otfried, Lupus von Ferriers und Gottschalk, dessen Prädistinationslehre von Hrabanus Maurus später scharf abgelehnt wurde.
847 wurde Hrabanus Maurus von Ludwig dem Deutschen zum Erzbischof von Mainz ernannt. Sein Leben sah er unter dem von ihm verfaßten Hymnus „Veni creator spiritus".

KYRILLUS — METHODIUS

*** 826 † 14. 2. 869 — * 815 † 6. 4. 885**

Im 8. Jahrhundert waren die Slawen in das durch eine Pestepidemie verödete Griechenland eingedrungen, wurden im 9. Jahrhundert hellenisiert und für das Christentum gewonnen. In der damals völlig slawischen Umgebung war Thessalonich (das heutige Saloniki) eine Stadt mit noch immer bedeutender hellenistischer Kultur. Hier wurden die „Slawenapostel" geboren, die Söhne griechischer Eltern, Methodius und Konstantius, der später allgemein Kyrillus genannt wurde. Letzterer war etwa elf Jahre jünger als sein Bruder und starb sechzehn Jahre vor ihm. Beide hatten offenbar schon in der Jugend die slawische Sprache gelernt, die für ihre spätere Arbeit von so großer Bedeutung sein sollte.

Kyrillus trat in den geistlichen Stand ein, wurde Sekretär des Patriarchen Photius von Konstantinopel und lehrte dort auch Theologie und Philosophie (daher sein Beiname „Philosophus“). Er weilte mit einer Gesandtschaft bei den Arabern, um 860 auch bei den Chasaren, einem finnisch-tatarischen Völkerstamm am Asowschen Meer. Hier regierte ein jüdischer König, der Mohammedanern, Juden und Christen gegenüber tolerant war. Wieweit Kyrillus hier missionarische Erfolge gehabt hat, ist unbekannt. Er kehrte bald zurück und brachte aus Cherson die Gebeine des heiligen Klemens mit, die den Brüdern später (868) die Gunst des römischen Papstes einbringen sollten.

Methodius war Staatsbeamter und hatte wohl die Statthalterschaft über die slawischen Teile des Byzantinischen Reiches. Er wurde später auch Mönch und Abt.

Nachdem sich der mährische Herzog Rostislav an den byzantinischen Kaiser Michael III. mit der Bitte gewandt hatte, den Mähren zur Bildung einer von fränkischen wie von römischen Einflüssen freien Kirche zu verhelfen, wurden im Jahre 863 die beiden Brüder als Missionare und kirchliche Organisatoren ausgesandt. Kyrillus hatte schon seit Jahren an einer slawischen Übersetzung der Bibel gearbeitet und ein Alphabet ersonnen, das griechische und eine Reihe neuer Zeichen für die besonderen Laute der slawischen Sprache hatte. So wurde er der Schöpfer des Kyrillischen Alphabets und des Kirchenslawischen, das sich, auch nachdem es um 900 in den von den Brüdern organisierten Kirchengebeten in Mähren und Pannonien (Ungarn) durch den Widerstand fränkischer und römischer Bischöfe untergegangen war, bis heute in den Gottesdiensten der orthodoxen Christenheit erhalten hat.

Angezeigt und vor den Papst zitiert, konnten die Brüder 868 ihre Rechtgläubigkeit nachweisen. Kyrillus blieb in Rom in einem Kloster zurück, in dem er bald starb; begraben ist er in

St. Clemente. Methodius wurde zum Bischof und Erzbischof von Sirmium (Mitroviza) geweiht. 870 wurde er von einer Synode bayrischer Bischöfe verurteilt und für kurze Zeit in ein Kloster verbannt (wohl Ellwangen). Vom Papst in seinem Amt zwar bestätigt, wurde er 878 erneut vom Erzbischof von Salzburg verklagt, konnte aber noch bis 885 weiter wirken. Er starb wohl in Welehrad (Mähren). Die slawische Bibelübersetzung konnte er noch vollenden.

II

VON NOTKER DEM STAMMLER BIS HILDEGARD VON BINGEN

10.–12. Jahrhundert

912 Notker der Stammler
965 Bruno von Köln
968 Mathilde
973 Otto der Große
973 Ulrich von Augsburg
975 Konrad von Konstanz
997 Adalbert von Prag
999 Adelheid
1009 Brun(o) von Querfurt
1021 Heribert von Köln
1022 Bernward von Hildesheim
1024 Heinrich II.
1030 Olaf der Heilige
1033 Kunigunde
1038 Godehard
1054 Hermann der Lahme
1066 Gottschalk der Wende
1109 Anselm von Canterbury
1115 Morandus
1134 Norbert von Xanten
1139 Otto von Bamberg
1141 Hugo von St. Viktor
1153 Bernhard von Clairvaux
1154 Vicelin
1170 Thomas Becket
1179 Hildegard von Bingen

NOTKER DER STAMMLER

*** um 840 † 6. 4. 912**

Notker stammte aus dem alemannischen Jonswil, wo sein Bruder Schultheiß war. Im Kloster St. Gallen aufgewachsen, wurde er Mönch, Priester und Bibliothekar der berühmten Klosterbibliothek sowie Hospitarius. Trotz seines Sprachfehlers, der ihm den Beinamen Balbulus („Stammler") einbrachte, wurde der Magister an der Klosterschule als starke Persönlichkeit geachtet. Er soll nie verbittert, sondern von einer ausgesprochen fröhlichen Frömmigkeit gewesen sein.

Notker Balbulus, als Dichter und Sänger berühmt, verfaßte ein Martyrologium und setzte als Geschichtsschreiber ein Brevarium der fränkischen Könige für die Jahre 840 bis 881 fort, schrieb die „Gesta" (Taten) Karls des Großen, „Notizen über berühmte Männer" und ein erstes kritisches Handbuch der lateinischen Patristik.

Pörtner erwähnt in seinem Buch „Die Erben Roms" zwei bezeichnende Anekdoten aus der Feder Notkers: die eine über die Entstehung der Aachener Palastschule unter Karl, der „Weisheitsverkäufer" zu sich rief und ihre Bitte „um einen geeigneten Ort zum Unterrichten und um hellere Köpfe, sie zu lehren", erfüllte. Die andere Anekdote schildert, wie Pippin vor dem Baden in einer heilsamen Quelle bei Aachen auf „heidnische Reste" gestoßen sei und erst durch das Kreuzeszeichen einen „bösen Geist, ein unförmiges Schattenwesen, das den Rand des Bassins über und über mit Blut, Moder und Fett besudelt hatte", vertreiben mußte. Der feiste Brunnengeist stellt ohne Frage die christlich missionarische Umdeutung eines noch vorhandenen heidnischen Aberglaubens dar.

Von Notkers „Sequenzen", Liedtexten, die er den bis dahin textlosen Jubilationen nach dem Halleluja der Messe unterlegte, blieben mindestens einundvierzig erhalten. Er rühmte einmal die Musik: „Durch Lobgesänge wird das Gemüt des Menschen zur Andacht erweckt, das Herz bereitet und die Seele über sich selbst hinaus erhoben. Der heilige Gesang tröstet traurige Gemüter, gewährt Freude und Erquickung den müden Herzen und führt den Sünder zur Buße, daß er sich zu Gott wendet."

BRUNO VON KÖLN
* 925 † 11. 10. 965

Die Biographie Brunos wurde von Ruotger schon 966/967 geschrieben. Nach ihr war Bruno (er selbst nannte sich Brun) als jüngster Sohn König Heinrichs I. und der Mathilde geboren und zum geistlichen Stand bestimmt worden. Schon im vierten Lebensjahr schickte man ihn in die bedeutende Utrechter Kathedralschule, die unter der Leitung des Bischofs Baldwin stand. Man lehrte dort nicht nur Grammatik und begnügte sich auch nicht mit der Lektüre lateinischer Schriftsteller, sondern betrieb auch griechische Studien. Bruno empfing so eine überdurchschnittliche klassische Bildung.

Otto rief seinen frühreifen Bruder an den Hof. Schon als Fünfzehnjähriger wirkte er (940) als Kanzler. Ein oder zwei Jahre später wurde er durch Empfang der Diakonenweihe Kleriker. 947 wird er bereits als Abt genannt, das Kloster ist unbekannt. 950 übertrug ihm Otto die große Abtei Lorsch. Bruno nutzte die Gelegenheit, die sich ihm durch die Anwesenheit von Gelehrten aus verschiedensten Ländern bot, zu weiteren Studien. Bald war er für die Gelehrten ein ebenbürtiger Gesprächspartner. Man bewunderte seine Lateinkenntnisse und seine philosophischen Gedanken. Von königlicher Pracht umgeben, blieb er selbst gleichgültig gegenüber allem Prunk. Menschen und Dinge beurteilte er mit kühlem Gleichmut. Nicht Leidenschaft, Ehrgeiz oder Begeisterung, sondern Verantwortung und Pflichtgefühl bestimmten neben echter Frömmigkeit sein Leben.

König Otto baute auf niemanden mehr als auf ihn. Er ernannte ihn 951 zum Erzkaplan und bestätigte ihn zwei Jahre später nach einer von ihm sicher beeinflußten Wahl als Erzbischof von Köln. Zu seinem hohen geistlichen Amt übertrug er ihm noch die Verwaltung des Herzogtums Lothringen. So wurde Bruno ein Fürst, ohne zu vergessen, daß er vor allem Bischof war. Er förderte nun das Mönchswesen, regte dessen Reform an, fühlte bei aller rastlosen Tätigkeit seines Lebens sogar eine Neigung für das Einsiedlerdasein. Mit Strenge sah er darauf, daß der Klerus seiner Diözese allen geistlichen Pflichten nachkam. In Reims ereilte den Vierzigjährigen im Kreise geistlicher Brüder der Tod.

MATHILDE
* um 890 † 14. 3. 968

Als Tochter des Grafen Tiederich aus dem Geschlecht Widukinds wurde Mathilde ihrer Großmutter, Äbtissin im Kloster Herford, zur Erziehung übergeben. Heinrich, der Sohn des Sachsenherzogs, sah sie in der Klosterkirche beim Gottesdienst, war von ihrer Schönheit und sittlichen Haltung beeindruckt und hielt 909 bei der Äbtissin um ihre Hand an. Im Sommer wurde in Wallhausen in der Goldenen Aue die Hochzeit gefeiert. An Heinrichs Seite wurde sie 916 Herzogin und drei Jahre später Königin und nahm an allen Sorgen und Erfolgen lebhaften Anteil. Sie gebar fünf Kinder: Otto, Heinrich und Bruno und die Töchter Gerberga und Hardwig.
Die klösterliche Erziehung hatte Mathildes Wesen geprägt. Sie betete und arbeitete, sie diente den Armen und Kranken und beherbergte gern. Sah sie Pilger an ihrem Fenster vorüberziehen, sandte sie ihnen Gaben nach. Begleitete sie ihren Mann auf weiten Reisen, mußte man ihr im Wagen vorlesen. Ihre Kinder erzog sie christlich, wobei sie jedoch Heinrich, der am meisten seinem Vater glich, einen gewissen Vorzug gab. An seiner späteren Empörung gegen König Otto war sie nicht unschuldig, blieb aber stets zur Versöhnung bereit. Erfuhr sie von gewaltsamer Unterdrückung oder von einem Todesurteil, so versuchte sie alles, um beim König eine Begnadigung zu erwirken. Als Heinrich, der Aufrührer, während der Christmette seinem Bruder Otto zu Füßen gefallen war, machte dieser ihn auf Bitten der Mutter und zum Zeichen der Aussöhnung zum Herzog von Bayern.
Für die Hebung der Laienfrömmigkeit tat sie, was in ihrer Macht stand, und dem mönchischen Leben war sie immer besonders aufgeschlossen. Mathilde gründete am Sterbeort des Herzogs Widukind ein Stift, das dem heiligen Dionysius ge-

weiht wurde und in dessen Geborgenheit sie die Gebeine Widukinds überführen ließ. So wurde Engern bald ein vielbesuchter Wallfahrtsort.
Als Otto und die Brüder die übergroße Freigebigkeit ihrer Mutter einschränken wollten, zog sie sich auf ihr väterliches Erbgut zurück, das in Engern bei Bielefeld lag. Auf Drängen der Gemahlin Ottos des Großen aber baten die Söhne um Verzeihung. Fortan blieb das Verhältnis zwischen ihnen ungetrübt.
Mathilde, die ihre letzten Lebensjahre mehr und mehr in frommer Versenkung zubrachte, wurde in der Quedlinburger Stiftskirche an der Seite Heinrichs bestattet.

OTTO DER GROSSE
* 23. 10. 912 † 7. 5. 973

Otto, dem wie Karl der ehrende Beiname „der Große" gegeben worden ist, war der älteste Sohn Heinrichs I. und der Mathilde und wurde 936 zu Aachen von Vertretern aller deutschen Stämme zum König gewählt. Seine politische und weltgeschichtliche Bedeutung kann hier nicht zur Darstellung gelangen. Seine Einwirkung auf die Entwicklung der Kirche ist jedoch nicht minder groß und nachhaltig gewesen, da Otto sich als Schutzherr der Christenheit fühlte. Bezeichnend für den Vierundzwanzigjährigen war, daß er sich in Aachen von den Erzbischöfen von Mainz und Köln krönen ließ. Sein Biograph Widukind von Korvey berichtet, daß er, wenn er sich mit der Krone zeigen mußte, sich erst mit Fasten und Gebet darauf vorbereitete. Er war sich dessen bewußt, daß die Krone das Kreuz zeigte und daß der Reichsapfel zum Zeichen der Vergänglichkeit mit Asche gefüllt war. Die Reichsfahne, die den Schlachten, auch der entscheidenden gegen die Ungarn im Jahre 955 auf dem Lechfeld bei Augsburg, vorausgetragen wurde, zeigte den Erzengel Michael im Kampf mit dem Drachen. Vor der Schlacht fiel der König auf die Knie, erflehte den Beistand Gottes und gelobte (es war Laurentiustag), dem heiligen Laurentius ein Bistum in Merseburg zu weihen.

Die großen kirchlichen Feste waren die Höhepunkte im Leben des Hofes. In großer Prozession pflegte der König dann mit allen zur Kirche zu gehen: Kleriker mit Kreuzen eröffneten den Zug, andere mit brennenden Kerzen in den Händen geleiteten ihn. Mancherlei Reliquien wurden dem Volke gezeigt. Knaben schwangen Weihrauchfässer. So ging der König, umgeben von den Großen des Reiches und geistlichen Würdenträgern, zum Münster. Er hatte Freude an der schönen Form, vergaß aber darüber die Notleidenden nicht. Ein Fünftel dessen, was für den Tisch des Königs verwendet werden durfte, bestimmte er für Stiftungen.

Zielstrebig hatte Otto auf die Kaiserkrönung hingearbeitet und sie 962 durch den Papst erreicht. Das bedeutete die Anerkennung seiner weltlichen Macht, zugleich auch die päpstliche Billigung für die von Otto geplanten kirchlichen Maßnahmen, vor allem auch für die Erhebung Magdeburgs zum Erzbistum. So baute Otto die königliche Herrschaft über die Kirche aus und gab zugleich den Bischöfen und Reichsäbten Befugnisse von Reichsfürsten. Er blieb aber auch am inneren Leben der Kirche interessiert und förderte daher die von Gorze und St. Maximin in Trier ausgehende Klosterreform. Von Trier aus waren die ersten Mönche in das von Otto 937 gegründete Mauritiuskloster gekommen. Damit war der Grund für die weiten missionarischen Ziele des Königs gelegt worden. In Nordhausen hatte Otto vor seiner letzten Italienreise von seiner Mutter Abschied genommen. Erst fünf Jahre nach ihrem Tode konnte er Ostern 973 die Gräber der Eltern in Quedlinburg aufsuchen. Bald danach starb er in Memleben, beim Anhören des Abendgebets in der Kirche.

ULRICH VON AUGSBURG
* 890 † 4. 7. 973

Ulrich, aus dem Geschlecht der Grafen von Dillingen, ein Alemanne, wurde im Kloster St. Gallen erzogen. Die Mönche hofften, in dem begabten Schüler einen bedeutenden Abt für

die Zukunft zu gewinnen. Ulrich erwarb sich ein umfangreiches Wissen und kehrte dann ins Elternhaus zurück. Später begab er sich zu dem gelehrten und sich für den König besonders einsetzenden Bischof Adalbero von Augsburg, der ihm das Amt eines bischöflichen Kämmerers übertrug. Von ihm wurde er auch zum Diakon und Priester geweiht. König Heinrich bestätigte ihn 923 im bischöflichen Amt. Er stand vor schweren Aufgaben: Die Dörfer waren im Kriege geplündert und verbrannt, die Einwohner erschlagen oder vertrieben. Dank Ulrichs Fürsorge erholte sich das Land zusehends. Neue Kirchen wurden gebaut. Der Bischof reiste immer wieder durch seinen weiten Sprengel, um zu visitieren.
Nach zwanzig Jahren aber drohte ein Bruderkrieg die Friedenssaat wieder zu vernichten. Herzog Konrad von Lothringen und Ludolf, der abtrünnige Sohn König Ottos, zogen mit ihren Streitkräften auch nach Augsburg, um den Bischof in die Auseinandersetzungen hineinzuziehen. Dieser aber zog sich in ein verschanztes Lager zurück und betrieb mit Erfolg die Vermittlung zwischen Vater und Sohn, der später die volle Aussöhnung folgte. Bald aber drohte eine neue Gefahr. Der Einfall der Ungarn wiederholte sich verstärkt. Im Jahr 955 berannten sie Augsburg, dessen Mauern ungezählten Bewohnern des flachen Landes Zuflucht geboten hatten. Ritter und Lehensleute leisteten vor den Toren heftigen Widerstand. Der Bischof selbst hielt in priesterlichem Gewand und ständigem Gebet bei den Seinen aus. Am nächsten Morgen teilte er dem Heer das Abendmahl aus. Sie hielten die Stadt, bis König Otto mit dem Reichsheer erschien und die Ungarn auf dem Lechfeld in die Flucht schlug. Um Mitternacht versammelte sich das Heer im Dom zur Dankfeier und zur Totenmesse, die Bischof Ulrich hielt.
Fast achtzig Jahre alt, unternahm Ulrich noch eine Pilgerfahrt ins Heilige Land. Auf dem Heimweg suchte er Kaiser Otto in Ravenna auf. Er bat den Kaiser, ihn vom bischöflichen Amt zu entbinden. In seine Heimatstadt zurückgekehrt, hielt er noch täglich das Hochamt, ließ sich aus geistlichen Büchern vorlesen und verbrachte viel der ihm noch verbliebenen Zeit im Gebet.

KONRAD VON KONSTANZ
* um 901 † 26. 11. 975

Konrad, auf der Burg Altdorf in der Nähe von Ravensberg in Oberschwaben geboren, stammte aus dem Geschlecht der Welfen. Seine Eltern wünschten, daß er Geistlicher werde, und gaben ihn im Alter von sieben Jahren in die Klosterschule von St. Gallen. Dort wurde der Schwabe Nothing sein Lehrer. Als dieser zum Leiter der Konstanzer Domschule berufen wurde, folgte ihm Konrad dorthin. Jung schon wurde er Domherr und hatte mit den anderen Klerikern das tägliche Chorgebet in der Bischofskirche zu verrichten. Nothing, der inzwischen Bischof geworden war, erteilte Konrad die Priesterweihe und bestellte ihn zu seinem Stellvertreter, das Kapitel wählte ihn zum Propst. Er hatte die Klostergüter zu verwalten. Als Nothing 934 starb, schlug Bischof Ulrich von Augsburg, der zur Trauerfeier gekommen war, den Dompropst Konrad zu dessen Nachfolger vor und erteilte ihm, da Klerus und Gemeinden zugestimmt hatten, in Vertretung des Mainzer Erzbischofs die Bischofsweihe. Damit leitete Konrad den größten deutschen Sprengel, der sich vom Oberrhein bis an die Iller, vom St. Gotthard über die halbe Schweiz, halb Württemberg bis nach Stuttgart, ganz Baden bis zu Teilen des bayrischen Allgäus erstreckte.

Benediktinisch erzogen, liebte Bischof Konrad das Stundengebet und suchte es weithin einzuführen. „Auf die Warte des Herrn gestellt, erwies er sich als treuer Hüter seiner Herde." Mit den Klerikern lebte er nach der Weisung Chrodegangs von Metz im Kanonikat unmittelbar beim Münster. In der Stadt baute er drei neue Basiliken. Den auf dreißig angewachsenen Klöstern seines Bistums widmete er große Aufmerksamkeit. Zu ihnen gehörten Reichenau, Zürich, Luzern, Kempten, Obermarchtal, Radolfzell und St. Blasien. In St. Gallen weilte Konrad am häufigsten. An drei Tagen im Jahr diente er dort den Brüdern bei Tisch. „So groß war Konrads Liebe zu uns", berichtete Ekkehard, sein Chronist.

An vielen Reichsversammlungen, die oft zugleich Synoden waren, nahm Bischof Konrad von Konstanz teil. Er begleitete den König auch nach Rom, als dieser die Kaiserkrone empfing.

Dreimal ist Konrad in das Heilige Land gepilgert. Nach seinem Willen wurde er an der Außenwand der von ihm gestifteten Mauritiuskapelle in Konstanz beigesetzt. In der christlichen Kunst wird Konrad mit Kelch und Spinne dargestellt.

ADALBERT VON PRAG
* 950 † 23. 4. 997

Es mag ein Akt staatsmännisch weiser Überlegungen und guter kirchlicher Entscheidungen gewesen sein, daß nach dem Tode des ersten Bischofs von Prag, des Sachsen Thietmar (Deothmar), ein Böhme auf den Bischofsstuhl in Prag berufen wurde. Doch es blieb eine Fehlentscheidung. Woitech („Heerestrost"), der Sohn des Grafen Slavenik, war während einer schweren Erkrankung schon als Knabe von den Eltern zum geistlichen Stand bestimmt worden. Nach hervorragender Ausbildung an der Stiftsschule in Magdeburg unter dem gelehrten Abt Otherich und seiner Firmung durch den Erzbischof Adalbert, dessen Namen er seitdem trug, kehrte er 981 in die Heimat zurück und wurde von Thietmar, zum Priester geweiht, in seinen Dienst genommen. Nachdem er das schwere Sterben seines Bischofs miterlebt hatte, wurde er zu einem ernsten Asketen und hätte deshalb seine im gleichen Jahr erfolgte Berufung nicht annehmen dürfen. Er blieb, eine ernste, achtenswerte und kluge Persönlichkeit, ständig zwischen leidenschaftlichem Drang zur besonderen Tätigkeit und seiner Neigung zum asketischen Mönchsleben hin und her gerissen. Im Frühling 983 erhielt er in Verona von Kaiser Otto II. Bischofsstab und -ring und von Erzbischof Williges in Mainz, seinem Metropoliten, die Weihe. Damit begann seine Leidenszeit.

Adalbert nahm seine bischöflichen Pflichten genau. Dies brachte ihn in Schwierigkeiten mit seinen Landsleuten. Mit Hingabe arbeitete und predigte er an vielen Orten Böhmens und rief die Leute zur Buße. Er wollte neue Kirchen bauen und erhob daher den Zehnten. Der Herzog, der in ihm nur einen Amtsmann des deutschen Kaisers sah, unterstützte ihn hinsichtlich seiner

kirchlichen Forderungen nicht. Sein feindseliger Argwohn lähmte Adalberts Schaffenskraft, so daß er vor der Größe seiner Aufgabe mehr und mehr verzagte. Er sehnte sich nach der Ruhe eines Klosters, um ganz seiner eigenen Frömmigkeit leben zu können. Er wollte dienen und nicht herrschen. Daß er nur eine Verhärtung der ihm anvertrauten Herzen erkennen mußte, nahm ihm den inneren Frieden.
988 verließ er Prag, wollte am liebsten nach Jerusalem wallfahren, blieb aber zunächst bei den Benediktinern in Monte Cassino und wurde dann mit Einwilligung des Papstes Mönch im Kloster St. Bonifatio in Rom. Zweimal wurde er vom Papst und von Erzbischof Williges zur Rückkehr gezwungen, 992 (nur für ein Jahr) und 996. Als er in Polen angekommen war, mußte er erfahren, daß ihm die Rückkehr nach Böhmen verwehrt wurde, nächste Angehörige hatte man ermordet. Deshalb machte er sich zur Mission unter den Preußen auf. Am Frischen Haff wurde er, als er mit seinen beiden Gefährten unwissentlich ein den Heiden heiliges Feld betrat, von Speeren durchbohrt und fand so im Martyrium die erhoffte Vollendung seines als Bischof verfehlten Lebens.

ADELHEID
* um 931 † 16. 12. 999

Otto der Große hatte im Jahre 946 seine Gemahlin Editha, die Mutter seiner Kinder Liudolf und Liutgard, durch den Tod verloren. 951 heiratete er zum zweiten Mal. Die Hochzeit mit Adelheid wurde in Pavia gefeiert. Die Tochter König Rudolfs von Burgund war schon im Alter von sechzehn Jahren mit dem Langobardenkönig Lothar von Italien vermählt worden, doch neunzehnjährig war sie bereits Witwe. Der aufsässige Vasall Berengar wollte Adelheid mit seinem Sohn vermählen und ließ sie, als sie sich seinem Willen widersetzte, in der Burg Como einkerkern. Es gelang ihr, nach vier Monaten der Haft zu entkommen. Bischof Adalhard brachte sie auf dem Schloß Canossa in Sicherheit. Nachdem Otto mit seiner Heeresmacht Berengar niedergeworfen und sich selbst in Pavia zum König von Italien gemacht hatte, bat er Adelheid um ihre Hand. Noch im Winter 951 begaben sie sich nach Deutschland und besuchten im Kloster Erstein im Elsaß Adelheids Großmutter, die dort Äbtissin war. 962 wurde Adelheid an der Seite Ottos zur Kaiserin gekrönt. Sie gebar drei Söhne, von denen aber nur Otto (II.) am Leben blieb, und die Tochter Mathilde, die mit neunzehn Jahren Äbtissin in Quedlinburg wurde. 973 zum zweiten Mal Witwe geworden, führte Adelheid wegen der Jugend ihres Sohnes Otto II. die Regentschaft.

Otto II. ging mit seiner Gemahlin Theophano Wege, die sie nicht billigen konnte. Es kam zum Zerwürfnis, und Adelheid kehrte zeitweilig in ihre Heimat Burgund zurück. In Pavia fand eine Aussöhnung statt. Adelheid sollte die Lombardei regieren, mußte aber bald nach Deutschland zurückkehren, da Otto II. im Alter von achtundzwanzig Jahren gestorben war. Jetzt hatte Adelheid die Aufgabe, dem Enkel die Krone zu sichern, zumal auch Theophano acht Jahre später verstarb. Mit Erzbischof Williges von Mainz trug sie die Verantwortung für das Reich und die Kirche, bis sie sich, von dem Enkel unverstanden, in das von ihr gegründete Kloster Selz im Elsaß zurückzog. Dort diente sie den Armen und Geringen und bedachte ihr Leben im Gespräch mit Otilo, dem Abt von Cluny. Sie hatte, dem Evangelium verpflichtet, Christus und dem Frieden dienen wollen und mußte doch viele Kriege und Kämpfe um irdische Macht erleben. Auf einer Fahrt nach Burgund zu ihrem Neffen, wo sie dem Land ihrer Jugend den Gottesfrieden (die „treuga Dei“) bringen wollte, rief sie in Orbi (gleichsam als ihr Vermächtnis) Bischöfen und Fürsten zu: „Das höchste aller Güter, reicher als alle Schätze, stolzer als jeder Ruhm, ist der Friede Gottes! Liebet einander!“

BRUN(O) VON QUERFURT
• 974 † 14. 2. 1009

Brun(o), fünfundzwanzig Jahre jünger als sein Verwandter Adalbert von Prag, auf der Burg Querfurt bei Merseburg geboren, sollte auf Wunsch der Eltern Geistlicher werden und wurde deshalb auf die hervorragende Stiftsschule in Magdeburg geschickt. Früh zum Priester geweiht, ernannte man ihn schon 995 zum Domherrn. Otto III. begleitete er als Hofkaplan nach Rom. Den Kaiser, der sich von ihm beeinflussen ließ, tadelte er wegen seiner Bemühungen, die tote Schönheit des gealterten Rom zu erwecken, statt sich der Christianisierung noch heidnischer Gebiete zuzuwenden.
Wie Adalbert trat auch Brun(o) in Rom 998 in das Kloster des Bonifaz und Alexius ein und ging für einige Zeit als Einsiedler in die Wälder von Ravenna. Dann aber wandte er sich der Bekehrung der Slawen zu. Der Papst weihte ihn für diese Aufgabe zum Erzbischof. Zuerst ging er zu den „schwarzen Ungarn", den Széklern, dann zu den Pecenegen am unteren Dnjepr. Zwischen ihnen und dem Zaren Wladimir in Kiew stiftete er Frieden. Brun(o) wollte den Spuren Adalberts folgen und begab sich 1008 nach Polen. In einem berühmt gewordenen Brief an Heinrich II. tadelte er diesen, daß er mit den Polen Krieg führe, anstatt sich der Christianisierung der Liutizen und Preußen gemeinsam mit den Polen zuzuwenden. Heinrich soll zwar im stillen über den asketischen Brun(o) gelacht haben, mußte ihn aber gleichwohl wegen seiner Ehrlichkeit und seiner Frömmigkeit achten.
Von Polen aus sandte Brun(o) Missionare nach Schweden aus. Mit dem polnischen König Boleslaw Chobry war er bald freundschaftlich verbunden. Bei ihm verfaßte er auch die Glaubens- und Leidensgeschichte des Adalbert von Prag, dessen Gebeine nun in Gnesen ruhten.
Brun(o) drängte es aber auch zum eigenen Martyrium. Anfang 1009 ging er nach Norden und wurde schon im Frühjahr von den heidnischen Jatrjagen in der Nähe von Braunsberg erschlagen. Boleslaw Chobry erkaufte auch den Leichnam Brun(o)s wie zuvor den von Adalbert und ließ ihn nach Gnesen überführen.

HERIBERT VON KÖLN
* um 970 † 16. 3. 1021

Wie Williges, Erzbischof von Mainz, gehörte auch Heribert, Erzbischof von Köln, zu den Fürsten unter den Bischöfen des Reiches. Der Grafensohn aus Worms, nach guter Ausbildung in seiner Vaterstadt eine Zeit hindurch am reformierten Kloster Gorze tätig, wurde nach seiner Priesterweihe von Otto III. zum Kanzler berufen. 994 war er zunächst für Italien zuständig, einige Jahre später auch für Deutschland. Mit Treue, Weisheit und Hingabe übte er sein Reichsamt aus. 999 wurde er zum Erzbischof von Köln erhoben. Er schickte sein Pallium voraus und zog barfuß, trotz der Winterkälte, um Weihnachten in das Bistum ein. Dann durchwanderte er seinen Sprengel, um genaue Kenntnis über die kirchlichen Zustände zu gewinnen. Er war, wie er durch seinen Einzug bekundet hatte, zum Dienen gekommen und um, von Gorze her beeinflußt, die Frömmigkeit, zumal die des geistlichen Standes, zu fördern. Ein Jahr später mußte er eilends zu Otto, der todkrank auf der Bergfeste Paterno auf Sizilien lag. Als sein Beichtvater bereitete er ihn auf das Sterben vor und geleitete dann den toten Kaiser durch das aufrührerische Italien und über die Alpen. Im Aachener Münster wurde er bestattet. Zuvor hatte er an der Donau dem von den Herzögen gewählten Nachfolger Ottos, Herzog Heinrich von Bayern, die Reichskleinodien übergeben.
Heinrich mißtraute dem Kölner Erzbischof, da dieser seine Wahl nicht unterstützt hatte. Obgleich er Heribert später in Pavia die Rettung aus Todesgefahr verdankte, blieb der Argwohn, von Verleumdern geschürt, bestehen. Als der Kaiser im Jahre 1020 gegen einen aufsässigen Grafen zu Felde ziehen wollte, forderte er den Fürstbischof Heribert mit seinen Dienstmannen zur Unterstützung auf. Heribert entschuldigte sich aus Krankheitsgründen. Da rückte der Kaiser mit seinen Leuten in Köln ein, um den Kranken zu „besuchen", in Wahrheit, um ihn vor sein Gericht zu fordern. Als der Erzbischof, vom Tode gezeichnet, vor ihn trat und unter Tränen nach den Gründen für das kaiserliche Mißtrauen fragte, sprang Heinrich auf, eilte auf ihn zu, umarmte und küßte ihn. In der Frühe

des nächsten Tages begab er sich in die Kapelle des heiligen Johannes, wo der Bischof die Nacht im Gebet durchwacht hatte, legte seinen Mantel ab, warf sich demütig nieder und erbat die Absolution.
Noch einmal vor seinem Tode wollte der Erzbischof seinen Sprengel besuchen, ein Schiff aber mußte ihn vorzeitig aus Neuß nach Köln zurückbringen.

BERNWARD VON HILDESHEIM
* 950 † 20. 11. 1022

Der aus ostsächsischem Hochadel stammende Bernward erhielt an der Domschule zu Hildesheim durch den Lehrer Thankmar eine vielseitige Bildung. Nach dem Empfang der Priesterweihe durch Williges in Mainz lebte er mehrere Jahre bei einem Verwandten. 987 wurde er für einige Zeit Erzieher des jungen Otto III., mit dem er auch später noch in Verbindung blieb. 992 wurde er Bischof von Hildesheim.
Bernward war ein Freund und Förderer des ernsten Mönchstums und dachte zugleich der Kirche große Kulturaufgaben zu. Unter seiner Führung wurde Hildesheim der künstlerische und kulturelle Mittelpunkt ganz Norddeutschlands. Er selbst führte auch Pinsel und Feder, handhabte Meißel und Feile, sammelte aber hauptsächlich einen großen Kreis tüchtiger, kunstbegabter Mitarbeiter in verschiedenen Werkstätten um sich.
Dieser Freund der Bücher und der Kunst bewährte sich nicht minder im praktischen Leben, zumal bei der Sicherung seines Sprengels. Er baute Festungen an wichtigen Stellen aus, um die Seeräuber aus dem Norden abzuwehren. Neben Bildhauern, Malern und Goldschmieden zog er daher auch Bauleute heran. Hildesheim selbst erhielt durch ihn Mauern und Türme. Er hatte als Bischof auch Pläne für neue Kirchen und andere Bauten.
Einzigartige Kostbarkeiten halten darüber hinaus das Gedächtnis an den kunstliebenden Bernward von Hildesheim wach, vor allem die Bildwerke auf den Erztüren des Doms, die bei-

den Leuchter, die man in seinem Sarg gefunden hat, und die Arbeiten auf der Bernwardssäule im Dom. Das Bernwardskreuz soll er mit eigener Hand geschmiedet haben. Die unter seiner Leitung erbaute Michaelskirche ist eine der im Stil reinsten frühromanischen Basiliken.
Als er meinte, sein Lebenswerk erfüllt zu haben, zog er das Gewand der Benediktiner an und legte noch die Mönchsgelübde ab. Sein Grabmal hatte er arbeiten lassen mit der von ihm bestimmten Inschrift: „Ich weiß, daß mein Erlöser lebt." In der von ihm so geliebten Michaelskirche in Hildesheim, der er seinen ganzen Besitz vermacht hatte, liegt Bernward begraben.

HEINRICH II.
* 6. 5. 973 † 13. 7. 1024

Heinrich II. und seine Frau Kunigunde ruhen im Bamberger Dom. Sicher wurde er nicht darum heiliggesprochen, weil er viel für die Stärkung oder Mehrung des Reiches getan hat, sondern weil er ein frommer Mann war, der sein hohes Amt als besonderen göttlichen Auftrag ansah und sich unermüdlich um das Wohl der Kirche gemüht hat. Sein Interesse galt der mönchischen Reformbewegung, wie sie von Cluny oder auch von Gorze ausging. Er festigte auch die Stellung der deutschen Kirche gegenüber manchen Ansprüchen des Papsttums. Die deutschen Bischöfe, weithin Reichsfürsten, wollte er auf seiner Seite wissen. So besetzte er frei werdende Bistümer mit ihm geeignet erscheinenden und bekannten Klerikern, ohne dabei jedoch die bestehenden Wahlkollegien zu übergehen. 1004 stellte er das Bistum Merseburg wieder her.
Ein Herzensanliegen war ihm die Errichtung und Ausstattung des Bistums Bamberg im Jahre 1007. Alle Widerstände, zumal die des Bischofs von Würzburg, überwand er, indem er diesen, mit Klugheit und Demut zugleich, allmählich nach seinen Wünschen leitete. Das Bamberger Gebiet liebte er von Jugend an. Als er heiratete, übergab er Bamberg seiner Braut Kuni-

gunde als Morgengabe. Das Gebiet, landschaftlich schön, war geistlich schlecht betreut. Mit der Gründung des Bistums und dem Bau des Doms und anderer Kirchen und Klöster sollte dies anders werden. Da Heinrichs Ehe kinderlos blieb, wollte er mit Bamberg und seiner besonders reichen Ausstattung Gott sein Erbe vermachen. Heinrich hätte gern selbst Geistlicher werden wollen. Noch im Jahre 1012 wollte er nach dem von ihm regelmäßig besuchten Gottesdienst seine Kaiserkrone ablegen und Chorherr werden. Da er dies nicht konnte, stiftete er eine Pfründe, damit ein anderer für alle Zeit stellvertretend für ihn den Chordienst verrichte. Seine Demut kam noch einmal in einer kurz vor seinem Tode abgefaßten Urkunde zum Ausdruck, in der er bestimmte: „Alles, was wir besitzen oder zu besitzen scheinen, haben wir von dem erhalten, der uns aus dem Nichts mächtig werden ließ . . ., was wir geben, verlieren wir nicht, sondern tragen es von hier mit uns. Was wir aber für uns behalten, das werden wir nicht von hier mit uns nehmen."

OLAF DER HEILIGE
* 994 † 29. 7. 1030

Der Norweger Olaf war, wie nach ihm Gottschalk der Wende, eine der tragischen Gestalten in der Missionsgeschichte des 11. Jahrhunderts. Wir meinen heute, für die Christianisierung Norwegens seien eher Hakon der Gute und Olaf Tryggvason zu nennen als gerade Olaf Haroldsson der Dicke, wenn man auch gerade ihn seines Todes wegen später den „Heiligen" genannt hat.
Olaf war in England zum Christentum bekehrt und in Rouen getauft worden. Darauf kam er mit Schiffen (und dem Gefolge) in die Heimat, um die Stämme zu einen und mit blutiger Gewalt die Annahme des Christenglaubens durchzusetzen. Wegen seiner Gewaltmaßnahmen hatte er bald viele Feinde, die sich mit Knud von Dänemark verbündeten und ihn aus dem Lande trieben. Im damaligen Rußland fand er Zuflucht.

Von dort versuchte er im Jahre 1030, sein Land wiederzuerobern. Ein riesiges Bauernheer trat ihm bei Sticklestad entgegen. Dem Rat, die Bauernhöfe zu brandschatzen, widersetzte er sich. Solches habe er vor Jahren getan, als er meinte, es gehe um Gottes Ehre. Jetzt aber handle es sich nur um den Abfall von ihm selbst, da sei Milde geboten. Er suchte den offenen Kampf, nachdem er vorher noch alle Ungetauften aus seiner schon an sich kleinen Streitmacht ausgeschieden hatte. Er mußte der Übermacht erliegen. Als er nach einer schweren Verwundung starb, habe (erzählt die Legende) „die Sonne ihren Schein verloren". Alle erschraken und meinten zu erkennen, daß sich der Gekreuzigte von Golgatha auf diese Weise zu ihm als Märtyrer bekannte.
Dieser Mythos trug zur Christianisierung bei. Olaf „der Heilige" wurde nun der Schutzpatron Norwegens.

KUNIGUNDE
*** 978 † 3. 3. 1033**

Die Königin und Kaiserin Kunigunde, ihrem Mann Heinrich II. in weltlichen und geistlichen Dingen stets eine gute Gehilfin, war eine Grafentocher aus dem Moselgebiet. Da sie kinderlos geblieben war, begleitete sie ihren Gemahl fast auf allen seinen Reisen durch das Reich. Selbst während der Kriegszüge war sie ihm nahe, ertrug alle Entbehrungen und suchte Unrecht zu verhüten und Wunden zu verbinden. Zeitweilig führte sie sogar, wenn Heinrich an den Grenzen weilte, für ihn die Regierung. Daß auch die Sachsen sie verehrten, deren Herzogtum sie lange zu verwalten hatte, ist ein Beweis für ihre Staatskunst. Sie bediente sich der ihr zur Verfügung stehenden Mittel, Unschuld zu schützen, Frevel zu verhindern, das Gute zu fördern und die Not abzuwehren. Sie sorgte für Kirchen und Spitäler, da sie für die eigene Person jeden Aufwand ablehnte und nur einen sparsamen Hausstand führte.
Nach dem Tode Kaiser Heinrichs und der Wahl des neuen Königs, zog sich Kunigunde in das von ihr gestiftete Kloster

Kaufungen bei Kassel zurück. Am Todestag ihres Gemahls trat sie nach dem Gesang des Evangeliums in vollem kaiserlichem Schmuck (die Reichskleinodien hatte sie an König Konrad II. nach seiner erfolgten Wahl übergeben) vor den Altar, legte Purpurmantel und ihre Krone zu Füßen des Kreuzes nieder, empfing das Nonnengewand der Benediktinerinnen und lebte von nun an als Nonne. Sie verrichtete als solche jegliche Arbeit und erwartete keinerlei besondere Aufmerksamkeit. Als sie in ihrer Sterbestunde bemerkte, daß man ein golddurchwirktes Bahrtuch für sie vorbereitete, lehnte sie dies ab und wünschte, daß ihr Leib nur mit Linnen bedeckt werde. Sie wurde an der Seite ihres „Herrn und Bruders“ Heinrich im Bamberger Dom beigesetzt.

GODEHARD
*** um 960 † 5. 5. 1038**

Im Bistum Passau geboren, empfing Godehard seine erste Ausbildung im Kloster Altaich, wo sein Vater als Verwalter tätig war. Den Büchern und dem Gesang galt früh sein Interesse, doch wandte er sich später besonders der Kunst des Schreibens zu. Er schuf ein Evangelienbuch von großer Schönheit. Weitere Ausbildung erhielt er in der Domschule in Salzburg. Mit dreißig Jahren legte er die Mönchsgelübde ab und wurde 996 Abt in Altaich. In kurzer Zeit reformierte er dies Kloster, erneuerte Gebäude, ließ Weinberge, Obstgärten und Fischteiche anlegen. Dabei arbeitete er stets auch selbst mit. Doch die geistlichen Übungen durften darüber nicht vernachlässigt werden. Manche Nacht verbrachte er mit Psalmensingen.
Nach dem Beispiel von Altaich reformierte Godehard nach der Benediktinischen Regel noch manche Klöster, gegen den heftigen Widerstand der Mönche in Hersfeld auch deren ziemlich heruntergekommenes Kloster. Als sie sich nicht fügen wollten, mußten sie Hersfeld verlassen. Godehard wußte genügend Brüder in Altaich, die seine segensreiche Arbeit schon kannten. Später kamen auch die früheren Hersfelder reumütig

zurück. Ihre Einzelwohnungen waren inzwischen abgerissen und Gemeinschaftsräume geschaffen, prunkvolles Metall eingeschmolzen und zur Unterstützung der Armen verwendet worden.

Von 1012 an weilte Godehard wieder in seinem bayrischen Heimatkloster Altaich. Doch zehn Jahre später wurde er von Heinrich II., der ihn (wie es auch Kunigunde tat) sehr hochschätzte, als Bischof von Hildesheim bestätigt. Dort setzte er die künstlerische Arbeit Bernwards fort. Als ein unermüdlicher Bauherr hat er in etwas mehr als fünfzehn Jahren über dreißig Kirchen in seinem Bistum geweiht.

Er starb am Himmelfahrtstag, an dem Tag, den er der Legende nach als seinen Sterbetag angekündigt haben soll. „Leite unsere Füße auf den Weg des Friedens", waren seine letzten Worte.

HERMANN DER LAHME
* 18. 7. 1015 † 24. 9. 1054

In der Kirchengeschichte ist „Hermanus Contractus" aus Reichenau als Verfasser eines Geschichtswerkes, „Chronicon", bekannt, das mit Christi Geburt beginnt und in seinem eigenen Sterbejahr endet. Im Gegensatz zu anderen Historikern seiner Zeit berichtet er sehr unpolemisch und objektiv. Sein Lebensweg ist weithin unbekannt, obwohl man ihn nicht unberechtigt das „Wunder des 11. Jahrhunderts" genannt hat.

Hermann Graf zu Althausen in Oberschwaben, aus einem mächtigen und begüterten Geschlecht stammend, nannte man später „Contractus", das heißt den „Zusammengezogenen", weil er von Geburt an nicht nur lahm war, also das Gehen nicht lernen konnte, sondern weil alle seine Glieder verkrümmt waren und so verkehrt zueinander standen (auch die Hände), daß es schon ein Wunder war, wie er überhaupt schreiben lernen konnte. Der Verwachsene vermochte sich nicht einmal ohne fremde Hilfe zu drehen, viel weniger zu bewegen. Er konnte nur in einem Tragstuhl verkrümmt hocken. Dazu kam wohl

noch ein Wolfsrachen, mit halblahmer Zunge. In früheren Zeiten hätte man solch ein Kind nach der Geburt ausgesetzt. Die frommen Eltern nahmen ihren Sohn aber mit viel Liebe an und förderten ihn auf alle erdenkliche Weise. Der Bruder der Mutter, Benediktiner in Reichenau, vermittelte Hermanns Aufnahme in dies durch Gelehrsamkeit, Kunst und Fleiß berühmte Kloster. Hier besuchte er die Schule und wurde auf allen Wissensgebieten hochgebildet. Als ein Künstler mit sehr wachen Augen half er den schreibenden und malenden Mönchen durch manche Anregungen und helfende Kritik bei den auf der Reichenau hergestellten besonders schönen und einmaligen Buchillustrationen und Initialen.
Hermanus Contractus begann dann auch selbst zu forschen und Klosterschüler zu unterweisen. Sein Biograph nahm häufig an seinem Unterricht teil und erzählt, wie er für die Knaben ein beredter und eifriger Lehrer war, voll Witz und Leben.
Sein persönliches Interesse galt auch der Mathematik. Er stellte Regeln der Rechenkunst übersichtlich zusammen. In der Astronomie berechnete er die Mondphasen, trotz seiner verkrüppelten Hände baute er ein Instrument, mit dessen Hilfe man den Stand der Gestirne berechnen konnte. Er schrieb darüber hinaus auch Gedichte und liebte die Musik. Beim Gottesdienst der Mönche saß er ohne Bewegung an seinen Stuhl gebannt und stimmte doch voller Freude in den Lobgesang ein.

GOTTSCHALK DER WENDE
*** um 1010 † 14. 6. 1066**

Die Geschichte Gottschalks, Herzog der Wenden, ist mit kriegerischen Ereignissen verbunden. Im Michaelskloster in Lüneburg christlich erzogen, kehrte er nach der Ermordung seines Vaters durch einen Sachsen wieder zum alten Glauben zurück und schwor tausendfache Rache. Herzog Bernhard aus Sachsen besiegte ihn und nahm ihn gefangen. Er schätzte den tapferen, jungen Wendenfürsten. Weil er verhindern wollte, daß dieser durch die Blutrache selbst ums Leben käme, schenkte er ihm die Freiheit. Außerdem verzichtete er seinerseits auf weitere Kampfhandlungen. Gottschalk wandte sich daraufhin wieder dem Christentum zu. Sein Traum war ein wendisches Großreich. Er konnte seine Herrschaft bis nach Holstein und über Mecklenburg bis nach Pommern erweitern. Zur Christianisierung dieses großen Gebietes suchte der Herzog die Hilfe des Erzbischofs Adalbert von Bremen. Priester und Mönche kamen, Kirchen und Klöster wurden gebaut. Leider sprachen die meisten Priester nicht Wendisch. Deshalb hat Gottschalk oft selbst in den Gottesdiensten als Übersetzer oder auch als Prediger gewirkt. So schien das christliche Leben gut voranzukommen. Doch Haß gegen die deutschen Sachsen und den Bremer Erzbischof hatte sich angestaut. Während eines Aufstandes im Jahre 1066 bei Lenzen wurde Gottschalk ermordet. Außerdem zerstörte diese Erhebung das bisher Erreichte fast völlig. Viele Menschen mußten ihr Leben lassen. Lange Zeit blieb nun das Gebiet umstritten. Erst im 12. Jahrhundert gelang es vor allem den Zisterziensern und Prämonstratensern, die Wenden endgültig für das Christentum zu gewinnen. 1147 hatte der unselige „Wendenkreuzzug" stattgefunden, der unter dem Motto stand: „Ausrottung oder Bekehrung!" Doch eigentlich störte er nur die friedliche Missionsarbeit und forderte neue Opfer unter der Bevölkerung. Ein großer Teil von ihnen war schließlich vernichtet worden, den Überlebenden wurde das Christentum aufgenötigt.

ANSELM VON CANTERBURY
* um 1033 † 21. 4. 1109

Als Sohn eines lombardischen Edelmannes wurde Anselm in Aosta in Piemont geboren und von seiner Mutter Ermenberga fromm erzogen. Mit fünfzehn Jahren wollte er schon in ein Kloster eintreten, doch sein Vater war dagegen. Erst nach dem Tode der Mutter und nachdem er den Vater verlassen hatte und ziellos durch Frankreich gewandert war, trat er 1060 in das durch die wissenschaftliche Arbeit Lanfranks berühmte

Kloster Bec in der Normandie ein. Bald wurde er Prior und Vorsteher der Klosterschule, im Jahre 1076 Abt. Seine geistige Überlegenheit und asketische Frömmigkeit verbanden sich mit brüderlicher Liebe in der Leitung der Mönche und Schüler. Viele begehrten seinen Rat, fremde Klöster seinen Besuch. Er war auch ein bedeutender Seelsorger und Prediger. Seine Briefe und Schriften sind beredte Zeugnisse seines Lebens. Berühmt wurden seine hervorragenden wissenschaftlichen Werke. In ihnen verbindet sich scharfes Denken mit tiefster Frömmigkeit.
Das Dasein Gottes und die Wahrheiten des christlichen Glaubens wollte Anselm durch Vernunftschlüsse beweisen. So wurde er einer der Väter der Scholastik. Blindes Vertrauen zu der zwingenden Kraft des dialektischen Beweises, zur absoluten Vernünftigkeit der kirchlichen Dogmen führte ihn zur Erkenntnis des sogenannten kosmologischen Gottesbeweises, auch ontologischer Gottesbeweis genannt, der den Toren von der Existenz Gottes überzeugen sollte: Von der Vorstellung des allervollkommensten Wesens wird auf dessen Existenz geschlossen.
Ab 1094, nachdem er ein Jahr vorher Erzbischof von Canterbury geworden war, arbeitete Anselm an seinem Hauptwerk „Warum wurde Gott Mensch?“ (Cur deus homo?). Meist schrieb er in der Verbannung, in die er zweimal geschickt wurde, da er sich mit dem rücksichtslosen, brutalen König Wilhelm dem Roten nicht vertrug. Anselm kämpfte um die Freiheit der Kirche, gegen die Investitur, bis er schließlich einen Vergleich erreichte. In seinem letztgenannten Werk verwarf er die Lehre, daß der Mensch vom Teufel notwendig losgekauft werden müßte. Er lehrte dagegen die stellvertretende Genugtuung durch Christus, die Notwendigkeit der Menschwerdung Gottes (Inkarnation). Letzteres bewies er aus der Vernunft. Doch war er sich dabei dessen bewußt, daß zum Erfassen der göttlichen Geheimnisse Erleuchtung durch Gott nötig sei, der Glaube trotzdem aber mit dem Denken verbunden bleiben müsse. Anselms Fassung des Werkes Christi als Genugtuung (Satisfaktion) hat sich im Mittelalter rasch durchgesetzt.

MORANDUS
† 3. 6. 1115

Morandus (althochdeutsch: „mutiger Schildträger") stammte aus der Gegend von Worms und sollte sowohl auf Wunsch der gottesfürchtigen Eltern als auch auf Grund seiner Begabung Geistlicher werden. Daher wurde er in früher Jugend in die Domschule zu Worms geschickt. Zum Priester geweiht, nahm er Abschied von den Seinen und machte sich zu einer Wallfahrt nach Santiago di Compostella in Spanien auf, dem neben Jerusalem und Rom damals berühmtesten Wallfahrtsort. In Burgund kehrte Morandus im Kloster Cluny ein und wurde von dem zuchtvollen Leben mit seinen Gottesdiensten und auch von einem Gespräch mit dem Abt Hugo tief ergriffen. Auf seiner Rückkehr legte er im gleichen Kloster die Mönchsgelübde ab. In der Auvergne wartete auf ihn vielfältige Arbeit, doch er sollte noch eine besondere Aufgabe erhalten.
Um 1105 hatte der Graf von Pfirt der Abtei die Christophskirche mit dem dazugehörigen Kloster Altkirch vermacht, um eifrige Diener Gottes statt der bisherigen untüchtigen Chorherren zu gewinnen. Abt Hugo entsandte auch alsbald eine kleine Mönchsgemeinschaft, deren Brüder leider alle der Landessprache unkundig waren. Graf und Prior des Klosters Altkirch baten darauf erneut den Abt von Cluny um Hilfe, wenigstens einen des Deutschen mächtigen Mönch zu schicken. Da entsann sich Hugo des deutschen Priestermönchs Morandus, rief ihn nach Cluny ins Stammkloster und entließ ihn mit seinem Segen zur neuen Aufgabe an den Rand der Vogesen. In Sommerhitze und Winterkälte durchwanderte Morandus barhäuptig das ihm anvertraute Gebiet, predigte in den Dörfern, lehrte die Kinder, rief die Sünder zur Buße, pflegte die Kranken und nahm sich aller Notleidenden und Sterbenden an. Bald suchte man ihn, der inzwischen Prior des Klosters geworden war, immer häufiger auf, vor allem weil er für alle ein offenes Ohr hatte. So gewann er Zuneigung und Vertrauen. Die Legende berichtet auch von der Gabe der Heilung, die ihm, dem „Apostel des Sundgaues", geschenkt gewesen sei.

NORBERT VON XANTEN
• um 1085 † 6. 6. 1134

Xanten am Niederrhein, Sitz des Adelsgeschlechts von Gennep, war Norberts Geburtsort. Dort erhielt er eine seinem Stande angemessene Erziehung und lebte dann zunächst weltmännisch am Hof des Erzbischofs von Köln. Bischof von Cambrai zu werden, lehnte er ab.

Er war dann Domherr von St. Viktor in Xanten. Einmal ritt er mit seinen Knappen in die Nachbarschaft und geriet in ein schweres Unwetter. Sein Pferd scheute bei einem Blitz und warf ihn ab, so daß er bewußtlos liegenblieb. Dieses Erlebnis führte zur entscheidenden Wende im Leben des Dreißigjährigen. Er ließ sich zum Priester weihen, wurde Einsiedler und dann Wanderprediger. Er wollte apostelgleich und dem Evangelium gemäß leben und wirken. Als man ihn in Fritzlar verklagte, er gäbe sich durch sein einfaches Gewand asketisches Ansehen, besitze aber in Wahrheit Pfründen und Güter, gab er seinen gesamten Besitz weg und machte sich zu Wanderpredigten auf.

Im Jahre 1119 fand er zwischen Laon und Reims im Bergwald ein Tal, das ihm für sich und seine Gefährten, die sich ihm unterwegs angeschlossen hatten, als Heimstätte geeignet zu sein schien. Er nannte den Ort „Praemonstratum" und schuf eine strenge Regel. Die Prämonstratenser sollten klösterliche Einkehr, Studium und geistliche Übung mit dem Wirken in der Welt und dem Zeugnis des Evangeliums unter Christen und Nichtchristen verbinden. Nach einer Predigt, die Norbert auf dem Reichstag zu Speyer gehalten hatte, ernannte Kaiser Lothar ihn zum Erzbischof von Magdeburg. In einfacher Kutte und barfuß zog er in seinen Bischofspalast ein.

In wenigen Jahren (ab 1126 war er Bischof) beseitigte er mit Geduld und Tatkraft alle vorhandene Unordnung. Dem Orden der Prämonstratenser tat sich im Grenzgebiet unter Wenden und Slawen ein weites Arbeitsfeld auf. Achtzig Jahre nach der Stiftung zählte der Orden über tausend Niederlassungen, darunter die Domstifte in Ratzeburg, Havelberg und Brandenburg. Der Papst hatte Norbert auch alle Bischöfe des ostelbischen Gebietes unterstellt. Zum Wesentlichen seines Ordens hatte Norbert bestimmt, daß Laienbrüder die äußeren Geschäfte der Klöster der Prämonstratenser besorgten, während die geistlichen Ordensbrüder die Pflege des Gottesdienstes, Seelsorge und Predigt als Hauptaufgaben zu betrachten hatten, verbunden mit persönlicher Askese und wissenschaftlicher Arbeit. An der Spitze des Ordens sollte ein Generalabt stehen, der Abt von Premonté. Alljährlich wurde dort ein Generalkapitel abgehalten. Das zweite Mutterkloster des Ordens wurde das Kollegiatstift zu St. Marien in Magdeburg.

OTTO VON BAMBERG
* um 1060 † 30. 6. 1139

Otto von Mistelbach stammte von der Schwäbischen Alb. An der Domschule in Eichstätt erzogen, wurde er an den Hof des polnischen Herzogs Wladislaw Hermann gerufen, dessen Frau Judith eine Schwester Heinrichs IV. war. Er wirkte dort als Hofkaplan, Geheimschreiber und zugleich auch als Lehrer. Von Gnesen aus wurde er in Speyer Kanzler Heinrichs und von 1102 ab Bischof von Bamberg. In Speyer hatte er noch den schönsten romanischen Dom am Rhein zur Vollendung geführt.
Im Streit zwischen Kaiser und Papst um die Investitur übte er Zurückhaltung, da er ein Mann des Friedens und des Ausgleichs war. Er lebte als Kirchenführer wenig aufwendig und schränkte die eigenen Bedürfnisse sehr ein. Während einer Hungersnot öffnete er die Kornkammern und verhütete damit zugleich Bettelei.
Um das Jahr 1120 hatte der Herzog Boleslaw die Pommern unterworfen und wollte sie zum Christenglauben bekehren. Ein dazu berufener spanischer Eremit und Bischof aus Italien, Bernhard, wurde vertrieben. Daraufhin wandte sich der polnische Herzog an den Bamberger Bischof, der ihm noch aus der Jugend bekannt war. Da Otto dem Eremiten Bernhard in dem von ihm gegründeten Benediktinerkloster auf dem Michaelsberg in Bamberg Zuflucht gewährt hatte und sein Schicksal

kannte, beschloß er, mit der Würde und dem Glanz eines Reichsfürsten einen Missionszug zu unternehmen. Meßgewänder in großer Pracht, Paramente, Kelche und schöne Altargeräte sowie Bücher dienten zu seiner Repräsentation. 1124 missionierte Otto in Pyritz, wo sich nach einer Woche Predigt und Unterweisung sehr viele taufen ließen. Als er nach etwa drei Wochen weiterzog, ließ er zwei Priester zurück. Ähnlich verfuhr er auch in anderen Gegenden.

1128 schien ihm eine zweite Reise angeraten zu sein. Sie führte ihn jetzt über Magdeburg und Havelberg bis an die Peene nach Demmin, wo er Kriegsgefangene loskaufte und den Priester Albin zurückließ. Bald darauf, Pfingsten 1128, erschien er auf dem Landtag in Usedom. Alle anstehenden Probleme konnten geordnet werden. Ottos wichtigster Grundsatz bei seinem Missionswerk war, daß er wohl die Taufe als Zeichen der Glaubensübernahme forderte, doch dem einzelnen gegenüber jeden Zwang verwarf: „Gott will nicht abgenötigten, sondern freiwilligen Dienst.“

HUGO VON ST. VIKTOR
* um 1097 † 11. 2. 1141

Hugo von St. Viktor stammte vermutlich aus dem Geschlecht der Grafen von Blankenburg und Regenstein am Harz. In dem bei Halberstadt gelegenen Kloster Hamersleben erhielt er seine Erziehung, bei der er sich durch große Wißbegier auszeichnete. Er übte sich oft im Angreifen und Verteidigen während der Diskussion. Mit Kohle zeichnete er geometrische Figuren auf den Boden, um die Geheimnisse der Meßkunst zu erkennen, und beobachtete den Lauf der Gestirne. Mit achtzehn Jahren verließ er die Klosterschule und unternahm in Begleitung seines Onkels Hugo von Halberstadt eine Bildungsreise nach Frankreich. In Paris traten beide in das berühmte Stift St. Viktor ein. Noch einmal nutzte Hugo die Gelegenheit zu einer gründlichen Ausbildung und wurde dann selbst Lehrer. Acht Jahre lang war er Leiter der Schule.

7 4331

Die reifste Frucht seiner Gedanken finden wir in seinem Werk „Die Geheimnisse des Glaubens", einer großangelegten Dogmatik, die er ein Jahr vor seinem Tode vollendete. In den Ausführungen verbinden sich denkerisches Bemühen, innere Anschauung und mystische Tiefe. Er unterschied zweierlei Lehren der Kirche: diejenigen, die mit der Vernunft zu erfassen sind, und solche, die über die Vernunft gehen, zu denen zuerst der Wille ja sagen muß, ehe sie erkannt werden können. Dazu gibt es drei Arten von Glaubenden: Einige glauben in einfach frommer Hingebung, andere sind sich der Vernunftgründe ihres Glaubens bewußt. Noch andere fangen in der Reinheit ihres Herzens innerlich an zu schmecken, was sie glauben ... Weiter lehrte Hugo: Der Christ schreitet vom einfachen Glauben zur Erkenntnis, bis er das Geglaubte und Erkannte in seliger Schau zu genießen beginnt. Hier finden wir Anklänge an die Mystik. Hugo von St. Viktor sagte seinen Schülern: „Demut ist der Grund und Anfang alles Wissens ... Die Liebe zur Weisheit kommt dem Menschen von Gott, der ihn auf solche Weise zu sich zurückrufen möchte, so daß das Studium der Weisheit eine Art Freundschaft mit Gott zu sein scheint ..." Das „Geheimnis des Glaubens" enthüllt sich erst jenseits des Todes ganz. „Die menschliche Dreiheit: Geist (cogitatio), Weisheit (meditatio), Liebe (mystische Vereinigung) geht dann völlig auf in der göttlichen Trinität."

BERNHARD VON CLAIRVAUX
* 1091 † 20. 8. 1153

Bernhards Geburtsort war Fontaines bei Dijon. Der später oft kränkliche Asket glühte von einer inneren Leidenschaft, die seiner mystischen Jesusliebe entsprang und eine nach innen und nach außen dynamische Ausstrahlungskraft besaß. Diese Kraft gewann die Menschen. Das zeigte sich schon, als er 1111 mit vierundzwanzig (oder dreißig) Gefährten um Aufnahme in das Kloster Citeaux bat, wo sie nach Ablegung der Gelübde in die strenge Zucht des Abtes genommen wurden.

Nach zwei Jahren wurde Bernhard beauftragt, mit zwölf Brüdern in einem finsteren Tal ein neues Kloster zu gründen. Es wurde zum „Lichttal", Clairvaux (clara vallis). Nur eine Stunde durften die Mönche dort am Tage miteinander reden; sechs Stunden waren für den Schlaf, sechs Stunden für das Gebet bestimmt; in der übrigen Zeit verrichteten sie Feldarbeit.
Auf Päpste und Bischöfe, auf Könige, Ritter und schlichte Menschen hatte Bernhard in gleicher Weise Einfluß. Die beiden Gegenpäpste brachte er nach acht Jahren dazu, sich zu verständigen. Seine von brennender Liebe und demütigem Glauben erfüllten Predigten, die er auf päpstliche Bitte zum zweiten Kreuzzug hielt, veranlaßte viele mitzuziehen. Bernhard trieb der Gedanke, daß das Land, das Jesu Füße betreten hatten, nicht von ungläubigen Sarazenen besetzt bleiben dürfe. Bei der Predigt zum Wendenkreuzzug 1147 meinte er, die Ehre Jesu verlange die Ausbreitung seines Reiches. Doch welch schreckliche Irrtümer sind hier im Denken und Empfinden dieses großen Predigers zu finden! Hatte Jesus seine Jünger nicht gelehrt, das Schwert in die Scheide zu stecken und Friedensstifter in der Welt zu sein? Beide Kreuzzüge forderten unzählige Opfer und endeten unglücklich.
In seinen Schriften und Briefen betonte Bernhard als Zeuge des Evangeliums, daß nur die Gnade Gottes gläubig und also selig mache. Man müsse in der Demut bleiben. Diese Haltung forderte er auch vom Papst. Statt Prunk Armut, statt weltlichem Herrschaftswillen sollte er demütige Dienstbereitschaft zeigen. Bernhard selbst lebte, immer von starkem Glauben und von der Liebe zu Gott und den Menschen erfüllt, in tiefer Innerlichkeit, so daß er auch die Welt um sich vergessen konnte und im Schweigen und in mystischen Gedanken versank. Von den Hymnen, die von ihm erhalten sind, hat die Verszeile „Salve caput cruentatum" Paul Gerhardt zu dem Passionschoral „O Haupt voll Blut und Wunden" angeregt.

VICELIN
* um 1090 † 12. 12. 1154

Vicelin (Vicelinus), geboren in dem Dorf Quernhameln an der Weser, wurde nach dem frühen Tod der Eltern auf der Burg Polle bei Holzminden aufgezogen und von einem Kaplan unterrichtet, vor dem er später nach Paderborn flüchtete. An der dortigen Klosterschule war der berühmte Magister Hartmann sein Lehrer, der ihn bald zu seinem Helfer bestellte und Jahre später nach Bremen empfahl, wo er sich als Scholastikus und Leiter der Domschule bewährte. Um 1126 empfing Vicelin die Priesterweihe und bald danach durch Erzbischof Adalbert den Auftrag zur Wendenmission in Wagrien, das zum Bremer Sprengel gehörte. Vorher lebte er noch drei Jahre in Frankreich und vertiefte seine Bildung.

Begleitet von zwei Gefährten, dem Hildesheimer Kanoniker Rudolf und dem Verdener Ludolf, suchte er im Herbst 1126 den Abodritenfürsten Heinrich auf, den Sohn des bei Lenzen erschlagenen Fürsten Gottschalk, um in seinem Gebiet mit der Predigt des Evangeliums zu beginnen. Dafür wurde als Zentrum die Kirche in Alt-Lübeck bestimmt. Doch noch vor Beginn der Missionstätigkeit wurde der Fürst im März 1127 ermordet. Vicelin wurde Pfarrer in Wipenthorp, dem späteren Neumünster.

Vicelin war ein kleiner, unansehnlicher, kahlköpfiger und wortkarger Mann. Doch wenn er predigte, strömten die Leute von weither zusammen und lauschten hingerissen seinen Worten. Er gründete bald das Domherrenstift „Neumünster", wo sich Priester und Laien um ihn scharten, doch mit der Christianisierung des Landes ging es nur langsam voran. Nach der Eroberung von Plön wurde vom Grafen von Holstein, Heinrich von Badewide, eine gewisse Sicherheit gewährleistet. Allmählich wurden so mehr als zwanzig Kirchen vom „Apostel Wagriens" gegründet.

Der unglückselige „Wendenkreuzzug" weckte nur den Haß gegen das Evangelium und zerstörte fast alle guten Anfänge. Vicelin wurde 1149 noch zum Bischof von Oldenburg in Holstein berufen. Dadurch entstanden Schwierigkeiten mit Heinrich dem Löwen, der jedoch später sein Unrecht mit der Schenkung des Inseldorfes Bosau im Plöner See gutmachen wollte. Vicelin konnte noch in der fast vollendeten Kirche die erste Messe halten. Kurz danach wurde er in Neumünster vom Schlag getroffen, der ihn über zwei Jahre an das Krankenlager fesselte.

THOMAS BECKET
*** 21. 12. 1118 † 29. 12. 1170**

Als Sohn einer normannischen Kaufmannsfamilie in London geboren, wurde Thomas Becket nach Vollendung seines Rechtsstudiums in Italien und Paris beim Erzbischof Theobald in Canterbury Geistlicher und bald schon Archidiakon. Mehrfach bewährte er sich bei Aufträgen in Rom und wurde schließlich auf Vorschlag des Erzbischofs vom damals zweitmächtigsten Herrscher Europas, dem normannischen König Heinrich II., zum Kanzler berufen. Bald war er so mit dem König verbunden, daß er vielen als Verräter der Kirche und Parteigänger der Krone erschien, wollte Heinrich doch die Kirche in ihren Privilegien stark beschneiden und von der Gesamtkirche trennen, ihre Diener sogar dem weltlichen Gericht unterstellen. Eine Appellation an den Schiedsspruch des Papstes sollte nicht mehr möglich sein.
Als Thomas 1163, nach dem Tode des Erzbischofs Theobald, zu dessen Nachfolger berufen wurde, veränderte sich sein Wesen. Er wurde zu einem asketischen Heiligen, einem Kirchenfürsten im Mönchsgewand. Nun war er bereit, die Freiheit der Kirche mit dem Einsatz seines Lebens zu verteidigen. Als am 1. Oktober 1163 Heinrich die Bischöfe seines Reiches in der Westminsterabtei zum freiwilligen Verzicht auf viele bisherige Rechte ihres Standes bringen wollte, widerstand Thomas, während die meisten gefügig waren. Der König versuchte daraufhin, den Erzbischof mehr und mehr zu isolieren. Er ließ in Clarendon durch eine Versammlung weltlicher und geistlicher Würdenträger in sechzehn Konstitutionen die kirchliche

Gerichtsbarkeit einschränken und den nationalen Charakter der englischen Kirche stark betonen. Die Urkunde wurde dem Erzbischof zur Unterschrift vorgelegt, doch er verweigerte seine Zustimmung. Wegen angeblicher Veruntreuung von Staatsgeldern wollte der König Becket ins Gefängnis werfen lassen. Thomas entzog sich dem Zugriff durch Flucht, da er meinte, daß noch größere Aufgaben vor ihm lägen. Am Allerseelentag 1169 brachte ihn ein kleines Segelboot an die französische Küste. Als auch der Papst endlich im Jahre 1170 England den Kirchenbann androhte und der König einlenkte, kehrte Thomas nach Canterbury zurück, wurde aber schon Ende des Jahres von vier Rittern, die ein unbedachtes Wort des Königs offenbar zu ihrer Tat bewog, in seiner Kathedrale an den Stufen des Altars vor Beginn der Vesper ermordet. Man berichtete von Wundern an seinem Grab. Schon 1174 wurde Thomas Becket als Märtyrer heiliggesprochen.

HILDEGARD VON BINGEN
* 1098 † 17. 9. 1179

Hildegard von Bingen aus Bermersheim bei Alzey (Rheinhessen) war eine der bedeutendsten Frauen des deutschen Mittelalters. Als kränkliches Kind wurde sie von Nonnen im Kloster Disibodenberg erzogen. Im Jahre 1136 berief man sie zur Meisterin des Nonnenkonvents. Die biblischen Lektionen in den Gottesdiensten und religiösen Übungen, die das Leben der Nonnen erfüllten, gaben ihr einen großen Schatz nicht nur an Gedanken, sondern auch an Vorstellungen und Anschauungen, eine Fülle von geheimnisvollen, reichen Bildern. Mit allen Sinnen lebte sie auch in der sie umgebenden Natur. Sie sah in der Schöpfung eine Gottesoffenbarung voll Harmonie und innerer Zweckmäßigkeit und meinte, die mannigfachen Kräfte Gottes in seinen Werken zu spüren. Sie diente den Armen und mit Heilkräutern auch den Kranken. Man hat sie deshalb die erste deutsche Ärztin genannt. Zahlreiche Visionen zeichnete sie auf. So wurde sie zur berühmten Schriftstellerin und Brief-

schreiberin, die mit ungezählten Menschen ihrer Zeit verbunden war.
1148 gründete sie das Kloster Rupertsberg bei Bingen, später, als Äbtissin, ein Tochterkloster in Eibingen bei Rüdesheim. Am Alter verließ sie vorübergehend das Kloster zu zwei großen Predigtreisen, auf deren Wanderungen sie nach Franken (Ingelheim, Mainz, Frankfurt, Würzburg bis Bamberg) und nach Schwaben (Hirsau, Maulbronn, Zwiefalten, Kirchheim) kam. Den Inhalt ihrer auf einzelne wie auf Massen von Gläubigen wirksamen Predigten empfing sie in der Schau des „lebendigen Lichtes". Auch bezog sie die Welt um sich mit ein, die Hennen und die Hunde, das Durchsieben des Getreides, den kleinen Kalender, den rückwärts gehenden Krebs. Gott zur Ehre und den Menschen zum Dienste wollte sie leben. Sie schrieb neben Hymnen das Werk „Wisse die Wege", in dem sie die weiten Straßen der Liebe Gottes aufzeigte, auf denen diese göttliche Liebe von Anbeginn die Menschen heimzuholen trachte.

III

VON PETRUS WALDUS BIS GIROLAMO SAVONAROLA

13.–15. Jahrhundert

1217 Petrus Waldus
1226 Franz von Assisi
1231 Elisabeth von Thüringen
1243 Hedwig von Schlesien
1253 Klara Sciffi
1272 Berthold von Regensburg
1274 Thomas von Aquino
1274 Johannes Bonaventura
1280 Mechthild von Magdeburg
1280 Albertus Magnus
1327/1328 Meister Eckhart
1361 Johannes Tauler
1366 Heinrich Seuse
1373 Birgitta von Schweden
1380 Katharina von Siena
1381 Jan van Ruysbroek
1384 Geert Groote
1384 John Wiclif
1415 Johannes Hus
1416 Hieronymus von Prag
1471 Thomas von Kempen
1487 Nikolaus von der Flüe
1498 Girolamo Savonarola

PETRUS WALDUS
* um 1140 † um 1217

Der einst reiche Kaufmann aus Lyon wurde im Jahr der Hungersnot, 1176, durch Bibellesen, durch das Lied eines Spielmanns vom heiligen Alexius und durch die Antwort eines von ihm befragten Magisters, der ihn auf Jesu Wort an den reichen Jüngling hinwies, zum Ideal apostolischer Armut bekehrt. Seinen Grundbesitz überließ er seiner Frau und sorgte für die Ausstattung seiner beiden Töchter. Alles übrige aber verschenkte er an die Armen und Hungernden und lebte fortan selbst in völliger Armut und auch ohne Beruf. Sein Dienst wurde die Verkündigung, insbesondere die der Bergpredigt. Allmählich folgten andere Kaufleute seinem Beispiel, und es entstand in Jahresfrist eine Bruderschaft evangelischer Armut, nach der aus dem Orient gekommenen dualistischen Sekte der Katharer die zweite große „Ketzergemeinschaft" des 12. Jahrhunderts, die durch lange Zeit hindurch zu einer großen, in Europa weitverbreiteten, viel und oft blutig verfolgten Geheimkirche wurde und bis heute noch in geschlossenen Gemeinden als evangelische „Waldenser" besonders in Westdeutschland, Frankreich, Italien und in der böhmischen Brüderkirche fortlebt.

Zuerst nannten sie sich die „Pauperes Christi" (Armen Christi) oder „Pauperes spiritu" (Armen des Geistes). Sie übten eine besondere Anziehungskraft wegen ihres armen, vorbildlichen Lebens und ihrer öffentlichen Laienpredigten in der Volkssprache aus. Nach und nach übersetzten sie auch Teile der Bibel in ihre Muttersprachen. Gerade dies aber erregte beim Klerus den Unwillen. Der Bischof von Lyon wollte die Bewegung verbieten. Das Laterankonzil von 1176 verweigerte zwar die erbetene Predigterlaubnis, dagegen wurde ihr Armutsideal bestätigt. Auch nach der Vertreibung 1182 aus Lyon und der Exkommunikation auf dem Konzil von Verona 1184 zogen sie zu zweit durch die Lande. Sie trugen eine „apostolische Tracht" und erkannten sich untereinander an einem geheimen Gruß. Überall predigten sie Buße und Armut und wandten sich allmählich auch gegen die Irrtümer der Kirche:

die Lehre vom Fegefeuer, vom Ablaß und von den Seelenmessen.

FRANZ VON ASSISI
* 1181/1182 † 3. 10. 1226

In dem Städtchen Assisi in Umbrien wurde Giovanni Bernardone als Sohn eines reichen Tuchhändlers geboren. Da seine Mutter aus der Provence in Frankreich stammte, nannte der Vater ihn meist seinen kleinen Franzosen, Francesco. Er wuchs reich, heiter und ausgelassen heran. Es war eine Zeit, in der gerade in den Städten um das Mittelmeer die schlimmsten sozialen Gegensätze bestanden, neben ständig wachsendem Reichtum gab es Armut, Krankheit und Elend.

Gewiß hatte Franz früh von den armen Bußpredigern um Petrus Waldus in Lyon gehört. Doch erst persönliche Erlebnisse brachten in seinem eigenen Leben die entscheidende Wende. Eine Stimme fragte ihn, der sich in jugendlicher Begeisterung an einem Feldzug beteiligte, wer ihm Besseres geben könne, der Herr oder der Knecht. Er antwortete: „Der Herr." „Warum suchst du den Knecht statt den Herrn? Kehr heim!" Plötzlich (etwas später) kam der „Tag der Vermählung mit der Armut", der 24. Februar 1208. Er begab sich nach Rom und lebte als Bettler verkleidet unter Bettlern, verschenkte sein Geld, küßte einem Aussätzigen die Hand und pflegte die Kranken im Aussätzigenhospital. Dann besserte er Kapellen aus und hörte dabei in Portiuncula die Aussendungsrede Jesu, die für ihn der klare Ruf zur Nachfolge wurde. Er rief nun die Menschen zur Umkehr. Da er alle seine Habe den Armen verschenkt hatte, verstieß ihn sein Vater. Zuvor hatte dieser noch einen Prozeß gegen ihn angestrengt. Franziskus sprach: „Von jetzt an sage ich nicht mehr Vater Piedro, sondern Vater unser, der du bist im Himmel."

Bald schon fanden sich Gefährten, die wie er für ihr Essen arbeiteten, sonst aber alles den Armen schenkten. Die ersten, die mit ihm zogen, waren ein Jurist, ein Domherr, ein Bauernbursche und ein Edelmann aus Assisi. Dem Orden, den er zu gründen vorhatte, gab er eine strenge Regel, die er dem Papst vorlegte. Innocenz erkannte, daß gegen die ketzerischen Armutsbewegungen der Katharer und der Waldenser eine kirchlich sanktionierte gestellt werden müßte. So gab er den Brüdern die Erlaubnis zur Ordensgründung und zum Halten von Bußpredigten, doch zu keiner weiteren Auslegung der Heiligen Schrift. Die Brüder nannten sich „Minoriten" (die Minderen), nach dem Tode des Stifters wurden sie Franziskaner genannt.

Franziskus, der allezeit Demütige und Fröhliche, legte bald, nachdem Tausende zum Orden gefunden hatten, das Ordensgeneralat in andere Hände, um ständig in dienender Liebe für die Elenden, Kranken und Aussätzigen dasein zu können.

Freude an der Natur machte ihn zum Dichter. Im Sommer vor seinem Tode schuf er den „Sonnengesang", sein Preislied auf Schöpfer und Schöpfung.

ELISABETH VON THÜRINGEN
* 1207 † 17. 11. 1231

Elisabeth war die Tochter des Königs Andreas von Ungarn, der zusammen mit seiner Familie der unruhigen Verhältnisse wegen nach Süddeutschland geflüchtet war. Die Mutter, aus dem bayrischen Grafengeschlecht Andechs-Meran stammend, wurde ermordet, Elisabeth im Alter von vier Jahren als zukünftige Braut des jungen Landgrafen Ludwig von Thüringen auf die Wartburg gebracht und dort erzogen. Die Nachricht vom gewaltsamen Tod der Mutter erschütterte sie tief. Ihre Vermählung mit vierzehn Jahren machte sie aber sehr glücklich. Sie wurde Mutter von drei Kindern. Nachdem Ludwig ein Kreuzzugsgelübde abgelegt hatte, begleitete sie ihn noch eine Tagereise und nahm dann bitteren Abschied. Tatsächlich erlag Ludwig von Thüringen noch in Italien dem Fieber.

Schon immer hatte Elisabeth die Armen in verschwenderischer Liebe beschenkt. Als sie von dem Armutsideal der in Eisenach eingezogenen Franziskaner hörte, sah sie ihren fürstlichen Reichtum als eine Anfechtung. Sie wollte wachen Gewissens an keinem Unrecht teilhaben und lebte ohne großen persönlichen Aufwand. Das Verhalten der Ritter, die rücksichtslos Abgaben eintrieben, tat ihr weh. Als ihr, neunzehn Jahre alt, der asketische Konrad von Marburg als Beichtvater beigegeben wurde, änderte sie ihren Lebensstil noch nicht. Doch nach dem Tod ihres Mannes floh sie von der Wartburg. Da sie in Eisenach niemand aufnehmen wollte, brachte sie ihre beiden älteren Kinder zu Verwandten. Ihr jüngstes Kind behielt sie vorerst bei sich. Schließlich begab sie sich nach Marburg, das ihr als Wittum zur „Herrschaft" übergeben worden war. Sie errichtete ein Franziskanerhospital und diente in der grauen Tracht der Tertiarerin (Laienschwestern der Franziskaner). Doch der fanatische Beichtvater und „Seelenführer" Konrad trieb sie zu immer neuer Askese. Sie fügte sich stets gehorsam. Er züchtigte sie auch, wenn sie in verschwenderischer Liebe weiterging, als Konrad gebot.

Sterbend sprach sie noch von Jesus und seiner himmlischen Geburt, fröhlich, als wäre sie nicht krank. Sie starb vierundzwanzigjährig, ein Opfer des Entsagungsideals ihrer Zeit. Schon vier Jahre später wurde sie heiliggesprochen.

Mechthild von Magdeburg, zeitgenössische Dichterin, schrieb über sie: „Gott hatte sie als Botin gesandt zu den verlorenen Frauen, die in Hoffart und Eigenliebe auf den Burgen sitzen. Es ist des Boten Recht und Verdienst, schnell dem Ziele zuzueilen."

HEDWIG VON SCHLESIEN
* 1174 † 13. 10. 1243

Geboren als Tochter des Grafen Berthold V. auf der Burg Andechs bei München, wurde Hedwig dem Prinzen Heinrich von Schlesien vermählt und im Jahre 1201 zur Herzogin erhoben. Ihre Liebe umschloß nicht nur den Mann und die sechs Kinder, sondern auch das Gesinde des großen Hofes. Sie suchte die

Kranken in ihren Stuben auf, brachte ihnen Heilmittel und sorgte mütterlich für ihr Wohl. Ein Kaplan mußte auf ihren Wunsch alle im christlichen Glauben unterweisen. Ihre Liebe galt auch ihrem ganzen Land mit allen seinen Bewohnern: Alteingesessenen und neuen Siedlern. Auf ihr Betreiben hin wurde das Bistum Breslau mit den Sprengeln Breslau, Glogau, Liegnitz und Oppeln begründet. Die Breslauer Domschule erhielt durch sie viele Stiftungen; Kirchen und Klöster wurden erbaut oder erweitert. Hedwigs wichtigste Gründung war das Zisterzienserinnenkloster Trebnitz. Wenn der Herzog außer Landes war, weilte Hedwig in der Tracht der Nonnen in Trebnitz. Stets hatte sie dreizehn Arme um sich, die sie in Verehrung gegen den göttlichen Erlöser und seine Apostel mit ihren Händen bediente und speiste. In ihrer Familie erlebte sie viel Leid. Die vom König von Frankreich verstoßene, jung verstorbene Agnes war ihre geliebte Schwester. Nachdem Philipp von Schwaben von dem um ihre Tochter Gertrud werbenden Pfalzgrafen Otto von Wittelsbach erschlagen worden war, wurde der Pfalzgraf gemeinsam mit Hedwigs Brüdern in die Acht getan. Die heimatliche Burg wurde geschleift. Ihre Schwester Gertrud, Königin von Ungarn, Mutter der heiligen Elisabeth, wurde ermordet. Von ihren sechs Kindern blieben nur zwei: Gertrud, Äbtissin von Trebnitz, und Heinrich, der 1241 bei Liegnitz in der Schlacht gegen die eingedrungenen Tataren fiel. Ihr Gatte, Herzog Heinrich I., starb 1238.
Hedwig wurde bald zum Vorbild der Caritas. Die Hedwigsschwestern arbeiten in den vielen Caritashäusern, die oft ihren Namen tragen.

KLARA SCIFFI
* 16. 6. 1194 † 11. 8. 1253

Der weibliche Zweig der Franziskaner, auch Orden der Klarissen genannt, wurde im Jahre 1212 begründet. Klara, aus dem Geschlecht der Sciffi in Assisi, wurde wohl in Florenz geboren. Sie begegnete als Vierzehnjährige bisweilen dem „Narren“

Franziskus, wenn er mit dem Bettelsack von Haus zu Haus ging. Erschüttert von seiner Predigt, nahm sie in der Fastenzeit des Jahres 1212 mit ihm Verbindung auf und berichtete ihm, daß ihre Eltern sie verloben wollten, sie aber bereit wäre, mit den Bettelmönchen den Weg in Armut zu gehen. Sie erbettelte in den Straßen Brot für die Armen, legte schließlich in die Hände des Franziskus ihr Gelübde ab und empfing von ihm in Portiuncula den Schleier. Bald fanden sich Gefährtinnen. In einem kleinen Kloster, San Damiano, mit dem Kirchlein, in dem Franziskus einst den Erlös für sein Lieblingspferd niedergelegt und an dessen Erneuerung er mitgearbeitet hatte, fanden die neuen Nonnen ihre erste Heimstatt. Er selbst hat auch, nachdem die Angehörigen sich zuerst sehr gegen den Entschluß ihrer Tochter Klara empört hatten, ihre Schwestern Agnes und Beatrix eingekleidet und schließlich nach dem Tode des Vaters auch ihre Mutter Ortolano.

Die Nonnen trugen zunächst alle ein rauhes Bußkleid, schliefen auf dem Boden, gingen barfuß und waren in ihrer freiwilligen Armut oft dem Verhungern nahe, doch allezeit fröhlich. Der Papst wollte sie zur Milderung ihres Lebens vom Gelübde der unbedingten Armut entbinden. Doch Klara wollte davon nichts wissen, da sie „die Perle der Jesusliebe", wie sie sagte, nicht zugleich mit der Sorge um irdischen Reichtum besitzen könne. Franziskus hatte es die Schwestern in einer kurzen Regel so gelehrt und ihnen die Armut anbefohlen. Innocenz III. bestätigte den Orden der Klarissen und ihre erste Ordensregel. Aber wie bei den Franziskanern verstand es Kardinal Ugolino auch bei den Klarissen, ihnen in einer neuen Regel, die der der Benediktiner ähnelte, die Klausur vorzuschreiben. Doch gab es später neben der vierten Regel (völlige Armut) noch eine fünfte, die Besitz gestattete. Klara blieb nach dem Stundengebet oft allein in der Kapelle zurück, um das „Flüstern Gottes" zu vernehmen.

Ihren Meister Franziskus überlebte sie um siebenundzwanzig Jahre. In ihrer letzten Stunde ließ sie sich die Leidensgeschichte des Herrn vorlesen und segnete danach ihre Schwestern.

BERTHOLD VON REGENSBURG
* um 1210 † 14. 12. 1272

Gewiß der gewaltigste Prediger in deutscher Sprache im Mittelalter war Bruder Berthold, dessen Lebensdaten kaum bekannt sind. Er ist sicher in Regensburg gestorben und begraben, vielleicht auch dort geboren. Von seinen Eltern wissen wir nichts. In jungen Jahren legte er die Mönchsgelübde bei den Franziskanern ab, die in Regensburg eine neue Niederlassung begründet hatten. Dort erhielt er eine gute Ausbildung, vor allem durch seinen Novizenmeister David von Augsburg, einem innig frommen, auf das Wohl der jüngeren Brüder väterlich bedachten Mann, mit dem er immer verbunden blieb, der ihn auch auf manchen späteren Predigtwanderungen begleitete. Wahrscheinlich in Paris hat er seine Ausbildung abgeschlossen. Er wurde zum Priester geweiht, schrieb theologische Werke, blieb aber in seiner Verkündigung immer volkstümlich. Er wirkte zuerst in Regensburg und Augsburg, dann aber in ganz Bayern und bald auch darüber hinaus. In mehr als zwanzig Jahren führten ihn Predigtwanderungen durch ganz Süddeutschland, an den Rhein, zum Elsaß und in die Schweiz. Dann wandte er sich nach Österreich, Böhmen, Mähren, Ungarn und Schlesien. Fast immer predigte er im Freien, auf Äckern und Wiesen, am Waldrand und an Bergabhängen. Der Eindruck, den seine Worte und seine Person machten, muß groß gewesen sein. Das zeigen Schilderungen seiner Zeitgenossen. Sie zeichnen die Kanzel unter einer Linde auf freiem Feld, Tausende, die sie umdrängen, den Prediger gleich einem alttestamentlichen Propheten, die Sünder, die, von seinen Worten ergriffen, sich niederwerfen, um öffentlich Buße zu tun.
Berthold war mit der Bibel wie kaum jemand sonst vertraut. Zum christlichen Glauben sollten seiner Meinung nach auch die Werke kommen. Er war stets unerbittlich wahrhaftig, wandte sich gegen alle falsche Frömmigkeit, darum auch gegen die Geschäfte der Ablaßkrämer, wie überhaupt alle Ungerechtigkeiten der Mächtigen.

THOMAS VON AQUINO
*** um 1225 † 7. 3. 1274**

Thomas, als Sohn des Grafen Landulph auf Roccasecca bei Aquino in der Nähe von Neapel geboren, wurde vom fünften bis zum fünfzehnten Lebensjahr im nahen Benediktinerkloster Monte Cassino erzogen, wo ein Onkel von ihm Abt war. 1239 ging er zum Studium der Freien Künste nach Neapel. Gegen den heftigen Widerstand seiner Familie, die ihn sogar in einem ihrer Schlösser für ein ganzes Jahr gefangenhielt, schloß er sich 1243 dem Orden der Dominikaner an. Er studierte dann von 1245 bis 1248 in Paris bei Albertus Magnus und ging mit diesem für weitere vier Jahre nach Köln. Von dort kehrte er als Bakkalaureus nach Paris zurück und begann seine Lehrtätigkeit. Er hat die Denkweise und philosophische Wissenschaft des Aristoteles zur Begründung seiner Theologie benutzt, erhöhte und überbrückte das natürliche Wissen durch übernatürliche Offenbarung. Zehn Jahre hindurch, von 1259 an, lehrte er in Rom an der Kurie und an verschiedenen italienischen Dominikanerschulen. Drei Jahre weilte er dann noch einmal in Paris. Er starb, noch nicht fünfzig Jahre alt, auf dem Wege zum Konzil in Lyon im Zisterzienserkloster Fossanuova in Südfrankreich. 1323 wurde er heiliggesprochen.
Bis heute ist er der unbestrittene Lehrer des Katholizismus. Durch sein größtes Werk, die „Summa theologiae", gab er, nachdem er vorher eine glänzende Apologie des christlichen Glaubens geschrieben hatte, der Kirche die umfassende Darstellung der christlichen Lehre. Ihre Grundsätze fand er in drei Prinzipien:

1. Gott bewegt sich zur Welt.
2. Die Welt bewegt sich zu Gott.
3. Die Einwirkung Gottes auf die Welt wird durch Christus und die Sakramente vermittelt.

Zur Ethik betonte Thomas, daß die Verderbtheit des Menschen nicht radikal sei. Der Mensch habe das Wissen um die sittlichen Grundnormen und könne danach streben, sie zu erfüllen. Das sei im Naturrecht auch der außerchristlichen Welt zu erkennen. Doch die Ergänzung durch das christliche Gebot sei notwendig, weil der menschliche Wille in der Verbindung mit dem Fleische geschädigt sei. Die übernatürliche Gnade, die Erweckungs- und Bekehrungsgnade, vollende die Ansätze christlicher Tugenden durch Gnadeneingießung. Dadurch werde der Mensch, wie Gott ihn will. Er könne diesen begnadeten Zustand verlieren, aber durch das Bußsakrament wiedergewinnen und also zur Seligkeit gelangen.

JOHANNES BONAVENTURA
* 1221 † 15. 7. 1274

Die großen Scholastiker des 13. Jahrhunderts gehörten alle den Bettelorden der Dominikaner und Franziskaner an. Zu ersteren gehörte Johannes Bonaventura. Er hieß mit eigentlichem Namen Johannes Fidanza, war als Sohn angesehener Eltern zu Bagnorea im Kirchenstaat (Toskana) geboren. Im Alter von drei Jahren schwer erkrankt, wurde er von seiner Mutter Ritella der Fürbitte des heiligen Franziskus anbefohlen und auch wohl schon seinem Orden versprochen. Franziskus habe, so wurde erzählt, ausgerufen, als er den Knaben sah: „Buona ventura!" (Gutes ist im Kommen!)

1243/1244 trat Bonaventura in den Franziskanerorden ein und bot alle Kraft auf, um in demütigem Dienst der Liebe gegenüber den Kranken, Armen und Gebeugten dem Ordensstifter nachzueifern. Daneben trieb er eifrig Studien und wurde wegen seiner hervorragenden Gaben auf die Hochschule von Paris geschickt. Der Scholastiker Alexander von Sales aus England, ebenfalls im vorgerückten Alter Franziskaner geworden († 1245), wurde sein erster Lehrer. Seit 1248 Bakkalaureus, lehrte er selbst in Paris Theologie (wie sein Vorgänger im Sinne des Aristoteles, dem vorchristlichen Lehrer, den man als „natürlichen Meister" rühmte. Diesem habe nur das Licht der Gnade gefehlt, um der größte Lehrer der Kirche zu werden).

Bonaventura erhielt 1253 nach Verleihung der Doktorwürde einen eigenen Lehrstuhl. 1257 wurde er Ordensgeneral und bald darauf Magister der Theologie. Mit Thomas von Aquino, der zur gleichen Zeit wie er Professor an der Sorbonne wurde, hat Bonaventura, eng mit ihm befreundet, zusammengewirkt. Gemeinsam suchten sie, die Lehre der Kirche wissenschaftlich zu begründen. Dabei übten sie sich nach der aristotelischen Methode im Für und Wider jedes Lehrsatzes und bemühten sich, alle Fragen und Zweifel zu beantworten, um die kirchliche Lehre unanfechtbar dem Verstand zurechtzulegen. Bonaventura aber bedachte darüber hinaus die Heilige Schrift und die Werke jener Lehrer, die nicht nur den Intellekt, sondern das gottsuchende Gemüt ansprachen. Stark beeinflußte ihn die Mystik. Er war der Überzeugung, der Mensch könne wie auf den Stufen einer (siebensprossigen) Leiter den göttlichen Spuren in der Welt (durch Philosophie schon erkennbar) durch die Betrachtung der Heiligen Schrift folgen und die Erkenntnis des Bildes Gottes erreichen. Vom Geist erleuchtet, schaue der Gläubige in Jesus Christus nicht nur den Vermittler, sondern Gott selbst, mit dem er sich eins fühlen könne in Frieden und Seligkeit.

Eine sehr alte Erzählung berichtet, Bonaventura habe seinen Freund Thomas auf dessen Bitte, ihm seine Bibliothek zu zeigen, auf den Gekreuzigten verwiesen, indem er ein Tuch von dem Kruzifixus weggezogen und bekannt habe, von diesem alles gelernt zu haben, was er wisse.

Als „doctor seraphicus“ stand Johannes Bonaventura neben Thomas, dem „doctor angelicus“. Der Ruf seiner Sittenstrenge übertraf noch den seiner Gelehrsamkeit. 1273 wurde er durch Gregor X. zum Kardinal erhoben. Er starb in Lyon während des den Unionsverhandlungen mit den Griechen gewidmeten Konzils. Unter Sixtus IV. wurde er 1482 heiliggesprochen.

MECHTHILD VON MAGDEBURG

*** um 1212 † 26. 2. 1280**

Mechthild verließ, nachdem sie zwanzig Jahre alt geworden war, Heimat und Familie, in der sie höfisch erzogen worden war, um in der Stadt Magdeburg unbekannt als Begine zu leben. Gott schenkte ihr Eingebungen und Gesichte in solcher Fülle, daß sie im Lauf der Jahre sie aufzuschreiben begann. So entstanden sechs Bücher, in denen sie „Vom fließenden Licht der Gottheit" Zeugnis ablegte. Die niedersächsisch geschriebenen Originale sind verloren und nur in der oberdeutschen Übertragung Heinrichs von Nördlingen erhalten.
Aus dem dunklen Walde des Suchens und Irrens führe nur *ein* Weg bis zur Erkenntnis und Läuterung, bis zum Glauben und zur glückseligen Schau: der Weg der „Gottesminne". Mechthild preist die offenbarte Herrlichkeit dieser Gottesminne: „O du brennender Berg, o du auserwählte Sonne, o du voller Mond, o du grundloser Brunnen, o du unerreichte Höh, o du Klarheit ohne Maß, o du Weisheit ohne Grund, o Barmherzigkeit, die keine Hinderung leidet, o Stärke, der sich niemand widersetzt: Dich lobt der Geringste, den du schufst." Sie sang von der Seligkeit der Vollendeten im himmlischen Licht und von ihrer Sehnsucht nach der Vereinigung mit dem Gottessohn. Einer ihrer dominikanischen geistlichen Leiter, Heinrich von Halle, hat die Aufzeichnungen später veröffentlicht. Es ist das erste deutsch geschriebene mystische Werk. Mit freiem Mut zeigte Mechthild auch Schäden der Kirche auf. So hörte sie in ihren Gesichten den Herrn des Himmels zum Bischof ihrer Kirche sprechen: „Du bist bettelarm geworden, denn dir fehlt der königliche Schatz der Liebe. Das Fundament der Demut ist gestürzt, und verschwunden ist die Wahrhaftigkeit. Darum will ich über dich kommen mit meinem Gericht." Natürlich bekam sie daraufhin die Macht des Klerus zu spüren.
Nachdem sie mehr als vierzig Jahre in Magdeburg als Begine (Laienschwester) gelebt hatte, trat sie in das Kloster der Zisterzienserinnen in Helfta bei Mansfeld ein, wo sie in der Äbtissin, Gertrud von Hackeborn, und auch deren Schwester Mechthild Geistesverwandte fand. Sie lebte immer in großer

innerer Sicherheit: „Wohin ich mich mag wenden: Gott hält mich fest in seinen Händen, daß ich nimmer etwas tu, er weise mich denn dazu." An ihrem Sterbelager beteten die Nonnen das von ihr gelehrte Gebet:

„Vater, ich danke dir, daß du mich geschaffen hast.
Jesus Christus, ich danke dir, daß du mich erlöst hast.
Heiliger Geist, ich danke dir, daß du mich gereinigt hast.
Heilige Dreifaltigkeit, ich bitte dich, daß du nun gedenkst aller Treue – und sende mir einen barmherzigen Tod,
der mich erlöse aus aller Not."

ALBERTUS MAGNUS
* um 1193 (oder 1206) † 15. 11. 1280

Albertus Magnus (Albert „der Große") war der größte deutsche Kirchenlehrer und Scholastiker vor der Reformation, der großen Einfluß auf viele Theologen ausübte. Thomas von Aquino, der schon sechs Jahre vor ihm starb, war einer seiner Schüler.

Albert Graf von Bollstädt wurde im schwäbischen Lauingen geboren, besuchte die berühmte Hohe Schule in Padua und trat in den Orden der Dominikaner ein. In Köln legte er die Gelübde ab und wurde zum Priester geweiht. Seine Oberen bestimmten ihn nicht zum Seelsorger, sondern zum Lehrer. Als Lesemeister (Lektor) wirkte er in den Niederlassungen der Dominikaner in Freiburg, Straßburg, Regensburg und Hildesheim. 1245 wurde er Professor in Paris, 1248 Leiter des neuen Generalstudiums in Köln, drei Jahre war er Provinzial des Ordens.

Barfuß, von Almosen lebend wie ein Bettelmönch, durchwanderte Albertus Österreich, Bayern, Schwaben und die Rheinlande bis nach Flandern hinab. Auf diesen Wegen durchforschte er auch die Pflanzen- und Tierwelt und die Gesteinsarten. Er bezeichnete sie später in seinen naturkundlichen Werken, die ebenfalls über Wild, Ackerbau und Obstbaumzucht gut orientierten, mit deutschen Namen. Zwischen Altertum und Neuzeit

war Albertus der größte Naturkundler, so daß er außerdem mit Recht „doctor universalis“ genannt wurde.
Gegen seinen Willen wurde er von 1260 bis 1262 Bischof von Regensburg und von 1262 bis 1264 päpstlicher Legat.
Albertus Magnus wurde zum Begründer des christlichen Aristotelismus, indem er die vom Osten kommenden philosophischen Lehren des vorchristlichen Aristoteles in sein Denkgebäude aufnahm und auch arabische und jüdische Gedanken, soweit sie nach seiner Überzeugung der Wahrheit entsprachen, verarbeitete. In seinen astrologischen und alchimistischen Ansichten blieb Albertus Magnus ein Kind seiner Zeit. Er überschätzte bei allem das bloße Wissen nicht, sondern sagte: „Will man nach Gottes Geheimnissen fragen, so gehe man zu dem ärmsten Menschen, der mit Freuden arm ist aus Liebe zu Gott; der weiß mehr von Gottes Geheimnissen als alle Gelehrten auf Erden.“
Als ihm wenige Jahre vor seinem Tod das Gedächtnis versagte, gab er sein Lehramt auf, schrieb aber noch ein letztes Büchlein „Vom Anhangen an Gott durch Liebe“: „Wenn du das Deine getan hast, überlasse dich ruhig der Vorsorge Gottes.“

MEISTER ECKHART
* um 1260 † 1327/1328

Eckhart, in Hochheim bei Gotha geboren, trat wahrscheinlich um 1280 ins Predigerkloster der Dominikaner in Erfurt ein. Er durchlief die Ordensschule, erwarb in Paris den Doktorgrad und wurde, zurückgekehrt, bald Prior der sächsischen Ordensprovinz, die sich von Flandern bis Livland erstreckte und sechzig Klöster umfaßte. Für drei Jahre wurde er noch einmal zum Lehren an der Universität nach Paris beurlaubt. Danach wirkte er zehn Jahre, bis 1324, als Prediger in Straßburg. Hier hielt er seine berühmten deutschen Predigten, die von tiefer Mystik erfüllt sind.
Von Eckhart stammen die Begriffe der „Abgeschiedenheit, Natürlichkeit, Persönlichkeit, Wirklichkeit und Zeitlichkeit“. Er

definierte Gott als „das reine und vollkommene Sein, unendliche Wahrheit, unendliche Güte". Dem Menschen werde von Gott das Sein vermittelt, die Seele sehne sich zurück in die Gottheit. Dort, wo Wollen und Erkennen zur Einheit zusammenlaufen, im „Seelengrund", liegt ein „Fünklein vom göttlichen Feuer". Dort herrsche tiefstes Schweigen. Gott möchte im Menschen geboren werden. „Gott ist allezeit bereit, aber wir sind unbereit. Gott ist uns nah, aber wir sind ihm fern. Gott ist daheim, aber wir sind ihm fremd." Wir werden Gottes teilhaftig, wenn wir in wahrer Demut dem Ichwesen absterben.

Diese philosophische Mystik unterschätzt die Sünde und die Bedeutung des Erlösers, weil sie die Wirklichkeit hinter sich gelassen hat. Andererseits erkennen wir bei ihm doch schon vorreformatorische Gedanken. „Die Menschen sollen nicht darüber nachdenken, was sie tun sollen, sondern bedenken, was sie sind. Wären sie nur selber gut, so möchten auch ihre Werke herrlich leuchten. Gründe deine Heiligkeit nicht auf dein Tun, sondern auf dein Sein." Damit ist der Verdienstgedanke der frommen Werke überwunden. Zugleich wehrte der Meister die geistliche Genußsucht ab und wollte aus der reinen Innerlichkeit zur christlichen Tat zurückführen. Jesus Christus und die Sakramente waren für ihn auf dem Weg zur „Geburt Gottes in der Seele", zur Abgeschiedenheit oder Gelassenheit eigentlich unnötig. Den kirchlichen Formen der Frömmigkeit stand er ohne Polemik, aber mit völliger innerer Freiheit gegenüber.

1324 (über Frankfurt als kurzer Zwischenstation) nach Köln versetzt, wurde ihm zwei Jahre später dort der Ketzerprozeß gemacht. Er verteidigte sich freimütig, erlebte aber den Abschluß des Verfahrens nicht mehr. 1329 wurden achtundzwanzig seiner Sätze verdammt. Viele Bücher dieses mystischen Gottsuchers wurden durch die Inquisition und eine Bulle von Papst Johannes XXII. verboten und verbrannt.

JOHANNES TAULER
*** um 1300 † 16. 6. 1361**

Taulers Vater war ein frommer und ehrsamer Bürger in Straßburg und besaß am Mühlensteg ein Haus. Mit fünfzehn Jahren schon trat Johannes in den Dominikanerorden ein. Acht Jahre lang studierte er Theologie und Philosophie und weilte drei Jahre zum Generalstudium in Köln, wo er mit großer Wahrscheinlichkeit Meister Eckhart und Heinrich Seuse begegnete. 1335 kehrte er nach Straßburg zurück, mußte allerdings bald, da die Stadt vom Papst in den Bann getan war, mit seinen Predigerbrüdern nach Basel ausweichen, von wo aus er eine Reise in die Niederlande zu dem Mystiker Jan van Ruysbroek machte. Nach Aufhebung des Interdikts konnte er von 1347 ab wieder in der Heimat predigen.
Sein Wirken galt den oberdeutschen „Gottesfreunden", der zerstreuten Gemeinde der „Stillen im Lande", die danach strebten, ihr Leben von der Welt unbefleckt zu halten. Ihnen genügte nicht die Teilnahme an den Gottesdiensten und Messen. Sie suchten abseits von vorgeschriebenen Wegen mit der Glut ihres Herzens Gott (Rulman Merswin, der „Gottesfreund vom Oberland", Heinrich von Nördlingen, Elsbeth Stagel, Margarete Ebner, Christina Ebner und andere).
1348 kam der „schwarze Tod", die Pest, nach Straßburg, 16 000 Menschen starben. Geißler („Flagellanten") zogen durchs Land. Tauler verwies seine Hörer auf den Weg der Gelassenheit (wie auch Eckhart), zur Vereinigung mit Gott, doch warnte er ernst vor falscher Beschaulichkeit, die die Bruderliebe vergessen lasse. „Welcher Mensch nicht ausgehet noch wirket seinem Nächsten zu Nutz, der muß große Verantwortung geben." Obgleich er ein praktisches Christentum predigte und lebte und obgleich ihn das Vertrauen des Volkes trug, wurden Bischof und Geistlichkeit ihm feind, seine Bücher als ketzerisch verbrannt, er selbst aus der Stadt verwiesen. Er ging nach Köln und konnte erst nach Jahren wieder zurückkehren.
Das menschliche Leben muß nach Tauler von allem Formelwesen befreit werden, von Satzungen und toten Werken. Das erste ist die Buße, das andere ist der Glaube, da der Mensch

mit seinem ganzen Vertrauen in Gott versinkt. Es kam Johannes Tauler vor allem auf Überwindung des Eigenwillens, des falschen Grundes, an. Er betete in Gottesinnigkeit:

„O gütiger Gott, wenngleich die Himmel deine Größe nicht fassen, und ich ein so armes Würmlein der Erde bin, unwert auch deiner geringsten Guttat, so können doch alle deine Gaben mein Herz nicht stillen und meiner Sehnsucht nicht Schweigen gebieten – du, nur du allein. O gib dich mir! Guter Jesu, ... komm zu mir und bringe mit dir den Vater, den Überguten, und laß mich für immer verborgen, geborgen sein am Herzen deiner unendlichen Liebe! Amen."

HEINRICH SEUSE
* 21. 3. 1290 † 25. 1. 1366

Heinrich von Berg, aus einem ritterlichen Geschlecht im Hegau, wurde in Überlingen am Bodensee geboren. Seine Mutter, die im Gegensatz zu ihrem kriegerischen Mann eine zarte, gemütvolle und fromme Frau gewesen sein muß, war eine geborene Seuse. Nach ihrem frühen Tod nahm Heinrich ihren Namen an, da er sich ihr wesensähnlich fühlte. Er nannte sich latinisiert Suso.

Er kam als ein noch schwächlicher Junge von dreizehn Jahren zu den Dominikanern in Konstanz. Als Jüngling meinte er, seinen „wilden Mut" und „verwöhnten, widerspännigen Leib" brechen zu müssen. Seitdem trug er ein spannenlanges Kreuz mit Nägeln und Nadeln ständig auf dem Rücken unter dem härenen Hemd. Mit einem eisernen Griffel tätowierte er sich den Namen Jesus auf die Brust. Als Diener der „ewigen Weisheit" sang er dichterisch als „der törichte Minner" unter „marterlichen Übungen" von seines Herzens Kaiserin, die ihm in verschiedenen Gestalten erschien, als Morgenstern oder Sonne, als edler Jüngling oder schönste Frau oder weise Meisterin. Bald war es wohl Christus oder die Gottheit oder Dreieinigkeit, bald wohl auch Maria. Bis zu seinem vierzigsten Jahr führte er diese asketischen Übungen fort.

Als Student in Köln war er mit Eckhart bekannt geworden, sicher auch Tauler begegnet. Zur Rechtfertigung des Meisters schrieb er kurz nach dessen Tod zur Abgrenzung von den „freien Geistern“ sein „Büchlein der Wahrheit“, mußte sich allerdings dafür vor dem Generalkapitel seines Ordens 1327 in Antwerpen verantworten. Zwanzig Jahre, bis 1348, war er dann Lektor und Prior in Konstanz, zugleich geistlicher Berater der Nonnenklöster in der Umgebung. Zwischendurch ausgewiesen, stand er im nahen Diessenhofen in lebhafter Beziehung zu anderen Mystikern: Tauler, Heinrich von Nördlingen und Elsbeth Stagel, die ihm zur Seelenfreundin geworden war. Sein Bilder- und Gefühlsreichtum machte ihn zum großen Dichter. Im „lichten Schlaf“, wie er es nannte, sah er „die himmlische Kurzweil des Jubels“. Es erschienen ihm die Geheimnisse Gottes und der Seele. Mit innerer Gelassenheit konnte er sich an allem freuen und in allen Kreaturen Gottes ihn selbst und den „schönsten Herrn Jesus“ sehen. Seines Prioramtes enthoben, flüchtete er nach Ulm. „Es gehe wie es will: Ich will dein Lob aussprechen, solang ein Atemhauch in meinem Munde ist.“

BIRGITTA VON SCHWEDEN
* 1303 † 23. 7. 1373

Birgitta, eine Prinzessin aus dem Geschlecht der Brahe, heiratete den jungen Fürsten Gudmarsson auf Ulfasa, wo sie, Mutter von acht Kindern, zwanzig Jahre als gastfreundliche Hausfrau wirkte. Seit ihrem zehnten Lebensjahr hatte sie Visionen erlebt. Nach dem frühen Tod ihres Mannes, mit dem sie eine Wallfahrt nach Santiago di Compostella in Spanien unternommen hatte, erlebte sie immer reichere Visionen.
Birgitta gründete ein Kloster und stiftete den Birgittenorden mit dem Mutterkloster in Vadstena. Sie selbst begab sich 1349 nach Rom und blieb dort bis zu ihrem Tode. Ihr Beichtvater sammelte Gedichte von ihrer Hand. Sie hielt sich vor allem für berufen, an der Aufhebung der selbstverschuldeten „baby-

lonischen Gefangenschaft" der Päpste mitzuwirken, und fühlte sich als Braut Christi, wie sie sich selbst oft nannte. Sie betete und fastete viel, geißelte sich wohl auch, kleidete sich in ein armes Gewand (vielleicht das der grauen Schwestern ihres Ordens) und schlief auf der blanken Erde. Täglich speiste und bediente sie zwölf Kranke und pflegte sie. An jedem Freitag ließ sie das heiße, schmelzende Wachs einer brennenden Kerze auf ihren Arm träufeln, bis eine Wunde entstand, die allwöchentlich wieder erneuert wurde, denn sie wollte nie ohne Schmerzen sein. Die Seligkeit wollte sie sich damit jedoch nicht „verdienen". Sie lehrte im Gegenteil, daß alle aus der Furcht entsprungenen Werke tot seien, wogegen die guten Werke aus der Liebe geboren sein müßten. „Es ist Gott angenehmer, daß ein Mensch recht lebe und arbeite, als daß er in einen Orden eintrete, ohne Gott zu lieben." Sie hatte sogar nichts dagegen, daß ihr Sohn Karl seine Schwester Cäcilia aus dem Kloster heraus einem Edlen des Landes vermählte. Sie war der Überzeugung, daß Gott eine demütige Hausfrau angenehmer sei als eine hochmütige Nonne.

Einmal begab sich Birgitta auch ins Heilige Land. Überwältigt von der dort herrschenden Tyrannei, erließ sie, kurz vor ihrem Tode, auf der Heimfahrt von Neapel aus, eine „Botschaft an alle Welt und Obrigkeit", um der Stimme Gottes noch einmal Gehör zu verschaffen.

KATHARINA VON SIENA

* 25. 3. 1347 † 29. 4. 1380

Katharina, mit Familiennamen Benincasa, war das dreiundzwanzigste Kind eines armen Wollfärbers aus Siena. Dreizehnjährig trat sie in den Dritten Orden der Dominikaner ein. Lange lebte sie zurückgezogen in einer Klause, schwieg drei Jahre hindurch, außer beim Gebet und zur Beichte, nährte sich von Kräutern, schlief auf hartem Boden, geißelte sich dreimal am Tage und fastete viel. Im Pestjahr 1374 half sie, wo sie nur konnte. In Visionen sah sie sich gewürdigt, einen Ring

Christi am Finger zu tragen, der anderen unsichtbar blieb, und auch die Wundmale ihres Herrn zu spüren. Sie sah den Herrn, der ihr zwei Kronen zur Wahl anbot, eine aus Gold und Edelsteinen, die andere aus Dornen geflochten. Sie wählte und sprach: „Herr, ich will immer so leben, daß ich an mir das Bild deines Kreuzes sehe und meinen Ruhm in deinem Leiden finde."

Später wurde sie missionarisch tätig. „Schaffet Frieden! Haltet Frieden! Wartet nicht auf die Zeit, denn die Zeit wartet nicht auf euch!" rief sie den Menschen zu. Sie hatte die Weisung erhalten, wie sie sagte: „Ich will dich zu Fürsten und Bischöfen senden. Darum will ich dich mit Weisheit und der Gabe der Rede ausrüsten, daß dir keiner widerstehen soll." So verließ sie ihre Zelle und übte bald ihren großen Einfluß auf geistliche und weltliche Fürsten aus. Daß zwei Päpste in Rom und in Avignon gegeneinander regierten und einander in den Bann taten, bereitete ihr Schmerz. Deshalb vermahnte sie beide des öfteren. Einmal weilte sie auch in Avignon, um dort die Fürsten und Kardinäle zur friedlichen Einigung aufzurufen. In ihrem Buch „Dialoge mit Gott" läßt sie Gott selbst das Wort ergreifen und allen ungetreuen Hirten schonungslos ihr Sündenregister vorhalten. Papst Urban VI. bat sie zu sich, um immer ihres Rates gewärtig zu sein. Als sie in Rom starb, war sie erst dreiunddreißig Jahre alt. 1461 wurde sie heiliggesprochen. Die Beendigung des Schismas hat sie nicht mehr erlebt, es wurde erst auf dem Konzil zu Konstanz (1417) erreicht.

JAN VAN RUYSBROEK
* um 1294 † 2. 12. 1381

Jan, nach seinem Geburtsort bei Brüssel van Ruysbroek genannt, der große Lehrer der Gottinnigkeit in den Niederlanden, war Schüler Meister Eckharts. Nach dem Studium der Theologie wirkte er zuerst als Weltgeistlicher an St. Gudula in Brüssel und verrichtete dort seinen Dienst mit großem

Ernst. Mit den ketzerischen „Brüdern des freien Geistes“ wollte er nichts zu tun haben. Die Schäden der Kirche aber sah er sehr deutlich und beklagte das weithin zuchtlose Leben vieler Priester und Mönche. Er bekannte: „Ich bin des festen Willens, als ein Diener Jesu Christi im allgemeinen Glauben zu leben und zu sterben, und wünsche durch die Gnade Gottes ein lebendiges Glied der heiligen Kirche zu sein.“

Jan van Ruysbroek war ein stiller, innerlicher Mensch, der die mystische Versenkung in Gott suchte. Darum entsagte er im Alter von sechzig Jahren dem Weltpriesteramt und zog sich mit Freunden in das neugestiftete Augustiner-Chorherrenstift Groenendaal in der Nähe von Brüssel zurück. Er wurde gleich zum Prior gewählt und blieb dies bis zu seinem Tod. Zeit und Kraft teilte er zwischen der Sorge um die Brüder und das Kloster und der Kontemplation. Darüber hinaus war er mit der Niederschrift seiner Werke in der volkstümlichen Sprache des Dietsch oder Flämischen beschäftigt. Tauler hat ihn in Groenendaal besucht.

Die Schrift „Die Zierde der geistlichen Hochzeit“ ist den Straßburger Gottesfreunden gewidmet. Man hat sie die „kunstreichste Schrift der germanischen Mystik, ein wahrhaft architektonisches Gebilde“ genannt. In drei Büchern beschreibt er in diesem Werk das tätige, das innige und das beschauliche Leben. Zwölf Werke sind uns von ihm erhalten, unter anderen „Das Buch von den zwölf Beginen“ und „Das Reich der Geliebten“. So dunkel sie für uns in ihrer Überschwenglichkeit erscheinen, so ist des Mystikers Begabung nicht zu übersehen, Begriffe zu schaffen und sie bildhaft auszugestalten. Man nannte ihn schon bald den „doctor exstaticus“. Seine Gedanken kreisten um die Einung des Menschen mit Gott und meinten das Einssein in der Liebe, nicht in Natur und Wesen. Geert Groote und Thomas von Kempen sind von ihm beeinflußt.

GEERT GROOTE
* 1340 † 20. 8. 1384

Geert Groote war der einzige Sohn des wohlhabenden Bürgermeisters von Deventer in den Niederlanden. Er studierte in Aachen, Paris und Köln Theologie, Kirchenrecht und Astrologie und wurde Domherr in Aachen, dann in Utrecht. Reiche Pfründen führten ihn bald dazu, wie viele geistliche Würdenträger ein glänzendes Weltleben zu führen. Beim Besuch einer Volksbelustigung in Köln traf ihn der Anruf zur Umkehr. Er verstand dies als eine Mahnung Gottes, verzichtete auf die Pfründen, verschenkte den größten Teil seines Besitzes und trat in ein Kartäuserkloster ein, um sich in einfachem Leben dem Studium der Heiligen Schrift hinzugeben. Der Prior der Kartause Monnikhuizen bei Arnhem bestärkte ihn in dem Willen zur „Umkehr nach innen“. Er las die Schriften Meister Eckharts und des Jan van Ruysbroek, den er 1376 auch in Groenendaal besuchte, sowie die anderer Mystiker. Er übernahm wohl manches von ihnen, wurde aber selbst kein Mystiker.

Von 1378 an predigte er seine Glaubens- und Lebenshaltung im Bistum Utrecht, wandte sich dabei auch scharf gegen die religiöse Veräußerlichung und die offenbaren Mißstände in der Kirche. Durch seinen Reformeifer verdächtig geworden, verbot ihm der Bischof 1383 das Predigen, zumal Groote nur Diakon war. Ehe er die Weihe zum Priester nachholen konnte, starb er in seinem Geburtsort Deventer. Er hatte, nachdem er nicht mehr predigen durfte, Gefährten um sich gesammelt. Sie alle waren bereit, der Welt zu entsagen und ihr zugleich zu dienen. Auch fromme Frauen nahm Groote in sein Haus auf, die nach seinen Statuten (1379) unter einer jährlich gewählten Meisterin, ähnlich den Beginen, zusammen leben sollten. Brüder, die sich um ihn scharten, waren (auch ohne Regel) die Wegbereiter für die erst nach seinem Tode von seinem Schüler Florentius begründete Vereinigung der „Brüder vom gemeinsamen Leben“. Ihr Ziel war die Erneuerung des geistlichen Lebens, vor allem in der eigenen Gemeinschaft und in den Klöstern, auf die sie Einfluß zu gewinnen hofften. Die Grundzüge des gemeinsamen Lebens waren schon zu Geert Grootes Lebzeiten ausgeprägt: Ohne Gelübde hielten sich die Brüder an Gehorsam, Ehelosigkeit und Armut im Sinne der Gütergemeinschaft.

JOHN WICLIF
*** um 1324 † 31. 12. 1384**

Aus angelsächsischem Landadel stammend, wurde John Wiclif in Spreswell bei Wicliffe-on-Tees (Yorkshire) geboren. Er besuchte die Universität Oxford mit solchem Erfolg, daß er nach der Erlangung des Doktorgrades als Dozent dort blieb. Dazu war er auch Pfarrer an fünf Orten, vor allem in Lutterworth, wo er auch verstorben ist. Gegen das Papsttum kämpfte er zuerst nur als englischer Patriot, später aber mit voller Überzeugung als Theologe und Mann der Kirche. Er las die Bibel, die er mit Freunden aus dem Lateinischen (aus der Vulgata) ins Englische übersetzte, um das „Gesetz Gottes“ allen vertraut machen zu können. Der Klerus sah sein Tun mit Bedenken, während der Hof, der Adel, das Parlament und die Bürger auf seiner Seite standen und sein umfassendes Reformprogramm unterstützten. Das Kirchengut sollte seiner Meinung nach als Nationaleigentum angesehen werden. Irdischer Besitz und weltliches Machtstreben erschienen ihm als „satanische Giftknochen“, Armut sei die Tugend der Kirche und der Christenheit. Das päpstliche Amt sei für die Kirche überhaupt nicht nötig und außerdem unbiblisch.
Wiclifs Reformgedanken wurden bald von Wanderpredigern verbreitet, die von seinen Gegnern „Lollarden“ genannt wurden, die „Unkrautsäemänner“. Nach dem großen Bauernaufstand von 1381 zog sich der Adel, der ihn bei früheren Prozessen geschützt hatte, so daß er weder verurteilt noch ergriffen werden konnte, zurück. Viele Anhänger verlor er auch wegen seiner Thesen gegen die kirchliche Lehre von der Transsubstantiation, der Verwandlung der Elemente des Abendmahls in Fleisch und Blut Jesu. Er wurde 1382 auf dem vom Erz-

bischof von Canterbury einberufenen „Erdbebenkonzil“ (während der Verhandlungen war ein Erdbeben spürbar gewesen) in London geprüft und verurteilt. Wiclif zog sich auf seine Pfarrei Lutterworth zurück und setzte von dort den Kampf mittels Flugschriften fort. Den Papst nannte er nun den „Antichristen“. Die ganze Hierarchie widerspräche dem Willen Jesu, der nur Priester und Diakone in Armut eingesetzt habe. Von Mönchsorden, Heiligen- und Reliquienverehrung, von der Ohrenbeichte und einem „überschüssigen Schatz guter Werke“, von Ablässen und Wallfahrten habe der Herr nichts gesagt.

Bald stand Wiclif mit seiner theologischen und kirchlichen Kritik fast allein. Seine Anhänger wurden verfolgt, er selbst nach seinem Tode auf dem Konstanzer Konzil verdammt. Seine Gebeine wurden im Jahre 1427 ausgegraben und verbrannt, die Asche in den Fluß Swist gestreut.

JOHANNES HUS
* um 1369 † 6. 7. 1415

Seinen Namen leitete Hus von seinem kleinen Geburtsort Hussynetz in Südböhmen ab, wo sein Vater Fuhrmann war. Die fromme Mutter brachte ihn nach Prachatitz in die Lateinschule. Um 1385 bezog er die Universität in Prag, wurde später Magister und Dozent und zum Priester geweiht.

Als die Schwester des böhmischen Königs Königin von England wurde, die Universitäten Oxford und Prag in Gedankenaustausch traten, studierten viele junge Tschechen in England. So kam es, daß die Reformgedanken Wiclifs und seine Schriften auch in Böhmen bekannt wurden. Hus hielt an der kirchlichen Lehre der Wandlung der Abendmahlselemente fest, folgte aber den kritischen Gedanken gegenüber der offiziellen Kirche. Von 1402 bis 1408 hat er als Lehrer an der Universität und zugleich als Prediger an der Bethlehemskapelle mit eindrucksvollen Predigten gegen die Sünden des Klerus das tschechische Volk für die Reform der Kirche im Sinne Wiclifs zu gewinnen versucht. Nach der Änderung der Universitätsverfassung (in der die tschechische Nation drei Stimmen, alle übrigen Nationen zusammen nur eine haben sollten) und dem Auszug vieler deutscher Studenten (die Universität Leipzig wurde gegründet) berief man Hus zum ersten Rektor der Prager Universität. Seine Kritik bezeichnete die meisten Priester als Ketzer. „Ihr Rang ist hoch, ihr Sinn niedrig, die Zunge geschäftig, die Hand lässig, viel Gerede, wenig Frucht; sie sind blinde Wächter, stumme Herolde, lahme Läufer, Ärzte, unkundig der Krankheit." Das große Echo aus den Gemeinden bestärkte ihn. Leidenschaftlich kämpfte er gegen das Ablaßwesen, zumal bekannt war, daß der Papst das Geld zu einem Feldzug gegen Venedig gebrauchen wollte. Der Erzbischof verbot Hus die Ausübung seines Predigtamtes.

1410 wurden etwa 200 Handschriften von Wiclif unter Glokkengeläut öffentlich verbrannt. Hus setzte an der Universität sechs Vorträge zur Verteidigung Wiclifs an. Daraufhin wurde der Kirchenbann über ihn verhängt. Das traf ihn tief. Hus verfaßte und verlas eine „Berufung auf seinen Heiland". Als der Bann auf ganz Prag ausgedehnt wurde, verließ er auf Drängen des Königs die Stadt, vollendete in Südböhmen sein Werk über die „Auslegung des Glaubens, der zehn Gebote und des Gebets des Herrn" (teils in starker, ja wörtlicher Anlehnung an Wiclif) und begann mit der Übersetzung der Bibel ins Tschechische. Schließlich reiste er trotz der Warnungen seiner Freunde nach Konstanz, wo er entgegen den ihm gegebenen Zusicherungen eingekerkert, vom Konzil verurteilt und verbrannt wurde. Seine Asche streute man in den Rhein.

HIERONYMUS VON PRAG
* um 1365 † 30. 5. 1416

Aus einem vornehmen Prager Geschlecht stammend, studierte Hieronymus an den Universitäten Paris und Oxford, wo er begeistert und leidenschaftlich die Lehren Wiclifs aufnahm. 1406 lehrte er in Heidelberg und Köln, wurde dann von 1407 an neben Hus einer der bestimmenden Wortführer für notwen-

dige Reformen, indem er u. a. Kritik übte an den Fehlern der Kirche und ihrer Priester. Vom Erzbischof verfolgt, ging er auf Wanderfahrten nach Ungarn, Polen, Litauen und Österreich, wo er 1410 in Wien gefangengenommen wurde, aber flüchten konnte. Als er in Mähren weilte, wurde der Bann über ihn verhängt. Trotzdem kehrte er zwei Jahre später (ob er inzwischen in Jerusalem war, ist nicht ganz gewiß) nach Prag zurück und unterstützte Hus vor allem im Kampf gegen die päpstlichen Ablaßprediger. Die Studenten waren so sehr von seiner feurigen Rede angetan, daß sie ihn im Triumphzug vom Hörsaal in seine Wohnung geleiteten.
Im Auftrag des Königs Ladislaw von Polen betrieb er in Krakau die Errichtung einer Universität. Als im Herbst 1414 Hus sich zu seiner Schicksalsfahrt nach Konstanz rüstete, begleitete er diesen bis nach Krakowitz. Nach Prag zurückgekehrt, führte er den Laienkelch ein. Als er von der Einkerkerung seines Kampfgefährten hörte, eilte auch er nach Konstanz, wo er im Frühjahr 1415 eintraf. Als er auf dem Konzil kein Gehör fand und seine eigene Gefährdung erkannte, wandte er sich wieder nach Böhmen, wurde aber kurz vor der Grenze in Hirschau in der Oberpfalz verhaftet und gefesselt nach Konstanz gebracht. Noch am Tage seiner Ankunft verhörte man ihn, mit dem eigentlichen Prozeß aber wurde bis nach der Verbrennung von Johannes Hus gewartet.
In der böhmischen Nation hatte man den Justizmord an Hus mit großer Empörung aufgenommen. Ein hussitischer Bund trat zusammen und verpflichtete sich, die freie Predigt des Evangeliums zu schützen. Der ganze hussitische Adel schloß sich an und richtete ein Schreiben mit 452 Siegeln an das Konstanzer Konzil. Hieronymus war inzwischen durch harte Haft und Verhöre zum Widerruf gebracht worden. Als ihm aber am Jahrestag seiner Verhaftung ein erneutes öffentliches Verhör bewilligt wurde, widerlegte er die Anklagepunkte, verwies auf die Wahrheitszeugen der alten Zeit und rühmte seinen Freund Hus als „geheiligten Prediger“. Demütig und voll Reue beklagte er seinen eigenen Widerruf. „Ich bin auf alles gefaßt. Ihr sollt wissen, daß ich euch in eurem Gewissen einen Stachel zurücklasse, der nicht aufhören wird, eure Seele zu peinigen.“ Als rückfälliger Ketzer wurde Hieronymus zum

Tod auf dem Scheiterhaufen verurteilt. Auf dem Weg zur Richtstatt sang er das Lied „Der Tag ist mir so freudenreich“. „Ich habe deine Wahrheit aufrichtig geliebt“, waren seine letzten Worte.

THOMAS VON KEMPEN
* 1380 † 25. 7. 1471

Thomas Hemerken (Hämmerlein) war der Sohn eines Handwerkers aus Kempen im Gelderland (zwischen Rhein und Maas). Auf der Schule in Deventer kam er mit den „Brüdern vom gemeinsamen Leben“ in Berührung. 1399 wurde er in ihr Haus auf dem Agnetenberg bei Zwolle aufgenommen. Sein älterer Bruder Johannes war dort Prior. 1414 selbst zum Priester geweiht, wirkte er zeitweise auch als Subprior.

Große Gelehrsamkeit besaß Thomas a Kempis nicht, aber eine ausgezeichnete Bibelkenntnis. Viermal hat er die Heilige Schrift mit seiner schönen Handschrift abgeschrieben, außerdem Werke von Bernhard von Clairvaux. Er wurde der Chronist des Agnetenberges, schrieb auch die Vita des Geert Groote. In der Hauptsache widmete er sich der erbaulichen Schriftstellerei. Er war ein stiller, nach innen gekehrter Mann. Den Kreis der Brüder verließ er manchmal mit der Entschuldigung, es sei da einer, mit dem er sich in seiner Zelle besprechen müsse. In seiner frühen Schrift vom „Abendmahl und Priestertum“, später als viertes Buch der „Nachfolge“ beigegeben, schrieb er: „. . . . trage Sorge, daß du deinem Gott mit Andacht und Treue dienst . . . Ein Priester soll nicht mit dem großen Haufen wandeln . . . Rein sollen seine Hände, seine Lippen und sein Herz sein, weil Christus in ihm Herberge nehmen will.“ – „Selig die Seele, die den Herrn in ihrem Innern reden hört und aus seinem Munde das Wort des Trostes vernimmt.“

Doch Thomas übernahm auch alle Arbeiten für die ihm zeitweise anvertraute Ökonomie des Klosters, für ihn eine Gelegenheit zur Selbsterkenntnis: „Niemand weiß in Wahrheit, wie es um ihn steht, wenn er sich nicht mit zeitlichen Dingen abgibt und in Sorgen der Nahrung gekommen ist." In seinem Büchlein vom getreuen Haushalter preist er den schlichten Dienst: „... diene, sorge, rüste, was not tut zu diesem Leben in Küche, Keller, auf dem Acker und in der Mühle ..." Über fünfundzwanzig Jahre war er Probemeister, der die jungen Brüder in das gemeinsame Leben einzuführen hatte. „Lerne Geduld haben mit fremden Fehlern; denn siehe, du hast auch viel an dir, was andere tragen müssen. Schäme dich nicht, aus Liebe zu Jesus andern Menschen zu dienen, und laß dich gern für arm und gering in dieser Welt ansehen." – „Viel tut, wer viel liebt. Der macht etwas gut, der mehr der Gemeinschaft als seinem eigenen Willen dient ... In vielem mußt du dich brechen lernen, wenn du Frieden und Eintracht mit andern halten willst." Sein Hauptwerk ist die „Imitatio Christi", die vier Bände von der „Nachfolge Christi".

NIKOLAUS VON DER FLÜE
*21. 3. 1417 †21. 3. 1487

Der Bauernsohn Nikolaus wurde auf der Flüe, oberhalb von Sachseln in Obwalden, südlich von Luzern, geboren. Er, ein loyaler Schweizer, diente als Soldat in zwei Kriegen, allerdings nur auf Befehl der Obrigkeit, da er von Jugend an ein Freund des Friedens war. Er wurde zum Ratsmann und Richter gewählt und war immer gerecht und freundlich. Da er schon oft Mißbräuche im Amt erlebt hatte, lehnte er es ab, das ihm angebotene Amt eines Landammanns zu übernehmen. Zugleich legte er seine anderen öffentlichen Ämter nieder, um in stiller Zurückgezogenheit seinem bäuerlichen Tagewerk nachzugehen. Er hatte Dorothea Wiß geheiratet, und sie bekamen fünf Söhne und fünf Töchter. Er hing mit großer Liebe an seiner Familie und seinem heimatlichen Hof. Doch sein Hang zur Absonderung ließ ihn viel beten und fasten. Außerdem erlebte er Visionen, die ihn in den Dienst Gottes riefen. Er selbst sträubte sich lange dagegen. Und auch seine Frau kämpfte leidenschaftlich um den Bestand ihrer guten Ehe. Am Gallustag, dem

16. Oktober 1467, zog Nikolaus von der Flüe, nun meist Bruder Klaus genannt, schließlich doch von seiner Familie und Heimat fort. Der Rest seines Lebens sollte ganz Gott gehören. Er wandte sich in die Richtung nach Basel, da er in die Wälder des Elsaß wollte, um den „Gottesfreunden“, die er dort wie in Straßburg vermutete, nahe zu sein. Auf seinem Pilgerweg hatte er aber bei Liestal eine neue Vision, die ihn zurückführte. Er wählte den Ranfttobel am Ausgang des Melchtals, nur eine Viertelstunde von seinem Hof entfernt, zu seiner künftigen Bleibe. Hier hauste er in einer schlichten Hütte, an die später eine kleine Kapelle angebaut wurde, da bald viele zu ihm kamen, die seinen Rat oder seine Fürbitte erbaten.

Die „ewige Richtung“ mit Österreich (1473) und das „Vorkommnis von Stans“ (1481) standen unter seinem Einfluß. Bruder Klaus stiftete Versöhnung und Eintracht, ohne selbst das Wort zu führen. Unerkannt ging er jährlich dreimal auf Wallfahrten. Er fastete so ungewöhnlich, daß sich bald Legenden darum rankten. Wie man sich erzählte, lebte er lange nur von der Hostie.

1947 wurde er heiliggesprochen.

GIROLAMO SAVONAROLA
* 21. 9. 1452 † 23. 5. 1498

Noch einmal brannte ausgangs des Mittelalters, Ende des 15. Jahrhunderts, ein Scheiterhaufen in Florenz. Das Feuer sollte die Reformen des Bußpredigers Savonarola zu Asche werden lassen.

Savonarola wurde in Ferrara geboren und von seinem Großvater, einem hochangesehenen Arzt und Schriftsteller, und seiner frommen Mutter für den Dienst Gottes erzogen. Früh erkannte er, daß die alte „keusche“ Zeit der Kirche vorbei war und Rom durch die Verderbtheit des geistlichen Standes einem zweiten Untergang entgegenging. 1475 trat er in Bologna dem Dominikanerorden bei. Im Sommer 1489 als Lektor an das Kloster San Marco in Florenz versetzt, begann er unter wach-

sendem Zustrom Buße zu predigen. Er legte die Offenbarung des Johannes aus: Die Kirche wird sich erneuern (Rom wird zuvor gezüchtigt), diese Ereignisse stehen nahe bevor.
Florenz war zwar eine reiche Republik, Lorenzo de Medici regierte jedoch wie ein absolutistischer Fürst. Savonarola deckte schonungslos alle unter gleißendem Schein verborgene Verderbnis auf. Als er 1490 zum Prior seines Klosters gewählt wurde, weigerte er sich, Lorenzo zu besuchen, um ihm den Gehorsam zuzusagen.
1494 erhielt Florenz das Recht, über seine Staatsform frei zu entscheiden. In einer großen Volksversammlung übertrug man alle Gewalt Savonarola, es wurde der „Gottesstaat unter dem König Christus" aufgerichtet. Als Prior begann Savonarola mit der Reform im eigenen Hause, indem er den weltlichen Besitz des Klosters veräußerte und der alten Ordensregel wieder volle Geltung verschaffte. Der Geist des so veränderten Klosters übertrug sich auf ganz Florenz: Todfeinde versöhnten sich, und unrechtes Gut wurde zurückgegeben. Viele Arrabbiaten und Compagnacci wurden zu erbitterten Gegnern, ebenso die angegriffene, verderbte Kurie; sie wollten die „Verbrennung der Eitelkeiten" nicht mitmachen.
Papst Alexander VI., der sich 1492 schamlos die Stimmen der Kardinäle erkauft hatte und sein sittenloses Leben auch als Papst fortsetzte, versuchte Savonarola durch das Angebot der Kardinalswürde zum Schweigen zu bringen. Dieser erklärte: „Ich will keinen roten Hut, es sei denn die Krone des Martyriums!" Im Oktober 1496 wurde das Predigtverbot für ihn ausgesprochen, im März 1497 verlangte der Papst von der Stadt seine Auslieferung und drohte mit dem großen Kirchenbann. Savonarola bereitete die Getreuen auf sein Ende vor: Gott könne seinen Hammer, wenn er sein Werk vollbracht habe, auch wegwerfen. Mit Zustimmung päpstlicher Kommissare wurde Savonarola als Häretiker und Schismatiker zum Tode verurteilt, zusammen mit zwei Ordensbrüdern gehängt und verbrannt.

IV

VON HEINRICH VOES UND JAN VAN ESCH BIS GEORG ISRAEL

16. Jahrhundert

1523 Heinrich Voes
und Jan van Esch
1523 Jean Vallière
1524 Kaspar Tauber
1524 Heinrich von Zütphen
1525 Friedrich der Weise
1525 Matthias Waibel
1525 Jan van Woerden
1527 Georg Wagner
1527 Johann Hüglin
1527 Leonhard Kaiser
1528 Patrick Hamilton
1528 Albrecht Dürer
1528 Matthias Grünewald
1529 Ludwig von Berquin
1529 Adolf Clarenbach
1531 Tilman Riemenschneider
1531 Huldreich Zwingli
1532 Johann der Beständige
1534 Michael Weiße
1534 Lazarus Spengler
1536 William Tyndale
1541 Johann Gramann
1541 Margaretha Bla(u)rer
1542 Johannes Zwick
1545 Georg Spalatin
1545 Peter Brullius
1546 Ernst der Bekenner
1546 Martin Luther
1546 Anna Askew
1546 Pierre Leclerc
1549 Veit Dietrich
1551 Martin Butzer
1551 Paul Speratus
1552 Katharina von Bora
1552 Olaus und } Peterson
1573 Lorenz }
1553 Die fünf Märtyrer
von Lyon
1553 Giovanni Mollio
1553 Lucas Cranach d. Ä.

1553 Jakob Sturm
1554 Johann Friedrich
der Großmütige
1555 John Hooper
1555 Justus Jonas
1555 Nicholas Ridley
1557 Angelus Merula
1558 Johannes Bugenhagen
1558 Erhard Schnepff
1559 Georg von Ghese
1559 Antonio Herrezuelo und
1568 Leonor de Cisnere
1559 Maria de Bohorques
1559 Anne Dubourg
1560 Johann von Laski
1560 Philipp Melanchthon
1560 Luigi Pasquali
1561 Menno Simons
1561 Nikolaus Herman
1562 Katharina Zell
1564 Johannes Calvin
1564 Ambrosius Bla(u)rer
1565 Nikolaus von Amsdorf
1565 Johannes Mathesius
1566 Wolfgang zu Anhalt
1566 Bartolomé Las Casas
1567 Pietro Carnesecchi
1568 Argula von Grumbach
1568 Albrecht von
Brandenburg-Ansbach
1570 Johann Walter
1570 Aonio Paleario
1570 Johannes Brenz
1571 Petrus Herbert
1572 Gaspard de Coligny
1572 John Knox
1575 Renata von Ferrara
1575 Adam Reusner
1577 Konrad Hubert
1584 Wilhelm von Oranien
1587 Kaspar Olevianus
1588 Georg Israel

HEINRICH VOES / JAN VAN ESCH
† 1. 7. 1523

Wenn die Thesen und die Wiederentdeckung des Evangeliums durch Martin Luther auch in kurzer Frist ganz Europa erfaßt hatten, so gab es doch hier und da erbitterten, grausamen Widerstand, der Blutzeugen des Evangeliums, Märtyrer des Glaubens forderte. Die ersten starben in den Niederlanden. Karl I. (V.) wollte hier ein straff organisiertes, einheitliches Staatswesen schaffen und versuchte daher mit allen Mitteln die kirchliche Einheit aufrechtzuerhalten. Schon 1520 wurden von der Universität Löwen die Anschauungen Luthers verdammt. Nach dem Erlaß strenger Edikte gegen die Ketzer begann die Inquisition ihr blutiges Werk. Im Laufe der Zeit wurden mehrere Tausend Ketzer hingerichtet, die meisten waren Taufgesinnte.

1523 starben in Brüssel die ersten Märtyrer der Reformation. Hendrik Voes, geboren in Herzogenbusch, knapp zwanzig Jahre alt, war einer der sechzehn Augustinermönche aus Antwerpen, die, der Ketzerei verdächtig, 1522 verhaftet worden waren. Ihr Prior, Heinrich von Zütphen, konnte fliehen, dreizehn widerriefen ihren Glauben, drei aber bekannten tapfer ihre evangelische Gesinnung: Hendrik oder Heinrich Voes, Jan oder Johannes van Esch, noch nicht ganz dreißig Jahre alt, und Lampertus Thorn. Ihr Michaeliskloster hatte man zerstört. Die Mönche wurden zuerst von Professoren der Universität Löwen verhört. Die drei standhaften Augustiner, von den Ketzermeistern nach ihrem Glauben und den Satzungen der Väter und den Beschlüssen der Konzilien befragt, beriefen sich auf die Heilige Schrift. „Der Papst hat keine Gewalt, zu gebieten oder zu verbieten, was Gott der Herr nicht zuvor geboten oder verboten hat. Wir glauben, daß Gottes Gebote, nicht aber Menschensatzungen selig machen oder verdammen.“ Schließlich wurden die drei Brüder in großer Zeremonie vor einem Tribunal von Doktoren und Professoren, von Prälaten und Priestern in prächtigen Gewändern vor allem Volk auf einem Schafott ihrer priesterlichen Würde entkleidet. Als sie zum Scheiterhaufen geführt wurden, erbat sich Lampertus

noch vier Tage Bedenkzeit. Die beiden anderen Brüder beteten das Apostolikum und sangen noch in den Flammen das Tedeum. Lampertus Thorn wurde zu lebenslänglichem Kerker verurteilt, starb aber bald.
Martin Luther schrieb anläßlich dieses Martyriums einen Sendbrief „An die Christen ym Nidderlande" und dichtete sein Lied: „Ein neues Lied wir heben an: das walt Gott unser Herre / zu singen, was Gott hat getan / zu seinem Lob und Ehre / zu Brüssel in dem Niederland ..."

JEAN VALLIÈRE
† 8. 8. 1523

Schon seit 1519 gab es in Frankreich „Luthériens". Der Humanist Jakob Faber (auch Lefèbvre genannt) hatte eine französische Übersetzung des Neuen Testaments und der Psalmen geschaffen. Bereits 1512 verkündigte er in einem Kommentar zu den Paulusbriefen die Rechtfertigungslehre des Apostels, die unverdiente Gnade der Erlösung, betonte die Autorität der Bibel und bestritt den Verdienstgedanken. Seine Worte, daß die Kirche leider ihren Führern folge und weit entfernt von dem sei, was sie sein sollte, verrieten reformatorische Gesinnung. Im Jahre 1520 ging er als Direktor eines Spitals für Aussätzige nach Meaux. Dort arbeitete er unter einer kleinen Gemeinde gleichgesinnter Christen. Sie legten gemeinsam die Bibel aus. Später mußte er fliehen. Er starb im Alter von zweiundsiebzig Jahren 1536 in Navarra. Daß er nicht für das Evangelium gelitten hatte, konnte er lange nicht mit seinem Gewissen vereinbaren. Einer der Teilnehmer an dem Bibelkreis in Meaux war der Augustiner Jean Vallière gewesen, der unter Fabers wie unter dem Einfluß von Schriften Martin Luthers zum Bekenner und Märtyrer wurde, dem ersten unter Tausenden in der Geschichte der französischen Kirche.
Vallière scheint den Bruch mit dem Papsttum im Gegensatz zu Lefèbvre bald als unausweichlich empfunden zu haben. Offenbar hatte er aus seiner reformatorischen Überzeugung kein Hehl

gemacht. Er wurde angeklagt, über Jesus und seine hochwürdige Mutter Maria lästerliche Reden geführt zu haben. Der wahre Hintergrund dieser Anklage ist nicht mehr zu erkennen. Im August 1523 wurde Jean Vallière auf einem Schinderkarren an den Fuß des Hügels Moulins in Paris gefahren, wo ihm zuerst die Zunge herausgeschnitten wurde, bevor man ihn an einen Pfahl band und lebendigen Leibes verbrannte. Wie viele der späteren französischen Blutzeugen blieb er in seinem Glauben unerschütterlich.

KASPAR TAUBER
† 17. 9. 1524

Luthers Schriften hatten auch den Weg nach Wien gefunden. Es gab dort genug Menschen, die an einer Erneuerung der Kirche an Haupt und Gliedern Interesse hatten. Um 1524 predigten einige aufrechte Priester im Stephansdom, in der Michaelskirche und in der Burgkapelle über die Rechtfertigung allein aus dem Glauben. Ein angesehener Bürger namens Kaspar Tauber veröffentlichte eine Schrift, die leider nicht erhalten ist, in der er gegen Ohrenbeichte, Wandlung in der Messe, Heiligenfürbitte, Fegefeuer und andere unbiblische Irrtümer und Mißbräuche in der Kirche und für das allgemeine Priestertum der Gläubigen eingetreten sein soll. Wie die Priester wurde auch er eingekerkert und der Ketzerei beschuldigt. Er wurde verurteilt, vor dem Portal des Doms an drei Sonntagen barhäuptig und barfuß, den Strick um den Hals, eine brennende Kerze in der Hand, auf einem Schaugerüst öffentlich zu widerrufen, eine Geldstrafe zu zahlen und sein Leben lang sichtbar an seiner Kleidung ein schwarzes Kreuz zu tragen. Schon am ersten Sonntag erklärte Tauber, er sei nicht überwunden, er wolle aber mit dem Wort der Schrift auf ihm zu nennende Anklagen erwidern. Seine letzten Worte waren: „Unüberwunden, ja auch ungehört muß ich verurteilt werden. Tausend Doktoren könnten mir nichts abgewinnen, weil Gottes Wort auf meiner Seite ist. Ich will beim Wort meines Gottes beharren, sterben und genesen." Im September wurde er zur Richtstätte am Erdberg gefahren, vor sich einen Priester mit dem Kreuz und einem Marienbild, hinter sich den Henker mit dem Schwert. Zwölf Stadtknechte liefen neben dem Wagen. Angekommen, wurde er zur Beichte aufgefordert. Doch er antwortete, seinem himmlischen Vater schon gebeichtet zu haben. Die Hände wurden ihm gefesselt. Da zeichnete er mit dem Fuß ein Kreuz auf die Erde, kniete, wie der Bericht sagt, „fröhlich" darauf nieder, betete noch dreimal „Vater, in deine Hände befehle ich meinen Geist" und ließ sich vom Scharfrichter das Haupt abschlagen. Sein Leichnam wurde auf einem Scheiterhaufen verbrannt. Nach Jahresfrist erschien ein „fliegendes Blatt" mit einem Lied über seinen Märtyrertod.

HEINRICH VON ZÜTPHEN
*** um 1488 † 10. 12. 1524**

Zütphen war die Vaterstadt Heinrichs, im Herzogtum Geldern in den Niederlanden gelegen, wo er später auch als Reformator gewirkt hat. Er wurde vermutlich von den „Brüdern vom gemeinsamen Leben" beeinflußt, besonders aber von Luther, dem er als Augustiner vielleicht schon 1508 bei seinem ersten Aufenthalt in Wittenberg begegnete, gewiß von 1520 bis 1522, als er zum zweiten Mal zu klärenden Studien dorthin reiste. Dazwischen war er in Köln und dann als Prior in Dortrecht. Durch die scharfen Angriffe der Augustiner gegen die Ablaßpredigt und andere Mißbräuche und durch die Widerstände des Rates der Stadt gegen sie wurde er mit mehreren seiner Ordensbrüder zur Flucht genötigt. Gemeinsam mit dem Prior der Augustiner von Antwerpen, Jakobus Propst, berichtete er Luther 1519 über die Notwendigkeit von Reformen. Er nahm, als im Dezember 1521 Jakobus Propst gefangengenommen wurde, dessen Priorstelle in Antwerpen ein. Bald jedoch sollte auch er vor das geistliche Gericht in Brüssel zitiert werden, aber Bürger verhalfen ihm zur Flucht. In Bremen hat er dann, gemeinsam mit Propst, der ihm hatte fol-

gen können, durch seine Predigten die Sache der reformatorischen Bewegung energisch vorangetrieben.
Im November 1524 erreichte ihn die Bitte des Kirchherrn Nikolaus Boye aus Meldorf, nach Dithmarschen zu kommen, um das Evangelium zu verkündigen. Heinrich folgte dem Ruf und predigte unter großem Andrang des Volkes. Den Dominikanern war er ein Dorn im Auge. Mit Hilfe der Franziskaner in der Gegend brachten sie fünfhundert Bauern in Hemmingstedt zusammen, wiegelten sie auf und führten sie, stark betrunken, nach Meldorf. Dort wurde zuerst der Kirchherr Boye schwer mißhandelt, dann ergriffen sie Heinrich von Zütphen und schleiften ihn, nur mit dem Hemd bekleidet, an den Schwanz eines Pferdes gebunden, durch Eis und Schnee über Hemmingstedt bis Heide. Der Landschreiber fragte ihn, ob er vor den Bischof nach Bremen gebracht werden oder an Ort und Stelle sein Urteil empfangen wolle. Er antwortete nur: „Gottes Wille geschehe an mir." Man verurteilte ihn zum Tod auf dem Scheiterhaufen. Da dieser in der Nässe nicht brennen wollte, wurde der evangelische Märtyrer Stunden hindurch grausam gequält, so daß schließlich eine Frau namens Wiebke Junge ihre Stimme erhob, doch man hörte nicht auf sie. Mit einem Schmiedehammer wurde Heinrich von Zütphen schließlich erschlagen, dann zerstückelt und von den fanatischen Mördern verbrannt.
1525 erschien daraufhin Luthers Schrift: „Von Bruder Henrics, in Dithmar verbrannt, samt dem 10. Psalm, ausgelegt durch Martin Luther". Man sollte den Psalm zum Trost singen: „Du schaust das Elend und den Jammer. Es steht in deinen Händen. Das Verlangen der Elenden hörst du, Herr; du machst ihr Herz gewiß, dein Ohr merkt darauf."

FRIEDRICH DER WEISE
* 17. 1. 1463 † 5. 5. 1525

Der Landesherr Martin Luthers, Kurfürst Friedrich (genannt der Weise) von Sachsen, war frommer Katholik und besuchte täglich die Messe. Die Fastenzeit verbrachte er gern in der Stille des Klosters Grimma. Berühmt war seine Reliquiensammlung im Wittenberger Allerheiligenstift, die etwa zwanzigtausend Stücke umfaßte. Nach einer Rechnung Spalatins ergab sie fast zwei Millionen Jahre Ablaß. Übertrumpft wurde diese Zahl nur von der Sammlung des Erzbischofs Albrecht von Mainz mit ihren wohl vierzig Millionen Jahren.
Alljährlich am Allerheiligentag pflegte der Kurfürst seine Sammlung in der Schloßkirche in Wittenberg auszustellen. 1493 unternahm er „aus sonderer Innigkeit und Andacht" eine Pilgerfahrt ins Heilige Land. 1502 errichtete er in Wittenberg die Universität.
Weltgeschichtliche Bedeutung erlangte der Kurfürst von Sachsen dadurch, daß er sich gegenüber Kaiser und Papst für Martin Luther einsetzte, ein rasches Vorgehen gegen ihn verhinderte und damit letzten Endes der Reformation zum Durchbruch und Sieg verhalf.
1519 wollten ihn die Fürsten zum Nachfolger Maximilians I. wählen, aber er lehnte ab. Als 1518 der Prozeß gegen seinen an der Universität so hochgeschätzten Professor begann, hätte er ihn leicht preisgeben können. Seine strenge Rechtlichkeit sträubte sich jedoch dagegen, Luther als Ketzer fallenzulassen. So setzte er es durch, daß diesem die Reise nach Rom erlassen wurde und das Verhör in Augsburg stattfand. In zähen Verhandlungen erreichte er dann auch, daß der schon gebannte Luther freies Geleit zum Reichstag in Worms erhielt. Seiner Initiative ist es auch zu verdanken, daß Luther Zuflucht auf der Wartburg fand.
Spalatin führte ihn in das Evangelium ein, danach bekannte er: „Ehe ich wollt mit Wissen wider Gott handeln, wollte ich lieber einen Stecken in die Hand nehmen und davongehen." Luthers Ungestüm war ihm nicht immer recht, dennoch schützte er ihn, ohne bis zu seinem Tod ein Wort mit ihm persönlich

gesprochen zu haben. Zwar hatte man Luther gerufen, seinem Landesherrn im Sterben beizustehen, dieser aber konnte nicht rechtzeitig kommen. Auf Spalatins Rat nahm Friedrich das Abendmahl in beiderlei Gestalt. Mit der Zurückweisung der Letzten Ölung bekannte er sich vollends zum Evangelium der Reformation. Zuvor hatte er sich schon in Luthers Schrift „Sermon von der Bereitung zum Sterben“ vertieft, und am Palmsonntag ließ er auf seinem Schloß den Gottesdienst zum ersten Mal nach Luthers Ordnung halten.

MATTHIAS WAIBEL
† 6. 9. 1525

Matthias Waibel, ein Bauernsohn aus Martinszell im Allgäu, besuchte die Schule in Kempten mit so gutem Erfolg, daß ihn der Abt ins Kloster aufnahm und ihm das Studium in Wien ermöglichte. Später konnte er die Leitung der Klosterschule übernehmen, wurde zum Priester geweiht und bekam eine Pfarrei außerhalb der Stadt, die noch im Bereich des Klosters lag. Sechs Jahre lang bewährte er sich in seinem Doppelamt. Inhalt seiner Verkündigung waren zwei Dinge: Vergebung der Sünden; Gottes Gnade und ewiges Leben erlangt der Mensch nicht durch sein Werk oder Verdienst, sondern allein durch den Glauben an Jesus Christus, der um unserer Sünde willen in den Tod gegeben ist. Zum anderen erweist sich die Wahrheit eines lebendigen Glaubens durch gute Früchte und Werke der Liebe gegenüber Gott und den Menschen. Waibel war sich der Gefahr stets bewußt, in die er durch seine Offenheit kommen mußte. An einem der Heiligentage wurde in Kempten nach alter Sitte der Reliquienschrein des Klosters auf der Schwaigwiese vor der Kirche zur Schau gestellt und dabei ein großer Ablaß verkündigt. Der Ertrag floß dem Kloster zu. Matthias Waibel erhob seine Stimme dagegen und wies auf das allgenugsame Opfer Jesu hin. Das rief, wegen der Verringerung der Einnahmen, den Unwillen der anderen Priester hervor. Der alte Abt und Gönner Waibels war gerade gestorben. Unter großem Gepränge wurde sein Nachfolger eingeführt. Matthias Waibel geißelte die Hoffart der geistlichen Herren und verwies auf den, der nicht hatte, wo er sein Haupt hinlegen sollte. Da der mutige Pfarrer in der Stadt hohes Ansehen genoß, lockte man ihn eines Tages unter dem Vorwand, ein Sterbender begehre das Sakrament, weit vor die Stadt. Hier ergriff man ihn, band ihn auf ein Pferd und brachte ihn nach Leutkirch, wo er zunächst zwölf Tage gefangengehalten wurde. Angeblich wollte man ihn dann zum Verhör vor den Feldhauptmann des Schwäbischen Bundes, Georg von Truchseß, bringen. Der Profoß, der den Transport leitete, lenkte ihn nach einer Stunde in einen Buchenwald und rief vor einem Baum, der ihm als Galgen geeignet schien: „Pfaff, schick dich drein. Du mußt hier dein Leben lassen!" Matthias Waibel kniete nieder und befahl sich in Gottes Hände. So wurde er der erste evangelische Märtyrer im Allgäu.

JAN VAN WOERDEN
* 1499 † 15. 9. 1525

Jan van Woerden, auch Jan de Bakker genannt, wurde im Sommer 1499 in Woerden als Sohn eines Küsters geboren. Bis 1514 sang er im Domchor in Utrecht mit, besuchte dann die Hieronymusschule und wurde schon dort von den reformatorischen Ansichten des Rektors Hinne Rode beeindruckt. 1519 bezog er die Universität Löwen. Der Vater hatte ihn seinem Schulkameraden Erasmus von Rotterdam besonders anvertraut. 1522 empfing Jan van Woerden die Priesterweihe und ging an seinen Heimatort zurück. Da seine Predigten seinen Oberen als zu „evangelisch" erschienen, wurde er bald verhaftet. Die Gemeinde erlangte jedoch noch einmal die Freiheit für ihn. Als er von einer Reise nach Deutschland zurückkehrte, wurde ihm eine Wallfahrt nach Rom auferlegt. Drei Jahre sollte er außerdem die Heimat meiden. Doch er ging nicht nach Rom, sondern wanderte unstet durch die Niederlande; oft wurde er verfolgt. Immer blieb er bemüht, die kleinen Gemein-

den der Bibelgläubigen zu stärken. Es gelang ihm sogar, zu Gefangenen vorzudringen.
Als die drei Jahre vergangen waren, legte er sein geistliches Gewand ab und wurde in Woerden Bäckergeselle (daher sein Name „de Bakker"). 1524 gab Papst Hadrian VI. einen neuartigen Ablaß heraus: für die Teilnahme an einer Prozession, für das Fasten an einem außergewöhnlichen Tage und die Kommunion an zwei aufeinanderfolgenden Sonntagen. Jan van Woerden warnte vor dieser neuen Irreführung der Gläubigen. Keine frommen Werke könnten Sündenvergebung und Seligkeit verbürgen. Der nun drohenden Verhaftung konnte er sich für kurze Zeit durch die Flucht nach Haarlem entziehen. Zurückgekehrt, wurde er gefangen nach Den Haag gebracht und dort im Juli 1525 zum ersten Mal verhört. Er erklärte unter anderem: „Ich verwahre mich dagegen, etwas zu behaupten, was nicht in der Heiligen Schrift ausgesprochen ist ... Ich verwerfe alle Irrtümer, Lehren und Ketzereien, die gegen Gottes Wort sind. In diesem Glauben begehre ich zu leben und zu sterben." Er wandte sich auch gegen das Verbot der Ehe für einen Priester, da dies nicht in der Bibel begründet sei. Da er nichts zurücknahm, wurde er zum Tode verurteilt. Man warf ihm ein Ketzerkleid über, setzte ihm eine Narrenkappe auf und führte ihn so entwürdigt zum Richtplatz, wo man ihn erdrosselte und verbrannte. Wie Jesus hatte er noch für seine Feinde um Vergebung gebetet.

GEORG WAGNER
† 8. 2. 1527

Georg Wagner, ein Priester und Prediger des Evangeliums, der nach dem Brauch der Zeit seinen Namen latinisierte und sich nun „Carpentarius" nannte, stammte aus Emmeringen im Herzogtum Bayern. Seit 1524 war hier das Lesen der Heiligen Schrift und Lutherischer Schriften sowie deren Verbreitung bei Todesstrafe verboten. Viele Gläubige, die sich in ihrem Gewissen bedrängt fühlten, retteten sich in die freie Reichsstadt

Augsburg. Von beiden Herzögen, Wilhelm und Ludwig, wurde sie deshalb auch als Grube aller Ketzerei bezeichnet. Für die, die sich nicht retten konnten, waren die Strafen grausam. In Landsberg wurden neun Männer verbrannt, in München neunundzwanzig ertränkt.

Georg Wagner geriet immer mehr in Widerspruch zur Lehre der römischen Kirche. Er bestritt, daß der Priester in der Beichte nach eigenem Ermessen Sünden vergeben oder behalten könne. Die vergebende Gnade und Barmherzigkeit sei Gottes allein. Auch die Verwandlung der Elemente bei der Messe durch den Priester verwarf er, weil ein Mensch niemals über Gott verfügen könne. Er bezweifelte auch, daß die Taufe den Menschen ohne weiteres selig mache. Da er seine reformatorischen Gedanken auch in der Predigt äußerte, wurde er, der Ketzerei verdächtig, in den Münchner Falkenturm geworfen. Man gab sich, nachdem das Todesurteil über ihn gefällt war, noch auf dem Weg zum Scheiterhaufen viel Mühe, ihn zum Widerruf zu bewegen. Doch er blieb unerschütterlich fest. „Gott läßt mich in dieser Sache nicht irren ... Über mir und den Meinen steht Gott.“ Auf dem Richtplatz sprach der Domprediger Schritter dem Verurteilten das Vaterunser vor. Der alte Bericht meldet, wie Georg Wagner auf jede Bitte einen kurzen eigenen Stoßseufzer hinzugefügt habe: „Fürwahr, mein Gott, heute begehre ich, bei dir zu sein ... Ach, mein Gott, daß dein Name in Wahrheit geheiligt würde ... Heute darf ich zu dir hineinkommen ... Hier bin ich, Vater, dein Wille geschehe, nicht der meine ... Der Herr Jesus Christus, das rechte Brot des Lebens, sei heute meine Speise ... Ich vergebe willig allen, meinen Freunden und meinen Feinden ... O mein Gott, du wirst mich erlösen, denn allein auf dich habe ich gehofft.“ Er wurde auf eine Leiter gebunden und ins Feuer gestoßen.

JOHANN HÜGLIN
† 10. 5. 1527

Im Jahre 1524 begannen die Bauern auch in Oberdeutschland, vom Rhein bis zum Allgäu, um die Herabsetzung ihrer Abgaben und Frondienste zu kämpfen. Die Leibeigenschaft bedrückte sie außerordentlich. So zogen sie gegen Burgen und Klöster und nahmen sogar Freiburg im Breisgau ein. Damals wandten sich auch Bauern des Dorfes Sernatingen bei Überlingen am Bodensee an ihren Pfarrer Johann Hüglin, er möge ihnen ein Schreiben an die Obrigkeit aufsetzen, in dem sie ihre Nöte und Forderungen schildern wollten. Aus Liebe zu den geplagten Leuten erfüllte er ihren Wunsch. Er meinte gewiß, den geistlichen Herren zu Überlingen sei solche Eingabe lieber als ein Kampf mit Blutvergießen. Als die Bauernaufstände niedergeworfen waren, wurde Hüglin dem geistlichen Gericht des Konstanzer Bischofs überantwortet, wo er mißhandelt und auch gefoltert wurde. Im Mai 1527 wurde ihm auf dem Marktplatz in Meersburg das Urteil gesprochen. Man hatte ein Gerüst aufgeschlagen, auf dem der Weihbischof im Meßgewand auf einem Stuhl Platz nahm, Äbte, Doktoren und Richter standen zu seinen Seiten. Die Anklage lautete auf Ketzerei und Aufruhr. Er habe verkündigt, daß nur zwei Sakramente zur Seligkeit führten. Es gäbe kein Fegefeuer. Er habe Lutherische Schriften gelesen und ein gefälschtes Neues Testament besessen. Der Angeklagte verteidigte sich tapfer. Man erlaubte ihm nicht, vor dem Volk zu disputieren, obwohl er geäußert hatte, er wollte sich auch belehren lassen, wenn er wider Gott und sein wahrhaftiges Wort gelehrt und gehandelt hätte. Er sollte auf die Anklagen nur antworten: ich glaube – oder: ich glaube nicht. Johann Hüglin erklärte, sie könnten doch nicht über eines Menschen Glauben richten. Damit würden sie ja in Gottes Urteil eingreifen. Diesem allein stehe es zu, Gewissen zu prüfen. Er gab zu, Schriften von Martin Luther gelesen zu haben. Die Bibel lehre doch auch, alles zu beurteilen. In seinem Neuen Testament habe er keine Fälschungen gefunden. Die Bibel schreibe nichts vom Fegefeuer. Er selbst zwar sei jetzt im Fegefeuer gewesen in dem, was er zu leiden gehabt habe. Als ihm bei diesen Worten die Tränen kamen, lachte der verhörende Generalvikar. Hüglin entgegnete darauf: „Gott verzeihe euch; ihr wißt nicht, was ihr tut." Zeugenaussagen konnten die Anklagen nicht bestätigen, dennoch wurde Johann Hüglin als Ketzer verurteilt. Auf dem Weg zum Scheiterhaufen betete er den Lobgesang der Maria.

LEONHARD KAISER
* 1480 † 16. 8. 1527

Im Herzogtum Bayern hatten sich geistliche und weltliche Fürsten im Jahre 1524 zu einem Bündnis zusammengeschlossen, um dem Vordringen der reformatorischen Lehren Einhalt zu gebieten. Sie erließen eine scharfe Verordnung, die das Lesen und Verbreiten Lutherischer Schriften verbot und den Studenten untersagte, in Wittenberg zu studieren. Ketzergerichte wurden eingesetzt und alle verfolgt, die der Reformation positiv gegenüberstanden.

Auch der Kaplan Leonhard Kaiser in Waitzenkirchen, zwischen Passau und Linz, wurde vor den Fürstabt von Passau geladen und in Haft genommen, bis er sich schriftlich verpflichtete, von der evangelischen Lehre zu lassen. Doch es erschütterte ihn danach tief, daß er nicht zum Martyrium bereit gewesen war. Mit verwundetem Gewissen begab er sich nun nach Wittenberg, lernte Martin Luther persönlich kennen und festigte hier seinen Glauben. Anfang 1527 erreichte ihn die Nachricht von einer schweren Erkrankung seines alten Vaters und dessen sehnlichem Wunsch, ihn noch einmal zu sehen. Da eilte er in die Heimat, traf seinen Vater gerade noch lebend an und konnte ihm das Abendmahl reichen. Zwei Stunden später war der Vater verstorben. Der Sohn wurde verraten, verhaftet und erst nach längerer Zeit, die er im Turm zu Passau zubringen mußte, verhört. Seine Verteidigung blieb bewußt ungehört, da die Richter sein Todesurteil schon gesprochen hatten. Ein Brief Luthers stärkte und tröstete ihn in seiner Haft. Nachts konnte er sich noch durchs Fenster mit treuen

Freunden besprechen. Das Angebot, auf seine Kosten den Reichsstädten eine Verteidigungsschrift vorzulegen, wurde nicht angenommen. Ebenso vergeblich blieben die Fürsprachen angesehener Männer im Land. Sogar der Kurfürst von Sachsen und der Markgraf von Brandenburg setzten sich für ihn ein. Im Juli wurde im Pfaffenhof zu Passau das Urteil gefällt. Der Fürstbischof von Passau, der Herzog von Bayern und Doktor Eck aus Ingolstadt waren dazu erschienen. Die Verhandlungen wurden in lateinischer Sprache geführt. Leonhard Kaiser aber verteidigte sich deutsch und offenbarte dabei so viel Geist, Verstand und Kenntnis der Heiligen Schrift, daß die Umstehenden von großer Erregung ergriffen wurden. Bald wurde daher dem Angeklagten das Wort verboten. Stück um Stück wurde ihm dann unter Verfluchungen seine geistliche Gewandung entrissen und das Urteil bei Schärding vollstreckt. Luther schrieb über ihn noch 1527 „eine selige Geschicht".

PATRICK HAMILTON
* um 1498 † 28. 2. 1528

Patrick Hamilton, aus einem der führenden Adelsgeschlechter Schottlands stammend, wurde schon als Knabe für den kirchlichen Dienst bestimmt. Mit dreizehn Jahren erhielt er eine Abtei, deren Einkünfte ihm die Mittel zu einer ausgedehnten Bildungsreise gewähren sollten. Er studierte von 1517 an fünf Jahre an der Sorbonne und wurde ein begeisterter Schüler des Humanisten Erasmus von Rotterdam. Schon in Paris lernte er Luthers Gedanken kennen. 1523 kehrte er nach Schottland zurück, wurde wohl 1526 zum Priester geweiht und begann seinen Dienst. Da Luthers Lehre von der Rechtfertigung des Sünders aus dem Glauben für ihn bestimmend geworden war und er in seinen Predigten davon sprach, wurde Anfang 1527 sein Erzbischof, James Beaton, auf ihn aufmerksam und versuchte ihn durch Drohungen einzuschüchtern. Um des Ansehens der Familie willen wagte er noch nicht, scharf gegen ihn vorzugehen. Während einer Deutschlandreise hörte Hamilton in Wittenberg Martin Luther und Melanchthon. Dies festigte seine reformatorische Überzeugung. Für einige Zeit weilte er in Marburg, wo er sich eng an Franz Lambert anschloß, der von ihm sagte, selten einem Menschen begegnet zu sein, der sich mit so großem Ernst mit Gottes Wort beschäftigt habe wie er. In Marburg verfaßte Hamilton sein volkstümliches, biblizistisches „Handbuch der schottischen Reformation“ (Loci communes), das später John Knox in seine Reformationsgeschichte aufnahm. Aus Liebe zu seiner Heimat und seinem Volk 1527/1528 zurückgekehrt, fand seine Verkündigung ein großes Echo.

Der Erzbischof zögerte nun nicht länger, da ihm ein Hamilton im Lande gefährlicher zu sein schien als der ferne Luther. So lockte er ihn unter dem Vorwand einer freien Disputation nach St. Andrew, heuchelte Mäßigung und gestattete ihm sogar, sich in der Stadt und an der Universität frei zu bewegen und seine Überzeugung zu vertreten. Offenbar sollte er sich durch seine freimütigen Äußerungen immer mehr gefährden. Als der Erzbischof die Zeit für gekommen hielt, machte er Patrick Hamilton wegen Ketzerei den Prozeß. Der Verklagte verteidigte sich bescheiden, blieb jedoch unbeugsam. Er wirkte darüber hinaus so überzeugend, daß der gegen ihn disputierende Alesius für die reformatorische Lehre gewonnen wurde. Hamilton erklärte unter anderem: „Es ist das Recht aller Menschen, Gottes Wort zu lesen, denn sie können es verstehen, vor allem das Testament Christi.“ Er wurde verurteilt und verbrannt. Sein Ankläger Campbell lebte nur noch vierzig Tage in großer Gewissensnot.

ALBRECHT DÜRER
* 21. 5. 1471 † 6. 4. 1528

Albrecht Dürer wurde als Sohn eines Goldschmieds in Nürnberg geboren, ging beim Vater in die Lehre, bis dieser ihn, da er den Wunsch äußerte, zum Maler Michael Wolgemut schickte. 1490 ging er auf Wanderschaft, kam 1492/1493 nach

Basel, 1493/1494 nach Straßburg und 1494/1495 nach Venedig. Ein zweites Mal hielt er sich in Venedig 1505/1507 auf. Während des Reichstags in Augsburg fertigte er Zeichnungen von Kaiser Maximilian an, der ihm daraufhin einen Jahressold bewilligte. Um diesen von Karl V. bestätigen zu lassen, reiste er mit seiner Frau Agnes Frey in die Niederlande. Ansonsten lebte und arbeitete er stets in seiner Heimatstadt. Bekannt wurde er mit den Graphiken zur Apokalypse, die 1498 entstanden. In dieser Blattfolge thront Christus als Weltenrichter inmitten der sieben Leuchter, reißt mit ausgerecktem Arm die Planeten aus ihrer Bahn und sammelt die Sterne in seiner Hand. Die Apokalyptischen Reiter jagen über die Erde, Michael kämpft mit dem Drachen. Deutlich ist die Sorge um die Kirche, aber auch der Trost im Evangelium herauszulesen. Zwei Aufgaben sah Dürer für die Kunst: Sie sollte das Antlitz des Menschen über den Tod hinaus bewahren und das Leiden Christi vergegenwärtigen. 1511 erschienen die Holzschnittfolgen der „Kleinen" und „Großen Passion" und das „Marienleben", 1512 die „Kleine Kupferstichpassion". Dürers Frau und auch seine Mutter verkauften diese Blätter für wenig Geld auf Messen und Jahrmärkten. Er selbst hat sie (wie auch andere Graphiken) oft verschenkt: an die Erzherzogin und den Hausknecht, an Handwerker und Patrizier. So wurden sie weit verbreitet. Das Antlitz des Schmerzensmannes im „Schweißtuch der Veronika" beeinflußte die Vorstellung von Jesus für die folgenden Zeiten. Meisterhaft ist die Darstellung menschlicher Charaktere in seinen großen farbigen Porträts. Er sah die Bedrohung des Menschen von vielen Seiten und stand deshalb Luthers Reformbestrebungen nahe. Er war ein eifriger Leser seiner Werke, wollte auch gern, wie er an Spalatin in einem Brief schrieb, „ihn mit Fleiß konterfeien und in Kupfer stechen zu einem langen Gedächtnis des christlichen Mannes, der mir aus großen Ängsten geholfen hat". Doch es kam zu keiner Begegnung.

Das Tagebuch, das Dürer auf seiner niederländischen Reise geführt hat, zeigt die große Erschütterung, als er die Botschaft von der Entführung Luthers bei Eisenach vernahm. Dürers bewegende Klage geht unversehens ins Gebet über. Er nennt Luther den „frommen, mit dem Heiligen Geist erleuchteten

Mann, der da war ein Nachfolger Christi und des wahren christlichen Glaubens ... O Gott, ist Luther tot, wer wird hinfort das heilige Evangelium so klar vortragen? ..."

MATTHIAS GRÜNEWALD
* um 1460 † 31. 8. 1528

Mathis Gothart oder Nithardt wurde in Würzburg geboren. Er lebte dann in Aschaffenburg und nach Wanderjahren, die ihn wohl nach Italien und in die Niederlande geführt haben mögen, ab 1501 in Seligenstadt am Main, wo er sich verheiratete und als Werkmeister und Maler des Erzbischofs Uriel von Gemmingen sich nicht nur mit der Malerei (die ersten Gemälde von seiner Hand sind 1503 datiert), sondern auch mit der Baukunst, der Wasserkunst und dem Bergbau zu befassen hatte. Daneben war er auch Hofmaler des Kardinals Albrecht von Brandenburg in Mainz. 1511/1512 malte er in Frankfurt (M.) die „Verklärung Christi". Er knüpfte Verbindungen zu Jean Orliac, dem Abt des im südlichen Elsaß gelegenen Klosters Isenheim, und ging nach Jahren intensiven Studiums des großen Themas an die Ausführung seines Lebenswerkes, des großen Isenheimer Altares, der ihn wohl durch die Jahre 1512 bis 1516 dauernd beschäftigt haben muß. Der Altar sollte wie ein gewaltiges, sechs Meter breites und über drei Meter hohes, zweimal aufklappbares hölzernes Buch im hohen Chor stehen und in seinen drei Formen nacheinander zwölf Bildtafeln und den Figurenschrein zeigen: alltags die Kreuzigung des Herrn, dazu in der Predella seine Grablegung, auf den Flügeln rechts und links Antonius und Sebastian als Beispiele der Nachfolge. An Sonntagen erblickte man Maria mit ihrem Sohn und den jubelnden Engelchor, dazu auf den Seitenflügeln die Verkündigung und die Auferstehung. An den hohen Festtagen tat sich der goldschimmernde Mittelschrein mit seinen Plastiken, den Figuren des Augustinus und des Antonius auf, zu denen in der Predella die Brustbilder des Herrn und seiner Apostel traten, während

die Flügel Gemälde von der Errettung des Antonius von den Dämonen und seinen Besuch beim Wüstenvater Paulus zeigten. Die im Kloster gepflegten Kranken sollten oft vor das die rettende Barmherzigkeit Gottes predigende Kunstwerk getragen werden.
Nach Vollendung des Werkes kehrte der Meister nach Seligenstadt zurück. Die Bevölkerung dort schloß sich 1525 den aufständischen Bauern an. Nach ihrer Niederwerfung mußte Meister Mathis nach Frankfurt fliehen. Bei einem Aufenthalt in Halle wurde er vom Tod überrascht.
In seinem Nachlaß fanden sich siebenundzwanzig Predigten und andere Schriften Martin Luthers sowie das Neue Testament.

LUDWIG VON BERQUIN
*** 1490 † 17. 4. 1529**

Ludwig von Berquin wurde in Passy bei Paris geboren und streng katholisch erzogen. Er studierte an der Sorbonne, von Begeisterung für Kunst und Wissenschaft erfüllt. Eifrig las er die Bibel, Schriften von Erasmus und Luther, von denen er einige auch übersetzte. Sein Blick für Unvollkommenheiten und Schäden der Kirche schärfte sich. Mit einem kleinen Kreis Gleichgesinnter, zu dem auch die Schwester des französischen Königs, Margareta von Navarra, gehörte, arbeitete er an einer Erneuerung der Kirche, ohne ihre Einheit preisgeben zu wollen. Dem König vorgestellt, zog ihn dieser an seinen Hof. Als er im Sommer 1523 wegen der Übersetzung von Schriften Luthers, die von der Universität verdammt waren, als Ketzer eingekerkert wurde, verschaffte ihm ein Machtwort des Königs wieder die Freiheit. Seine Übersetzungen allerdings wurden verbrannt, auch seine eigene Schrift „Über das allgemeine Priestertum der Christen". Berquin hätte sich nun unangefochten auf sein Landgut zurückziehen können, er wollte jedoch nicht schweigen. Im Januar 1526 wurde er erneut verhaftet, durch einen Gardeoffizier des Königs aber noch einmal befreit. Er hatte sich vorher geschickt verteidigt, indem er seine umstrittenen, ketzerischen Sätze fast alle auf Erasmus, den von aller Welt verehrten Humanisten, zurückführte, was dieser allerdings nicht gern gesehen hat. Freunde bestürmten den gefährdeten Berquin, Frankreich zu verlassen, was er ablehnte. Aus den Schriften seines besonderen Gegners Noël Beda zog er zwölf „gottlose Sätze“ heraus und bat den König, sie dem Parlament zur Begutachtung vorlegen zu lassen. Es war ein kühner Angriff. Die Gelehrten der Sorbonne ruhten daraufhin nicht, bis sie den evangelischen Bekenner zum dritten Mal hinter Kerkermauern gebracht hatten. Trotz der Bitten Margaretas wagte der König nichts mehr für ihn. Zwölf Parlamentsräte fällten im März 1529 den Richterspruch, der von einer seltenen Grausamkeit war. Die Zunge sollte dem Ketzer mit glühendem Eisen durchbohrt werden. Anschließend sollte er in lebenslange Kerkerhaft übergeführt werden. Entgegen diesem Urteil wurde er im April hingerichtet.

ADOLF CLARENBACH
* um 1500 † 28. 9. 1529

Adolf Clarenbach, ein Bauernsohn vom Buscherhof im Kirchspiel Lüttringhausen bei Lennep, studierte in Münster und erwarb sich schon 1517 in Köln die Magisterwürde. Er lehrte an Schulen in Münster, Wesel und Osnabrück, bald auch als Konrektor. Selbst kein Priester, las er jedoch die Bibel in den Ursprachen sowie Luthers Schriften. Seine Mutter war offensichtlich von den Waldensern, den „Brüdern vom gemeinsamen Leben“ und den „Böhmischen Brüdern“ beeinflußt. Wenigstens hatte sie ihren Sohn in diesem Geist erzogen. Er sammelte Schüler und Erwachsene um sich, um mit ihnen die Schrift auszulegen. Dabei erläuterte er auch die grundlegenden Erkenntnisse der Reformatoren, aber auch die Gedanken der „Schwärmer“: Er verwarf alle gottesdienstlichen Zeremonien, die Bilder, auch das Kreuz sowie das Mönchtum. Christus allein sei das Haupt der Kirche und benötige keinen

Statthalter in Rom. Er betonte auch das Recht der Laienpredigt, verwarf die Anrufung der Heiligen und Verehrung von Reliquien. So konnte sich Clarenbach wegen des Verdachts religiöser Neuerungen in seinen Stellungen nicht lange halten. Als der ihm gleichgesinnte volkstümliche Prediger Klopreis aus Büderich vor das geistliche Gericht nach Köln gerufen wurde, entschloß er sich, ihm im Prozeß beizustehen, wurde aber im April 1528 selbst verhaftet. Klopreis konnte in der Neujahrsnacht 1529 entfliehen, für Clarenbach öffnete sich die Kerkertür nicht mehr. Dreiundzwanzig Artikel wurden ihm zum Widerruf vorgelegt, so auch der Satz: „Es gibt keine andere Genugtuung für unsere Sünden als den Tod Christi; was man den guten Werken zurechnet, entzieht man Christus." Er erklärte, er habe es nicht mit Luther gehalten, sondern allein mit Christus, dessen Namen er trage, und bat um Belehrung aus der Schrift. Die Richter forderten jedoch seine Unterwerfung. Er wurde im März 1529 als „räudiges Schaf" aus der Kirche ausgestoßen und dem weltlichen Richter zur Aburteilung übergeben. Die Vollstreckung des Urteils wurde bis zum Herbst verzögert. Als aber ein Fieber viele Menschen dahinraffte, ging das Gerücht um, dies geschehe, weil ein Ketzer verschont werde. Clarenbach wurde gemeinsam mit dem stürmischen Peter Fliesteden in Melaten bei Köln verbrannt. In vielem dachte Clarenbach wie die Täufer, ihre obrigkeits- und reformationsfeindliche Einstellung aber hatte er nicht vertreten.

TILMAN RIEMENSCHNEIDER
*** um 1460 † 7. 7. 1531**

Der Geburtsort Tilman Riemenschneiders ist vermutlich Osterode im Harz, nach anderer Meinung Heiligenstadt im Eichsfeld. Am Oberrhein und in Schwaben konnte er während seiner Wanderjahre das Kunstschaffen oberdeutscher Bildhauer studieren. Im Dezember 1483 gelobte er in Würzburg „der Handwerksleute Pflicht mit Treuen" und wurde zwei Jahre später Meister in der dortigen Zunft. 1505 wurde er in den Stadtrat, 1509 in den Oberrat berufen und 1521 zum Bürgermeister gewählt. Das Land an Main und Tauber war zu seiner Heimat geworden.

Seine Werke zeigen den oberdeutschen monumentalen Stil. Die großen Arbeiten, vor allem seine Schnitzaltäre, befinden sich in Rothenburg (der heilige Blutaltar), Dettwang (der Kreuzigungsaltar aus der kurz vorher abgebrochenen Michaelskapelle in Rothenburg), Creglingen (der Marienaltar in der Hergottskirche). Hinzu kommen Einzelfiguren, Reste zerstörter Altäre (über zwölf große, vielfigurige Schnitzaltäre stammen mit Sicherheit von seiner Hand). Sie befinden sich in zahlreichen Orten Frankens und in vielen Museen (besonders in Würzburg, München, auch in Berlin, London und in den USA).

1493 entstanden Adam und Eva für die Marienkapelle in Würzburg; es folgten Grabmäler für zwei Fürstbischöfe und das Kaisergrab im Bamberger Dom. Spätwerke sind ein aus Stein gehauenes Marienbild, die Rosenkranzmadonna von Volkbach und die „Beweinung" in Maidbronn bei Würzburg. Wir erkennen eine große Glaubenskraft und auch die verborgenen Spannungen am Vorabend der Reformation in Riemenschneiders Gestalten. Die Charaktere reichen von sanfter, vergeistigter Hingabe bis zu drängender, entflammter Leidenschaft.

Als 1525 die geknechtete, ausgebeutete Bauernschaft stürmisch aufbegehrte und auch die Tore Würzburgs erreichte, stellte er sich mit einigen anderen Männern aus dem Rate offen auf die Seite der aufständischen Bauern. Als der Aufstand niedergeschlagen war, wurde Riemenschneider zwei Monate lang festgesetzt, gefoltert und mit Einziehung des größten Teils seines Vermögens bestraft. Dem Sechzigjährigen hat man bei der Tortur vermutlich die Hände verstümmelt. Denn von da an bis zu seinem Tode lebte der Schwergetroffene zurückgezogen und hat keine Werke mehr geschaffen, die der Nachwelt überkommen wären.

HULDREICH ZWINGLI
* 1. 1. 1484 † 11. 10. 1531

Huldreich (Huldrych) Zwingli wurde als Sohn eines wohlhabenden Gemeindeammanns und Bergbauern in Wildhaus in der schweizerischen Landschaft Toggenburg geboren. Vom fünften Lebensjahr an wurde er von seinem Onkel, einem Dekan in der kleinen Stadt Weesen am Walensee, erzogen. Von 1494 ab erhielt er in Basel lateinischen Sprachunterricht, anschließend bezog er in Bern die vom Humanisten Wölflin geleitete Schule, studierte dann ab 1498 in Wien und von 1502 bis 1506 in Basel, wo Wyttenbach seine Studenten schon mit der Bibel vertraut machte und kirchliche Mißstände offen vor ihnen kritisierte. Nach seinem Magisterexamen wurde er Pfarrer in Glarus, galt bald als Vorkämpfer des Humanismus und trat auch schon politisch hervor. Vor allem sprach er sich gegen das „Reislaufen" der Schweizer, die sich zum französischen Söldnerdienst anwerben ließen, aus. Nach zehnjähriger Amtsführung in Glarus ging er für die Zeit von 1516 bis 1518 als Leutpriester nach Einsiedeln, einem Wallfahrtsort, anschließend an das Großmünster in Zürich. Hier begann er in seinen Predigten mit der Auslegung des Matthäus-Evangeliums und las auch schon Luthers Schriften. Nach der Genesung von der Pest, etwa von Mitte 1520 an, zeigte sich nun in Schriften Zwinglis das reformatorische Verständnis des Evangeliums: Die Bibel als Gottes persönliches Wort, die Gnade als Grund der Erlösung, der Glaube als unbedingtes Vertrauen auf Gottes Barmherzigkeit unter Ausschluß eigener Verdienste wurden entscheidend. In einer großen Zürcher Disputation konnte Zwingli alle Zweifel beseitigen und führte nun mit Hilfe des Rates schrittweise die Reformation ein. Abgeschafft wurden die Bilder, auch das Kruzifix und die Orgeln und sogar der Gemeindegesang, ferner die Letzte Ölung, die Reliquien und die bisherige Form der Messe. Das Abendmahl war nun eine Gedächtnisfeier an den Tod Jesu. Diese Neuerungen führten zu dem Marburger Religionsgespräch von 1529, an dem Martin Luther teilnahm. Man einigte sich nicht über das Abendmahlsverständnis, wodurch die große Spaltung der reformatorischen Kirchen begann.

Überraschend wurden die Zürcher 1531 von den katholischen Waldstätten zum Kampf genötigt. Sie unterlagen bei Kappel, wo mit vielen Zürcher Bürgern auch Zwingli, der Feldprediger, verwundet und erschlagen wurde. Er starb in dem gläubigen Vertrauen auf seinen Herrn, dem er sich mit Leib und Leben verpflichtet hatte. „Den Leib können sie wohl töten, die Seele nicht", waren seine Worte. Luther war über diesen vorläufigen Ausgang der Schweizer Reformation tief erschüttert.

JOHANN DER BESTÄNDIGE
* 20. 6. 1468 † 16. 8. 1532

Der Bruder Friedrichs des Weisen übernahm im Mai 1525 als Kurfürst Johann Friedrich die Regierung Kursachsens. Er wurde in Meißen geboren und am kaiserlichen Hof ritterlich erzogen. Schon seit 1486 Mitregent seines Bruders, war er wie dieser für die Reformation aufgeschlossen. Sein unbestechlicher Wahrheitssinn hatte ihn früh zum überzeugten Bekenner des Evangeliums gemacht. Er hörte Luther gern predigen, der ihm unter dem 29. März 1520 seinen Sermon „Von den guten Werken" widmete. Den Kleinen Katechismus schrieb er sich eigenhändig ab. In seinem Wappen stand der Satz: „Gottes Wort währt in Ewigkeit." Man konnte dieses Bekenntnis auch auf dem Reichstag in Speyer 1526 an seiner Herberge lateinisch lesen: „Verbum domini manet in aeternum." Während des Reichstages in Worms mahnte er seinen Bruder in mehreren Briefen, sich des „frommen Mannes Martinus, der auf dem rechten Weg sei", unbedingt schützend anzunehmen. Als Luther den Sermon „Von weltlicher Obrigkeit, wie weit man ihr Gehorsam schuldig sei" schrieb und darin im Gegensatz zu allen Überlieferungen die Grenzen der fürstlichen Machtvollkommenheit klar aufgezeigt hatte, nahm Johann Friedrich, den man später „den Beständigen" nannte, die Widmung der angefeindeten Schrift an und ließ sich durch sie belehren. Als 1529 die Evangelischen in Speyer überstimmt wurden, legte er gegen jeden Gewissenszwang in Glaubensfragen feierlichen

Protest ein. Während des Augsburger Reichstages 1530 war er bereit, sofort heimzureiten, wenn die evangelische Predigt verboten werden sollte. Als die Juristen das Augsburger Bekenntnis nur im Namen der Theologen vorlegen wollten, um die Fürsten nicht zu gefährden, wies er dies mit den Worten zurück: „Ich will meinen Christus auch bekennen!" So unterzeichnete er als erster das Bekenntnis. Es fiel ihm schwer (hatte er doch dem Kaiser einen Treueid geleistet), eventuell bewaffnete Gegenwehr zu leisten. Dann aber drängte er 1531 auf das Zustandekommen des Schmalkaldischen Bundes, was den Kaiser zum Religionsfrieden zu Nürnberg von 1532 veranlaßte. Bald darauf wurde Luther an sein Sterbebett gerufen, dieser hielt ihm auch die Leichenpredigt und nannte ihn einen „frommen, aufrichtigen Fürsten", der gar keine „Galle" gehabt habe, und sagte, mit ihm sei die Redlichkeit wie mit seinem Bruder die Weisheit gestorben.

MICHAEL WEISSE
* 1488 † 19. (?) 3. 1534

Michael Weiße stammte aus Neiße in Schlesien, studierte erst an der Krakauer Universität, wurde aber später Mönch in Breslau. Im Sommer 1518 floh er als Anhänger Luthers mit zwei Gefährten aus dem Kloster und begab sich nach Leitomischl in Böhmen, wo er der Brüderkirche beitrat, die für die reformatorische Bewegung offen war und vor allem auf die Praxis eines christlichen Lebens Wert legte. Weiße begleitete auf fünf Reisen den Brüderbischof Johann Horn nach Wittenberg, wo sie Gespräche mit Martin Luther führten. Nach seiner Ordination wirkte Michael Weiße als Seelsorger und Prediger der „Deutschen Gemeinde Gottes und Christlichen Bruderschaft" in Landskron und wurde 1532 in den „engeren Rat" der Brüderkirche gewählt. Weiße war der erste bedeutende deutschsprachige Kirchenliederdichter der Brüderunität. Im März 1531 kam bei dem Buchdrucker Georg Wylmschwerer zu Jungbunzlau sein „Neu Gesangbuchlin" heraus, das er den „deutschen Gemeinden Gottes und christlichen Brüderschaft zu Landskron und Fulnek“ widmete. Es enthielt 157 Lieder, die er fast alle gedichtet oder aus dem Lateinischen und Tschechischen übertragen und bearbeitet hatte. In der Nachrede betonte er, daß die Gesänge in der Schrift gegründet seien und stellte den Vorsängern frei, auch einen besseren „Ton“ zu „dichten“, wenn nur dem Text kein Schaden zugefügt werde: „Denn die Sach ist nicht mein allein / sondern einer christlichen Gemein / welch in Böhmen und Mähren lange Zeit / erleidet manchen Widerstreit...“ Die Lieder fanden weit über die Brüderkirche hinaus Verwendung. Im Babst'schen Gesangbuch, das noch zu Luthers Lebzeiten herauskam, ließ Katharina Zell das Buch von Weiße in vier Teilen als ein Lehr-, Gebet- und Dankbuch erscheinen.

Einige seiner Lieder seien genannt: „Gottes Sohn ist kommen uns allen zu Frommen“, das Osterlied „Gelobt sei Gott im höchsten Thron“, der Lobgesang „O gläubig Herz gebenedei und gib Lob deinem Herren“, auch „Lob Gott getrost mit Singen, frohlock du christlich Schar / dir soll es nicht mißlingen / Gott hilft dir immerdar“. Weiße kam ums Leben, als er mit seinem Patron, der ihn zum Mahl eingeladen hatte, verdorbenes Wolfsfleisch aß.

LAZARUS SPENGLER
* 13. 3. 1479 † 7. 9. 1534

Nach kurzem Studium in Leipzig wurde Lazarus Spengler, neuntes unter 21 Kindern eines Nürnberger Ratsschreibers, 1496 zunächst Gerichtsschreiber in seiner Vaterstadt. Er war bald als so tüchtig bekannt, daß ihn der Kaiser gern zu seinem Geheimsekretär gemacht hätte. Der Rat der Freien Reichsstadt aber ließ ihn nicht gehen, sondern beförderte ihn 1507 zum Ersten Ratsschreiber und rief ihn 1516 unter die Mitglieder des Rates selbst. Mit Dürer und Pirkheimer verband ihn humanistisches Interesse. Er übertrug die Lebensbeschreibung des von ihm besonders geliebten heiligen Hieronymus aus dem

Lateinischen. Die kleine Schrift wurde, von Dürers berühmtem Holzschnitt „Hieronymus im Gehäuse" illustriert, herausgegeben. Mit seiner Frau gehörte Spengler einer Ursula-Bruderschaft an. Da er nach tieferem Verständnis der Heilsbotschaft strebte, wandte er sich dem ihm durch Staupitz bekannten Augustinismus zu. Staupitz wies ihn auch auf Luthers Schriften hin. Ende 1519 schrieb er zur Verteidigung Luthers seine volkstümlich gehaltene Schrift „Schutzred und christliche Antwort eines ehrlichen Liebhabers der Wahrheit". Darin bekannte er: „Ob Luthers Lehre christlicher Ordnung gemäß sei, stelle ich in eines jeden vernünftigen und frommen Menschen Erkenntnis; das aber weiß ich unzweifelhaft, daß mir mein Leben lang keine Lehre und Predigt so stark ins Herz gegangen ist als Martin Luthers Unterweisung." Eck nahm Spengler namentlich in die gegen Luther erlassene Verdammungsbulle auf.

Zur Verbreitung der Lutherischen Lehre trug er noch mit kleinen Flugschriften und vor allem mit Kirchenliedern bei, von denen besonders bekannt wurde: „Durch Adams Fall ist ganz verderbt menschlich Natur und Wesen" mit dem tröstenden Schluß: „Mein Füßen ist dein heilig Wort ein Leuchte nah und fern". Bei der Einführung der Reformation in Nürnberg wirkte Spengler entscheidend mit. In diesem Sinne wurde er auch Ratgeber der fränkischen Markgrafenschaften. Er vertrat seine Vaterstadt auf Reichstagen und stand bei Theologen und Juristen in hohem Ansehen. Wenige Wochen vor seinem Tode empfing er aus Luthers Hand die vollständige Bibelübersetzung, an der er mitgearbeitet hatte.

WILLIAM TYNDALE
* 1483 † 6. 10. 1536

Die Engländer hatten zwar schon von John Wiclif, also vor 1384, eine Bibelübersetzung in ihrer Sprache erhalten, sie wurde aber unterdrückt und verketzert und ist erst viel später, nämlich 1731, als Literaturdenkmal gedruckt worden. Dagegen wurde die Übersetzung von William Tyndale trotz gleicher Verketzerung und Verfolgung durch die Kirche schon in der Reformationszeit zur ersten gedruckten englischen Bibel. In der Grafschaft Gloucester geboren, hatte Tyndale in Oxford die alten Sprachen studiert und sich dort einer Gruppe von Erasmus beeinflußter Humanisten angeschlossen. Dessen lateinische Übersetzung des Neuen Testaments brachte ihm das Evangelium nahe. Er setzte dann in Cambridge seine Studien fort und wurde nach deren Abschluß 1519 Hauslehrer in Wales. Dort verkündigte er in manchen Dörfern die gute Botschaft von Christus und machte sich an das große Werk der Bibelübersetzung. Schon um 1525 wurde sein englisches Neues Testament verbreitet. Die Römische Kirche begann ihn zu verfolgen und seine Schriften, auch sein Neues Testament, zu verbrennen. Er selbst ging nach Deutschland und hörte in Wittenberg Martin Luther. In Worms betrieb er seinen Bibeldruck. Auch Lutherschriften hatte Tyndale inzwischen übersetzt. Von Frankfurt und Köln aus baute er die Herstellung und den Vertrieb reformatorischer Schriften für England weiter aus. Der katholische Eiferer Cochläus meldete dem englischen König, daß ein „abscheulicher Anschlag gegen den Frieden" seines Reiches ersonnen sei, indem seinem Volk das Neue Testament in die Hände gespielt werden sollte. „Gebt Befehl, damit dieser grundverderbliche Handelsartikel nicht in euer Land kommt." Hanseatische Kaufleute aber schmuggelten, trotz scharfer Kontrollen, Bibeldrucke nach England. Das Neue Testament wurde auf Veranlassung Heinrichs VII. bis auf drei Exemplare verbrannt.

Im Jahre 1534 konnte Tyndale in Antwerpen noch eine zweite, verbesserte Auflage drucken lassen. Er mußte dann von Ort zu Ort fliehen, bis er 1535 den Schergen des Erzbischofs von Mecheln in die Hände fiel. Erst nach anderthalb Jahren wurde ihm der Prozeß gemacht. Er bekannte sich zur Liebe Christi, die ihm den Mut zum Handeln gegeben habe. Die Inquisitoren beriefen sich schließlich nur auf eine kaiserliche Verordnung, nach der im Glaubensstreit keine neuen Bücher mehr gedruckt werden sollten.

JOHANN GRAMANN

*** 5. 7. 1487 † 29. 4. 1541**

Johann Gramann, der sich gräzisiert Poliander nannte, wurde in Neustadt an der Aisch in Franken geboren. Er studierte in Leipzig und wurde 1516 zum Magister ernannt, später war er Rektor der Thomasschule. Während der Leipziger Disputation zwischen Luther und Eck war er des letzteren Sekretär und konnte das mehrere Tage andauernde Streitgespräch aufmerksam verfolgen. Er war so stark von Luther und seinen allein auf Gottes Wort begründeten Darlegungen beeindruckt, daß er „von dem Fechtmeister Eck zu dem Gewissensstreiter Luther überging", das Rektorat der Thomasschule aufgab und im Herbst 1519 die Universität Wittenberg bezog. Ein Jahr später kehrte er nach Leipzig zurück und erhielt das Recht, neben seinem Schulamt an der Universität biblische Vorlesungen zu halten. Nach kurzer Predigertätigkeit in Würzburg und in Nürnberg folgte er einem Ruf nach Königsberg. Hier wirkte er zusammen mit Speratus für die Reformation, nahm an Visitationen teil, ordnete das Schulwesen und bekämpfte mit Erfolg die stark verbreiteten schwärmerischen Wiedertäufer und Schwenckfeldianer. Das entscheidende Religionsgespräch im Jahre 1531 in Rastenburg konnte er für sich entscheiden. 1544 wurde die Universität Königsberg gegründet. Hier hielt auch Gramann öffentliche Vorträge. Seine gesamte Erziehungsarbeit baute er auf den Grundsatz: „In Christus liegen verborgen alle Schätze der Weisheit und der Erkenntnis."

Sehr interessiert war er auch am Kirchengesang. Von den zu seiner Zeit berühmten Dichtungen ist nur der allerdings auch heute in den Gemeinden viel gesungene und geliebte Choral erhalten geblieben: „Nun lob, mein Seel, den Herren", eine gewissenhafte und poetische Übertragung des 103. Psalms. „Mein Seel soll auch vermehren sein Lob an allem Ort", so endet die Schlußstrophe, ein Bekenntnis Johann Gramanns, der, nach langem Leiden, erst vierundfünfzigjährig starb.

MARGARETHA BLA(U)RER

* 1494 † 27. 11. 1541

Margaretha entstammte einem alteingesessenen Konstanzer Bürgergeschlecht, einige Vorfahren waren Bischöfe, andere hatten geistliche oder weltliche Ehrenämter bekleidet. Sie war zusammen mit ihren Brüdern Ambrosius und Thomas sorgfältig erzogen worden, vermochte später mit verschiedenen Gelehrten einen Briefwechsel in lateinischer Sprache zu führen. Der Vater, Rats- und Handelsherr, war früh verstorben. Thomas, der dann Konstanzer Bürgermeister wurde, hatte in Freiburg die Rechte studiert, Ambrosius erwarb in Tübingen die Magisterwürde, wurde dann aber Prior des Benediktinerklosters Alpirsbach. Auch Margaretha trug sich in dieser Zeit mit dem Gedanken, in Münsterlingen Nonne zu werden. Der Mangel an geistlicher Zucht in manchen Klöstern und auch der Wunsch, ihrer verwitweten Mutter beizustehen, hielten sie zurück. Sie blieb aber ehelos, obgleich es nicht an Bewerbern fehlte. Die Aufgabe ihres Lebens fand sie in der Liebestätigkeit.

Als die Studenten 1519 vor der Pest aus Freiburg flohen, wandte sich Thomas nach Wittenberg. Er begleitete mit anderen Studenten Luther auch nach Worms. Dann verbreitete er, zurückgekehrt, die evangelische Lehre in der Heimat. Auch Ambrosius und Margaretha schlossen sich ihm an. Margaretha unterwies arme Kinder im Lesen, Arbeiten und im christlichen Glauben. Später rief sie auch einen Kreis christlicher Frauen zusammen, um sich mit ihnen gemeinsam dieser Arbeit zu widmen. Ambrosius hat gewiß an seine Schwester gedacht, als er während eines längeren Aufenthalts in Eßlingen nach Konstanz schrieb: „Ihr Jungfrauen und Witwen, sehet zu, daß eure Gabe nicht eine Ursache müßig gehender Meisterlosigkeit werde, sondern trachtet und sorgt, was dem Herrn angenehm ist und ihm zugehört. Lasset euer Leben eine Übung und einen Dienst der Treue und Liebe sein ..., wendet eure Liebe auf Christus in seinen Dürftigen; denen dient, die speiset und tränkt, tröstet und kleidet.“ Margaretha hielt das väterliche Haus für alle, die Rat und Hilfe suchten, offen. Auch mehreren Waisen bot sie ein Zuhause. Als auch in Konstanz die Pest ausbrach, besuchte sie täglich die Kranken im Hospital, verschaffte ihnen Linderung, tröstete sie und betete mit ihnen. Schließlich wurde sie bei ihrer aufopfernden Pflege selbst von der Seuche ergriffen. Sie starb, erst siebenundvierzig Jahre alt.

JOHANNES ZWICK
* um 1496 † 23. 10. 1542

Johannes Zwick, aus einer von St. Gallen nach Konstanz übergesiedelten Patrizierfamilie, erhielt die erste Ausbildung in Konstanz und Basel und studierte dann von 1509 an in Freiburg und Bologna Rechtswissenschaft. Nach weiteren Studienaufenthalten in Krakau, Avignon und Siena begann er 1523 seine juristische Lehrtätigkeit in Freiburg. Unter dem Einfluß Lutherischer Schriften wandte er sich der Theologie zu. Nach einer Beratung durch Zwingli übernahm er die Pfarrei Riedlingen in Oberschwaben. Zuvor hatte er geheiratet. 1526 wurde er jedoch offiziell abgesetzt. Er begann nun zusammen mit seinem Bruder Konrad und den Geschwistern Bla(u)rer in seiner Vaterstadt Konstanz für die reformatorische Bewegung zu wirken. Er und Ambrosius Bla(u)rer verkündigten vor allem das Evangelium, sein Bruder und Thomas Bla(u)rer arbeiteten im Rat der Freien Reichsstadt an der Erneuerung der kirchlichen Verhältnisse, bis sie erreichten, daß der Bischof nach Meersburg übersiedelte und das Domkapitel sich in Überlingen niederließ.

Neben der Predigt widmete sich Johannes Zwick insbesondere der Jugendarbeit. „Frag- und Betweis“ nannte er die für junge Christen bestimmte Auslegung des Vaterunsers. Daneben verfaßte er für sie das „Bekenntnis der zwölf Artikel des Glaubens von Jesus Christus zu dem allmächtigen Gott im Himmel, durch den man hier in der Zeit fromm wird und nach dieser Zeit selig“. Der „Präzeptor des reformatorischen Konstanz“ schrieb auch zahlreiche Lieder. Aus seinem „Gsangbüchle“ von 1536, das siebzehn Lieder von ihm enthält, sind fünf in das

Evangelische Kirchengesangbuch aufgenommen worden. Zwölf Jahre versah er seinen Dienst ehrenamtlich, bis er, restlos verarmt, den Rat um eine Entschädigung bitten mußte.
Als in Bischofszell der Pfarrer an der Pest starb, ging er in die verwaiste Gemeinde. Doch da er schon von seinem früheren Dienst angegriffen war, erkrankte er bald schwer. Ambrosius Bla(u)rer schrieb zu Zwicks hinterlassener Schrift „Christlicher, ganz tröstlicher Unterricht..." die Vorrede. Darin hieß es: „Sein Lehr und Predigt war ganz rund und gesund, hell und klar..."

GEORG SPALATIN
* 17. 1. 1484 † 16. 1. 1545

Der eigentlich Georg Burckhardt heißende Spalatin hatte seinen Namen nach seinem Geburtsort Spalt bei Nürnberg ausgesucht. Nach Besuch der Schulen in Spalt und an St. Sebald in Nürnberg ging er schon mit vierzehn Jahren an die Universität Erfurt. Hier schloß er sich dem Humanistenkreis um Mutian an. Zunächst war er Novizenlehrer in einem Kloster, später wurde er zum Priester geweiht. In Wittenberg schließlich erwarb er die Magisterwürde. Ende 1508 wurde er als Prinzenerzieher nach Torgau gerufen, auch bestellte man ihn zum Leiter der Wittenberger Bibliothek. Friedrich der Weise rief ihn in seine Kanzlei; so wurde er Geheimsekretär, schließlich auch Beichtvater des Kurfürsten. Mit Martin Luther verband ihn Freundschaft. Luther schrieb an ihn 1516: „Nicht dadurch, daß wir recht tun, erlangen wir Gerechtigkeit, sondern weil uns Gerechtigkeit widerfährt, können wir recht handeln."
Spalatin, der Schriften von Luther und Melanchthon übersetzte, stellte sich bald bewußt in den Dienst der evangelischen Lehre. Vergeblich versuchte er, zwischen Luther und Erasmus zu vermitteln. Die Aufforderung des Papstes, auf Luther mäßigenden Einfluß auszuüben, verletzte ihn sehr. Doch Luther schrieb ihm ermutigend und wies darauf hin: „Du

bist in ein Amt gerufen, wo du dem Volk dienen sollst. Das ist die erste und schwerste, die höchste und gefährlichste aller Aufgaben." 1525 übernahm Spalatin die Pfarre, 1528 die neugeschaffene Superintendentur in Altenburg. Während der Religionsverhandlungen in Augsburg, Schweinfurt und Nürnberg wirkte der rastlos Tätige als Berater. Man zog ihn auch zu Visitationsaufgaben und zur Organisation des landesherrlichen Kirchenregiments heran. An diesen vielen Aufgaben verzehrte er seine Kräfte bis zur Erschöpfung. Noch dazu war er oft der Meinung, am falschen Platz zu stehen. Wieder und wieder ermunterte ihn Luther, für den er viel getan hat. In Worms führte er zum Beispiel den Schriftwechsel mit den Mächten, mit der Reichsritterschaft und den Wittenberger Theologen. Auf der Wartburg versorgte er Luther mit Büchern und beförderte seine Schriften zum Druck. Auch an der Übersetzung der Bibel war der Sprachgewandte beteiligt. Spalatin zweifelte oft an sich und Gottes Barmherzigkeit. Immer wieder hat Luther ihn aufgerichtet.

PETER BRULLIUS
† 19. 2. 1545

Peter Brullius, aus Lothringen gebürtig, hieß mit französischem Namen Pierre Brully. Magister geworden, trat er, als Calvin 1541 von Straßburg wieder nach Genf zurückkehren konnte, seine Nachfolge als Prediger und Seelsorger der Christen reformierten Bekenntnisses an. Sie waren dorthin aus Frankreich, aber auch aus Lothringen und den Niederlanden geflüchtet, um nicht ihren Glauben verleugnen zu müssen.
1544 wurde Brullius von bedrängten Brüdern evangelischen Glaubens nach Flandern gerufen. In Tournay baute er eine Gemeinde auf. Die katholische Kirche bewog den Magistrat, eine hohe Belohnung auf den Kopf des mutigen Predigers auszusetzen. Drei Tage und drei Nächte blieben die Tore der Stadt geschlossen. Am Allerseelentag gelang es den flämischen Brüdern, ihren Prediger, wie einst Paulus in Damaskus, in

einem Korb die Stadtmauer hinabzulassen. Doch die Rettung mißlang. Ein Stein, der sich oben aus der Mauer gelöst hatte, zerschlug dem Flüchtling die Hüfte, so daß er nicht weitergehen konnte. Wächter fanden ihn später und lieferten ihn aus. Peter Brullius rang sich zu dem Gebet durch: „Du hast mich, da ich fliehen und meine Herde im Stich lassen wollte, selbst gefangen. Stärke mein armes Herz, damit dein heiliger Name durch mich gepriesen und deine Wahrheit durch mein Sterben bestätigt werde." Dem Bischof von Tournay hielt er entgegen: „Wenn Ihr wäret, was Ihr heißt, und Euer Amt recht führtet, wäre es nicht nötig, daß man mich und meinesgleichen von weit her holen ließe." Als daraufhin der Bischof von Cambray tätlich wurde, sagte er zu ihm: „Wer seid ihr beiden Bischöfe, daß man mit euch nicht reden dürfte. Ihr werdet dereinst vor Gottes Gericht Rechenschaft tun müssen." Er blieb standhaft und schrieb an seine Frau, sie solle sich seines Sterbens wegen nicht bekümmern noch kleinmütig werden, Gott werde sie väterlich versorgen. Von ihm sei alle Angst genommen, da er Gottes Willen über sich erkenne. Gott wolle sein zeitliches Leben in ein ewiges verwandeln, wofür er ihm zu danken schuldig sei. Auf dem Marktplatz wurde er verbrannt.

ERNST DER BEKENNER
* 26. 6. 1497 † 11. 1. 1546

Herzog Ernst von Braunschweig-Lüneburg, geboren in Uelzen, gestorben in Celle, hatte sich gemeinsam mit anderen Fürsten und treuen Reichsstädten zur Sache der Reformation bekannt, indem er 1529 die Protestation von Speyer gegen den die Ausbreitung der Reformation verbietenden Reichstagsbeschluß unterschrieb. Sein Name steht auch unter dem Augsburger Bekenntnis von 1530.
Mit fünfzehn Jahren kam er an den Hof seines Onkels Friedrich des Weisen (dem Bruder seiner Mutter), um dort von Georg Spalatin erzogen zu werden. Fünf Jahre stand er unter dessen Einfluß. Mit dreiundzwanzig Jahren übernahm er die

Regierung und die Verpflichtung, die Reformation zu fördern. „Nachdem Gott das Licht des Evangeliums wieder hat aufgehen lassen", schrieb er, „zwingt uns die Dankbarkeit, dabei zu bleiben und die, so uns anbefohlen sind, zu dieser Gnade zu führen und also zu sorgen, daß in allen Pfarren das Evangelium rein gepredigt und die Sakramente nach Christi Wort gereicht werden." Auch Nonnen und Mönche wollte er auf diesen Weg führen. Doch war er sich dessen bewußt, daß Glaube nicht befohlen werden kann.

Aus Augsburg holte er den gelehrten Magister Urbanus Rhegius, der es verstand, die Stadt Lüneburg für die Reformation zu gewinnen. In der neuen Kirchenordnung sprach sich Herzog Ernst dafür aus, von den altgeheiligten Formen das bestehen zu lassen, was ohne Ärgernis bleiben könnte: Bilder, Gewänder, brennende Kerzen und auch die gottesdienstliche Liturgie der Messe.

MARTIN LUTHER
* 10. 11. 1483 † 18. 2. 1546

Luthers Eltern stammten aus einem bäuerlichen Geschlecht des Thüringer Waldes. Der Vater, Hans aus Möhra, wurde später Bergmann und zog mit der Familie nach Eisleben, wo Martin Luther geboren wurde und auch in der Ausübung des christlichen Amtes der Versöhnung starb. In Mansfeld, wohin seine Eltern übersiedelt waren, erhielt er den ersten Unterricht; dann lernte er bei den „Brüdern vom gemeinsamen Leben" in Magdeburg und in Eisenach, wo sich seiner die Frau des Buchdruckers Cotta besonders annahm. 1501 bezog er die Universität Erfurt, um nach dem Willen seines Vaters Rechtswissenschaft zu studieren, vorerst widmete er sich aber antiker Bildung und Philosophie. Er legte das Magisterexamen ab und trat 1501 auf Grund eines Gelübdes in das Erfurter Augustinerkloster ein. Hier erlebte er die Angst, von Gott verworfen zu sein. Die wichtigste Frage wurde nun für ihn: „Wie bekomme ich einen gnädigen Gott?" Der Generalvikar des Ordens, sein Beichtvater Johannes von Staupitz, führte mit ihm viele Gespräche.

1507 wurde Luther nach theologischen Studien zum Priester geweiht, vorher weilte er wegen Ordensangelegenheiten in Rom. 1508 wurde er als Professor der Philosophie nach Wittenberg berufen, 1512 folgte die Berufung zum Professor der Theologie. Als er 1513 die erste Psalmenvorlesung vorbereitete, hatte er sein berühmtes Turmerlebnis. In der Römerbrief-Vorlesung von 1515/1516 sprach er die damals gewonnenen Erkenntnisse deutlich aus. Diese betrafen vor allem die Gerechtigkeit Gottes und die Rechtfertigung. Die falsche Bußpraxis der Kirche, vor allem der Ablaßhandel, veranlaßte ihn zum Anschlag der 95 Thesen an die Tür der Schloßkirche, mit denen er zu einer Disputation einlud. Die Wirkung dieser Thesen hatte er selbst nicht erwartet. Sie gingen wie ein Lauffeuer durchs Land, ja durch ganz Europa. Im Dezember kannte man sie schon in Rom. 1518 mußte Luther sich vor Kardinal Cajetan in Augsburg verantworten. Doch er unterwarf sich nicht. 1519 fand die Leipziger Disputation mit D. Eck statt, in der Luther den Primat des Papstes und die Unfehlbarkeit der Konzilien bestritt. 1520/1521 veröffentlichte er die entscheidenden Reformationsschriften: „An den christlichen Adel deutscher Nation", „Von der Babylonischen Gefangenschaft der Kirche", „Von der Freiheit eines Christenmenschen". Im Dezember 1520 verbrannte er die päpstliche Bannandrohungsbulle. 1521 traf ihn der Bannstrahl des Papstes. Er verteidigte sich im April 1521 vor dem Reichstag in Worms. Nachdem die Reichsacht über ihn verhängt worden war, wurde er zu seiner Rettung als Junker Jörg auf die Wartburg gebracht. Hier übersetzte er das Neue Testament, das 1522 erstmalig gedruckt wurde. Im gleichen Jahr kehrte er nach Wittenberg zurück. 1525 heiratete er Katharina von Bora. Die beiden Katechismen schrieb er 1529, 1534 vollendete er die Bibelübersetzung und schuf viele geistliche Lieder für den evangelischen Kirchengesang. Wichtig war ihm vor allem das allgemeine Priestertum aller Gläubigen.

ANNA ASKEW
* um 1521 † 16. 7. 1546

Anna Askew, die Familie gehörte zum englischen Adel der Grafschaft Lincoln, hatte die Bibel in ihrer Muttersprache in die Hand bekommen und sich durch eifriges Lesen eine gute Kenntnis der evangelischen Schriften erworben. Im März 1546 mußte sie sich deswegen vor einer Glaubenskommission verantworten, die in zwei Verhören, die sie selbst dann in ihrer Gefängniszelle aufgezeichnet hat, ihre Glaubensüberzeugungen prüfen sollte. Vor allem wurde sie nach ihrer Auffassung vom Abendmahl befragt. Sie betonte, daß sie nur das glaube, was die Heilige Schrift darüber sage. Doch gab man sich mit dieser Antwort nicht zufrieden, so daß sie erklärte, das hochheilige Sakrament zu verehren, aber nicht, wie der Bischof von ihr forderte, bekennen könne, daß in der Hostie nach der Wandlung der Leib Christi mit Fleisch und Blut, Haut und Knochen vorhanden sei. Sie sage dagegen, daß auch das Brot des Sakraments zerfalle, während Gottes Sohn in Ewigkeit regiere. Sie wolle gewiß, wie sie gesagt habe, lieber fünf Verse in der Bibel lesen, woraus sie Besserung und Erbauung finde, als in der Kirche ebenso viele Messen hören. „Wenn einer auf die Messe als ein verdienstliches Werk mehr Vertrauen setzt als in das Blut Christi, das doch für uns vergossen ist, so wäre das Abgötterei und eine schreckliche Gotteslästerung." Befragt, wo sie gelesen habe, daß Gott nicht in Tempeln wohne, die von Menschenhänden erbaut seien, wies sie auf die Verteidigungsrede des Stephanus und die Erklärung des Apostels Paulus auf dem Areopag in Athen hin. Es sei genug, wenn sie Gott ihre Sünde bekenne. Sie zweifle auch nicht, daß er sie anhöre und ihr ihre Sünden vergeben wolle, da sie ein bußfertiges Herz habe. „Was er kann und will, das muß in alle Ewigkeit ungehindert bleiben." Man verhängte schließlich das Todesurteil über sie. Sie legte Berufung beim Kanzler und König ein, doch dies half ihr nichts mehr. Sie wurde nach London gebracht und wiederholt so schwer gefoltert, daß ihre Glieder verzerrt und verrenkt waren. Auf einer Bahre wurde sie zur Richtstätte getragen, an einen Pfahl gebunden und verbrannt.

PIERRE LECLERC
† 6. 10. 1546

In Meaux an der Marne, unweit von Paris, bestand schon seit 1523 eine kleine Gemeinschaft evangelisch gesinnter Christen, die sich trotz Verfolgungen behaupten konnte. Als „Glaubenskommissionen" im Auftrag der Inquisition begannen, „ohne Geräusch und ordentliches Gerichtsverfahren" ihre blutigen Urteile zu fällen, zogen sich auch in Meaux viele von der Gemeinde zurück, andere blieben.

Ein durch fleißiges Lesen in dem von Lefèbvre übersetzten Neuen Testament glaubensstarker Mann, der von Beruf Wollkämmer war, unterwies die Getreuen im Wort Gottes. Schließlich wurde er verhaftet, drei Tage hindurch in Abständen mit Ruten gepeitscht und mit einem glühenden Eisen auf der Stirn gebrandmarkt. Bestraft wurde er mit Verbannung. Doch nach einiger Zeit beschlossen etwa fünfzig Männer, einen aus ihrer Mitte mit dem Predigtdienst und der Verwaltung der Sakramente zu betrauen. Die Wahl fiel wieder auf einen Wollkämmer, Pierre Leclerc, „in den heiligen Schriften wohl bewandert und der französischen Sprache mächtig".

Vom Jahre 1540 an versammelte er im Haus des Peter Mangin eine ständig wachsende Gemeinde. Schließlich kamen regelmäßig dreihundert, manchmal auch noch mehr Menschen zusammen. Das konnte natürlich nicht mehr geheim bleiben. Im September 1546 kamen Beamte des Magistrats mit ihren Dienern in die Versammlung, Pierre Leclerc legte gerade eine Stelle aus dem 1. Korintherbrief aus. Sie hörten sich die Predigt bis zum Ende an, dann erklärten sie, die Versammelten müßten ins Gefängnis gebracht werden. Leclerc folgte ihnen mit den Worten: „Gehen wir, wohin der Herr will!" Etwa sechzig Männer und Frauen wurden gefesselt nach Paris gebracht. Unterwegs sangen die Verhafteten Psalmen.

Das Urteil war schnell gefällt: vierzehn Männer, unter ihnen Pierre Leclerc, sollten gefoltert und dann wegen Ketzerei, Gotteslästerung und Übertretung des Versammlungsverbotes verbrannt werden. Sechs weitere sollten ausgepeitscht werden, und die anderen mußten, den Strick des Henkers um den Hals und nur mit einem Hemd bekleidet, die Kerze in der Hand, vor der Kirche kniend laut ihren Abfall bereuen, während das Volk an ihnen vorbei zur Messe ging. In Meaux sollten die Urteile vollstreckt werden. Unterwegs dorthin sah sie ein Leineweber und rief ihnen zu, sie sollten mutig bei ihrem Zeugnis bleiben. Er wurde gefesselt und auf einen der Karren geworfen. An der Richtstatt wurden vierzehn Pfähle im Kreis in den Boden gerammt, die Verurteilten festgebunden, das Holz geschichtet und die Verurteilten verbrannt.

VEIT DIETRICH
* 8. 12. 1506 † 25. 3. 1549

Veit Dietrich aus Nürnberg besuchte die Lateinschule der Stadt. Nach dem frühen Tod des Vaters nahm sich Magister Jacobaeus seiner an. Nachdem dieser ihm auch die Lehren der Reformation vermittelt hatte, begleitete er Dietrich 1522, zusammen mit dem Sohn von Lazarus Spengler, nach Wittenberg und nahm an ihren Studien lebhaften Anteil. Veit Dietrichs hervorragende Begabung verband ihn besonders mit Melanchthon, sie waren später auch befreundet. Von 1524 an rief Martin Luther ihn an seinen Tisch und bestellte ihn Jahre hindurch zu seinem vertrauten Sekretär. So begleitete er den Reformator, ab 1529 war er Magister, nach Marburg zum Religionsgespräch. Auch auf der Veste Coburg weilte er, während der Augsburger Reichstag beriet, bei ihm. Dort begann er schon mit den für die spätere Lutherforschung so wichtigen Nachschriften der Briefe Luthers. Von 1531 an schrieb er auch Luthers Tischreden, Vorlesungen und Predigten mit und gab sie zur Drucklegung. Außerdem überwachte er auch die Arbeit der Studenten, die im Schwarzen Kloster wohnten und von Frau Käthe Luther beköstigt wurden.
Auf Melanchthons Veranlassung übernahm Veit Dietrich im Jahre 1535 die ihm angetragene Predigerstelle an der Kirche St. Sebald in seiner Heimatstadt. Hier heiratete er, von Lu-

ther besonders beglückwünscht. Es unterstanden ihm sieben Kapläne für den liturgischen und seelsorgerlichen Dienst, während er selbst an jedem Sonntag und Mittwoch zu predigen hatte.

Mit seinem Amtsbruder Osiander, der die allgemeine Absolution in der Beichte ablehnte, kam es zu ersten Streitigkeiten um die rechte Lehre. In Schmalkalden traf Veit Dietrich 1537 wieder mit Luther zusammen. An seinem Krankenlager sitzend, notierte er manche seiner Worte. An dem Reichstag zu Regensburg 1541 nahm er als Abgesandter der Freien Reichsstadt teil. 1547 beurlaubte man ihn, da seine Haltung den Stadtvätern zu gefährlich zu sein schien.

Nach und nach verstärkte sich seine Gicht. Doch blieb er unermüdlich tätig. Zahlreiche Schriften Luthers und auch eigene Arbeiten brachte er zum Druck. Wir verdanken ihm unter anderem auch Luthers „Hauspostille".

MARTIN BUTZER
* 11. 11. 1491 †28. 2. 1551

In ärmlichen Verhältnissen aufgewachsen, wurde Martin Butzer in seiner Heimatstadt Schlettstadt im Elsaß schon mit fünfzehn Jahren von den Dominikanern aufgenommen und konnte auf Veranlassung seines Priors zehn Jahre später zum Konvent nach Heidelberg übersiedeln und mit dem Studium an der Universität beginnen. Hier erwarb er den Magistergrad. In Mainz empfing er die Priesterweihe.

Während der Heidelberger Disputation 1518 begegnete er Luther und entschied sich für die Reformation. Seine wesentlichste Entdeckung wurde das Gesetz des Geistes als Quelle des Guten. Wo es dem Herzen eingeschrieben sei, lebe der Mensch nicht mehr sich selbst, sondern Christus lebe in ihm. So werde er ein Kind Gottes und wegen des Reichtums seiner Gnade zum Guten fähig. Dieser Überzeugung, die ihm gleichbedeutend mit der Einheit zwischen Humanismus und Christentum war, ist Butzer immer treu geblieben. So wurde er ein

Brückenbauer zwischen Wittenberg und den oberdeutschen Theologen. Später in Hessen führte ihn seine Haltung in die Nähe der Taufgesinnten. Sein Leben und Wirken war immer von dem Bemühen, Einigung zu schaffen, bestimmt.
Seit seiner Heidelberger Zeit setzte er seine Hoffnung nicht mehr auf den Humanismus, wie ihn vor allem Erasmus verkörperte, sondern ganz auf die biblischen Erkenntnisse Luthers. Noch war er katholisch, ließ sich aber durch päpstlichen Dispens von seinem Klostergelübde befreien und wurde Weltpriester. Franz von Sickingen ermöglichte ihm die Pfarre Landstuhl, doch mußte er sie nach dessen Niederlage verlassen und nach Straßburg gehen. Zuvor hielt er sich zu einem kurzen Zwischenaufenthalt in Weißenburg auf. Der Bischof von Speyer verhängte dort den Bann über ihn. Im Hause Zells in Straßburg begann er die Schrift auszulegen. Später erlaubte man ihm, im Münster zu predigen und seine ersten Schriften drucken zu lassen. Im Abendmahlsstreit, in der Auseinandersetzung mit Schwärmern und Täufern war er um eine Mittellinie und Einigung bemüht.
1538 faßte er seine Gedanken über die Neuordnungen des kirchlichen Lebens in der Schrift zusammen: „Von der wahren Seelsorge und vom rechten Hirtendienst". 1522 hat er als einer der ersten evangelischen Prediger geheiratet.
Seine Frau wurde die frühere Nonne Elisabeth Silbereisen. Auch in Augsburg führte er seine unermüdliche Einigungsarbeit fort. 1539 schuf er die „Ziegenhainer Zuchtordnung", 1536 schon hatte er die „Wittenberger Konkordie" geschrieben. Der Titel seines Hauptwerkes „De regno Christi" (Über das Reich Christi) zeugt von seinen umfassenden Gedanken. Die letzten drei Jahre wirkte er in England. Man hatte ihn zum Professor in Cambridge berufen.

12 4331

PAUL SPERATUS
* 13. 12. 1484 † 12. 8. 1551

In Rötlen bei Ellwangen in Württemberg geboren, studierte Paul Hoffer (latinisiert „Speratus") in Freiburg, Paris und Wien Theologie und erwarb sowohl die philosophische wie die juristische Doktorwürde. Etwa 1506 wurde er zum Priester geweiht, später zum päpstlichen und kaiserlichen Pfalzgrafen erhoben. Bald danach aber muß er sich schon mit Gedanken der Reformation beschäftigt haben. Nur zögernd folgte er 1520 einem Ruf als Domstiftsprediger nach Würzburg. Doch gab er das Amt unter dem Druck der katholischen Kirche bald auf. Kurze Zeit wirkte er in Salzburg und Wien, wo er sich öffentlich zur Reformation bekannte. Im Stephansdom predigte er gegen die Verwerflichkeit des Mönchsgelübdes und für die göttliche Einsetzung des Ehestandes und wurde von der Theologischen Fakultät exkommuniziert. Daraufhin ging er nach Iglau in Mähren, wo er die Bürgerschaft für das Evangelium gewann.

Vom böhmischen König nach Olmütz vorgeladen, verhaftete man ihn. Erst nach drei Monaten entließ man ihn und verwies ihn des Landes. In Olmütz hatte man ihn zuerst zum Feuertod verurteilt. Im Kerker verfaßte er das Lied „Es ist das Heil uns kommen her von Gnad und lauter Güte". Nun wurde Wittenberg seine Zuflucht. Speratus berief man auf Luthers Empfehlung zum Domprediger nach Königsberg. Fünf Jahre später, 1529, wählte man ihn zum Bischof von Pomesanien. Unermüdlich hielt er Visitationen. Besonders am Herzen lag ihm die reformatorische Kirchenordnung. Zu schaffen machten ihm die schlesischen Irrlehrer (Schwenckfeldianer). Auf den Synoden drang er bei seinen Pfarrern auf die Einhaltung der reinen Lehre. Er leitete sie aber nicht nur zur evangelischen Predigt an, sondern half ihnen auch mit Geld, Kleidern und Büchern. Sein Bistum erstreckte sich von der Weichselniederung bei Marienwerder, wo er seinen Bischofssitz hatte, bis an das östliche Ende von Masuren bei Lyck. Schwierig war die Versorgung dieses weiten Gebiets, vor allem wegen des Mangels an Straßen und der Verschiedenheit der Sprachen.

Der Bischof, der seiner eigentlichen Neigung nach ein Gelehrter war, konnte lange Zeit nicht heimisch werden. Doch folgte er dem einmal gesteckten Ziel. Im Dom zu Marienwerder fand er seine letzte Ruhestätte.

KATHARINA VON BORA
* 29. 9. 1490 † 20. 12. 1552

Martin Luther hatte bereits in seiner Schrift „An den christlichen Adel ..." die erzwungene Ehelosigkeit der Geistlichen verworfen und als Unrecht bezeichnet. So stimmte er denn auch für die Aufhebung der Klöster. Trotzdem dachte er für seine Person zunächst nicht ans Heiraten und entschloß sich erst 1525 zu diesem Schritt. Durch die Ehe mit Katharina von Bora, die aus nicht mehr wohlhabendem sächsischem Adel stammte und in Lippendorf bei Leipzig geboren wurde, schuf er den Typ des evangelischen Pfarrhauses. Nach dem frühen Tod der Mutter war Katharina fünfjährig dem Benediktinerkloster in Brehna zur Erziehung übergeben worden und zehnjährig nach Nimbschen bei Grimma gekommen. Von dort flüchtete sie mit einigen anderen Nonnen Ostern 1523 nach Wittenberg. Luther brachte sie alle in Bürgerhäusern unter. Katharina fand Unterkunft beim Bürgermeister und Maler Lucas Cranach. Zusammen mit dem Propst der Schloßkirche, Justus Jonas, war dieser dann Trauzeuge, als der Wittenberger Stadtpfarrer Bugenhagen sie im Juni 1525 traute. Der Kurfürst schenkte dem Paar das Schwarze Kloster mit Garten, Hof, Ställen und allen Nebengebäuden.

Frau Käthe machte aus dem seit Jahren verödeten Haus, nach baulichen Veränderungen, ein wohnliches Heim, legte den verwilderten Klostergarten neu an, trieb Gemüsebau und züchtete auch Rosen und Lilien. Später richtete sie einen Kosttisch für Studenten ein, an dem auch Gäste teilnahmen, die Luther eingeladen hatte oder die ihn nur sehen wollten. Schon um vier Uhr früh erhob sich die tüchtige und rüstige Hausfrau, um das Gesinde zu wecken, da auch eine nicht geringe

Zahl Kühe, Pferde, Schweine und Hühner zu füttern waren. Man nannte Katharina Luther bald den „Morgenstern von Wittenberg“. Sie konnte befehlen und hausfraulich regieren, so daß Luther sie scherzweise seinen „Herrn und Doktor Käthe“ genannt hat. Luthers Briefe und Tischreden zeigen, wie sie nicht nur mit ihrer Schaffenskraft das Augustinerkloster zum gastfreien Lutherhaus gemacht, sondern auch an Luthers Arbeiten und Sorgen lebendig Anteil genommen hat. Mit ihrem starken Charakter konnte sie ihn oft aufrichten und trösten.

In den Tischreden findet sich Luthers Wort: „Es gibt keine süßere Verbindung und herbere Trennung als die einer guten Ehe...“ Käthe Luther starb sieben Jahre nach ihrem Mann auf der Flucht vor der Pest und liegt in Torgau begraben. Vier ihrer sechs Kinder überlebten die Eltern.

OLAUS UND LORENZ PETERSON

*** um 1493 † um 1552**

*** 7. 4. 1499 † 27. 10. 1573**

Nach der Bluttat von Stockholm im Jahre 1520, als Christian II. von Dänemark etwa 600, das heißt alle selbständigen Adligen töten ließ, kam es zu Aufständen, so daß die Verbindung der drei skandinavischen Reiche zerbrach. Der junge Gustav Wasa aus der Familie der Sture führte die Opposition an und wurde 1523 zum König gewählt. In dieser Zeit begann die Reformation auch für Schweden wirksam zu werden.

Die Brüder Olaus und Lorenz Peterson (auch Olaf und Laurentius Petri genannt), Söhne eines schwedischen Dorfschmieds aus Örebro, hatten 1513 nach Rom reisen sollen, um an dem von der heiligen Birgitta gestifteten Seminar ihre theologische Ausbildung zu beginnen, gingen aber nach Wittenberg, wo sie Luthers Vorlesungen und Predigten hörten und für die Reformation gewonnen wurden. Nach der Rückkehr in die Heimat predigte Olaus am Dom zu Strängnäs, Lorenz wurde Professor der Theologie in Stockholm. 1531 wurde Lorenz Peterson von

Vertretern der gesamten schwedischen Kirchenprovinz zum ersten evangelischen Erzbischof gewählt und kanonisch geweiht. Er verband mit der Festigkeit seiner Überzeugung Demut und Güte. Mit seinem Bruder gemeinsam übersetzte er die Bibel (die sogenannte Bibel Gustav Wasas), übertrug Luthers Predigten ins Schwedische und schuf ein Gesangbuch. Laurentius Andreae stellte Olaus dem Gustav Wasa vor, dieser berief ihn 1524 zum Sekretär nach Stockholm. Gleichzeitig wurde er Prediger an der Stadtkirche, von 1531–1533 des Königs Kanzler. Andreae und er wurden des Hochverrats bezichtigt, zum Tode verurteilt, dann begnadigt. Von 1543 bis zu seinem Tode wirkte er dann als Pfarrer.
Zu seinen Publikationen gehörten neben der Übersetzung des Neuen Testaments der Katechismus von 1526, die Agende von 1529, eine Postille, ein Meßbuch, eine schwedische Chronik und das erste schwedische Schauspiel „Tobias". Widerstand leistete er gegen die Absicht des Königs, die Kirchengüter einzuziehen.
Olaus Peterson leitete von Uppsala aus durch Jahrzehnte mit Weisheit und Milde die Entwicklung der lutherischen schwedischen Kirche. Er wurde im Dom von Uppsala begraben, wo heute an seiner Seite Nathan Söderblom ruht.

DIE FÜNF MÄRTYRER VON LYON
† 16. 5. 1553

In Frankreich wollte man die lutherische Bewegung mit einer vom Parlament angeordneten Verbrennung der Bücher Luthers auf einem großen Gerüst vor Notre-Dame in Paris im Keime ersticken. Bald brannten aber auch Anhänger der „lutherischen Sekte": Vallière 1523 in Paris, es folgten Leclerc in Metz, Castellanus in Vic, de Berquin 1529, Canus 1533, Brullius 1545 in Tournay. Später ließ Heinrich II. von Frankreich zahllose Ketzerprozesse abhalten. Von diesen haben die Fälle der fünf reformierten Studenten 1553 in Lyon und die Verhandlungen in Genf 1555 besonderes Aufsehen erregt.

Die fünf Studenten hatten sich auf der Akademie zu Lausanne bei Theodor Beza auf den Predigerberuf vorbereitet und wanderten Ostern 1552 über Genf nach Lyon. Sie wußten, welchen Gefahren sie entgegengingen und daß immer wieder Scheiterhaufen aufflammten. Doch sie waren entschlossen und voll Gottvertrauen. Einem Martyrium wollten sie aber auch nicht ausweichen. Unterwegs stieß ein Bürger aus Lyon zu ihnen. Er lud sie auch ein, in seinem Hause einzukehren. Noch ehe sie sich bei ihm niedersetzten, wurden sie ergriffen. Der Bürger hatte sie bereits verraten. Kaufleute aus St. Gallen, die in Lyon Leinwand einhandelten, erleichterten zuerst das Los der Studenten, indem sie erwirkten, daß sie im Gefängnis in einem besonderen Raum beieinander sein durften. Der Prozeß war schnell vorbei. Schon nach drei Wochen waren sie als Ketzer zum Tod verurteilt. Sie richteten ein Gnadengesuch an den König, auch die Städte Genf, Bern, Zürich, Basel und Schaffhausen schalteten sich mit ihrer Fürsprache ein. So wurde die Hinrichtung aufgeschoben, und die Verurteilten blieben ein Jahr lang im Gefängnis. Jeder arbeitete ein Bekenntnis aus und übergab es dem Richter. Die Briefe an ihre Lehrer, Eltern, Verwandten und Heimatgemeinden sind besondere Glaubenszeugnisse. „Liebet einander, haltet fleißig eure Versammlungen ..., achtet Gottes Ehre höher als euer Leben. Wir sind fröhlich und getrost im Schatten des Todes ...“ Genf schickte einen Gesandten nach Paris, auch die Berner Regierung unternahm Vorstöße. Doch alle Bemühungen waren vergebens. Als sie gefesselt und mit grauen Hemden angetan zum Scheiterhaufen gefahren wurden, stimmten sie auf dem Karren den 9. Psalm an: „Ich freue mich und bin fröhlich in dir und lobe deinen Namen, du Allerhöchster ...“

GIOVANNI MOLLIO
*** um 1500 † 5. 9. 1553**

Selbst in Italien, gleichsam unter den Augen der päpstlichen Machthaber, gab es schon in der ersten Hälfte des 16. Jahrhunderts reformatorisch gesinnte Christen, die trotz der Gefahren heimlich zusammenkamen. Zu ihnen gehörte auch Giovanni Mollio, in Montalcino bei Siena als Sohn armer Eltern geboren. Franziskaner geworden, berief man ihn zum Professor in Brescia, später nach Mailand und nach Bologna. Je mehr er das Neue Testament und besonders die Paulusbriefe gelesen hatte, desto klarer erkannte er die Richtigkeit der Rechtfertigungslehre. Er bejahte die Rechtfertigung des Sünders allein durch den Glauben und die Gnade des barmherzigen Vaters, wie sie sich in Jesus Christus und seinem stellvertretenden Kreuzestod offenbart hat. Diese Überzeugungen äußerte er auch in seinen Vorlesungen und Vorträgen. So wurde er schließlich etwa 1530 nach Rom zitiert, fand aber in dem Kardinal Contarini einen Richter, der selbst der verketzerten Lehre des Paulus zugetan war. Er bestätigte Mollio, daß seine von ihm vertretene Lehre zwar biblisch begründet sei, aber nicht allgemein vorgetragen werden dürfe, da dies Nachteile für das Papsttum brächte. Der Professor sollte Paulus zurückstellen und mehr die Philosophie des Aristoteles lehren. Mollio wurde nach Neapel versetzt, wo bedeutende Männer eine reformatorische Gemeinde leiteten, unter ihnen der spanische Edelmann Juan Valdez. Er lernte auch den Kapuzinergeneral Bernardino Occhino und den Augustinerpropst Peter Martyr kennen, die beide der evangelischen Botschaft aufgeschlossen waren. Valdez gewann immer neue Freunde aus dem Adel, Occhino verkündigte das Evangelium von der Domkanzel herab, Martyr und Mollio trugen ihre Auffassungen weiter in den Vorlesungen vor.

Alle Predigten, Vorlesungen und Gespräche wurden von Beauftragten des neuen Ordens der Theatiner ausgekundschaftet, überwacht und jede Abweichung von der offiziellen Lehre der Kirche nach Rom gemeldet. Dort gab es in den Kardinälen Contarini, Sadolet, Pole und Fregoso bis 1540 immer noch gutmeinende Beschützer. Doch bald begann die Verfolgung. Valdez starb, Occhino und Martyr flohen zu den Reformierten in die Schweiz. Im Juli 1542 wurde die Inquisition für ganz Italien angeordnet. Mollio flüchtete zehn Jahre hindurch von Ort zu Ort, bis er 1553 in Ravenna verhaftet und nach Rom gebracht wurde. Er beschuldigte die Kirche: „Ihr verachtet und verstoßt den Herrn Christus. Ihr beraubt die armen Gewissen der Freiheit und maßt euch Gewalt über zeitliches und ewiges Leben an ... Ihr werdet Rechenschaft ablegen müssen vor dem Richterstuhl Christi ..." Mit seinem Schüler Tisserano wurde Giovanni Mollio gehenkt und verbrannt.

LUCAS CRANACH DER ÄLTERE
* 1472 † 16. 10. 1553

Über die Jugendjahre des Malers und Freundes von Martin Luther sind wir nicht orientiert. Wir wissen nur, daß er, in Kronach in Oberfranken geboren, 1503–1504 in Wien gewirkt und dort schon als hochgeachteter Meister porträtiert hat. Auf ausgedehnten Wanderfahrten hat er wohl die Landschaft als Gestaltungsmittel entdeckt. Der Meister wird deshalb zu den Vätern der sogenannten Donauschule gerechnet. Im Jahre 1504 wurde er von Friedrich dem Weisen als Hofmaler nach Wittenberg gerufen und kam dort schnell zu großem Ansehen als Maler, Druckerei- und Apothekenbesitzer. Noch im Ankunftsjahr heiratete er die Gothaer Ratsherren- und Bürgermeistertochter Barbara Brengbier. Viele Jahre hindurch wirkte er auch als Kämmerer und Bürgermeister.

Im Turmknopf der Wittenberger Stadtkirche hat man die Aufzeichnungen des ebenfalls aus Kronach stammenden Matthias Gunderam gefunden. 1556 entstanden diese Notizen, die u. a. einen Lebensbericht Lucas Cranachs enthalten. Darin heißt es: „Von Luther war er sein ganzes Leben lang hindurch geliebt und mit ihm durch Bande inniger Freundschaft und Gevatterschaft verbunden ..." Er war sein Trauzeuge und Taufpate seiner Kinder.

Von Anfang an stand Cranach an Luthers Seite und setzte sich mit seiner Kunst für das neue Verständnis der Bibel und der Kirche ein. So illustrierte er des Reformators Bibeldrucke mit Holzstichen. Einzelne Christusszenen bevorzugte er deutlich, so Jesus als Kinderfreund (wohl um das Recht der Kindertaufe zu betonen) und Jesu Begegnung mit der Ehebrecherin (wohl zur Hervorhebung der zentralen Botschaft von der Gnade).

1545 wurde der Kurfürst Johann Friedrich besiegt und kam in Gefangenschaft. Mehrmals hatte er Cranach gebeten, ihm zu folgen. Im Juli 1550 machte dieser sein Testament, übergab die Werkstatt dem 1515 geborenen Sohn Lucas und reiste nach Augsburg. 1551, im Frühjahr, folgten beide dem Kaiser nach Innsbruck. Ein Jahr später kehrten sie zurück nach Wittenberg. Wir verdanken Meister Cranach vor allem auch die Bildnisse fast aller reformatorischen Persönlichkeiten.

Nach 1552 entstanden die großen Altäre in Wittenberg, Schneeberg, Weimar und Dessau. Die Wittenberger Predella ist in aller Welt bekannt: Luther weist auf Christus hin. So sah Cranach den Reformator und seine getreuen Mitarbeiter: als Jünger Christi und Zeugen seines Evangeliums.

Daneben schuf er 1534 auch das Altarbild des katholischen Doms in Meißen.

Kurz vor seinem Tode übersiedelte Cranach zu seiner in Weimar verheirateten Tochter Barbara und arbeitete dort noch an einem großen Altargemälde.

JAKOB STURM
* 10. 8. 1489 † 30. 10. 1553

Erasmus von Rotterdam, der berühmteste Humanist, nannte Jakob Sturm den Edelsten unter den Edlen, hervorragend durch Gelehrsamkeit, Aufrichtigkeit, Herzensreinheit und eine seltene Bescheidenheit; er habe nicht nur seiner Vaterstadt Straßburg, sondern ganz Deutschland mit seinem Rat gedient.

Sturm kam aus einer hochangesehenen Familie, war von

Wimpfeling humanistisch gebildet, von Geiler von Kaisersberg zum christlichen Glauben erzogen worden und begann 1501 in Heidelberg Theologie zu studieren, von 1504 ab in Freiburg gemeinsam mit den späteren Straßburger Predigern Matthäus Zell und Capito. Dann erwarb er die Magisterwürde und erhielt die niederen Weihen. Mehrere Jahre hindurch hielt er Vorlesungen, wandte sich dann aber dem Studium der Rechte zu, ging dazu auch nach Lüttich und Paris. Nach längeren Reisen in die Heimat zurückgekehrt, war er sechs Jahre bei dem Propst des Domstiftes als Sekretär tätig und wurde 1524 in den Rat der Reichsstadt gewählt. Drei Jahre später wurde er zu einem der vier Repräsentanten der Stadt berufen, zum Stadtrat oder „Stettmeister".

Als der Stadt nach den Bauernaufständen, bei denen viele, vor allem Witwen und Waisen der Erschlagenen, in Straßburg Zuflucht gefunden hatten, die Rache der siegreichen Fürsten drohte, rettete Sturm durch Klugheit und Umsicht die Reichsstadt. Aus Dankbarkeit ließ man dem Ratsherrn eine Münze schlagen. Fast dreißig Jahre lang hat Jakob Sturm, der nach dem Tode seiner Braut unverheiratet geblieben war, an der Regierung seiner Vaterstadt mitgearbeitet. Als ihr Vertreter weilte er einundneunzigmal auf Reichstagen und bei entscheidenden Verhandlungen. Fanatismus blieb ihm immer fremd, sein Wesen war frei von persönlicher Gehässigkeit. Er war überzeugt, daß die Einheit des Glaubens weder erzwungen noch erhandelt werden könne, daß das Werk der Reformation trotz aller Verfolgungen seinen Fortgang nehmen werde. Brüderliche Rücksicht ließ er auch den Altgläubigen gegenüber walten. Nachsichtig war er gegen Wiedertäufer und Schwärmer, die Anhänger Zwinglis umwarb er. Straßburg blieb unter seinem Einfluß ein Ort der Zuflucht für Verfolgte. „Wir sehen zu viel auf das Zeitliche und zu wenig auf das Ewige. Jeder betreibt sein eigenes Anliegen, und wenn er es durchzusetzen hofft, läßt er das Ewige dahinten", war seine Klage.

JOHANN FRIEDRICH DER GROSSMÜTIGE
* 20. 5. 1503 † 3. 3. 1554

Johann Friedrich war der letzte Kurfürst der Ernestinischen Linie. Seine Mutter starb bei der Geburt. Den Vater, Johann den Beständigen, hatte er als Kurprinz auf den Reichstag nach Augsburg begleitet und dort schon in die Verhandlungen eingegriffen. Der Rat der Fürsten hörte ihn aufmerksam an. Man sei den Altgläubigen, meinte er, bereits soweit wie irgend möglich entgegengekommen, nun müsse man die Zukunft Gott überlassen. Es wäre besser, einen ungnädigen Kaiser als einen ungnädigen Gott zu haben. Mit Luther, der ihm 1530 die Übersetzung des Propheten Daniel zueignete, führte er eine Korrespondenz. 1532 übernahm er die Regierung des Kurfürstentums Sachsen und förderte tatkräftig den Fortschritt in der Entwicklung der Reformation. Um seines evangelischen Glaubens willen wurde seine Verlobung mit der Schwester Karls V. aufgelöst. Er heiratete später Sibylle, die Tochter des Herzogs von Cleve. Der Kaiser erteilte ihm aber lange weder die Heiratsgenehmigung, noch verlieh er ihm die Kurwürde.

Auf Antrag des Landtages begann Johann Friedrich unter der Leitung von Justus Jonas und Bugenhagen die große Visitation, die die kirchlichen Verhältnisse in seinem Kurfürstentum regelte. Lange jedoch hatte er die Schwäche des seit 1531 bestehenden Schmalkaldischen Bundes der Evangelischen übersehen. Nach dem Tode Luthers zog Kaiser Karl V. ein großes Heer zusammen, um, die evangelischen Fürsten wie Rebellen behandelnd, mit Waffengewalt die Einheit der Kirche zu erzwingen. Es kam zum „Schmalkaldischen Krieg“ und wegen fünffacher Übermacht zur Niederlage der Evangelischen bei Mühlberg. Johann Friedrich fiel verwundet in die Hände der Gegner. Im Mai sprach das Kriegsgericht unter Herzog Alba das Todesurteil über ihn aus, er wurde aber zu lebenslänglicher Haft begnadigt. Als man ihm die Bibel fortnahm, meinte er gelassen, er behalte ja, was er aus ihr gelernt habe. Freund und Feind mußten seine Glaubenszuversicht im Ertragen des Unglücks anerkennen, das Volk nannte ihn nun den „Großmütigen“. Lucas Cranach war ihm gefolgt. Trotz Drohungen und Versprechungen erkannte der Kurfürst das Interim und das Tridentinische Konzil nicht an. Als er fünf Jahre später nach dem Passauer Vertrag seine Freiheit wiedererlangt hatte, durfte er auf seine thüringischen Besitzungen zurückkehren. Die Kurwürde hatte er verloren.

JOHN HOOPER
* 1494 † 9. 2. 1555

Unter der „katholischen" Maria, die in England von 1553 bis 1558 regierte, wurden in Kultus und Dogma wieder katholische Formen vorgeschrieben und erbitterte Kämpfe gegen die evangelische Bewegung geführt. Bald wurde, nach Wiederherstellung der päpstlichen Jurisdiktion von 1554, die Verfolgung der Protestanten immer härter, etwa 300 Hinrichtungen erfolgten. Zahlreiche Evangelische flohen nach den Niederlanden.
John Hooper aus Somersetshire, den die „Chronik der grauen Mönche von London" als „weiland weißer Mönch" (Zisterzienser) erwähnt, war früher als Ruderknecht einmal nach Frankreich geflohen, dann ein zweites Mal in der Verkleidung eines Schiffskapitäns über Irland bis in die Schweiz gelangt, wo er in Basel 1546 ein Mädchen aus Antwerpen geheiratet und mit Bullinger Freundschaft geschlossen hatte. Er verkündigte lange schon als „erster Puritaner" das Evangelium. In großer innerlicher Frömmigkeit bemühte er sich, die Erneuerung der Kirche nicht nur eine äußerliche bleiben zu lassen.
1551 war er zum Bischof von Gloucester berufen worden und versah sein Amt mit großer Treue. Seinen gewaltsamen Tod schien er zu ahnen. Schließlich wurde er eines der ersten Opfer des Kampfes der katholischen Reaktion. In London wurde er vor ein geistliches Gericht gestellt, seiner priesterlichen Würde entkleidet und der weltlichen Obrigkeit überantwortet.
Als er sich schon an der Richtstätte befand, brachte ein reitender Bote ein Kästchen der Königin mit der Urkunde der Begnadigung herbei, falls er widerrufen würde. Doch Hooper

widerrief nicht, sondern forderte den Boten auf, sich hinwegzubegeben. Er bat im Gebet auch für Volk und Land und seine Feinde und schloß: „Stärke mich mit deiner Güte, daß ich im Feuer nicht die Regeln der Geduld breche, sondern beitrage zu deiner Verherrlichung und zur Verwurzelung des Evangeliums in diesem Land."
Maria, Tochter der katholischen Katharina von Aragon, war mit Philipp II. von Spanien verehelicht. Sie erlag im November 1558 einer Krankheit. Ihre Politik und das Schreckensregiment ihrer Regierung förderten die Abneigung gegen das Papsttum und gegen Spanien. 1558 wurde Elisabeth gekrönt. Sie lenkte, zunächst vorsichtig, wieder in protestantische Bahnen ein und errichtete erneut die von Rom unabhängige englische Staatskirche.

JUSTUS JONAS
* 3. 6. 1493 † 9. 10. 1555

Aus Nordhausen gebürtig, war Justus Jonas schon dreizehnjährig Student in Erfurt geworden und hatte dann von 1511 bis 1514 in Wittenberg studiert. Im Frühjahr 1519 weilte er in den Niederlanden und begegnete Erasmus von Rotterdam. Auf dessen Rat hin hat er, nachdem er schon Doktor der Rechte war, noch Theologie studiert. Seit der Leipziger Disputation wandte er sich ganz der Reformation zu, begleitete Luther nach Worms und wurde im Juni 1521 Professor der Theologie in Wittenberg, im gleichen Jahr auch Doktor der Theologie. Nach Luther und Melanchthon war er der bedeutendste Theologe unter den Reformatoren, wurde Luthers Helfer bei der Bibelübersetzung, beim Marburger Religionsgespräch mit Zwingli und dessen Freunden und nahm an vielen Visitationen teil wie auch an allen wichtigen Reichstagen. Seine juristischen Kenntnisse kamen bei der Abfassung von Kirchenordnungen in Halle, im Herzogtum Sachsen und in Zerbst, bei Gutachten sowie im Wittenberger Konsistorium zur Geltung. Besonders wichtig wurden seine zahlreichen Übersetzungen von Luthers

und Melanchthons Schriften. Schriftlich trat er als erster der Reformatoren für die Priesterehe ein. Die deutsche Fassung des Augsburgischen Bekenntnisses ist im wesentlichen sein Werk. In Halle, der Residenz des Erzbischofs und Kardinals Albrecht von Magdeburg und Mainz, predigte er 1541 in der Karwoche und danach unerschrocken, auch hielt er das Abendmahl nach evangelischer Ordnung. Der Kardinal verlegte daraufhin seine Hofhaltung nach Mainz, und Justus Jonas blieb bis ins Jahr 1546 hinein in Halle. Die Verbindung mit Wittenberg riß jedoch nicht ab. Auf seiner letzten Reise war Luther drei Tage bei ihm zu Gast. Jonas begleitete ihn dann nach Eisleben und stand an seinem Sterbebett. Er schrieb Luthers letzte Worte auf und überlieferte das „Wir sind Bettler, das ist wahr". Auch hielt er ihm die Leichenpredigt.
Die schwersten Jahre für Justus Jonas begannen bald nach Luthers Tod. Im „Schmalkaldischen Krieg" wurde Halle durch Moritz von Sachsen eingenommen. Auf zwei Bauernwagen mußten Jonas und die Seinen nach Nordhausen fliehen, da er sich nicht an den neuen Herzog anpassen wollte. Jahrelang waren sie heimatlos (1547 lebten sie in Hildesheim, 1548–1550 noch einmal in Halle, ohne predigen zu dürfen, 1550 in Coburg, 1552 in Regensburg), bis er endlich 1553 als Propst in Eisfeld an der Werra wieder ein Pfarramt erhielt.

NICHOLAS RIDLEY
* 1500 † 16. 10. 1555

Nicholas Ridley aus Unthak Hall (Northumbria) war (nach sehr erfolgreicher Universitätslaufbahn in Cambridge und einer weiteren Studienzeit in Paris und Löwen) unter König Eduard IV. Bischof von London geworden und hatte gemeinsam mit dem Erzbischof von Canterbury, Thomas Cranmer, die Neuordnung der anglikanischen Kirche, veranlaßt von dem Herzog Somerset und seinem Nachfolger Northumberland, maßgebend auch durch die Bekenntnisschriften, die „42 Artikel" und das Kirchenbuch (Book of common prayer), beeinflußt. Die Rechtfertigungslehre war evangelisch, die Abendmahlslehre calvinistisch geprägt. Überhaupt wurde der lutherische Einfluß ab 1547 von Anhängern Zwinglis und Calvins zurückgedrängt. Calvin selbst stand im Briefwechsel mit Cranmer, Somerset und Eduard IV. Nachdem Jane Gray (eine Großnichte Heinrichs VIII., für die sich Nicholas Ridley eingesetzt hatte, als sie auf Veranlassung des Herzogs von Northumberland die Thronfolgeordnung umstoßen wollte) das Schafott besteigen mußte, wurde Ridley im April 1554 gemeinsam mit den Bischöfen Cranmer und Latimer verhört, und er schloß seine Verteidigung mit den Worten: „Ich nehme meine Zuflucht zu dem ewigen Richter, dessen gnadenvoller Gerechtigkeit ich mich und meine Sache gänzlich übergebe, nicht zweifelnd, mein Fürsprecher und Erlöser Jesus Christus werde mich verteidigen." Alle drei Bischöfe wurden als Ketzer aus der Kirche ausgestoßen, für geraume Zeit in den Tower geworfen und später achtzehn Monate lang in Oxford eingekerkert.

Nicholas Ridley nutzte die Zeit, um in Briefen von Freunden Abschied zu nehmen und ihnen Dank, Trost und Mahnung zur Treue gegen das Evangelium zuzurufen. Ritterlich sollten sie stets für die Wahrheit kämpfen. Im Oktober 1555 wurde das Todesurteil formell ausgesprochen und zwei Wochen später vollstreckt. 1554 war die Jurisdiktion wiederhergestellt worden. 1556 wurde Cranmer verbrannt. Im Zuge der Verfolgungen kam es zu annähernd dreihundert Hinrichtungen.

ANGELUS MERULA
* um 1482 † 26. 7. 1557

Noch heute wird die Urkunde aufbewahrt, mit der Angelus Merula an seinem Lebensabend seiner Vaterstadt ein Waisenhaus gestiftet hat, das noch existiert und durch die Jahrhunderte hindurch vielen Kindern eine Heimat gegeben hat.

In der kleinen niederländischen Stadt Briel im Gebiet der Maasmündung wurde er geboren, Engel Willem de Merle. Er

besuchte die Lateinschule und studierte dann in Paris Theologie, erwarb dort auch die Würde eines Lizentiaten. 1511 wurde er im Utrechter Dom zum Priester geweiht, lebte aber Jahre hindurch in Briel als Notar, immer auch mit theologischen Studien beschäftigt. Eifrig studierte er Griechisch, um das im Urtext von Erasmus herausgebrachte Neue Testament lesen zu können. Darüber hinaus forschte er in den Schriften der Kirchenväter und der Reformatoren wie in denen ihrer Gegner. Mit achtundvierzig Jahren übernahm er die ländliche Pfarrstelle Heenvliet. Merula war zu der Überzeugung gekommen, daß Gott sich unser nicht um des Verdienstes willen erbarmt, sondern aus lauter Gnade und Barmherzigkeit.
Eine erste Anklage gegen ihn war 1540 niedergeschlagen worden. Doch zwölf Jahre später trat am Vorabend des Sonntags vom Guten Hirten der Glaubensrichter in seine Studierstube und verlangte seine schriftlich ausgearbeitete Predigt. Man war wohl auf ihn aufmerksam geworden, da er, ohne jedoch hervorzutreten, die Marien- und Heiligenverehrung, die Lehre von der Verwandlung der Elemente im heiligen Abendmahl und kirchliche Mißbräuche offen abgelehnt hatte. Wenn in der angeforderten Predigt auch keine Ketzereien zu finden waren, so enthielt sie doch manches Anstößige. Man hielt Merula erst im Turm von Heenvliet gefangen, transportierte ihn dann nachts, aus Furcht vor der Gemeinde, nach Den Haag. Der Prozeß wurde sehr in die Länge gezogen. Siebzehn Monate hindurch versuchte man, Merula zum Widerruf zu bringen. Man brachte ihn noch nach Löwen und kerkerte ihn zuletzt in Bergen ein. Viele setzten sich für ihn ein. Die Richter mißbrauchten schließlich seine Taubheit und ließen ihn mit der Behauptung, es seien unwesentliche Punkte, einen gewissen Widerruf unterzeichnen und verurteilten ihn zu lebenslänglichem Kerker. Sein Neffe unterrichtete ihn von dem falschen Spiel, sogleich schrieb Angelus einen Protest. Daraufhin wurde er als rückfälliger Ketzer zum Feuertod verurteilt. Als er an der Richtstätte kniend betete, erlitt er einen Schlaganfall und starb, bevor das Urteil vollstreckt werden konnte.

JOHANNES BUGENHAGEN
* 24. 6. 1485 † 20. 4. 1558

Der „Doktor Pommer", wie Luther und andere Freunde ihn in Wittenberg gern nannten, war der Sohn eines Ratsherrn aus Wollin. Er hatte von 1502 an in Greifswald studiert und war schon im Alter von neunzehn Jahren Rektor einer Humanistenschule in Treptow an der Rega geworden. Er führte seine Schüler nicht nur in die alten Sprachen, sondern auch in die Bibel ein. Die Psalmen und die Paulusbriefe fesselten ihn wie während des theologischen Studiums vorher Hieronymus und Augustinus. Später wurde er in die Pfarrerschaft von Treptow aufgenommen. Die „Pomerania" mit einer Kritik an kirchlichen Mißständen hatte er 1518 verfaßt. Als Lektor der Bibel und der Kirchenväter an der Klosterschule der Prämonstratenser in Belbuck kam ihm 1520 Luthers Schrift von der „Babylonischen Gefangenschaft der Kirche" in die Hände. Sie erschien ihm erst als Ketzerei, brachte ihn dann aber nach gründlichem Studium zu der Überzeugung, daß die ganze Welt in Blindheit liege, während Luther die Wahrheit sage. So verließ Bugenhagen im Alter von sechsunddreißig Jahren Amt und Heimat, begab sich nach Wittenberg und wurde, während Luther in Worms weilte oder schon auf der Wartburg, noch einmal Student. Bald wurde er auch selbst ins Lehramt eingeführt. Die Psalmenauslegung vor einem Kreis von Landsleuten hatte solchen Zulauf, daß er sie öffentlich halten mußte. Aus seiner früheren Tätigkeit war ein 1530 gedrucktes Predigtbuch erwachsen: „Historie der Leiden und der Auferstehung unseres Herrn".

1533 wurde er Doktor der Theologie und zwei Jahre später Professor. Schon seit 1523 war er Pfarrer an der Wittenberger Stadtkirche und blieb dies bis an sein Lebensende, da er die mehrfachen Berufungen zum Bischofsamt in Schleswig und in Kammin ablehnte. Er war neben seinem treuen Gemeindedienst und seiner kirchlichen Verkündigung insbesondere Luthers Beichtvater und Seelsorger. 1525 segnete er dessen Ehe mit Katharina von Bora ein, er selbst hatte schon 1522 Walburg Rörer geheiratet. Mit Luther war es schnell zu einer

engen Freundschaft gekommen. Er hielt ihm auch die Grabpredigt.
Bugenhagen besaß großes Organisationstalent. So wurde er oft um Einrichtung von evangelischen Gottesdiensten und Abfassung von Kirchenordnungen gebeten. 1528 war er dazu lange Zeit in Braunschweig, 1529 in Hamburg, 1530/1532 in Lübeck, 1534 in seiner pommerschen Heimat, 1537 in Dänemark, 1542 in Holstein, 1543 in Wolfenbüttel und 1544 in Hildesheim. Überall suchte er Latein- und Dorfschulen zu schaffen. Er wirkte auch als Übersetzer von Lutherischen Schriften und des Neuen Testaments ins Niederdeutsche.
Sein Wahlspruch war: „Wenn du Christus kennst, weißt du genug; kennst du Christus nicht, so ist alles, was du weißt, nichts." In der Stadtkirche zu Wittenberg fand Bugenhagen seine letzte Ruhestätte.

ERHARD SCHNEPFF
* 1. 11. 1493 † 1. 11. 1558

Aus alteingesessener Familie der Reichsstadt Heilbronn stammend, sollte Erhard Schnepff nach dem Willen seines Vaters Jura studieren. So ging er 1509 an die Universität Erfurt, wo Justus Jonas sein Lehrer wurde. In Heidelberg setzte er vom Dezember 1511 an sein Studium fort. Hier hielten sich damals auch Melanchthon, Brenz, Ökolampad, Butzer und Billican auf, die sich untereinander kannten und auf die theologischen Examen vorbereiteten. Zu ihnen stieß nun auch Schnepff. 1513 erwarb dieser die Magisterwürde. Im Frühjahr 1518 hörten sie wohl alle Martin Luther bei einer Disputation über die Rechtfertigungslehre des Paulus, suchten ihn auch hinterher zu weiteren Gesprächen in seiner Herberge auf. Erhard Schnepff wurde zusammen mit den anderen Luthers überzeugter Anhänger und wirkte in diesem Sinne kurze Zeit in Weinsberg, dann zwei Jahre hindurch in Guttenberg im Neckartal. 1524 übernahm er die Predigerstelle in Wimpfen und heiratete dort die Tochter des Bürgermeisters Wurzelmann. Im Herbst 1526 ging er nach Weilburg an der Lahn und wurde 1527 Professor in Marburg. Auf den Reichstagen in Speyer und Augsburg trat er unerschrocken für die evangelische Sache ein, so daß ein Nürnberger Ratsherr urteilte: „Einzig der Schnepff hat noch einen Schnabel, christlich und beständig zu singen." 1534 wurde er in die württembergische Heimat zurückberufen, wo er mit Ambrosius Bla(u)rer gemeinsam, wenn auch nicht immer eines Sinnes, das „Land unter der Steig" reformierte. Bla(u)rer erhielt später diese Aufgabe für den südlichen Teil des Herzogtums.

Beide Männer gestalteten das evangelische Kirchenwesen, reformierten die Klöster und ordneten das Schulwesen neu. Auf dem „Götzentag" in Urach traten die Meinungen stark auseinander. Es ging dort besonders um die Frage, ob Bilder im Gotteshaus statthaft wären. Herzog Ulrich hörte auf Bla(u)rer, so daß das schwäbische Land unersetzliche Kunstwerke verlor. Erst später setzte sich Schnepff durch, der auf die Bilderbibeln und auf das Urteil Gregors des Großen hinwies, daß das Bild die Schrift der Ungelehrten sei. 1540 wurden die Anordnungen gegen die Bilder zurückgenommen, Kunstwerke und Orgeln in den Kirchen wieder gestattet. Natürlich vergaß man nicht, Luthers Ansicht zu betonen, daß Bilder nicht angebetet werden dürften. Erhard Schnepff setzte sich in der Kirchenordnung von 1536 für das gemäßigte Luthertum ein. Für die Abendmahlslehre fand er eine Einigungsformel. Zum Professor nach Tübingen berufen, reformierte er diese Universität. Auch die Gründung des berühmten Stifts geht auf seine Anregung zurück. Nach dem Interim mußte er die Stadt verlassen und ging 1549 nach Jena, wo er starb.

GEORG VON GHESE
† 13. 3. 1559

Reformatorisches Denken fand sich in Italien schon im 16. Jahrhundert. Organisierte Gemeinden bildeten aber nur die Waldenser und die Täufer. Gegen sie ging die Gegenreformation scharf vor, nachdem 1542 die römische Inquisition reorganisiert worden war. 1559 errichtete Spanien seine Herrschaft auch über Italien. Sie dauerte bis 1713. Viele Protestanten sahen sich gezwungen, auszuwandern und im Ausland neue Gemeinden zu gründen. Die Flüchtlinge trugen zur Förderung der Reformation in ihrer neuen Heimat bei. Von denen, die im Lande blieben, erlitten viele einen gewaltsamen Tod.

Georg von Ghese, ein Seidenwirker aus Mailand, hatte um 1555 sein Gewerbe nach Zürich verlegt, wohin zuvor schon einige Landsleute wegen ihres evangelischen Glaubens geflüchtet waren. Er besuchte ihre Zusammenkünfte und wurde selbst von der evangelischen Wahrheit überzeugt. Später siedelte er nach Genf über, wo sich eine größere italienische reformierte Flüchtlingsgemeinde zusammengefunden hatte. Reich geworden, konnte er bedürftige Italiener unterstützen. Seine Unterstützung umfaßte auch geistlichen Zuspruch.

Als er seinen Sohn aus Mailand nachholen wollte, wurde dieser auf Veranlassung des Kardinals Borromäus festgenommen und erst nach Jahresfrist gegen ein hohes Lösegeld wieder freigelassen. Um seine Frau ebenfalls nach Genf zu holen, weilte Georg von Ghese 1558 noch einmal in der Heimat. Er wurde aufgespürt und als Ketzer verhaftet. Nach achtzehn Monaten Gefangenschaft in einem niedrigen Loch konnte er sich zusammen mit einigen anderen Gefangenen befreien. Er wollte sich bei seinem Bruder verstecken, der ihn jedoch der Inquisition auslieferte. Bereits zwei Wochen später war das Todesurteil gesprochen. In einer aus Holz und Stroh errichteten Hütte wurde er verbrannt. Den Sohn hatte man gezwungen, der Hinrichtung seines Vaters zuzusehen.

ANTONIO HERREZUELO
*** 1513 † 21. 5. 1559**

LEONOR DE CISNERE
*** 1535 † 26. 9. 1568**

In der spanischen Geschichte hat der Katholizismus eine bedeutende Rolle gespielt. Nach der 1502 erfolgten Ausweisung der nichtchristlichen Mauren und der zuvor schon angeordneten Vertreibung aller Juden, die nicht zum Christentum übertreten wollten, wurde die religiöse Einheit zu einem Gebot der Staatsräson. Über die Rechtgläubigkeit der Neubekehrten wachte die 1480 zuerst in Kastilien, dann 1481 auch in Aragon eingeführte Inquisition. Von 1504 bis 1700 regierten in Spanien die Habsburger. Philipp II. (1556–1598), der ein Vorkämpfer der Gegenreformation war, erzwang die Wiedereröffnung des Tridentinums. In seinem eigenen Land gelang es ihm, den Protestantismus bis auf wenige Reste auszurotten. Die protestantischen Gemeinden, die sehr klein waren, konzentrierten sich besonders auf Sevilla und Valladolid. Von 1550 bis 1560 leitete die Inquisition gegen etwa 325 Personen Prozesse ein.

Antonio Herrezuelo und seine junge Frau Leonor de Cisnere trafen sich mit anderen Glaubensfreunden in den Häusern der vornehmen Familie de Cazalla und der Donna de Vivero in Valladolid in Altkastilien, um die 1551 von Don Carlos de Seso eingeschmuggelten reformatorischen Schriften zu lesen. Es hatte sich schon eine Gemeinde von etwa fünfzig Evangelischen gebildet.

Noch am Gründonnerstag 1559 feierten sie miteinander das heilige Abendmahl, schon am Sonntag des Guten Hirten wurde Dr. Cazalla verhaftet. Bald folgten andere Verhaftungen. Viele hielten den Verhören nicht stand und widerriefen. Antonio Herrezuelo jedoch bekannte offen und rückhaltlos seine evangelische Überzeugung. Er und fünfzehn andere Bekenner wurden daraufhin zum Tode verurteilt. Die fünfzehn wurden mit dem Halseisen erwürgt, Antonio als einziger lebendig verbrannt. Leonor de Cisnere überraschte neun Jahre später die Richter mit der Erklärung, auch sie wolle für das Evangelium sterben. Ihr wurde der Prozeß gemacht, und sie erlitt den Tod.

MARIA DE BOHORQUES
* 1525 † 24. 9. 1559

Maria de Bohorques gehörte zu einem Kreis von reformatorisch gesinnten Gläubigen, die sich trotz der seit 1542 blutig wütenden Ketzergerichte noch im Jahre 1559 in Sevilla heimlich im Hause einer Isabel de Boena um das 1543 ins Spanische übersetzte Neue Testament und zum Lesen reformatorischer Schriften versammelten. Im Sommer wurden sie als „Luteranos“ aufgespürt und verhaftet.

Am Morgen eines Sonntags bewegte sich aus dem Tor des Trianonschlosses eine seltsame Prozession, die den ganzen schauerlichen Mißbrauch „christlicher“ Machtfülle offenbarte: Voran schritten fünfzig Priester mit dem Kreuz der Kirche Santa Anna, von zwanzig Gerichtsknechten gefolgt, dann kam die lange Reihe der Verurteilten, mit Bußzeichen, Kerzen, Kreuzen und Stricken versehen. Den „feierlichen“ Zug beschloß der Senat von Sevilla und das Domkapitel mit den Glaubensrichtern, denen eine Standarte vorangetragen wurde. Auf dem Platz des heiligen Franz fand das Glaubens- oder Ketzergericht statt, mit einer Glaubenspredigt, Entkleidung von zwei priesterlichen Gefangenen und der Urteilsverkündigung nach einem Scheinverhör.

Maria de Bohorques versetzte die Richter durch ihre Beherrschung der lateinischen und griechischen Sprache und ihre große Bibelkenntnis in Erstaunen. Einem Mitgefangenen, der sich wortreich zu verteidigen suchte, bedeutete sie, daß nicht die Stunde des Schwatzens, sondern des Bekennens gekommen sei. Den Mönchen gegenüber betonte sie, daß sie als gute Christin fest glaube, erlöst zu werden. Wegen ihrer Standhaftigkeit wurde sie mit ihrem Bruder Juan und anderen lebendig verbrannt. Andere, die etwas Nachgeben gezeigt hatten, erdrosselten die Henker.

ANNE DUBOURG
* um 1520 † 23. 12. 1559

Anne Dubourg stammte aus einer angesehenen Familie und wurde von seinem Onkel, Anton Dubourg, der um 1535 französischer Minister war, zum juristischen Studium bewogen. Schon im Alter von siebenundzwanzig Jahren war er Professor der Rechte an der Universität in Orlèans, wurde dreimal deren Rektor und ob seiner Gelehrsamkeit und seines Geschicks, Frieden zu stiften, gerühmt.
Dubourg prüfte, als 1555 mehrere Glieder der Hugenottengemeinde in Orlèans ihre Glaubenstreue mit dem Tod besiegelt hatten, die Lehre Calvins, studierte die Bibel, die Kirchenväter und die Geschichte der Kirche. Von Ostern 1559 an hielt er sich zur reformierten Gemeinde und nahm in ihrem Kreis im gleichen Jahr das Altarsakrament mit Brot und Wein. Seit 1557 Rat im Pariser Parlament, mußte er jene Sitzung miterleben, in der König Heinrich II. von Frankreich das Parlament durch sein persönliches Erscheinen und eine kurze, heftige Rede einzuschüchtern versuchte und die Beseitigung der Glaubensspaltung forderte. Eigentlich war die Mehrheit gegen die Inquisition und wollte eine mildere Behandlung der um ihres Glaubens willen Angeklagten. Die Abstimmung über das Vorgehen gegen die Hugenotten hatte vor dem Erscheinen des Königs begonnen und ging in seiner Gegenwart weiter. Professor Anne Dubourg nahm, als er an der Reihe war, das Wort, dankte dem König für sein Erscheinen, da er große Verantwortung vor Gott trage, und wies dann auf das große Unrecht hin, daß Menschen, die doch für den König beteten, um ihres Glaubens willen verurteilt würden. Kein Richter könne es verantworten, über Christen den Stab zu brechen, die noch aus den Flammen den Namen Jesu anriefen. Zuletzt forderte er mit kühnen Worten den König auf, ein freies Konzil zur Schlichtung des Glaubensstreites einzuberufen und bis dahin alle Ketzerprozesse einzustellen. Von Kardinälen beraten, beauftragte der König den Grafen Montgomery mit der Festnahme des unerschrockenen Professors. Er wurde in die Bastille gebracht und in einem eisernen Käfig eingesperrt.

Einige Zeit später wurde dem König bei einem Turnier ein Auge ausgestoßen, er starb nach neun Tagen. Doch die reaktionäre Politik wurde auch unter den Guisen beibehalten. Da für Dubourg ein Ruf als Professor nach Heidelberg vorlag, beeilte man sich mit seiner Verurteilung. Er nahm den Todesspruch mit tapferen Worten auf und sagte seinen Richtern: „Ihr habt die Wahrheit Gottes in und mit mir verdammen wollen; sie wird sich gegen euch zu schützen wissen . . ., ich bin ein Christ und bereit, für das Evangelium zu sterben . . . Löscht eure Scheiterhaufen und wendet euch zum Herrn . . .“

JOHANN VON LASKI
*** 1499 † 8. 1. 1560**

Johann Laski wurde auf einer Burg über dem polnischen Städtchen Lask geboren. Die Vorfahren waren einmal aus England eingewandert, die Familie a Lasko gehörte aber längst zum polnischen Hochadel. Mit acht Jahren wurde er seinem Onkel, dem Erzbischof und Primas von Polen, in Gnesen zur Erziehung übergeben. Dieser ließ Johann und seinen Bruder Hieronymus in Bologna studieren (1512–1517). Heimgekehrt, wurde sein Bruder Diplomat, er selbst empfing die Priesterweihe, war bald Domherr und Dekan und zählte zu den Sekretären des Königs.

Als Begleiter seines Bruders auf einer diplomatischen Reise weilte er über neun Monate in Basel, wo er Haus- und Tischgenosse des betagten Erasmus sein durfte. In Zürich besuchte er Zwingli und begann mit dem Studium der Bibel. Von 1526 bis 1538 lebte er in seiner polnischen Heimat, lehnte das königliche Angebot, Bischof von Kujawien zu werden, jedoch ab.

Laski verließ schließlich sein Vaterland: „. . . nun will ich in der Fremde meines armen gekreuzigten Herrn Christus armer Knecht sein“, schrieb er an Bullinger. Bei Aufenthalten in Frankfurt (M.), in Mainz und Löwen beschäftigte er sich weiter mit der Bibel und las reformatorische Schriften. Später

wurde er evangelischer Pfarrer in Emden und organisierte als Superintendent das Kirchenwesen Ostfrieslands, mußte aber nach dem Interim und der einsetzenden Rekatholisierung nach England fliehen. Ein von ihm ausgearbeitetes Lehrbuch wurde später die Vorlage für den Heidelberger Katechismus. Zur Leitung der großen Flüchtlingsgemeinde in England berief er als ihr Superintendent Älteste, Diakone und Doktoren, die vom Presbyterium zu wählen waren. Bemerkenswert ist, daß Laski hier die „sitzende Kommunion" (das Tischabendmahl) eingeführt hat. 1553 mußte er mit seiner Gemeinde vor Maria Tudor fliehen. In Dänemark und Norddeutschland an vielen Orten abgewiesen, wurde ihr Zufluchtsort wieder Emden.
Johann Laski wurde in seinem Dienst unter konfessionell unterschiedlichen Gläubigen zum Vermittler. Um Einigung mühte er sich auch in der Abendmahlsfrage. Gegen Calvin betonte er einen Universalismus und gegenüber der Substanzfrage das Feiern des Mahles. 1556 nach Polen zurückgekehrt, wollte er auch dort die verschiedenen evangelischen Bekenntnisse zusammenführen. Hier übertrug er die Bibel ins Polnische und erlebte noch ihre Drucklegung.

PHILIPP MELANCHTHON
* 16. 2. 1497 † 19. 4. 1560

Philipp, der Sohn des Waffenschmieds Georg Schwarzerd aus Bretten in der Pfalz, besuchte nach dem frühen Tod des Vaters die Lateinschule in Pforzheim und wohnte dort bei seiner Großmutter Elisabeth, der Schwester des berühmten Humanisten Reuchlin. Von diesem stammt auch die griechische Übersetzung seines Familiennamens, „Melanchthon", unter dem er als christlicher Humanist und lutherischer Reformator in die Kirchengeschichte eingegangen ist.
1509 schon bezog Melanchthon die Universität Heidelberg, wo er in Brenz mit Butzer Freundschaft schloß. Nach Tübingen übersiedelt, erlangte er dort 1516 die Magisterwürde mit

Auszeichnung und befreundete sich mit Ökolampad und Ambrosius Bla(u)rer. 1518 folgte er einer Berufung als Lehrer des Griechischen und Hebräischen nach Wittenberg. Schon seine erste Vorlesung wurde ein großer Erfolg. Luther schrieb an Spalatin, daß eine weitere Empfehlung nicht nötig sei. „Er ist ein Mann, der jeder Auszeichnung wert ist, ein vollkommener Grieche, grundgelehrt, freundlich und leutselig, hat seinen Lehrsaal gestoppt voll." Melanchthon blieb Luthers treuester Mitarbeiter und Mitstreiter, so verschieden beide auch im Temperament und in ihrer Argumentation oft sein mochten. 1521 verfaßte er die erste systematische Darstellung der evangelischen Lehre, „Loci communes". Später heiratete Melanchthon die Tochter des Bürgermeisters Krapp. In seinem Hause richtete er eine Privatschule ein, in der er neben alten Sprachen auch Natur- und Erdkunde sowie Geschichte unterrichtete, denn „ohne Geschichte ist des Menschen Leben eine ewige Kindheit und Blindheit!"

Zeit seines Lebens war er ein Mann des Friedens, zart und behutsam, ein Brückenbauer zwischen den Gegensätzen. Dies zeigte sich bei ungezählten Verhandlungen anläßlich der Abfassung der Augsburger Konfession und der Wittenberger Konkordie. Luther sagte über ihn: „Philippus ist mir sehr lieb in Marburg gewesen, denn, wo ich zu hitzig wurde, hat er mir immer die Zügel gehalten und Frieden und Freundschaft nicht sinken lassen." Luther und Melanchthon ruhen nebeneinander in der Schloßkirche zu Wittenberg.

LUIGI PASQUALI
* um 1530 † 9. 9. 1560

Die Anfänge der Waldenserbewegung reichen bis ins 12. Jahrhundert zurück. Anfang des 16. Jahrhunderts war sie in Südfrankreich, in der Dauphiné, in den sogenannten Waldenserthälern und in ganz Italien verbreitet. Ständig wurde sie jedoch verfolgt. Die erste offizielle Anerkennung erlangten die Waldenser, als ihnen 1561 nach dem Frieden von Cavour eine beschränkte Toleranz zugestanden wurde. Im gleichen Jahr erlebten sie aber die Vernichtung in Kalabrien und die allmähliche Zerstreuung in Apulien. Erst nach 1815 erlebte die Bewegung unter dem Einfluß der Genfer Erweckung Jahre der geistig-kirchlichen Erneuerung.

Luigi Pasquali, ein aus Piemont stammender Offizier, wurde in Nizza mit Evangelischen bekannt und bereitete sich in Genf und Lausanne nach seinem Abschied aus der Armee auf den Predigerberuf vor. Er selbst hatte Teile der Bibel ins Italienische übersetzt, ließ sie drucken und sorgte für ihre Verbreitung unter seinen Landsleuten. Später ging er nach Kalabrien, um in den kleinen Waldensergemeinden zu arbeiten. Es dauerte nicht lange, da wurde er verhaftet. Der verhörende Generalvikar von Cosenza konnte gegen die Argumente des tapferen Bekenners nichts ausrichten. So wurde er mit zehn Leidensgefährten an eine Kette geschmiedet und über Neapel nach Rom gebracht. Dort suchten ihn im Gefängnis Bischöfe und Kardinäle auf, die ihn zur Umkehr veranlassen wollten. Er aber blieb standhaft bei seiner aus der Bibel gespeisten Überzeugung.

An seine Gemeinden konnte er noch einen Bekenntnisbrief schicken, in dem es hieß, es könne einem Christen keine größere Ehre widerfahren, als wenn Gott den hinfälligen und verweslichen Leib zum Mittel benutze, seine Wahrheit vor der Welt zu bezeugen. Im September 1560 nahm der kaum Dreißigjährige gelassen das Todesurteil entgegen.

Der Scheiterhaufen wurde in der Nähe der Tiberbrücke vor der Engelsburg errichtet. Papst Pius IV. nahm mit seinem Kardinalskollegium an der Hinrichtung teil. Luigi Pasquali wurde erdrosselt und verbrannt, seine Asche in den Tiber gestreut.

MENNO SIMONS
* 1496 † 23. 1. 1561

Menno Simons aus Witmarsum in Friesland, katholischer Priester, war durch das Studium des Neuen Testaments zum Glauben „aus Gnaden allein“ gekommen und übernahm nach der

Katastrophe und dem blutigen Ende des apokalyptischen „Reiches Christi“ von Münster die Führung der Täufer. In Münster in Westfalen hatte täuferischer Enthusiasmus zu einem Fiasko geführt. Die Täufer erlangten die Herrschaft über die Stadt. Während der Belagerung durch den Bischof von Münster, Franz von Waldeck, wurde das „Königreich Lion“ errichtet, das sich vor allem durch grausame Unterdrückung Andersdenkender auszeichnete. 1553 wurde Münster erstürmt. Dies war das Zeichen zur Verfolgung der Taufgesinnten.

Von 1536 an wanderte Menno Simons unermüdlich von Gemeinde zu Gemeinde und bemühte sich, sie von ungesunder Schwärmerei fernzuhalten. Von Friesland bis Danzig wirkte er unter ständigen Verfolgungen. Immer blieb er jedoch hilfsbereit. Durch ihn wurden nun die „Mennoniten“ als Christen bekannt, die nicht nur die Erwachsenentaufe übten, sondern auch die brüderliche Liebe zu allen Notleidenden kannten. Jede Gewissensknechtschaft lehnte Menno Simons leidenschaftlich ab. Kriegsdienst war der Gemeinschaft vom Glauben und von der christlichen Liebe her untersagt. Aller Streit unter „Geschwistern“ sollte ohne Anrufung von Gerichten gütlich beigelegt werden.

Die letzten Jahre seines Lebens und Wirkens verbrachte Menno Simons in dem kleinen Fresenburg zwischen Hamburg und Lübeck. Von diesem stillen Winkel aus war er publizistisch tätig. In Wüstenfelde bei Oldesloe ist Menno gestorben.

Die Gemeinden lebten in strenger Zurückgezogenheit von der Welt. Strenge Kirchenzucht sollte eine Gemeinde von aktiv Heiligen hervorbringen. Aber sie erkannten das reformierte Bekenntnis an. Erst 1572 erreichten sie Toleranz in Holland, später auch in der Schweiz und in einer Anzahl von norddeutschen Städten (Emden, Hamburg, Danzig, Elbing).

Innere Spaltungen schwächten die Bewegung, so daß neben ihr noch eine Reihe anderer Täufergemeinschaften entstanden.

NIKOLAUS HERMAN
* nach 1480 † 3. 5. 1561

Nikolaus Herman aus Altdorf bei Nürnberg wurde um 1518 Lehrer und Kantor in St. Joachimsthal in Böhmen, nahe der sächsischen Grenze, wo die Hussiten nicht verfolgt wurden. Martin Luthers Schrift „An die Ratsherren aller Städte deutschen Landes, daß sie christliche Schulen aufrichten und erhalten sollen" las er 1524. Die Bedeutung seines Berufes und die Verantwortung vor Gott, die Jugend zu lehren und in rechter Gottesfurcht zu erziehen, hatten sich ihm tief eingeprägt. Johannes Mathesius, der spätere Pfarrer der Gemeinde, bestärkte und unterstützte ihn in seiner Überzeugung. Wie er selbst gern erzählte, hatte er von Jugend an die Musik geliebt und die meiste Zeit damit zugebracht. 1524 veröffentlichte er eine zunächst anonym, dann aber unter seinem Namen herausgebrachte Flugschrift: „Ein Mandat Jesu Christi an alle getreuen Christen, indem er aufgebeut allen, ... daß sie das verlorene Schloß, den Glauben an sein Wort, dem Teufel wiederum abgewinnen sollen." 1557 nahm er Abschied von seinem Amt. Von da an widmete er sich ganz dem Dichten und Komponieren von Kirchenliedern. Er schrieb hundert Choräle, die in zwei Sammlungen erschienen: „Die Sonntagsevangelien für das ganze Jahr, in Gesänge verfaßt für Kinder und christliche Hausväter" und „Die Historie von der Sintflut, Joseph, Mose, Elia, samt etliche Historien aus den Evangelien, auch etliche Psalmen und Lieder". Zwölf Lieder fanden in die Gesangbücher Aufnahme, darunter „Lobt Gott, ihr Christen allzugleich", „Erschienen ist der herrlich Tag", „Die helle Sonn leucht jetzt herfür", „Hinunter ist der Sonne Schein" und „Ach bleib bei uns, Herr Jesu Christ, weil es nun Abend worden ist". Als Sterbelied betete er: „Wenn mein Stündlein vorhanden ist und soll hinfahrn mein Straße / so g'leit du mich, Herr Jesu Christ, mit Hilf mich nicht verlasse."

KATHARINA ZELL
* um 1497 † 5. 9. 1562

Der Prediger am Straßburger Münster, Matthäus Zell, geboren 1477 als Sohn eines Weinbauern in Kaisersberg, war wegen der reformatorischen Predigten, die er nach 1521 auf Grund der Lektüre lutherischer Schriften hielt, gebannt worden. Der Rat der Freien Reichsstadt aber schützte ihn, und 1523 konnte er seine „Christliche Verantwortung" als erste Reformationsschrift Straßburgs veröffentlichen. Butzer traute ihn im Dezember des gleichen Jahres mit der sechsundzwanzigjährigen Bürgerstochter Katharina Schütz. Unter ihrer Obhut und Pflege wurde das Münsterpfarrhaus in der Bruderhofgasse schnell zu einer christlichen Herberge für Verfolgte. Bereits im Sommer 1524 nahm sie etwa fünfzig Vertriebene aus dem vorderösterreichischen Städtchen Kenzingen mit ihrem Prediger Jakob Otter vier Wochen lang auf, bis sie heimkehren konnten. Auch als das Heer der aufständischen Bauern 1525 bei Scherrweiler geschlagen worden war und etwa 3000 Flüchtlinge, vor allem Frauen und Kinder der Erschlagenen, im von den Mönchen verlassenen Franziskanerkloster der Stadt Unterkunft gefunden hatten, wurde Katharina Zell nicht müde, die Elenden mit von ihr erbettelten Gaben zu unterstützen. 1529 beherbergte sie Zwingli auf seiner Fahrt zum Marburger Religionsgespräch. Sie war tief bekümmert, daß es dort zu keiner Einigung kam. Sie und ihr Mann wollten gern alle Gegensätze in den Auffassungen durch christliche Liebe überbrücken. Wie alle Straßburger Prediger erstrebten sie die Einheit der jungen Kirche.

Katharina, die wie eine „Diakonisse" arbeitete, schrieb auch zahlreiche Trostbriefe. Selbst die von allen Seiten bekämpften „Wiedertäufer" nahm sie auf und hat in ihrem Lebensbericht später geschrieben: „Ich habe mich vieler Leute angenommen, für sie geredet und geschrieben, ob sie Luther, Zwingli oder Schwenckfeld anhingen oder ob es Taufbrüder waren. Was sind mich ihre Namen angegangen. Wir waren nicht gezwungen, einer Meinung zu sein, wohl aber waren wir jedem schuldig, Dienst, Liebe und Barmherzigkeit zu erzeigen; so hat unser aller Meister Christus uns gelehrt."

Ihre beiden Kinder waren schon als Säuglinge gestorben. Den Mann begleitete sie auf vielen Reisen, so nach Konstanz, Nürnberg und 1538 auch nach Wittenberg zu Luther. Zehn Jahre später hat sie selbst am Grabe ihres Mannes gesprochen. Die Rede wurde gedruckt unter dem Titel: „Klagred und Ermahnung K. Z.s zum Volk bey dem Grab M. Z.s" (1548). Im Jahre 1557 schrieb sie eine „Verantwortung", in der sie noch einmal die Straßburger Reformation verteidigte.

JOHANNES CALVIN
* 10. 7. 1509 † 27. 5. 1564

Johannes Calvin (frz. Jean Cauvin), aus Noyon in der Picardie gebürtig, war der Sohn eines apostolischen Notars und Generalprokurators, der sich gegen falsche Maßnahmen seiner bischöflichen Behörde aufgelehnt hatte und 1528 in den Bann getan wurde. 1531 starb er. Johannes studierte in Paris bei berühmten Lehrern, dann Jura in Orléans und in Bourges. Überall zeichnete er sich durch Fleiß, Sittenstrenge und Frömmigkeit aus. Die Freundschaft mit einem evangelisch gesinnten Humanisten aus Rottweil am Neckar führte ihn zum Bibelstudium. Der grundlegende Wandel in seinem Glaubensleben ereignete sich 1533. Er schrieb damals in einem Sendschreiben an Kardinal Sadolet: „Wie durch einen jähen Lichtstrahl erkannte ich, in welchem Abgrund von Irrtümern, in welchem Wust ich mich befunden hatte." Aus dieser Erkenntnis heraus ging Calvin jetzt zu den Gläubigen, nahm sich auch der Verfolgten an. Verfolgungen setzten ein. Ein ihm freundschaftlich verbundener evangelischer Arzt wurde vor seinen Augen verbrannt. Er selbst mußte flüchten, hielt sich meist anonym in Angoulême, Poitiers, Orléans und anderen Orten auf. 1536 kam er nach Basel und gab dort seine berühmte „Institutio religionis Christianae", Unterweisung in der christlichen Religion, heraus, deren Haupterkenntnis war, alles müsse zur Ehre Gottes geschehen.

Calvin bezog eine positivere Stellung zum Gesetz als Luther, vielleicht weil die Freiheit des deutschen Reformators von vielen mißverstanden wurde, da er meinte: „So mögen wir denn lernen, das heilige Band von Gesetz und Evangelium unverletzt aufrechtzuerhalten, welches viele in verkehrter Weise auflösen."

Bei der Rückkehr aus Ferrara wurde er von Wilhelm Farel ungestüm in Genf aufgehalten. Er blieb von 1536 bis 1538 in der Stadt. Nach einigen Jahren stilleren Dienstes in Straßburg fand er zur endgültigen Reformationsarbeit.

Stätte seiner Wirksamkeit war Genf von 1541 bis zu seinem Tode. Er führte eine strenge Kirchenzucht ein sowie klare Ordnungen des Gemeinwesens. Er wollte einen Gottesstaat, ein Reich Christi errichten, in dem es vier Kirchenämter gab: Pastoren, Doktoren (Lehrer), Prediger und Diakone. Zwölf Älteste aus den Stadtverordneten hatten über die Sittenzucht in zwölf Stadtbezirken zu wachen. Das Konsistorium fühlte sich für alle Bereiche zuständig. Häufig wird Calvins Herrschaft in Genf als „Theokratie" bezeichnet. Beispiele für die herrschende geistliche Tyrannei sind vor allem die Hinrichtung des Antitrinitariers Servet und die Ausweisung vieler, die sich der Disziplin nicht beugen wollten. Die Schwierigkeiten bei der Durchsetzung seiner Ziele und die Auseinandersetzungen mit den Parteien in der Stadt waren 1555 überwunden. In diesem Jahr kam es zu einem Abendmahlsstreit mit den Lutheranern. Die Differenzen führten schließlich zur Entwicklung verschiedener Kirchengebilde.

AMBROSIUS BLA(U)RER
* 4. 4. 1492 † 6. 12. 1564

Ambrosius, Bruder der Margaretha und des Thomas Bla(u)rer aus Konstanz, studierte in Tübingen lateinische und griechische Literatur und erwarb dort die Magisterwürde. Schon in dieser Zeit machte er Melanchthons Bekanntschaft. Als er einmal das Kloster Alpirsbach besuchte, zog ihn die beschauliche Stille so an, daß er Mönch wurde. Auf Grund seiner Gelehrsamkeit und seines freundlichen Wesens wählten ihn die Brüder bald zum Prior. Da ihm aber ein weiteres Studium untersagt wurde, floh er aus dem Kloster. Begeisterte Briefe seines in Wittenberg studierenden Bruders hatten ihn zur Rückkehr in die Welt bewogen. So ging er in seine Vaterstadt zurück, wo die Bürgerschaft schon von der Reformation bewegt wurde, und übernahm 1522 das Predigeramt am Münster. Sein Bruder wurde zum Bürgermeister gewählt. Ambrosius gewann schnell die Herzen seiner Mitbürger. Im Winter 1522/1523 begann er auch zu dichten. Es war die Zeit seiner inneren Wandlung, als er zum evangelischen Glauben fand. Ein frühes Lied entstand: „Wie's Gott gefällt, gefällt's mir auch." In unserem Gesangbuch finden wir: „Jauchz, Erd und Himmel, juble hell, / die Wunder Gotts mit Freud erzähl ... Komm, Balsam Gottes, Heilger Geist: erfüll die Herzen allermeist / mit deiner Liebe Brennen ...", ferner: „Wach auf, wach auf, 's ist hohe Zeit, / Christ, sei mit deiner Hilf nicht weit".

In Memmingen, gemeinsam mit Butzer in Ulm und auch in Eßlingen, schließlich von Tübingen aus reformierte er das Kirchenwesen in ganz Südwürttemberg. Da seine Lehre eine Mittelstellung zwischen Luther und Zwingli einnahm, erlebte er große Widerstände gegen sich. Die Gegnerschaft bekannte sich zu einem strengen Luthertum und drängte ihn aus dem Amt. Er blieb jedoch in Konstanz. Besonders während der schweren Pestzeit 1542 half er, wo es not tat. So gab er sein ganzes Vermögen weg.

Nach der Eroberung von Konstanz durch spanische Truppen mußte auch Ambrosius Bla(u)rer 1548 in die Verbannung gehen. Sein Aufenthaltsort wurde Winterthur in der Schweiz. Jeden Ruf zu größerer Tätigkeit lehnte er ab. Mit Calvin hielt er Verbindung, lebte aber sonst nur noch seinem Predigtdienst.

14 4331

NIKOLAUS VON AMSDORF
* 3. 12. 1483 † 14. 5. 1565

Nikolaus von Amsdorf, aus Torgau gebürtig, war mütterlicherseits mit Staupitz verwandt. Ihm zuliebe, der theologischer Dekan an der Universität war, ging er 1502 nach Wittenberg. Nach drei Jahren war er selbst Dekan der Philosophischen Fakultät und 1513 Rektor. Von 1517 an stand er treu an Luthers Seite und war bald sein engster Mitarbeiter. Er begleitete ihn nach Leipzig zur Disputation mit Doktor Eck und 1521 auch auf den Reichstag nach Worms. Später wirkte er als Reformator in Magdeburg, Goslar, Einbeck und anderen Orten. An der Bibelübersetzung hat er sich auf Luthers Bitte hin beteiligt. 1524 wurde er Superintendent in Magdeburg, 1541 der erste evangelische Bischof von Naumburg, der damals zugleich auch Herr der weltlichen Obrigkeit in seinem Sprengel war. Dies führte allerdings zu Auseinandersetzungen mit den Verwaltungsbeamten des Kurfürsten. Außerdem blieb das Domkapitel streng römisch. Es wurde mit der Unterstützung der Ritterschaft geradezu ein uneinnehmbares Bollwerk. Nach dem unglücklichen Ausgang des Schmalkaldischen Krieges mußte Amsdorf aus Naumburg fliehen. Er war dann mitbeteiligt an der Gründung der Universität Jena.

Schon zu Luthers Lebzeiten war Amsdorf noch weniger als der Reformator selbst zu Kompromissen bereit. Er hat die Wittenberger Konkordie abgelehnt und bei Religionsgesprächen immer versucht, eine Einigung zu verhindern, wenn er Luthers Rechtfertigungslehre oder auch sein Abendmahlsverständnis gefährdet sah. Nach dem Tode Luthers wurde er der konsequenteste Kämpfer für die unverfälschte lutherische Lehre. In einem langen Streit mit Major stellte er sogar den Satz auf, daß die guten Werke zur Seligkeit schädlich seien. Mit Melanchthon verband ihn am Ende nur noch der Gegensatz zu Osiander. Von Magdeburg aus hat Amsdorf in scharf abgefaßten Traktaten gegen das für die Evangelischen so gefährliche Augsburger Interim gekämpft. Als Moritz von Sachsen die Stadt belagerte, um die kaiserliche Acht zu vollstrekken, wurde Amsdorf nach Eisenach gerufen, um eine große

Visitation in Thüringen einzuleiten. In der Georgenkirche in Eisenach liegt Nikolaus von Amsdorf begraben.

JOHANNES MATHESIUS
* 24. 6. 1504 † 8. 10. 1565

Johannes Mathesius wurde in Rochlitz in Sachsen als Sohn des Ratsherrn Wolfgang Matz geboren. Er besuchte die Schule in Mittweida, dann das Gymnasium in Nürnberg und war, wie Luther einst, auch Kurrendesänger. Nach seinem Studium in Ingolstadt wurde er Hauslehrer im Schloß Odelzhausen. Hier las er Luthers „Sermon von den guten Werken" und lernte, wie er selbst sagte, dadurch den Anfang des Glaubens.
1529–1530 weilte er in Wittenberg und hörte Luther, später, 1540–1542, war er oft Luthers Tischgenosse. Dazwischen war er zum Rektor der Lateinschule der Silberbergstadt St. Joachimsthal auf der böhmischen Seite des Erzgebirges berufen worden. Hier hat er schon in reformatorischem Sinne gewirkt. 1542 wurde er von Luther ordiniert, da er Prediger in Joachimsthal werden sollte. Dort blieb er auch als Pfarrer. Besonders gut verstand er sich mit dem Kantor und Lehrer Nikolaus Herman. Ihre gemeinsame Arbeit wurde davon positiv beeinflußt. Für die Bergleute schrieb er eine eigene „Bergpostille". Ihre schwere Arbeit wollte er wenigstens durch Verbindung mit ihnen und ihren Familien, durch Zuspruch und besondere „Bergpredigten" erleichtern. Von seinen etwa 1500 gedruckten Predigten haben auch seine siebzehn Lutherpredigten besondere Bedeutung gewonnen. Seine erzählten „Lutherhistorien" sind noch heute eine der Quellen für Luthers Lebensbeschreibung.
In allen Anfechtungen klammerte er sich an das Losungswort: „Befiehl dem Herrn dein Sach / schweig, leid, bet, wart und tu gemach / bewahr Glauben und Gwissen fein / Gott will dein Schutz und Vater sein."

WOLFGANG ZU ANHALT
*** 1. 8. 1492 † 23. 3. 1566**

Die Reformation fand in Anhalt schnell Anhänger. Bereits im Mai 1522 hielt Luther in Zerbst mehrere Predigten. Wahrscheinlich ist, daß schon seit 1524 in diesem Gebiet Kirchenvisitationen üblich waren. In Dessau wurde Nikolaus Hausmann erster evangelischer Hofprediger.
Wolfgang zu Anhalt, aus dem Geschlecht der Askanier, hatte einige besonders fromme Verwandte. Seine Tante Scholastika lebte in Gernrode als Äbtissin, sein Vetter Wilhelm ging in der Kutte der Bettelmönche durch die Gassen von Magdeburg, sein Onkel Adolf war Bischof von Meißen. Wolfgang selbst wurde durch Luthers Auftreten in Worms 1521 für die Reformation gewonnen. Er war einer der fünf deutschen Fürsten, die gemeinsam mit vierzehn Reichsstädten auf dem Reichstag zu Speyer erklärten, daß es in Sachen, die Gottes Ehre und der Menschen Heil und Seligkeit betreffen, keine Mehrheitsbeschlüsse geben könne, weil ein jeder allein vor Gott Rechenschaft geben müsse, und die im folgenden Jahr das Augsburger Bekenntnis unterzeichneten.
Von 1525 an hat Wolfgang durch einen Schüler Luthers, Johann Lukow, in seinem Gebiet die Kirche reformieren lassen. Nach dem unglücklichen Ausgang der Schlacht von Mühlberg wurde über Wolfgang die Reichsacht verhängt. Er verließ Bernburg und lebte als Müllerbursche verkleidet lange in einer Mühle. Erst 1552 konnte er zurückkehren.

BARTOLOMÉ LAS CASAS
*** 1474 † 31. 7. 1566**

Im Oktober 1492 war Christoph Kolumbus auf der Insel Guanahani gelandet. Schon um 1500 begannen die Spanier, große Gebiete des neuentdeckten Landes, später Amerika benannt, an Unternehmer auszuteilen, die nach der Landnahme auch die Menschen kauften, die das Land bearbeiten sollten. Unmenschlichkeit, Gewalt und Unrecht nahmen damit ihren Anfang. Ungeheuerlich, daß damals sogar Kirchenfürsten und Lehrer der Kirche die Ansicht verteidigten, die Indios könnten wie Tiere behandelt werden, da sie des Glaubens nicht fähig wären.

Im Jahre 1502 kam der junge Rechtsgelehrte Fray Bartolomé de Las Casas, der Sohn eines Kaufherrn aus Sevilla, mit seinem Vater nach Westindien. Er behandelte die Indios auf dem Land seines Vaters menschenwürdig und ließ keine Gewalttat zu. Die Eingeborenen schenkten ihm daher ihr ganzes Vertrauen. Ab 1514, nachdem er sich zwei Jahre vorher zum Priester hatte weihen lassen, widmete er sein Leben völlig den mißhandelten Indianern, ihrem Schutz und ihrer Christianisierung. Während der Vorbereitung auf eine Pfingstpredigt hatte er im 34. Kapitel des Sirachbuches gelesen, daß der ein Bluthund sei, ein Mörder, der dem Armen seinen Lohn nicht gibt, der ihn um sein Brot bringt. Seine Bemühungen konzentrierte er nun ganz auf die Befreiung der Indios von den Konquistadoren, wie sich die spanischen Eroberer nannten. 1523 trat er in den Dominikanerorden auf Santo Domingo ein. Trotz heftigen Widerstandes erhielt Las Casas in Madrid Vollmachten zum Schutz der Eingeborenen und überwachte mit aller Strenge die Einhaltung der Gesetze. Er schreckte, zumal nachdem er Bischof von Chiapa geworden war, nicht davor zurück, grausamen Kolonisten die Absolution und die Spendung der Sakramente zu verweigern. Diese haßten ihn und verleumdeten ihn wiederholt in Madrid. Im Alter von fünfundsiebzig Jahren kehrte er nach Spanien zurück und lebte bei den Dominikanern in Valladolid.

Als die Indios in einer wichtigen Verwaltungsangelegenheit ihn um Rat und Beistand anriefen, vergaß Las Casas Alter und Schwäche und verwendete sich in Madrid für sie. Dort ist er im Alter von zweiundneunzig Jahren gestorben.

PIETRO CARNESECCHI
* 1508 † 3. 10. 1567

Pietro Carnesecchi aus Florenz wurde, nachdem sein Jugendfreund Julius de Medici als Clemens VII. den Päpstlichen Stuhl bestiegen hatte, zum Protonotar (ersten Sekretär) in die päpstliche Kanzlei berufen. Bald war er wegen seiner Bildung und aufrechten Gesinnung, auch um seiner Bescheidenheit willen von vielen geachtet. Die Kardinalswürde lehnte er ab, verließ auch die Kanzlei, als der Papst starb. Er ging nach Neapel und kam dort in Berührung mit den reformatorischen Ideen des Kreises um Juan de Valdes, Giulia Gonzaga und Bernardine Occhino. Seit dieser Zeit wichen seine Auffassungen von der Rechtfertigung des Sünders und vom Sakrament des Abendmahls von der herrschenden katholischen Lehre ab. Im Sommer 1541 zerstreute die Inquisition den Freundeskreis in Neapel. Carnesecchi flüchtete nach Padua und später nach Frankreich. Überall gelang es ihm schnell, Kontakte zu den Evangelischen zu knüpfen. Schließlich spürte man auch ihn auf und forderte ihn vor das Glaubensgericht. Auf seine glänzende Verteidigung hin mußte er freigesprochen werden. Einer zweiten Vorladung 1557 nicht folgend, wurde er mit dem Bann belegt, später aber, da die Prozeßakten verbrannt waren, aus dem Bann wieder entlassen.

Im Jahr 1566 forderte Papst Pius V. die Wiederaufnahme des Verfahrens. Der Verklagte begab sich für einige Zeit unter den Schutz des Grafen Cosimo in Florenz, erwog die Flucht nach Genf, wurde jedoch unerwartet schnell verhaftet, nach Rom gebracht und vom Ketzergericht unter vierunddreißig Anklagen (die Akten sind erhalten) verhört, gefoltert und schließlich lebendig verbrannt. Man hatte ihm vorher, seiner Würden entkleidet, den „Sambenito“ angezogen, das mit Flammen und Teufeln bemalte Ketzerkleid.

ARGULA VON GRUMBACH
* um 1492 † 30. 11. 1554 oder 1568

Als Tochter des Bernhardin von Stauf war Argula Hofdame der bayrischen Herzogin Kunigunde. Nach dem Tode ihrer Eltern heiratete sie 1516 den fränkischen Ritter Friedrich von Grumbach, der herzoglicher Güterverwalter in Dietfurt war. So kam sie aus dem Hofleben Münchens in die ländliche Stille des Altmühltales. Spalatin vermittelte ihr den Zugang zu den deutschen Schriften Luthers. Ihres Glaubens gewiß, schrieb sie einmal: „Käme es dahin, ... daß Martin Luther widerruft, so soll es mir nicht zu schaffen machen. Ich baue nicht auf sein, mein oder irgendeines Menschen Wort, sondern auf den Felsen Christus, den die Bauleute verworfen haben, der aber zum Eckstein geworden ist ..."

Als der junge Magister Arsacius Seehofer in Ingolstadt zum Widerruf seiner theologischen Anschauungen gezwungen und im Kloster Ettal festgehalten wurde, trat die erstaunlich belesene Kämpferin mit mehreren Sendschreiben hervor. Die Ingolstädter Professoren klagte sie an, gewalttätig gegen Gottes Willen zu handeln. Weder Papst, Kaiser noch Fürsten könnten über das Wort Gottes gebieten. Eine Abschrift dieses Briefes schickte sie auch an den Herzog Wilhelm von Bayern und fügte hinzu, daß Gott die Seelen seiner Untertanen aus seinen Händen fordern werde.

Friedrich von Grumbach verlor daraufhin sein Amt. Nach seinem Tod mußte seine Gattin zunächst allein für ihre vier Kinder sorgen. Im Juni 1530 besuchte sie Luther auf der Veste Coburg und saß mit ihm zu Tische. Ihre zweite Ehe mit einem Grafen von Schlick war nur kurz, auch zwei Söhne starben.

Nach einer Überlieferung soll Argula in Zeilitzheim bei Schweinfurt schon 1554 verstorben sein. Vielleicht ist sie identisch mit der „alten Staufferin", die man 1563 verhaftete, weil sie „unverständige Leute vom Gottesdienst abgehalten und in ihre Winkelschule gezogen" haben soll. Eine andere Überlieferung besagt, sie sei um 1568 in Köfering gestorben.

ALBRECHT VON BRANDENBURG-ANSBACH
* 17. 5. 1490 † 20. 3. 1568

Albrecht Markgraf von Brandenburg-Ansbach stand seit 1521 in Verbindung mit Luther, suchte ihn auch 1523 persönlich auf. Seine Hinneigung zur Reformation war zunächst politisch begründet. Unter dem Einfluß Andreas Osianders erfolgte in Nürnberg auch eine innere Wandlung. Seine Politik wurde von Dietrich von Schönberg bestimmt. Dieser war es auch, der den Plan hatte, aus dem Ordensstaat ein weltliches Herzogtum zu machen. Im April 1525 legte er die Hochmeisterwürde ab und wurde als weltlicher Herzog polnischer Lehnsträger. Unmittelbar darauf bekannte er sich aus innerem Antrieb zum evangelischen Glauben und rief die Prediger Brießmann, Gramann und Speratus ins Land, die bald mit den der Erneuerung zugeneigten Bischöfen von Königsberg und Marienwerder Hand in Hand arbeiteten. Als Herzog des Gebietes entfaltete er eine weitgehende Fürsorge für die junge evangelische Kirche, vor allem für ihre wirtschaftliche Absicherung. Er schrieb darüber hinaus religiöse Lieder, Gebete und erbauliche Betrachtungen.

Die reichen Grundherren hatten den Kaiser überzeugt, über den Herzog die Acht zu verhängen. Albrecht ließ sich jedoch in seinem Reformwillen nicht beirren. Er holte tüchtige Männer für Kirche, Schule und Staat herbei, gründete vor allem auch 1544 die Universität Königsberg. Er fühlte sich als Mitbekenner des Augsburger Bekenntnisses. Sein Name fehlt nur darum unter dem Schriftstück, weil er als Geächteter nicht vor Kaiser und Reich erscheinen durfte.

Als 1547 seine Frau Dorothea nach einundzwanzigjähriger Ehe starb, hat ihn der Glaube getröstet, was er mit dem uns vertrauten Lied ausdrückte: „Was mein Gott will, das gescheh allzeit, sein Will, der ist der beste; zu helfen dem er ist bereit, der an ihm glaubet feste. Er hilft aus Not, der fromme Gott, er tröst' die Welt ohn Maßen. Wer Gott vertraut, fest auf ihn baut, den wird er nicht verlassen."

In den dreißiger Jahren neigte er den Schwenckfeldianern zu, in den fünfziger Jahren unterstützte er Andreas Osiander. Beide Male machte er sich viele Feinde.

JOHANN WALTER
* um 1496 † 25. 4. 1570

Johann Walter, in Großpürschütz bei Kahla in Thüringen, unweit von Jena, geboren, wurde, da seine Eltern mit einer größeren Kinderschar in bescheidenen Verhältnissen lebten, von einem Verwandten aufgezogen, der ihn in die Lateinschule nach Rochlitz schickte und schon in einem Chor mitsingen ließ. Im Jahre 1517 nahm man ihn nach einer Ausbildung auf der Leuchtenburg, auf Empfehlung des aus Kahla stammenden Kapellmeisters Konrad Rupsch, als Sänger in die Kurfürstliche Kapelle Dresdens auf, der er bis 1525 angehörte. 1526 übernahm er das Kantorat an der Lateinschule in Torgau. Zwei Jahre zuvor hatte ihn Martin Luther zur Herausgabe des „wittenbergisch deutsch geistlich Gesangbüchlein" herangezogen. Luther steuerte dazu vierundzwanzig Lieder und die Vorrede bei. Fünfunddreißig Weisen stammten von Johann Walter. Dies war das erste Kantoreibuch der evangelischen Kirche. Es entsprach Luthers Vorstellung, „daß einer eine schlichte Weise hersingt, neben welcher drei, vier oder fünf andere Stimmen auch gesungen werden und den Tenor gleich als mit Jauchzen ringsherum spielen und springen . . ., gleich wie einen himmlischen Tanzreigen . . .". Berühmt geworden ist Walters Bericht über die mit Luther gemeinsam vorbereitete „Deutsche Messe".

Nach Auflösung der Dresdner Hofkapelle ging Johann Walter nach Torgau. Der Schulchor, den er dort leitete, wurde zum Kern einer großen, immer größere Anerkennung findenden Kantorei, in der Theologen, Handwerker und Kaufleute mitsangen. Zum Tode Luthers schrieb er ein Epitaphium und setzte ihm so ein musikalisches Denkmal. Unter Walters Schülern ragen besonders Michael Praetorius und Heinrich Schütz hervor.

Der Ausgang des Schmalkaldischen Krieges erschwerte die Weiterarbeit in Torgau so, daß Walter einem Ruf nach Dresden folgte. Dort sollte er eine fürstliche Hofkantorei aufbauen. Nach sechs Jahren aber kehrte er nach Torgau zurück und lebte dort ab 1554 noch sechzehn Jahre im Ruhestand.

AONIO PALEARIO
* um 1500 † 3. 7. 1570

Der Italiener Aonio Paleario aus Veroli (Campania), Lehrer der Literatur und Philosophie, verband als Humanist reformatorische Gedanken mit ethisch-politischen und antiklerikalen Forderungen.

1543 erschien in Venedig ein kleines Büchlein: „Die hochnützliche Schrift von der Wohltat Jesu Christi, des gekreuzigten, gegen die Christen". Im Laufe von sechs Jahren wurden vierzigtausend Exemplare an verschiedenen Orten gedruckt, schnell verbreitete sich das Buch in ganz Italien und wurde auch in anderen Ländern gelesen. Die Inquisitoren verbrannten die Schrift, wo sie ihrer habhaft werden konnten.

In Siena hatte sich Paleario als Lehrer beworben und wurde abgelehnt. Nachdem er aber 1542 einen ersten Prozeß wegen Ketzerei überstanden hatte, berief man ihn 1546 zum Professor nach Locca.

In einer nach 1542 erschienenen Rechtfertigungsschrift beklagte er, daß es Leute gäbe, die es nicht leiden wollten, daß der Stifter unseres Heils, Christus, in vollem Maß gepriesen würde. Als er nämlich dargelegt hätte, welche Güter die Christenheit durch Jesu Tod empfangen habe, sei ihm dies vom Ankläger zum Vorwurf gemacht worden. Er habe nur darauf hingewiesen, daß wir, um Christi Opfer willen an Gottes Gnade nicht mehr zweifelnd, voll Frieden getröstet sein könnten, wenn wir uns von ganzem Herzen dem gekreuzigten Herrn zuwendeten.

1555 erhielt Paleario eine neue Professur für griechische und lateinische Literatur in Mailand. Eine gedruckte „Rede vom

Frieden" brachte ihn erneut vor den Richterstuhl der Inquisition. 1567 stand er zum dritten Mal vor diesem Gericht. Die Anklagen lauteten nun unter anderem, er lehre die Rechtfertigung aus dem Glauben, leugne das Fegefeuer und verachte das Mönchswesen und wolle auch die Bestattung von Klerikern und Fürstern in Kirchen abschaffen. Nach dreijähriger Kerkerhaft in Rom wurde er gehängt und verbrannt.

JOHANNES BRENZ
* 24. 6. 1499 † 11. 9. 1570

In der schwäbischen kleinen Reichsstadt Weil als Sohn des Schultheißen geboren, wurde Johannes mit elf Jahren nach Vaihingen zum Unterricht gebracht. Dreizehnjährig bezog er bereits die Universität Heidelberg, erwarb 1517 die Magisterwürde und studierte Theologie. Nach einer Disputation, die Luther 1518 an der Universität hielt, suchten ihn auch Brenz und seine Freunde in seiner Wohnung auf. Bald darauf begann er, nach Erhalt eines Lehrauftrags, selbst reformatorische Vorlesungen zu halten. Die erste war eine Auslegung des Matthäus-Evangeliums. 1520 wurde er Kanonikus an der Heiliggeistkirche. Da er stark angefeindet wurde, folgte er dem Ruf in die Freie Reichsstadt Schwäbisch Hall. Schritt für Schritt gewann er die Gemeinde für sich, so daß die ihn bekämpfenden Klosterleute die Stadt verlassen mußten. Nun wurden die Klöster in Schulen umgewandelt und die Klostereinkünfte für die Lehrer verwendet.

Seiner Natur entsprechend ging Brenz mit maßvoller Besonnenheit an weiteres Reformieren. Als nächstes folgte die Neuordnung des Gottesdienstes. Der Chor sang noch weiterhin lateinisch, während die Gemeinde an deutsche Gesänge gewöhnt wurde. Die Sakramente des Altars und der Taufe, auch die Gebete sollten deutsch vollzogen und gesprochen werden. Statt der täglichen Frühmesse gab es nun Predigtgottesdienste, in denen Evangelien und Episteln ausgelegt wurden.

Während des Bauernkrieges gelang es Brenz, die Stadt vor

Angriffen zu bewahren. Nach seiner Niederschlagung mahnte er zu größerer Milde gegenüber den besiegten Bauern. So war auch seine Haltung den Täufern gegenüber nachsichtig. Im Abendmahlsstreit stand Brenz ganz auf Luthers Seite und verhalf seiner Auffassung so im nördlichen Schwaben und in Franken zum entscheidenden Einfluß. Daneben war er ständig auch schriftstellerisch tätig. Schon 1527 hatte er „Fragstücke des christlichen Glaubens“ für die Jugend in Hall herausgegeben, die sich durch Einfachheit und große Klarheit auszeichneten. In der Zeit des Reichstags zu Augsburg schrieb er die von Luther besonders geschätzten Kommentare zu Hiob und zum Johannes-Evangelium. Mit Schnepff, Bla(u)rer und Butzer stand er in enger Verbindung, beteiligte sich auch an den Religionsgesprächen in Marburg, Hagenau und Worms. Nach Einführung des Interims floh er nach Basel, doch die Sorge um seine zurückgelassenen Kinder führte ihn zurück. Knapp entging er der Gefangennahme. Zwei Wochen verbarg er sich auf einem Dachboden. Nach Ablauf dieser Ereignisse wurde er Propst an der Stuttgarter Stiftskirche, in der er auf seine Bitte hin beigesetzt wurde.

PETRUS HERBERT
* 1530/1535 † 1. 10. 1571

Petrus Herbert stammte aus Fulnek in Mähren, vermutlich aus der dort schon lange bestehenden Gemeinde der Brüderunität. Er studierte Theologie in Königsberg und ab 1557 in Wittenberg. Heimgekehrt, wurde er Prediger und Mitältester. Seit 1560 war er der Verbindungsmann zwischen Unität und den anderen Kirchen. So reiste er zu Bullinger und Calvin. Dort erläuterte er den Bekenntnisstand der Brüderunität. Er erreichte eine schriftliche Erklärung Calvins, daß er den Brüdern in Mähren im Glauben herzlich verbunden sei, ihre Sakramentsauffassung teile und nur den Text, den sie sehr an Luther angelehnt hatten, nicht voll anerkennen könne. Der Genfer Reformator erteilte ihnen den Rat, sich mit den Brüder-

gemeinen in Polen und den dortigen Calvinisten, die unter Johann Laski andere Wege gegangen waren, zu vereinigen.
1561 übersetzte Herbert die Brüderische Konfession ins Deutsche. Dies erleichterte das zwischenkirchliche Gespräch. Im gleichen Jahr stand Herbert einer Gesandtschaft vor, die dem Herzog Christoph von Württemberg für die Ermöglichung des Theologiestudiums für Mitglieder der Bruderunität an Universitäten des Landes zu danken gekommen war.
Herbert selbst war in diesem Jahr auch in Jungbunzlau ordiniert und Prediger der deutschen Brüdergemeine Landskron geworden. Unter seiner Mitarbeit entstand das Gesangbuch der Brüderkirche, das in deutscher Sprache 1566 von einer Gesandtschaft, der auch er angehörte, dem Kaiser Maximilian überreicht wurde. Sie erhielten die Zusage, daß der Kaiser sie um ihres Glaubens willen weder verfolgen noch ausweisen wolle. Die Synode zu Prerau wählte Petrus Herbert 1567 als Konsenior in den „Engeren Rat". 1569 wurde er Prediger in Fulnek. Er starb während einer Reise in Eibenschütz bei Brünn. Im Brüdergesangbuch, das 343 Lieder umfaßt, gilt Petrus Herbert als Autor von 93 Liedern. Vier von ihnen gehören heute noch zum Stamm des Evangelischen Kirchengesangbuchs.

GASPARD DE COLIGNY
* um 1519 † 23./24. 8. 1572

Die Stammburg der Familie Coligny befand sich am Fuße des Jura, auf altburgundischem Gebiet. Gaspard Seigneur de Chatillon wurde nach dem frühen Tod des Vaters am Hof in Paris erzogen und, da er sich als fähiger Heerführer erwiesen hatte, schon mit dreiunddreißig Jahren zum Admiral von Frankreich ernannt. In der Picardie erlag er der Übermacht der Spanier, nach dem Fall von St.-Quentin geriet er für einige Jahre in Gefangenschaft. Im Kerker brachte ihn das Studium der Bibel und von Werken Calvins dem Evangelium nahe. Ab 1559, heimgekehrt, nahmen er und seine Familie heimlich an evangelischen Gottesdiensten teil. Zu dieser Zeit wuchs der Haß gegen die Hugenotten beständig, und dem calvinistischen Adel drohten immer größere Gefahren.

Coligny wollte zugleich gläubiger Christ und treuer Sohn seines Vaterlandes sein. In der Versammlung der Generalstände im Dezember 1560 erhob er seine Stimme für die Reformation und wurde damit zum Sprecher der Hugenotten. Er fand Gehör, die Verfolgungen wurden eingestellt. Doch das auf Veranlassung des Herzogs von Guise in Vassy an den Hugenotten begangene Blutbad im März 1563 machte der friedlichen Entwicklung wieder ein Ende und gab das Signal zu den schrecklichen Religionskriegen, die das Land etwa dreißig Jahre lang heimsuchten. Fremde Hilfstruppen kämpften auf beiden Seiten. Die Grausamkeiten und das Elend weckten nicht nur die Sehnsucht nach friedlichem Leben, sondern auch den Haß gegen die Kämpfenden. Davon waren wieder besonders die Hugenotten betroffen. Der Friede von St.-Germain gab im August 1570 den Hugenotten das Recht, ihrem Glauben zu leben und in bestimmten Städten öffentliche Gottesdienste zu halten. Dies war vor allem Coligny zu danken. Einer seiner Schwiegersöhne war an dem Plan beteiligt, die Vermählung der Schwester des Königs, Margareta, mit einem Führer der Hugenotten, Heinrich von Navarra, zu erreichen. Der Heiratsvertrag wurde ausgefertigt, der Admiral glaubte am Ziel zu sein.

Da nahte die Katastrophe. Die Königinmutter Katharina de Medici hatte mit zunehmendem Mißtrauen den wachsenden Einfluß des Admirals auf ihren Sohn beobachtet. Nun war der Zeitpunkt des Handelns gekommen. Die zur Hochzeitsfeier Geladenen wurden in ihren Herbergen überfallen. Die Augustnacht nannte man später die „Bartholomäusnacht", als „Bluthochzeit" ist das Geschehen in die Geschichte eingegangen. Gaspard de Coligny war schon zuvor einem Mordanschlag erlegen. Den sich anschließenden Verfolgungen fielen fünfundzwanzigtausend Hugenotten, davon zweitausend allein in Paris, zum Opfer.

JOHN KNOX
• 1505 † 24. 11. 1572

Im Unterschied zur englisch-anglikanischen Kirche entwickelte die schottische einen spezifisch calvinistischen Charakter. Dies war im wesentlichen das Werk eines Schülers von Calvin, John Knox.

Er wurde in Giffordgate nahe Haddington geboren, studierte in Glasgow von 1522 an Theologie und Jura, wurde 1540 Notar in seiner Heimat Haddington und 1544 Hauslehrer in verschiedenen Familien, die reformatorisch gesonnen und deshalb Beschützer des verfolgten George Wishardt waren, eines Schülers von Bullinger. Er, der 1546 den Märtyrertod starb, bewog John Knox, aus dem katholischen Priesterstand auszuscheiden. Das Evangelium verteidigte er nun allerdings in stark gesetzlicher Form. Nach der Erhebung gegen den Kardinal Beaton mit der Besetzung des Schlosses St. Andrew wurde Knox von den aufständischen Evangelischen zum Prediger berufen. So geriet er zusammen mit ihnen nach der Eroberung der Stadt in französische Gefangenschaft und mußte für neunzehn Monate auf die Galeeren. Nach seiner Entlassung begab er sich nach England, wurde Prediger in Newcastle, Berwich und London. Nach der Thronbesteigung der „blutigen Maria" floh er wie viele andere nach Genf. Hier pflegte er vertrauten Umgang mit Calvin. Besonders das Alte Testament wurde in Zukunft für ihn bestimmend, er selbst trat immer mehr wie ein Prophet auf. Er verband seine herbe schottische Natur mit calvinistischer Sittenstrenge, so daß hier in Genf die etwa ab 1564 in England „puritanisch", in Schottland „presbyterianisch" genannte Eigenart dieser Frömmigkeit vorgebildet wurde. Vorübergehend weilte Knox in Edinburgh als „Botschafter Gottes" und forderte radikal die Abschaffung des Götzendienstes. Wieder in Genf, richtete er den „ersten Trompetenstoß wider das monströse Weiberregiment", bewies das Recht und die Pflicht des Volkes zum Widerstand gegen eine gottwidrige Obrigkeit aus der Heiligen Schrift. Ab Mai 1559 lebte Knox, wenn auch geächtet, wieder in Schottland und predigte trotzdem scharf gegen die

Messe, die Bilderverehrung und Mißbräuche aller Zeremonien.
1560 errichtete das Parlament die reformierte schottische Staatskirche.

RENATA VON FERRARA
* 25. 10. 1510 † 12. 7. 1575

Renata von Ferrara, Tochter Ludwigs XII. von Frankreich, erzogen von der hochgebildeten und frommen Frau von Soubise, die sie auch nach ihrer Vermählung mit dem Erbprinzen Ercole d'Este nach Italien begleitete, machte den Hof von Ferrara zu einem Mittelpunkt geistigen Lebens. Doch nicht nur Wissenschaftler und Dichter lebten in der Umgebung der Herzogin Renata. Sie nahm sich besonders flüchtiger Protestanten an, zumal der Hugenotten aus ihrer Heimat. Im Sommer 1536 beherbergte sie sogar Calvin und ließ sich von ihm reformatorische Gedanken erläutern.
Sie wurde Mutter von fünf Kindern. Trotz mannigfaltiger Pflichten nahm sie sich weiterhin der Glaubensflüchtlinge an, für die sie selbst große Ausgaben nicht scheute. Ihre Tätigkeit erregte den Unwillen des Herzogs so, daß er sie 1540 nach Consandolo verbannte. Als zu dieser Zeit Papst Paul III. Ferrara besuchte, holte er sie zurück. Renata erfuhr von dem obersten Kirchenfürsten eine gerechte Beurteilung. Er fertigte ihr einen besonderen Schutzbrief (ein „Breve") aus. Ignatius von Loyola und der Franzose Oriy, den man „die Geißel der Hugenotten" nannte, erreichten, daß Renata von der Inquisition zu lebenslänglicher Haft verurteilt wurde. Doch das „Breve" des Papstes rettete sie.
1559 starb der Herzog; der Sohn Alfonso bedrängte die Mutter so sehr, daß sie sich ein Jahr später auf ihr Schloß Montargis in der Gascogne zurückzog. Dieses Schloß blieb bis zu ihrem Tod eine Herberge der Barmherzigkeit für alle Glaubensflüchtlinge. Ihre Angehörigen selbst hatten sich von ihr getrennt. Nach ihrem Hinscheiden richtete man ihr keine kö-

nigliche Trauerfeier aus. Die letzte Ruhe fand sie in der Schloßkapelle von Montargis.

ADAM REUSNER
* 1496 † um 1575

Adam Reusner stammte aus Mindelheim im bayrischen Schwaben, der Heimat des Landsknechtsführers Georg von Frundsberg. In Ingolstadt hatte Reusner beim Humanisten Reuchlin alte Sprachen studiert. Mit Frundsbergs Unterstützung und wohl als Mentor seines Sohnes Melchior ging er 1523 nach Wittenberg und erlernte dort Griechisch und Hebräisch. Hier wurde er vom reformatorischen Geist geprägt. Ab 1526 arbeitete er als Frundsbergs Geheimschreiber und begleitete ihn und die Landsknechte nach Italien. Hier erlebte er den großen Sieg von Pavia über König Franz von Frankreich mit, aber auch 1527 den Aufruhr der Landsknechte gegen Jörg von Frundsberg bei Bologna. Nach der Erstürmung und Plünderung Roms zog sich Reusner zurück und ging nach Straßburg, wo er Kaspar Schwenckfeld und seine Täuferbewegung kennenlernte. Schon vor 1536 Schreiber Schwenckfelds, gab er nach dessen Tod seine Werke heraus. Von 1532 bis 1548 war er als Stadtschreiber in seiner Heimat Mindelheim tätig, wurde aber 1548 auf Veranlassung katholischer Pfarrer zunächst verhaftet und dann aus der Stadt vertrieben. Einige Zeit lebte Reusner in Lauingen und Augsburg. Schließlich konnte er nach Mindelheim zurückkehren und lebte hier bis zu seinem Tode. Er betrieb hauptsächlich Sprachstudien, schrieb auch historische und mystische Werke. Daneben schuf er etwa sechzig bekannt gewordene Lieder, von denen sechs in die damals bedeutendsten Gesangbücher aufgenommen wurden, so in das „Neue Gesangbüchle" von Johannes Zwick in Straßburg. Sein Hauptlied hat auch Luther in das Babst'sche Gesangbuch eingefügt:
„In dich hab ich gehoffet, Herr / hilf, daß ich nicht zuschanden werd: noch ewiglich zu Spotte. / Das bitt ich dich: Erhalte

mich / in deiner Treu, mein Gotte ... sei mir ein Burg, darin ich frei / und ritterlich mög streiten / ..."

KONRAD HUBERT
* 1507 † 13. 4. 1577

Der Sohn eines Handwerkers aus Bergzabern in der Pfalz, Konrad Hubert, ging in Heidelberg zur Schule und studierte dann ab 1526 in Basel. Hier wurde Ökolampad sein theologischer Lehrer, der ihn für die Reformation gewann. Auf dessen Empfehlung ging er nach dem Studium für achtzehn Jahre nach Straßburg als Martin Butzers Helfer und Gefährte. Ab 1545 war er an St. Thomas Kanonikus. Er wirkte hier als Prediger und Seelsorger, half Butzer aber auch bei der Niederschrift und Drucklegung seiner theologischen Schriften und bei der Bewältigung des umfangreichen Briefwechsels. Butzer hat seinen Mitarbeiter sehr geschätzt, das ist vor allem auch aus dem Umstand ersichtlich, daß er ihm die Vormundschaft über seine Kinder anvertraute. An Ambrosius Bla(u)rer schrieb Butzer während der Pestzeit, daß sein Konrad Hubert ihn mit unermüdlicher Treue und über seine Kräfte hinaus unterstütze: ... „was sage ich ‚mich' – die ganze hiesige Kirche unterstützt der treffliche Mensch. Dasselbe gilt von seiner Frau, die an meinen drei mir noch verbliebenen Kindern Mutterstelle vertritt."
Als Butzer 1549 nach dem Interim nach England fliehen mußte, gewann in der Stadt die unversöhnliche lutherische Richtung die Oberhand, die schon Butzer bekämpft hatte. Nun mußte auch Hubert wegen der gleichen Haltung viel leiden, verlor sein Amt und wurde schließlich völlig aus dem geistlichen Dienst gedrängt. Man verweigerte dem friedlichen Theologen sogar die Abendmahlsgemeinschaft. Daher war Hubert von 1563 an nur noch Freiprediger, durfte hin und wieder Abendpredigten halten und gelegentlich Vertretungen übernehmen. Er hielt am Altstraßburger Bekenntnis fest und war bemüht, weitere Werke Butzers zu veröffentlichen, was ihm aber nur mit einer kleinen Schrift in Basel gelang.

Ungezählte Christen beten und singen bis heute Huberts Lied, das er im Jahr 1540 als fliegendes Blatt in Straßburg herausbrachte: „Betlied zu Christo, unserm einigen Heiland, um Verzeihung der Sünden und Mehrung des Glaubens und wahrer Liebe“, das beginnt: „Allein zu dir, Herr Jesu Christ / mein Hoffnung steht auf Erden . . .“

WILHELM VON ORANIEN
*** 24. 4. 1533 † 10. 7. 1584**

Wilhelm Graf von Nassau-Oranien bekannte sich zum evangelischen Glauben. Als Page und Günstling Karls V. wurde er, nachdem er das Erbe des Fürstentums Oranien an der unteren Rhône und der Besitzungen in den Niederlanden angetreten hatte, elfjährig nach dem Willen des Kaisers römisch erzogen. Mit seiner späteren zweiten Ehe wurde er ein Schwiegersohn des Kurfürsten Moritz von Sachsen.
Als Statthalter von drei Provinzen setzte er sich vor allem auch für die Freiheit der Niederlande ein. Doch unter dem fanatischen Philipp von Spanien nahmen Terror und Todesurteile in Ketzerprozessen sehr zu. Schließlich zog Herzog Alba mit seinen Truppen gegen die Aufständischen. Von 1567 bis 1573 dauerte sein Schreckensregiment. Bereits vor seinem Eintreffen ergriffen viele Calvinisten die Flucht. Unter ihnen befand sich auch Wilhelm von Oranien, der ein Vorkämpfer der um ihre staatliche und religiöse Freiheit ringenden Niederländer wurde. So bemühte sich Wilhelm von Oranien, in Deutschland eine Befreiungsarmee aufzustellen. 1568 wurde er geächtet. Auf der heimatlichen Dillenburg trat Wilhelm offen zum evangelischen, das heißt calvinistischen Bekenntnis über.
Nach jahrelangem Kampf konnte er 1572 zwar siegreich in Roermund einziehen, doch bis zum „Wunder“ von Leiden (durch eine Sturmflut konnten die Geusen die belagerte Stadt befreien) dauerten die Auseinandersetzungen noch an. Zusammen mit der Ächtung waren 25 000 Goldstücke auf seinen

Kopf ausgesetzt worden. Ein von Philipp II. gedungener Mörder verdiente sich diesen Preis noch im Jahr 1584. Des Oraniers letzte Worte waren: „... mein Gott, erbarme dich meiner Seele, erbarme dich dieses armen Volkes."
1567 war sein Sohn Moritz geboren worden. Er übernahm später die Statthalterschaft und die Führung im Freiheitskrieg. 1579 wurde die „Ewige Union von Utrecht" geschlossen. Die sieben nördlichen Provinzen erreichten die Unabhängigkeit von Spanien. Der Calvinismus war aber in diesen Provinzen erst gerettet, nachdem der „Westfälische Frieden" 1648 ihren Status als unabhängige Republik bestätigte.

KASPAR OLEVIANUS
* 10. 8. 1536 † 15. 3. 1587

Der aus Trier gebürtige Kaspar Olevianus, dessen Vater Bäkker, Zunftmeister und Ratsmitglied war, promovierte nach dem Jurastudium in Paris und Bourges und ging danach in die Schweiz, wo er Bullinger, Beza und Martyr begegnete und sich in Genf von Calvin im Evangelium unterweisen ließ. 1559 nach Trier zurückgekehrt, widmete er sich bald ganz der Reformation. Im Jahre 1560 folgte er einem Ruf nach Heidelberg, wo er auch Professor für Dogmatik wurde.
Als Pfarrer an der Heiliggeistkirche und Kirchenrat hat Olevianus ab 1562 gemeinsam mit dem aus Breslau stammenden Zacharias Ursinus an der Einführung, weithin auch an der Formulierung des Heidelberger Katechismus von 1563 gearbeitet. Olevianus war auch für eine strenge Kirchenzucht, stieß dabei bei den lebensfrohen Pfälzern aber auf hartnäckigen Widerstand. Er blieb jedoch ein Eiferer um Gottes Ehre und Majestät, dem die Leugnung der göttlichen Dreieinigkeit sogar als ein todeswürdiges Verbrechen erschien.
In seinen letzten Lebensjahren, ab 1584, wirkte Olevianus als Pfarrer in Herborn und verhalf in den Grafschaften der Wetterau dem Calvinismus zum Durchbruch. Olevianus war im wesentlichen von Calvin beeinflußt, während Ursinus, un-

ter dem Einfluß von Melanchthon gebildet, zum theologischen Systematiker wurde. Beide ergänzten sich vortrefflich und blieben immer befreundet. Vereint verbanden sie „melanchthonische Klarheit, zwinglische Einfachheit, calvinistisches Feuer" mit „lutherischer Innigkeit". Trotz des reformierten Charakters ihrer Lehre vermieden sie eine Polemik gegen die lutherische Abendmahlslehre. Dagegen bekämpften sie die katholische Kirche und Lehre scharf.
Wegen seines schlichten, erbaulichen Tons hat der Heidelberger Katechismus schnelle und weite Verbreitung gefunden. In der ersten Frage wird der Inhalt als Trost zusammengefaßt, „daß ich ... Jesu Christi eigen bin". In Anlehnung an den Gedankengang des Römerbriefes zerfällt er in drei Teile: „Von des Menschen Elend", „Von des Menschen Erlösung" und „Von der Dankbarkeit".

GEORG ISRAEL
*** um 1509 † 15. 6. 1588**

In Ungarisch-Brod in Mähren am Fuß der Weißen Karpaten gehörten der Schmied Israel und sein Sohn Georg zur Brüderkirche. In Geduld und Sanftmut wollten sie sich von rechter Feindesliebe leiten lassen. Nach langen Vorbereitungen wurde es dem Sohn wegen seiner hohen Geistesgaben erlaubt, die Brüderschule in Boleslav zu besuchen. Im Anschluß an seine Ausbildung blieb er einige Jahre hindurch Gehilfe des Leiters der Brüderkirche, Augusta. Zweimal waren beide bei Luther in Wittenberg. Dann wurde Israel in der Gemeinde Turnau am Fuß des Isergebirges eingesetzt. Nach dem unglücklichen Ausgang des Schmalkaldischen Krieges lag er sieben Wochen im Kerker in Prag, dann konnte er fliehen. Er wirkte als Reiseprediger für die kleinen Flüchtlingsgemeinden der Mährischen Brüder in Polen, schließlich wurde er Senior der Brüderkirche. Es war sein Verdienst, daß seit dem polnischen Reichstag von 1555 den Evangelischen die ungehinderte Predigttätigkeit gewährt wurde. 1558 wurde Georg Israel in Polen Unitätsrichter.

Später war er für die ganze Brüderunität zuständig. Im Jahre 1570, zehn Jahre nach dem Tode des Johann Laski, vereinigten sich nach unermüdlichen Bemühungen Israels auf der Generalsynode von Dandomir die drei evangelischen Kirchen in Polen zu einem Kirchenbund.

Nach Erkämpfung der Glaubensfreiheit wandte sich Georg Israel der weiteren Gestaltung des christlichen Lebens zu, der Verwirklichung des Evangeliums. Überall wollte er die Gewissen schärfen.

Georg Israel blieb unverheiratet. Einen seiner Schüler, Theophil Turnovius, nahm er an Sohnes Statt an und ordinierte ihn mit Zustimmung der Ältesten zum Senior.

Im Jahre 1579 nach Mähren zurückgekehrt, starb er in Leipnik, ehe die Gegenreformation die Brüderkirche zerschlug.

V

VON THEODOR BEZA BIS CLAUDE BROUSSON

17. Jahrhundert

1605 Theodor Beza
1606 Martin Moller
1606 Leonhard Lechner
1608 Philipp Nicolai
1608 Martin Schalling
1621 Johann Arnd(t)
1624 Jakob Böhme
1627 Matthäus Ulicky
1629 Georg Balthasar
1630 Johannes Kepler
1632 Josua Stegmann
1632 Gustav Adolf
1637 Johann Gerhard
1642 Johann Matthäus Meyfart
1647 Johann Heermann
1648 Matthäus Apelles von Löwenstern
1649 Martin Rinckart
1654 Johann Valentin Andreä
1658 Oliver Cromwell
1660 Vincentius a Paulo
1662 Blaise Pascal
1669 Rembrandt Harmensz van Rijn
1670 Johann Amos Comenius
1672 Heinrich Schütz
1673 Michael Schirmer
1676 Paul Gerhardt
1680 Joachim Neander
1681 Georg Neumark
1688 John Bunyan
1690 John Eliot
1691 George Fox
1691 Richard Baxter
1698 Claude Brousson

THEODOR BEZA
* 24. 6. 1509 † 13. 10. 1605

Die Familie de Bèze war im burgundischen Vézelay heimisch. Bei einem Onkel in Paris verlebte der junge Théodore de Bèze (auch Theodor Beza genannt) einige Jahre. Beeinflußt wurde er dann von dem aus Rottweil stammenden feinsinnigen Humanisten, der dem Evangelium schon aufgeschlossen war, Melchior Volmar. Nach dessen Fortgang studierte Beza in Orléans und in Paris Jura, hielt sich aber auch für einen nicht unbedeutenden Poeten. Seine „Juvenalia“ sind zum Teil recht freizügig. Eine schwere Erkrankung und schwere Erlebnisse führten ihn zum evangelischen Glauben. Er gab alles auf und flüchtete 1548 nach Genf. Später wurde er Lehrer des Griechischen in Lausanne und griff von dort literarisch in den Kampf gegen Servet ein. Er unterstützte Calvins Haltung. Daneben schrieb er auch ein geistliches Drama „Abraham“. Calvin berief ihn 1559 nach Genf an die neue Akademie. Beza hatte sich in seinem Denken den Lutheranern genähert und versuchte immer wieder Frieden zu halten. Als er einen lutherischen Angriff abwehren wollte, meinte er, es müsse jeden reuen, daß „durch unser Gezänk der Fortgang des Evangeliums gehindert wird. Bis hierher und nicht weiter mit dem Wettstreit unsres Hasses, der ein Sold unserer Sünde ist. Laßt uns einen Wettstreit in der Liebe beginnen!“

Großen Anteil nahm Beza am Religionsgespräch in Poissy im Herbst 1561 und auch in St.-Germain Anfang 1562. Als Wortführer der Hugenotten betete er vor dem Beginn seiner Ausführungen kniend mit den reformierten Predigern vor König und Kardinälen. Mit den gleichen Gebetworten bekennt die reformierte Kirche noch heute vor Beginn eines Gottesdienstes die „offene Schuld“. Da die genannten Religionsgespräche nicht zu der erhofften Duldung führten, betonte Beza nach der Bartholomäusnacht in einer Abhandlung das Recht zum Widerstand gegen die Tyrannei. Er gilt daher als erster Verfechter des Widerstandsrechtes in der modernen Geschichte.

Nach Calvins Tod übernahm Beza die Leitung der Genfer

Kirche. Ursprünglich sollte er Moderator nur für ein Jahr sein, wurde jedoch bis 1580 immer wieder gewählt. Oft hat er zwischen den Predigern und dem Rat vermittelt und die Unabhängigkeit des geistlichen Amts verteidigt. Nicht selten wurde er vom Rat zu Problemen der Außenpolitik befragt.

MARTIN MOLLER
* 9. 11. 1547 † 2. 3. 1606

Martin Moller, Sohn eines Maurers aus dem nahe bei Wittenberg gelegenen Kropstädt, konnte erst mit elf Jahren den Schulbesuch beginnen. Bald danach wurde er für sechs Jahre auf die Lateinschule in Wittenberg geschickt. Zwei Jahre besuchte er das Gymnasium in Görlitz und wurde dann Kantor in Löwenberg. 1572 hat man ihn ohne Theologiestudium in Wittenberg zum Geistlichen ordiniert; er wirkte etwa fünfundzwanzig Jahre als Pastor in Kesselsdorf, Löwenberg und Sprottau.
Moller wurde berühmt durch seine Erbauungsbücher: „Praxis evangeliorum“ und „Meditationes sacrorum patrium“, daneben erschienen Deutsch: „Heilsame und nützliche Betrachtungen, wie ein Mensch christlich leben und seliglich sterben soll“ und „Schöne, andächtige Gebete, tröstliche Sprüche, gottselige Gedanken, treue Bußvermahnungen, herzliche Danksagungen und allerlei nützliche Übungen des Glaubens aus den heiligen Altvätern“. Hier findet sich das Lied: „Heilger Geist, du Tröster mein / hoch vom Himmel uns erschein / mit dem Licht der Gnaden dein“ und „Erbarm dich deiner bösen Knecht / wir bitten Gnad und nicht das Recht“. Vom Mai 1600 an war Martin Moller Oberpfarrer an St. Petri in Görlitz.
Er, der aller Polemik abgeneigt war, stand in Görlitz unter dem Einfluß der Melanchthonnachfolger. Von Salomo Geßner wurde er deshalb auch als Kryptocalvinist bekämpft.
Immer blieb er bemüht, die evangelischen Heilswahrheiten in einfacher Sprache zu verkündigen. Mit seinen besonders von Augustin und Bernhard beeinflußten Werken hat er die lutherische Erbauungsliteratur und die Predigt beeinflußt.

LEONHARD LECHNER
* um 1553 † 9. 9. 1606

Leonhard Lechner stammte aus dem Etschtal. Er war Schüler von Orlando di Lasso in München, wirkte zunächst um 1575 als Schulgehilfe an St. Lorenz in Nürnberg, dann am Hof der Hohenzollern in Hechingen. Nach sieben Jahren berief man ihn zum Hofkapellmeister nach Stuttgart und vertraute ihm die gesamte Musikpflege der Freien Reichsstadt an. Er leitete eine „ehrbare musikalische Gesellschaft", der auch viele Patrizier angehörten, die ihm dann die Drucklegung seiner Werke ermöglichten. Das waren vor allem deutsche Lieder mit geistlichen und weltlichen Texten zu drei, vier und fünf Stimmen, Messen, Motetten und Madrigale, auch ein Magnifikat.
In Nürnberg hatte er die junge Witwe eines Stadtpfeifers geheiratet.
In Stuttgart leitete er auch die Kantorei an der Stiftskirche. Diese Ämter übte er mehr als zwanzig Jahre aus, dabei blieb er immer überzeugter Protestant, auch als er am katholischen Hof weilte. Für seinen evangelischen Glauben legte er mit seiner Tonkunst Zeugnis ab. Die Musik, die er schrieb, zeigte eine große Bildhaftigkeit. 1929 entdeckte man ein Werk, das unter dem Titel „Deutsche Sprüche von Leben und Tod" herausgegeben wurde. Es ist der Grabgesang, den er sich selbst geschrieben hatte. „Sein Gnad und Güten wird uns behüten / trösten, entbinden von allen Sünden. Sein Hand wird retten aus allen Nöten / wir leben, sterben, doch nit verderben. Nach diesem Leiden er ewig Freuden uns schenkt unfehlig. Dann sind wir selig."

PHILIPP NICOLAI
* 10. 8. 1556 † 26. 10. 1608

Philipp Nicolai, in Mengeringshausen (Waldeck) unter dem Vatersnamen Rafflenboel geboren, nahm später den Vornamen seines Großvaters als Familiennamen an. Er war Pfar-

rerssohn, besuchte die Schule in Kassel, Hildesheim, Dortmund und Mühlhausen, wo er von Helmbold beeinflußt wurde. Er studierte dann in Erfurt und Wittenberg Theologie und wurde überzeugter Lutheraner. In seiner ersten Pfarre in Herdecke an der Ruhr, aus der sein Vater schon dreißig Jahre zuvor vertrieben worden war, hatte er deswegen große Schwierigkeiten zu überwinden. Vor spanischen Truppen mußte er fliehen und war dann mehrere Jahre in Wildungen tätig, zugleich auch als Erzieher. Vierzigjährig kam er nach Unna, wo während der Pestzeit (1597) 1300 Gemeindeglieder starben. Unter ihnen auch der zweite Pfarrer der kleinen Stadt. So war der unerschrockene Nicolai der einzige Begleiter der Pestkarren. Seinem Bruder schrieb er, er wohne fast auf dem Kirchhof, wo täglich bis zu dreißig Tote der Erde übergeben würden. Sein „Räucherwerk gegen die Pest" seien ständige Gebete. „Christo lebe ich, Christo sterbe ich; lebe ich oder sterbe ich, so bin ich Christi, dessen Gnade mich beschatte."
Während dieser Zeit der Heimsuchungen entstand sein „Freudenspiegel des ewigen Lebens" mit den bis heute oft gesungenen Liedern: „Wie schön leuchtet der Morgenstern" und „Wachet auf, ruft uns die Stimme". Noch zwei weitere Lieder finden sich in dem genannten Trostbuch, mit dem er den Gläubigen die Hoffnung auf die Herrlichkeit des ewigen Lebens erhalten wollte. Man hat Nicolai um seiner Lieder willen als „einen zweiten Chrysostomus" bezeichnet, auch als eine „Säule der lutherischen Kirche" und einen „Freund des Friedens". Seine Werke gab 1617 ein Freund in sechs Bänden heraus.
Die letzten acht Jahre wirkte Nicolai als Hauptpastor an St. Katharinen in Hamburg. Kurz vor seinem Tode verfaßte er noch die Trostschrift „Schau des ewigen Lebens".
Sein Lieblingswort, „Selig sind die Toten, die in dem Herrn sterben", war der Text seiner Grabrede.

MARTIN SCHALLING
* 27. 2. 1532 † 29. 12. 1608

Martin Schalling, ein Predigersohn aus Straßburg, studierte in Wittenberg und ging, Magister geworden, als Diakon nach Regensburg und wurde dort 1555 von Justus Jonas ordiniert. Da er als Schüler Melanchthons zwischen Luther und den Calvinisten vermitteln wollte, kam er in Schwierigkeiten und ging in die Oberpfalz nach Amberg. Dann wurde er Pfarrer in Vilseck, später war er, wieder in Amberg, Hofprediger und Generalsuperintendent der Oberpfalz.
In Waldsassen im Fichtelgebirge wurde eine Osterpredigt von ihm aufgefunden, in der das 1569 entstandene Lied als Gebet nach dem 18. und 73. Psalm enthalten ist: „Herzlich lieb hab' ich dich, o Herr / Ich bitt', wollst sein von mir nicht fern / mit deiner Güt und Gnaden ..." Johann Sebastian Bach hat mit der letzten Strophe dieses 1571 namenlos erschienenen Chorals seine Johannespassion beschlossen.
Trotz seines erklärten Friedenswillens geriet er immer wieder in Streitigkeiten, bis er 1580 als Gegner der Konkordienformel seines Amtes als Superintendent in Amberg enthoben und einige Monate gefangengesetzt wurde. Von 1565 bis 1605 wirkte er an der Frauenkirche in Nürnberg, bis ihn völlige Erblindung zur Aufgabe seines geliebten Amtes nötigte. Er blieb in Nürnberg hoch geachtet, „der Wahrheit Freund, der Lüge Feind".

JOHANN ARND(T)
* 27. 12. 1555 † 11. 5. 1621

Johann Arnd(t), Sohn eines Geistlichen aus Eideritz, wollte zunächst Medizin studieren. Nach einer schweren Krankheit entschloß er sich zum Theologiestudium. Er studierte ab 1576 in Helmstedt, ab 1577 in Wittenberg, ging dann nach Straßburg und Basel. Dort wäre er beinahe im Rhein ertrunken. Für zwei Jahre trat er in ein Schulamt ein und wurde dann 1583 Pfarrer in Badeborn bei Anhalt, wo er sieben Jahre lang wirkte, indem er Niedergebeugte tröstete, Entzweite versöhnte und den Verirrten das Licht des Evangeliums predigte.

Als Johann Georg von Anhalt zum reformierten Bekenntnis übertrat, vermochte Arnd(t) viele Neuerungen mit seinem Gewissen nicht zu vereinbaren. Es erschien seine Schrift über den rechten Gebrauch der Bilder und des Kreuzes, in der es heißt: „Besser wäre es, den Leuten Buße zu predigen, denn Altäre einzureißen, besser, Christen liebhaben, denn über hohe Dinge zu disputieren. Gott wird dich an jenem Tag nicht fragen, wie gelehrt, sondern wie fromm du gewesen bist."

Seines Amtes enthoben, ging er 1590 für sieben noch schwere Jahre nach Quedlinburg, 1599 nach Braunschweig.

1605 erschien das erste Buch „Vom wahren Christentum", das er aus Wochenpredigten zusammengestellt hatte. Hier findet sich der Satz: „Jedermann möchte Christi Diener sein, aber nachfolgen will ihm niemand."

1608 wurde er nach Eisleben berufen. Hier fand er Anerkennung, so daß man ihn ungern scheiden sah, als er 1611 den Ruf nach Celle zum Hofprediger und Generalsuperintendenten annahm. Weitere fünf Bücher „Vom wahren Christentum" und das „Paradiesgärtlein" mit Gebeten, und zwar „Tugendgebetlein", erschienen. Arnd(t) war der Überzeugung, daß die Rechtfertigung aus Glauben das Streben nach Heiligung nicht hindern dürfe. Sein Hauptwerk, das zum ersten und größten Erbauungs- und Andachtsbuch der lutherischen Kirche wurde, das auch Anhänger anderer Konfessionen gern lesen, brachte in kurzen Artikeln Auslegungen der Bibel, Vermahnung und Anleitung zum christlichen Leben.

Arnd(t) war von der vorreformatorischen Mystik beeinflußt. Mit dem Gedanken einer persönlichen, verinnerlichten Frömmigkeit arbeitete er dem Pietismus vor.

JAKOB BÖHME
* 1575 † 17. 11. 1624

Jakob Böhme, ein Bauernsohn aus Alt-Seidenberg bei Görlitz, lebte ab 1599 als Schuhmachermeister, später auch als Händler, in Görlitz. Ohne besondere Schulbildung war er ein Denker außergewöhnlicher Art, ein protestantischer Mystiker, Philosoph und Visionär. Er kannte die mittelalterlichen Mystiker, Paracelsus, die Spiritualisten und ihre Kritik an der Kirche und der orthodoxen Lehre, war aber ein selbständiger und schöpferischer „Sinnierer". Ihn bewegte wieder und wieder das Naturproblem: Aus dem „Urgrund", dem „Nichts" Gottes, kommt für ihn in einer Stufenentwicklung die Natur, in der sich Gott zweifach offenbart, einmal durch den „feurigen Liebeswillen" und zum anderen im dunklen „Zornwillen". Dieser Dualismus schafft und ermöglicht alles Leben.
In einer Vision hatte der Schuhmacher während seiner Wanderschaft die „göttlichen Lichtkräfte" geschaut, doch auch die Frage nach dem Bösen hatte ihn „wie ein wildes Tier" überfallen. Der Weltwiderspruch könne nur im „Herzen Gottes" aufgelöst sein – so seine „Görlitzer Vision" von 1600.
Es trieb Jakob Böhme, seine Gedanken und Erkenntnisse aufzuschreiben. 1612 erschien das handschriftlich verbreitete und in der Kirche Widerspruch auslösende Werk: „Morgenröte im Aufgang" (Aurora). Hatte er erhofft, daß nun der kirchliche Streit beendet und die Reformation vollendet werden könnte, so wurde er jetzt zum Schweigen genötigt. Erst nach sechs Jahren war es ihm wieder möglich zu veröffentlichen. Achtundzwanzig Schriften sind erhalten, unter anderem: „Von der wahren Buße", „Von der Gelassenheit", das „Gespräch vom übersinnlichen Leben" (gesammelt unter dem Titel „Wege zu Christo"). Am Dresdner Hof fand Böhme Aufnahme und Freunde, die ihn auch vor wieder einsetzenden Anfeindungen schützten. Böhme blieb ein tiefgläubiger Bibelchrist und, wie er meinte, auch Lutheraner. „Glauben ist ein Nehmen aus dem Wesen Gottes ..., nicht ein Gedanke oder eine Zulassung der Geschichte, daß Christus für unsere Sünden gestorben ist, sondern er ist ein Nehmen der verheißenen Gnade Christi ..."

Sooft Gott uns in Angst oder Trübsal geraten lasse, so wolle er allemal die „Geburt eines neuen Zweigleins aus dem Glaubensbaume“.
Jakob Böhme starb in Görlitz. Erst auf Drängen des Stadtrates wurde ihm ein kirchliches Begräbnis gewährt.

MATTHÄUS ULICKY
† 11. 9. 1627

Trotz innerer und äußerer Kämpfe konnte sich die Brüderkirche behaupten und ihre Anhängerschaft vergrößern. Seit Beginn des 16. Jahrhunderts war die Unität eng mit großen Teilen des Adels verbunden. 1547 hatten während der Verfolgungen ganze Gemeinden das Land verlassen. Später konnte sich die Kirche wieder festigen. 1621 vernichtete der Ausgang der Schlacht am Weißen Berge die Unität und alles evangelische Leben in Böhmen. Die Gegenreformation führte den Kampf systematisch.
Matthäus Ulicky war ein evangelischer Diakon in Czaslau in Böhmen, wo er auch das Altarsakrament in beiderlei Gestalt spendete. Angezeigt, mußte er fliehen, war in Mähren, Österreich und Ungarn, kehrte dann aber zurück, um den Verfolgten wieder heimlich zu dienen. 1627 wurde er gefangengenommen, als er von einem Besuch bei seiner kranken Frau in sein Versteck nach Kirchleb zurück wollte. Er wurde mehrfach gefoltert, da man von ihm die Namen seiner Glaubensbrüder wissen wollte, doch er gab niemanden preis. Ein Abgefallener mahnte ihn, seine Schuld zu bekennen und sein Gewissen zu erleichtern. Ulicky soll darauf erwidert haben, daß er besser für sein Gewissen gesorgt habe. Der Untreue sei darauf, wird berichtet, rätselhaft erkrankt und bald gestorben. Auf die Anklage, er habe statt der Hostie Brot verwendet und den Kommunikanten den Kelch in die Hand gegeben, konnte Ulicky nur auf Jesus als sein Vorbild verweisen. Zum Tode verurteilt, durfte ihn auf dem Weg zur Richtstatt niemand begleiten. Auch am Fenster durfte sich niemand zeigen, ohne für sein

eigenes Leben zu fürchten. Er sang den 70. Psalm, doch starker Trommelwirbel sollte dies übertönen. Einige aber hatten die Worte verstanden: „Gott, eile zu mir, denn du bist mein Heil und mein Erretter ..." Zuerst wurde dem evangelischen Märtyrer die rechte Hand abgeschlagen, mit der er den Kelch gereicht hatte, danach wurde er enthauptet.

GEORG BALTHASAR
† 14. 8. 1629

Während der Hussitenkriege war vielen Frommen in Böhmen sowohl die katholische als auch die hussitische Kirche fragwürdig geworden. 1558 zogen sich einige von ihnen in die ostböhmischen Wälder zurück. Die Schrift wurde ihre einzige Autorität. Die Trennung von den anderen Kirchen, die sich in ihrem Namen ausdrückte (Unität), brachte ihnen harte Verfolgungen von allen Seiten ein. Georg Balthasar war einer der böhmischen Märtyrer.

Der Rat von Schlan aus Zlonic hatte zweiundzwanzig Bauern als Ketzer ins Gefängnis gebracht. Unterwegs hatten sie Auferstehungslieder gesungen. Sie waren angeklagt, sich gegenseitig das Abendmahl gereicht zu haben, ohne daß ein Geistlicher es ihnen vermittelte. Ihr Vorsteher sollte der Bauer Balthasar gewesen sein, daher wurde er gesondert verklagt. Drei Tage lang diktierte er nun einem Schreiber seine Verteidigungsrede, in der er ausführte, wie Gott ihm selbst in seiner Herzensangst einen Auftrag für seinen ungelernten und ungewollten Predigtdienst gegeben habe. Nun möge man doch Gottes Gnade nicht verachten, damit seine Züchtigung an seinen Klägern vorübergehe. Mönche sollten daraufhin den Angeklagten von seinem Unrecht überzeugen, doch der Bauer zeigte eine sehr große Bibelkenntnis und ließ sich nicht überreden.

Seine überlieferten letzten Worte waren: „Ihr sollt wissen, daß ich zum Sterben bereit bin, weil ich durch meinen Tod Christus verherrlichen werde ..., seine von den Wölfen zerstreute

Herde wird der gute Hirte sammeln und heimführen in die ewigen Wohnungen, darin die Heiligen Gottes sind." Georg Balthasar wurde enthauptet.

JOHANNES KEPLER
* 27. 12. 1571 † 15. 11. 1630

Keplers Geburtsort war Weilderstadt, wo sein Großvater das Bürgermeisteramt innehatte. Sein Vater war sehr unstet. Es zog ihn in viele Kriege: in die Niederlande unter Herzog Alba, nach Belgien und Österreich; schließlich blieb er im Türkenkrieg verschollen.

Der Sohn besuchte die Klosterschulen in Adelberg und Maulbronn. 1589 ging er in das Tübinger Stift und studierte Theologie. Er wäre Pfarrer geworden, hätte er nicht die Konkordienformel unterschreiben müssen. Er blieb als Lutheraner stets so tolerant, daß er sich nicht in konfessionelle Kämpfe einspannen ließ.

Kepler hatte eine hervorragende mathematische Begabung. Schon an der Universität wurde er mit den umwälzenden Gedanken des Copernicus vertraut. 1595 erbaten die Landstände der Steiermark von der Theologischen Fakultät in Tübingen einen Mathematikprofessor für die evangelische Stiftsschule in Graz. Der Magister Kepler wurde vorgeschlagen und berufen. Hier entstand sein Frühwerk „Weltgeheimnis" mit den Schlußworten: „Großer Künstler der Welt, was bewog dich, ein kleines Erdengeschöpf so hoch zu heben, daß es im Glanz dasteht . . ., denn er denkt deine Gedanken dir nach."

Als seine Lebensaufgabe sah es Johannes Kepler an, den Menschen die Werke Gottes zu verkündigen. Die Astronomen nannte er „Priester des großen Gottes für das Buch der Natur". Während der Gegenreformation wurde er 1600 aus Graz vertrieben, da er nicht bereit war, katholisch zu werden. „Ich treibe kein Spiel mit dem Glauben; daher ist es mir auch ernst mit seiner Ausübung und mit dem Empfang des Sakraments." Aber auch die Heimkehr in die schwäbische Heimat wurde ihm verwehrt, weil er in die Verdammung der Calvinisten nicht einstimmte. Seine Zufluchtsstätte wurde nun Prag, wohin ihn der dänische Astronom Tycho Brahe gerufen hatte. 1601 wurde er, nach Tychos Tod, kaiserlicher Hofmathematiker. Da die Familie die reichen Besitztümer seiner Frau in der Steiermark nach der Ausweisung verloren hatte und ihm in Prag der größte Teil seines Gehalts vorenthalten wurde, mußte Kepler mit den Seinen hungern und immer wieder vergeblich um sein Recht streiten.

1612 nahm er eine Stellung in Linz an. Dort mußte er zwei Jahre für seine siebzigjährige Mutter kämpfen, die man in einen Hexenprozeß verwickelt hatte. 1628 folgte er einem Ruf Wallensteins nach Sagan, nachdem er vorher zwei Jahre in Ulm den Druck seiner „Rudolfinischen Tafeln“ überwacht hatte.

Während die gelehrte Welt die drei nach ihm benannten „Keplerschen Gesetze“ über die Bewegung der Himmelskörper bewunderte, blieb sein Leben bis zu seinem Ende voller Not. Von Sagan über Leipzig reisend, erkrankte er. Er erreichte Regensburg, doch nicht mehr, wie er vorhatte, um bei den Fürsten und Reichsständen seine Ansprüche geltend zu machen, sondern nur, um dort zu sterben. Das so lange entbehrte Sakrament mit Brot und Wein hatte man ihm zuvor noch gereicht.

JOSUA STEGMANN
* 1588 † 3. 8. 1632

Josua Stegmann aus Sülzfeld bei Meiningen, Pfarrerssohn, studierte in Leipzig Theologie und wurde 1617 von seinem Professor Johann Gerhard für das Gymnasium in Stadthagen empfohlen. 1611 schon war er Magister und Adjunkt der Philosophischen Fakultät in Leipzig geworden. Er wurde Superintendent von Schaumburg und D. theol. zu Wittenberg sowie Professor in Stadthagen. Ab 1621 wirkte er in Rinteln, wohin das Gymnasium, in eine Universität umgewandelt, verlegt worden war.

Stegmann, zur Jahrhundertfeier der Reformation in Leipzig nochmals mit der Doktorwürde ausgezeichnet, baute in Rinteln eine theologische Fakultät auf. Während der einsetzenden Kriegswirren ging das nicht ohne Schwierigkeiten ab. Als 1629 infolge des Restitutionsediktes die Benediktiner nach Rinteln zurückkehren durften und ihren Besitz, der in Universitätsgüter verwandelt war, zurückerhielten, ließen sie von Soldaten den Professoren sogar die schon erhaltenen Besoldungen abnehmen. Es begannen schwere Zeiten auch für Stegmann. Die Mönche erdachten für ihn außerdem eine besondere Demütigung. Er wurde gewaltsam zu einer Disputation gefordert, die nur seiner Verhöhnung dienen sollte. Mehrmals versuchte er, das Wort zu ergreifen, wurde aber stets durch Lärmen und Johlen niedergeschrien. Der stille und bescheidene Gelehrte wurde innerlich dadurch so verwundet und gestört, daß seine Kraft brach und er schon bald nach dieser Scheindisputation am hitzigen Fieber starb, nur vierundvierzig Jahre alt. Bekannt ist heute noch sein Lied: „Ach bleib mit deiner Gnade / bei uns, Herr Jesu Christ . . .“

GUSTAV ADOLF
* 9. 12. 1594 † 6. 11. 1632

Der schwedische König Gustav II. Adolf stand als überzeugter Christ auf der Seite der Lutheraner. Gewiß waren für sein Eingreifen in den Dreißigjährigen Krieg auch politische Gründe maßgeblich, da Kaiser Ferdinand seinen Schwager Sigismund, der seit 1587 König von Polen war, auf den schwedischen Thron bringen wollte. Sigismund (Katholik) mußte 1593 geloben, das lutherische Bekenntnis Schwedens nicht anzutasten, doch verlor er 1604 den Anspruch auf den Thron. Unter Karl IX. festigte sich das Luthertum.

Wallenstein stand nahe Stralsund, und es drohte größte Gefahr. Da entschloß sich Gustav II. Adolf zum Übersetzen. Er hätte es sicher auch im eigenen Lande leichter gehabt, wäre er wieder katholisch geworden. Doch die Verantwortung vor

Gott und seinem Gewissen verbot ihm den Übertritt. Am Strand von Usedom betete er, weil er sich dessen gewiß war: „Je mehr Betens, desto mehr Sieg."
Da die Kurfürsten von Brandenburg und Sachsen eine eigene Entscheidung hinauszögerten, wurde er bald auf seinem Vormarsch aufgehalten, Magdeburg 1631 von der kaiserlichen Armee unter Tilly eingenommen und zerstört.
Vor der Schlacht bei Breitenfeld schloß Gustav Adolf den Kriegsrat mit den Worten: „Wir kämpfen nicht um zeitliche Güter, sondern zugleich für Gott und sein Wort." Der Sieg in dieser Schlacht öffnete ihm den Weg nach Süddeutschland. Er besetzte die fränkischen Bistümer Mainz, Augsburg und München mit dem Ziel einer tiefgreifenden politischen Umgestaltung der umkämpften Gebiete.
Vor Lützen, als man ihm die stählerne Rüstung anlegen wollte, lehnte er sie mit den Worten ab: „Gott ist mein Harnisch; meine Stunde ist im Himmel geschrieben." Trotz seines Todes bei Lützen hatte Gustav II. Adolf, der „Löwe aus Mitternacht", den Evangelischen die Glaubensfreiheit erkämpft, doch das politische Übergewicht der Protestanten sollte bald ein Ende haben.

JOHANN GERHARD
* 17. 10. 1583 † 17. 8. 1637

Johann Gerhard aus Quedlinburg studierte in Wittenberg Theologie und Medizin, dann in Jena, vorübergehend auch in Marburg, endgültig Theologie. Danach wurde er in Hildburghausen Superintendent und Generalsuperintendent in Coburg. 1616 übernahm er eine theologische Professur in Jena, die er trotz mehrfacher Berufungen (sogar einmal nach Uppsala) bis zu seinem Tode nicht aufgab.
Er wurde einer der hervorragendsten Vertreter der lutherischen Orthodoxie, war aber auch von der Mystik und Erbauungsliteratur Johann Arnd(t)s beeinflußt. Er selbst schrieb ein wichtiges Werk der Erbauungsliteratur, die „Heiligen Meditationen"

von 1606. Seine polemische Schrift gegen die römische Kirche nannte er „Confessio catholica“, sie entstand von 1634 bis 1637. Eigentlich aber war er immer ein Mann des Friedens. Johann Gerhards neunbändige Dogmatik, die „Loci theologici“, erschien ab 1610. Sie wurde zum Hauptwerk der lutherischen Orthodoxie. Als alleinige Quelle christlichen Denkens galt ihm die Bibel. Seine Lehre blieb stets mit der persönlichen, sehr innerlichen Frömmigkeit, die ihn auszeichnete, verbunden. Die „Heiligen Betrachtungen“ erinnern an Thomas von Kempen, Tauler und Suso. In ihnen findet sich der für Gerhard bezeichnende Satz: „... mit dem Freunde pflege die Liebe, mit dem Feind Geduld, mit allen das Wohlwollen, und Wohltun übe, an wem du nur kannst.“ Vielen entbehrte sein Auftreten des kämpferischen Schwungs, so daß sogar seine Rechtgläubigkeit in Zweifel gezogen wurde. Er hielt sich jedoch an das unerschütterliche Vertrauen auf die göttliche Führung und die völlige Ergebung in Gottes Willen.
Während der kriegerischen Auseinandersetzungen hatte er wie viele manches zu erleiden und trug wie Hiob alles mit zuversichtlicher Gelassenheit. In der schweren Zeit entfaltete er eine rege Wohltätigkeitsarbeit und half, wo er nur konnte. Noch vor der Vollendung des vierundfünfzigsten Lebensjahres starb er.

JOHANN MATTHÄUS MEYFART
* 9. 11. 1590 † 26. 1. 1642

Johann Matthäus Meyfart, ein in Waldwinkel am Fuß des Inselberges geborener Pfarrerssohn, wandte sich nach gründlicher philosophischer und philologischer Ausbildung erst 1611 der Theologie zu. 1616 wurde er an die Hohe Schule nach Coburg als Professor berufen, sieben Jahre später zu ihrem Rektor ernannt. Ab 1633 wirkte er als Professor und ab 1636 auch als **Pastor in Erfurt.**
Seine Schriften arbeiteten dem Pietismus vor. Er betonte sowohl die Christusliebe, die Erwartung der überirdischen Voll-

endung als auch die notwendige persönliche Heiligung. Die meisten Schriften behandeln dogmatische Fragen, besonders die Eschatologie. In einer Predigt handelte er „von der Freude und Herrlichkeit, welche alle Auserwählten im ewigen Leben erwarten dürfen", sprach vom Wunder und Jubel des Halljahres des Alten Bundes und schilderte dann den Zug der Vollendeten, die Jesus entgegenziehen. 1626 erschienen vier Predigten über die letzten Dinge unter dem Titel „Tuba novissima". Hier findet sich das Lied „Jerusalem, du hochgebaute Stadt", in dem Meyfart von seiner Zukunftshoffnung spricht. Gedichtet ist es nach der Lektüre von Augustins Schrift „Vom ewigen Leben". Ein zweiter Anlaß war auch die Erschütterung über den Tod seines jungen Schülers Niklas Huber nach einem Überfall Wallensteinscher Landsknechte.
Meyfarts besondere Tat war, daß er als einer der ersten und wenigen gegen die damals geübte, aus Aberglauben und teuflischer Bosheit geborene, unmenschliche und grausame Praxis der Hexenprozesse gestritten hat. Mit diesen Schriften schaffte er sich viele Feinde, die (auch gegen seine Sittenreform der Geistlichen gerichtet) ebenfalls an den Universitäten aktiv wurden. Jeder Unfrieden traf ihn jedoch tief.
In Erfurt, wo er zuletzt auch Senior des geistlichen Ministeriums war, starb er im Alter von zweiundfünfzig Jahren.

JOHANN HEERMANN
* 11. 10. 1585 † 17. 2. 1647

Johann Heermann, ein Kürschnersohn aus Raudten bei Liegnitz, wurde, erst dreiundzwanzigjährig, zum Dichter, „poeta laureatus", gekrönt. Er hatte das Gymnasium in Brieg besucht und studierte ein Jahr in Straßburg. 1611 wurde er Pfarrer in Köben. Bald suchte ihn eine schwere Krankheit heim. Trotzdem hielt er bei seiner Gemeinde auch während der schweren Kriegsnöte aus, mußte sich schließlich aber doch von einem Hilfsprediger vertreten lassen. Dann gab er das Amt auf und zog nach Lissa, wo er bis zu seinem Tode blieb.

Er hat während seines ganzen Lebens immer wieder mit der Not kämpfen müssen: Krieg, Pest, Verfolgung, Plünderung, Feuersnöte und persönliche Leiden. Seine Frau war nach sechsjähriger Ehe gestorben. Die Pest raffte 500 seiner Gemeindeglieder hinweg, sein Sohn hatte sich eine Zeitlang unter dem Einfluß von Jesuiten dem Katholizismus zugeneigt. Alles ertrug Johann Heermann mit tiefer Gläubigkeit.
In schlaflosen Nächten, in denen ihn Schmerzen plagten, schuf er Lieder, die von dieser gläubigen Zuversicht sprechen. Auf die Gestaltung wirkten die Dichter Valerius Herberger und sein Landsmann Opitz ein. Im Evangelischen Kirchengesangbuch finden wir elf Lieder von Heermann, unter ihnen: „O Gott, du frommer Gott, du Brunnquell guter Gaben", „O Jesu Christe, wahres Licht, erleuchte, die dich kennen nicht", „Herzliebster Jesu, was hast du verbrochen" und „Frühmorgens, da die Sonn aufgeht".

MATTHÄUS APELLES VON LÖWENSTERN
* 20. 4. 1594 † 11. 4. 1648

Matthäus Apelles von Löwenstern war der Sohn eines Sattlers namens Löwe aus Neustadt in Oberschlesien. Zunächst im Schuldienst tätig, übernahm er 1625 die Verwaltung des Hoheitsgebiets des Herzogs von Oels/Bernstadt. 1626 wurde er Präses der Fürstlichen Schule, 1631 Fürstlicher Kammerdiener. Ferdinand II. verlieh ihm den Titel eines Kaiserlichen Rats, und er wurde als „von Löwenstern" in den Adelsstand erhoben. Er starb als Oelsner Staatsrat in Breslau.
Matthäus Apelles von Löwenstern war auch schriftstellerisch tätig. Als Musiker, er spielte meisterlich die Orgel, war er ein Vertreter des neuaufkommenden italienischen Stils. Von seinen Kirchenliedern ist vor allem der Choral „Christe, du Beistand deiner Kreuzgemeine / eile, mit Hilf und Rettung uns erscheine" bekannt. Bedenkt man dabei die Drangsale des Dreißigjährigen Krieges, muß man die Zuversicht bewundern, die nicht aufhörte mit dem Lobpreis Gottes. Seine Verse fol-

gen antiken Versmaßen. Zu manchen Liedern schuf er auch die Weisen im gefälligen Ton des geistlichen Volksliedes. Dies wurden die sogenannten Apelleslieder.
Löwenstern lebte im biblischen Glauben und hielt zu jeder Zeit an seinem Wahlspruch fest: „Ist Gott für uns, wer mag wider uns sein?" Auch den 121. Psalm dichtete er nach: „Nun preiset alle Gottes Barmherzigkeit / Lob ihn mit Schalle, werteste Christenheit / Er läßt dich freundlich zu sich laden / Freue dich, Israel, seiner Gnaden."
Den ersehnten Frieden, das Ende des dreißig Jahre dauernden Krieges, hat der Dichter, Musiker und fromme Christ nicht mehr erlebt.

MARTIN RINCKART
* 24. 4. 1586 † 8. 12. 1649

Martin Rinckart wurde in Eilenburg geboren und ist dort auch gestorben. Zehn Jahre lang war er Thomaner in Leipzig und blieb auch später der Musik verschrieben. Er trug einen Ring mit der Inschrift „MUSICA". Im Alter setzte er statt des U ein V ein, so ergab sich die Abkürzung des Satzes: „Mein Vertrauen Steht In Christo Allein."
Er, der Musiker und Dichter, wurde 1610 Kantor in Eisleben, 1611 dort auch Diakon. 1613 erhielt er die Pfarrstelle in Erdeborn bei Mansfeld. Von 1617 ab wirkte er in seiner Vaterstadt als Archidiakon.
Zweiunddreißig Jahre predigte er hier den lutherischen Glauben und lebte ihn auch. Mit seiner Gemeinde mußte er 1633 vorübergehend nach Wittenberg flüchten. Zurückgekehrt, forderte die Pest viele Opfer. Dreimal täglich ließ er die Glocken läuten, die auf den Totenacker riefen. Er bestattete in einem Jahr 4480 Pesttote, darunter auch seine Frau. Aber er verlor weder fromme Zuversicht noch Fähigkeit zu danken. Unverzagt sorgte er auch für die Armen in seiner Gemeinde. Daneben fand er immer wieder Zeit, Musik und Dichtung zu pflegen. Wir verdanken ihm das „Tischlied nach dem Essen":

„Nun danket alle Gott mit Herzen, Mund und Händen" (im Anschluß an Jesus Sirach 50,24–26), das 1630 oder 1631 entstanden ist. Nicht nur der Text, auch die Melodie stammt von Martin Rinckart.
Rinckart war sehr um den lutherischen Glauben bemüht. Deshalb wollte er nicht nur über ihn predigen, sondern auch in weite Kreise ansprechender Form davon künden. Sieben Lutherdramen entstanden zum Gedenken an die Reformation.

JOHANN VALENTIN ANDREÄ
* 17. 8. 1586 † 27. 6. 1654

Johann Valentin Andreä stammte aus Herrenberg in Schwaben, wo sein Vater Dekan war. Der bis zum Kanzler der Universität Tübingen aufgestiegene Jakob Andreä († 1590) war sein Großvater. Der Enkel erhielt eine umfassende Bildung. Er hatte in Tübingen nicht nur Theologie studiert, sondern sich auch in der Philosophie, Mathematik, Geschichte, in sieben Sprachen, Mechanik, Malerei und Musik umgetan. Eine Studienreise führte ihn nach Genf, wo er die Kirchenzucht der reformierten Kirche bewunderte. An dem Versuch, diese Form der Kirchenzucht auch in seiner Heimat einzuführen, scheiterte er. Über die Widerstände, die er fand, alterte er früh. 1650 trat er dann verbittert von der Leitung der württembergischen Kirchenleitung zurück.
Andreä, der sich mit vielen Dingen befaßte, veröffentlichte auch viele Schriften und unternahm den Versuch, eine Bruderschaft zu gründen, die „Rosenkreutzer". Dies blieb jedoch ein Wunschtraum. Auch dichtete er ein Faustdrama: „Turbo, der irrende Ritter vom Geist", das 1616 erschien. Außerdem erstrebte er eine Bildungsreform, als Ideal erschien ihm die „christliche Volksschule". Deshalb sollte seiner Meinung nach die allgemeine Schulpflicht eingeführt werden.
Im geistlichen Amt war er 1614 zuerst Diakon in Vaihingen, 1620 Dekan in Calw, schließlich von 1639 bis 1650 Hofprediger und Konsistorialrat in Stuttgart, wo er auch verstorben

ist. Seine Bestrebungen, die Wunden des langen Krieges zu heilen, führten zur Gründung des „Färberstifts", das zum Mittelpunkt der Liebestätigkeit der „christlichen gottliebenden Gesellschaft" wurde. Die Schrift „Der christbürgerliche Staat" erschien 1614, die eine evangelische Staatsutopie darstellt. Vorübergehend hatte er das Amt des Generalsuperintendenten in Bebenhausen übernommen, später wirkte er eine Zeitlang als Abt in Adelberg.
Johann Valentin Andreäs Ideen gingen in manchen Punkten seiner Zeit voraus. Sie wirkten sich zum Beispiel im Pietismus Speners aus. Die Predigt an seinem Grab ging auf seinen Wahlspruch ein: „Herr, auf dich traue ich; laß mich nicht zuschanden werden."

OLIVER CROMWELL
* 25. 4. 1599 † 3. 9. 1658

Was Calvin im Kleinen in Genf versucht hatte, ein Gemeinwesen als Gottesstaat – als „regnum Christi" – aufzubauen, das hat Cromwell im großen Rahmen in England zu schaffen sich bemüht.
Nach juristischen Studien in Cambridge und London heiratete er einundzwanzigjährig und bewirtschaftete zwanzig Jahre hindurch als ländlicher Edelmann das verhältnismäßig kleine Familiengut. Sein Wesen war streng. Er fiel früh durch grüblerische Betrachtung religiöser Probleme auf. 1620 saß er das erste Mal im Parlament. 1640 wurde er für Cambridge ins sogenannte kurze Parlament entsandt, im Dezember desselben Jahres in das sogenannte lange Parlament.
Zu Beginn des ersten Bürgerkrieges 1642 organisierte Cromwell den Selbstschutz der östlichen Grafschaften („Eastern Association"). 1646 war dieser Kampf zwischen der königlichen Armee und dem Parlamentsheer zunächst beendet, nicht aber die Auseinandersetzungen an sich. Karl I. betrieb Verhandlungen mit Schottland, die als Hochverrat angesehen wurden. 1649 wurde der König hingerichtet.

Cromwell führte im Auftrage des Parlaments noch zwei Feldzüge gegen Irland und Schottland, 1653 wählte man ihn als „Lord Protektor" zum Regenten des Landes, 1658 wurde er mit diktatorischen Vollmachten ausgestattet. Sein Ziel war, unter Englands Führung die protestantischen Staaten gegen das katholische Lager zu einigen. Cromwell, von starkem Sendungsbewußtsein erfüllt, kämpfte mit einer Art alttestamentlichem Fanatismus. Dabei waren religiöse und kommerzielle Ziele oft miteinander verbunden. Er hat nie daran gezweifelt, daß er mit dem Befehl zur Hinrichtung des Königs ein gerechtes Gottesurteil vollstreckt habe. Im neuen „Parlament der Heiligen" fehlte es nicht an Verzückungen, Offenbarungen und langen Gebetssitzungen, doch verwirklichte es auch die Trennung von Staat und Kirche.

Cromwell betrachtete sein Amt als Gottes Auftrag. Er, ein Schutzherr des Protestantismus, wollte eine puritanische Theokratie errichten. Doch je mehr er gezwungen war, die Zügel seiner Regentschaft zu straffen, um so einsamer wurde es um ihn.

Vor seinem Tode betete er: „Ich bin der armseligste Wicht, aber ich liebe Gott, vielmehr er liebt mich und hat mich mit so viel Zuversicht auf seine verzeihende Liebe erfüllt, wie meine Seele nur fassen kann ... Du hast mich als schlechtes Werkzeug gebraucht, um dir damit zu dienen ..." Er beendete das Gebet für sein Volk mit der Bitte um Einigkeit, Freiheit und Liebe.

VINCENTIUS A PAULO
* 24. 4. 1581 † 27. 9. 1660

Vincentius a Paulo, Stifter der Lazaristen und der Vinzentinerinnen und Patron aller katholischen Liebestätigkeit, der Caritas, wurde als Sohn schlichter Bauern in Pouy bei Dax in der Gascogne geboren und von Franziskanern erzogen. Er studierte dann in Toulouse Theologie. Im Jahre 1600 empfing er die Priesterweihe. Fünf Jahre später wurde er von Seeräubern

gefangen und in Tunis als Sklave verkauft, zuerst an einen Fischer, dann an einen Arzt und Chemiker, der ihn zum Islam bekehren wollte, schließlich an einen vom Christentum abgefallenen Mann, der ihn, von seiner Frömmigkeit bewegt, freiließ und selbst nach Italien brachte. So kam Vincentius über Avignon und Rom 1609 nach Paris und wurde dort Hauslehrer und Hausgeistlicher beim General der königlichen Galeeren.
Zunächst widmete er sich der Seelsorge an den Sträflingen. Als Pfarrer und Hausgeistlicher wirkte er noch an verschiedenen Orten, bis er Helfer für den Dienst gegen das Elend fand. 1617 gründete er einen ersten karitativen Frauenverein, 1620 einen Männerverein der „Diener der Armen“, 1625 in Paris den Weltpriesterverein der „Lazaristen“. Mit Hilfe der verwitweten Louise de Marillac faßte er 1634 alle weiblichen Zweige der Liebesarbeit in dem Verband „Filles de la charité“ zusammen, die sich später nach ihrem Stifter „Vinzentinerinnen“ nannten. Dies ist nicht eigentlich ein Orden, die Gelübde werden alljährlich erneuert. Die Tracht der Vinzentinerinnen ist nicht überall gleich, in Frankreich von graublauer, in Deutschland von schwarzer Farbe. Üblich aber ist die große weiße Flügelhaube.
Vincentius wurde so ein „Großmeister helfender Liebe“. Seine Tätigkeit galt vor allem der Landbevölkerung, aber auch den Galeerensträflingen und Waisenkindern. Calvinisten und Jansenisten bekämpfte er als Irrlehrer. Bis zu seinem Tod in Paris lebte er nach dem Spruch: „Nichts befriedigt mich, als Christus allein.“

BLAISE PASCAL
* 11. 6. 1623 † 19. 8. 1662

In Clermont geboren, verlebte Blaise Pascal mit seinen beiden Schwestern bis zum frühen Tod der Mutter eine glückliche Kindheit. Der Vater zog, nachdem sie nach Paris übersiedelt waren, in sein Haus einen Kreis von Gelehrten, die sich lebhaft mit Fragen des Glaubens, der Kunst und der Wissenschaft beschäftigten. Dadurch wurde auch der junge Blaise angeregt, über vieles nachzudenken. Mit sechzehn Jahren fand er in einer Abhandlung über Kegelschnitte die Formel, die als Pascalscher Satz in die Geschichte der Mathematik eingegangen ist. 1642 entwickelte Pascal eine Rechenmaschine, fünf Jahre später entdeckte er das Gesetz der kommunizierenden Röhren, das „Experiment von Rouen" genannt wird. Die Familie war 1639 dorthin umgezogen. In diesem Jahre erarbeitete er auch die Gesetze des Luftdrucks.

Eine entscheidende Wende in seinem Leben brachte das Jahr 1654. Die Familie hatte Verbindung zu Kreisen des Jansenismus geknüpft. Die Bewegung geht auf das Lebenswerk des Bischofs von Ypern, Cornelius Jansen, zurück, der die Gnadenlehre des Kirchenvaters Augustin gegen die Glaubens- und Sittenlehre der Jesuiten betonte. In der Nacht vom 23. zum 24. November 1654, seiner Bekehrungsnacht, zeichnete Pascal leidenschaftlich klingende Sätze auf, die man nach seinem Tode in den Rock eingenäht fand. Er zog sich in die Einsiedelei Port Royal zurück, wo seine Schwester Jaqueline, die einen großen Einfluß auf ihn ausübte, Nonne war. Pascal gab sich ganz Christus hin, so daß er sagen konnte: „Ich bitte dich weder um Gesundheit noch um Krankheit, weder um Leben noch um Tod, sondern darum, daß du über meine Gesundheit und Krankheit, mein Leben und meinen Tod zu deiner Ehre und zu meinem Heil verfügst. Gib mir, nimm mir, aber mache meinen Willen dem deinen gleich."

1656 veröffentlichte er seine „Provinzialbriefe", die sein Schicksal eng mit dem Jansenismus verbanden. Bis zu seinem frühen Tod arbeitete er an einer „Verteidigung der christlichen Religion".

Es entstand außerdem eine Unzahl glänzend formulierter Fragmente, die erst postum veröffentlicht wurden: „Der Mensch ist Gottes nicht würdig; aber er ist nicht unfähig, seiner würdig gemacht zu werden." „Christus ist ein Gott, dem man sich ohne Hochmut nähert und vor dem man sich ohne Verzweiflung demütigt..." „Seid getrost! Nicht von euch sollt ihr die Gnade erwarten; sondern im Gegenteil: indem ihr nichts von euch erwartet, sollt ihr sie erwarten." Im Denken Pascals wirkte der neuzeitliche wissenschaftliche Geist.

Seine Aufgabe sah er aber besonders darin, das Menschenwesen aus Ethik und Religion zu ergründen. Außerdem lag ihm jeder Abfall von der katholischen Kirche fern.

REMBRANDT HARMENSZ VAN RIJN
* 15. 7. 1606 † 4. 10. 1669

Nach dem Willen seines Vaters, eines wohlhabend gewordenen Müllers in Leiden, wo er als dessen sechstes Kind geboren wurde, sollte Rembrandt Harmensz van Rijn die Universität besuchen. Doch schon mit vierzehn Jahren entschied er sich für die Kunst, lernte etwa drei Jahre bei Jacob Swanenburgh und Pieter Lastmann. Seit 1631 war er in Amsterdam ansässig. Schon bald hatte er seinen Weg als Künstler gefunden. 1635 heiratete er die schöne und reiche Saskia von Uylenbruch, Schwester seines Kunsthändlers, die 1642 starb. Zunächst gingen große Aufträge ein, die es ermöglichten, das Leben reicher und angesehener Bürger zu führen. Drei Kinder starben, nach Saskias Tod blieb Rembrandt nur der kränkliche Sohn Titus. Einer der größten Aufträge, die Darstellung der Amsterdamer Schützengilde, heute als „Die Nachtwache" berühmt, wurde zwar bezahlt, aber abgelehnt. Rembrandt zog sich verbittert und einsam in sein Haus zurück, wo er seit 1649 mit Hendrickje Stoffels († 1663) zusammen lebte, die zeitweilig für ihn einen Kunsthandel führte. 1656 erfolgte der finanzielle Zusammenbruch, er verlor das Haus und seine reiche Kunstsammlung. Doch bedeutete das noch keine völlige Verarmung. Rembrandt heiratete Hendrickje nicht, doch wurde 1654 eine Tochter, Cornelia, geboren. Der Künstler wurde deshalb gemieden, Hendrickje von der reformierten Kirche das Abendmahl verweigert, Aufträge blieben aus. Nach ihrem und Titus' frühem Tod vereinsamte der Maler immer mehr.

Von Rembrandt, dem genialsten und einflußreichsten Künstler der Niederlande, sind etwa 700 Gemälde, 300 Radierungen und 1600 Handzeichnungen erhalten. Thematisch war er nicht spezialisiert. Die Schaffenszeit des Künstlers gliedert sich in

drei Perioden. Während der mittleren Periode genoß er große Wertschätzung, während zum Ende seiner Schaffenszeit die Zeitgenossen ihn immer weniger verstanden.
Die Werke der ersten Leidener Jahre sind meist kleinformatig. Sie behandeln oft biblische Szenen im Innenraum, bestimmt von schroffen Hell-Dunkel-Gegensätzen, die wie Gegenlichtaufnahmen wirken. Rembrandt hatte zwar eine große Zahl von Schülern, von denen jedoch keiner die schöpferische Größe des Meisters erreichte.

JOHANN AMOS COMENIUS
* 28. 3. 1592 † 15. 11. 1670

Johann Amos Comenius stammte aus einer Familie, die der böhmisch-mährischen Brüdergemeine angehörte. In Ungarisch-Brod an der Marsch in Mähren geboren und früh verwaist, mußte er sich bis zum sechzehnten Lebensjahr sein Brot als Hütejunge verdienen. Dann wurde ihm der Besuch einer Lateinschule ermöglicht, und er studierte anschließend in Herborn, Amsterdam und Heidelberg. Als Prediger und Schulleiter wirkte er zunächst an verschiedenen Orten seiner Heimat, vor allem in Prerau und Fulnek. Im Jahre 1628 wurde er mit Hunderttausenden von der Gegenreformation vertrieben und fand Zuflucht im polnischen Lissa. Dort entwarf er als Rektor des Gymnasiums und ab 1632 als Senior der Brüderkirche seine ersten pädagogischen Schriften. 1648 wurde er der letzte Bischof der dortigen Gemeinden. Wie schon in Fulnek verlor er auch in Lissa seine Manuskripte und die Bibliothek. Frau und Kinder waren bald nach der „Schlacht am Weißen Berg" gegen die Spanier an der Pest gestorben. Nach der Zerstörung der Stadt 1656 unternahm er zahlreiche Reisen. Sechs Jahre lang hat er in Schweden als pädagogischer Reformer gewirkt und Schulbücher verfaßt, darüber hinaus auch seine Erziehungsgedanken niedergeschrieben. Comenius hatte in einem Gespräch dem Kanzler Oxenstjerna sein System entwickelt, dessen Grundlage war, daß erst der Glaube an die Macht des

Lichtes uns instand setze, den Menschen zu verstehen. Die Kinder seien nach jeder Generation und nach jeder Katastrophe bereit, das Gute zu ergreifen. Die Saat des Lebens, die wir durch die Offenbarung in Händen halten, müsse nur auf rechte Weise in die Herzen gelegt werden, dann werde auch eine gute Saat aufgehen.

Die konfessionelle Spaltung der Christenheit ist von Comenius niemals als unabänderlich hingenommen worden, denn die eigentliche Aufgabe der Kirche sei es, der ganzen Welt Licht, Frieden und Heil zu bringen. Er schrieb deshalb von der Versöhnung der Völker und wies unerschrocken auf die Ursachen der Kriege hin. Das Ziel aller Erziehung sah er darin, das Menschengeschlecht zu dauernder Glückseligkeit nach dem Willen Gottes zu bringen. Dazu bedürfe es der Gelehrsamkeit, der Tugend und der Frömmigkeit. Schließlich fand Comenius Zuflucht in Amsterdam. Hier bereitete er eine Gesamtausgabe seiner Werke vor. An seinem Lebensabend konnte er dafür danken, daß er „zeitlebens ein Mann der Sehnsucht bleiben sollte. Denn die Sehnsucht nach dem Guten ... ist allezeit ein Bächlein, das aus der Quelle alles Guten, aus Gott, herfließt."

HEINRICH SCHÜTZ
* 8. 10. 1585 † 6. 11. 1672

Heinrich Schütz, hundert Jahre früher als Johann Sebastian Bach geboren, war der Sohn eines Gastwirts aus Köstritz an der Elster, der eine Wirtschaft in Weißenfels erwarb. Als 1598 im Gasthaus „Zum Schützen" der Landgraf Moritz von Hessen einkehrte, fiel ihm die glockenhelle Stimme des Knaben auf, und er ließ ihn in seiner Hofkantorei singen. So kam Schütz nach Kassel, wo er eine ausgezeichnete geistige und musikalische Ausbildung erhielt. Von dort aus ging er für drei Jahre mit einem Stipendium nach Venedig, wo er 1609 bis 1612 bei Gabrieli ausgebildet wurde. Er hielt sich 1628 bis 1629 ein zweites Mal in Italien auf. Ab 1617 war er mit geringen zeitlichen

Unterbrechungen Hofkapellmeister in Dresden. Während seines zweiten Italienaufenthaltes begegnete er Monteverdi. Zweimal weilte er auch als königlich-dänischer Kapellmeister in Kopenhagen, von 1633 bis 1635 und von 1642 bis 1645.
Der Kurfürst in Dresden lebte üppig. Ruhmsüchtig wollte er mit seinen Musikanten zwar glänzen, hatte aber menschlich und wirtschaftlich wenig für sie übrig. Schütz war in seinem Amt nie sehr glücklich. Sechs Jahre war er mit Magdalena Wildeck verheiratet, als diese starb. Auch seine jüngste Tochter starb früh. Trost fand Schütz besonders in den Psalmen, die ihn auch musikalisch vielfach anregten. Das Komponieren verstand er als Dienst: „Gott möge sein heiliges Wort in Kirche, Schule und Haus nicht nur durch gottselige Lehrer, sondern auch durch trostvolle Lieder und Psalmen reichlich wohnen lassen, bis zu unseres Erlösers erwünschter Zukunft." Der Dreißigjährige Krieg hatte auch das Musikleben völlig zerstört. Schütz baute es wieder auf und erwarb sich so den Ehrentitel „Vater der Musikanten".
Da sein Werk, neben einer ersten verlorenen Oper, vor allem geistliche Musik umfaßt, hat er auf die Entwicklung dieser Musik bis hin zu Bach entscheidend eingewirkt. Erwähnt seien neben seinen Psalmen die großen Geistlichen Konzerte, die „Symphoniae sacrae", die Musikalischen Exequien (Begräbnismusiken), Vertonungen biblischer Texte und kirchlicher Choräle in vielen Variationen, Motetten sowie liturgische Stücke, vor allem die „Deutsche Messe".
Um 1660 gelang es Schütz, aus dem Dresdner Amt zu scheiden. Er zog nach Weißenfels, wo er, von seiner Urenkelin umsorgt, noch vieles schaffen konnte: die Weihnachtshistorie, drei Passionen und das doppelchörige Magnifikat, dazu die Vertonung des 119. Psalms.
Die Predigt zu seinem Begräbnis stand unter dem von ihm ausgewählten Wort: „Deine Rechte sind mein Lied im Haus meiner Wallfahrt." Einer seiner Schüler hatte dieses Psalmwort noch auf seinen Wunsch als fünfstimmige Motette gesetzt.

MICHAEL SCHIRMER
* 1606 † 4. 5. 1673

Michael Schirmers Leben war nicht immer leicht. Dennoch hat er uns einige der schönsten und trostvollsten Lieder geschenkt.
In Leipzig geboren, besuchte Schirmer die Thomasschule und schrieb sich schon mit dreizehn Jahren an der Universität ein. 1630 bestand er das Magisterexamen, und im gleichen Jahr wurde er Rektor in Freiberg. Für kurze Zeit nahm er eine Pfarrstelle an, entschied sich aber dann wieder für das Lehramt. Im Jahre 1636 folgte er einem Ruf als Subrektor an das Graue Kloster in Berlin und schloß dort Freundschaft mit dem Komponisten Johann Crüger, der die Melodien zu vielen Liedern Paul Gerhardts schuf. 1651 bis 1668 war er dort Konrektor. Bittere Not brachten die Drangsale des Dreißigjährigen Krieges auch über die Mark Brandenburg und über Berlin. Die Pest wütete, das Gymnasium mußte geschlossen, Schirmers Gehalt konnte nicht mehr gezahlt werden. Erst als nach 1639 die Lebensverhältnisse sicherer wurden, begründete er einen eigenen Hausstand. Zwei Kinder wurden geboren. Die Genesung von einem fünf Jahre währenden Nervenleiden nahm er als Zeichen göttlicher Barmherzigkeit. Im Vorwort zu seinen biblischen Liedern schrieb Michael Schirmer: „Ich armer deutscher Hiob, nachdem ich durch die allmächtige und barmherzige Hand Gottes aus bitterem Elend, Krieg und Not, ja aus der Hölle geführt worden bin, erkenne mich schuldig, die Zeit meines Lebens solch hohes Gnadengeschenk meines Gottes zu rühmen ...“
1659 starb die Tochter, 1666 der Sohn und bald darauf auch die Frau. Aber sein Trost blieb: „Ich ruhe in Gottes Willen.“ Von seinen Liedern sind noch bekannt: „O Heiliger Geist, kehr bei uns ein und laß uns deine Wohnung sein“ und das Adventslied: „Nun jauchzet, all ihr Frommen, zu dieser Gnadenzeit / weil unser Herr ist kommen, der Herr der Herrlichkeit“.

PAUL GERHARDT
* 12. 3. 1607 † 27. 5. 1676

Paul Gerhardt, größter Liederdichter der evangelischen Kirche, war der Sohn des Bürgermeisters von Gräfenhainichen, aufgewachsen in den Schreckenszeiten des Dreißigjährigen Krieges. In Grimma besuchte er die Fürstenschule. In diese Zeit fällt eine Pestepidemie, an der viele starben.
Ab 1628 studierte Gerhardt in Wittenberg Theologie und wurde dann Hauslehrer bei dem Kammergerichtsadvokaten Berthold in Berlin, seinem späteren Schwiegervater. 1651 wurde er in der Nikolaikirche ordiniert und übernahm als Propst in Mittenwalde sein erstes kirchliches Amt. 1657 nach Berlin berufen, wurde er in den Streit um die Erneuerung des Kurfürstlichen Toleranzediktes hineingezogen, das er wegen des lutherischen Glaubens nicht unterschreiben konnte. Als Verteidiger der Konkordienformel 1666 seines Amtes entsetzt, ging er 1669 nach Lübben; kurz zuvor war seine Frau gestorben. Von fünf Kindern war ihm nur ein Sohn geblieben. 1667 hatte man seine Amtsentsetzung wieder rückgängig gemacht. Aber da er einen erneuten Gewissenszwang durch die Obrigkeit fürchtete, konnte er sich nicht zum Wiedereintritt ins Berliner Amt entschließen. 1647 erschienen erstmals 18 Lieder von ihm in Johann Crügers „Praxis pietatis melica". 1666 gab Ebeling insgesamt 120 Lieder Paul Gerhardts heraus. Bekannt sind: „Ich singe dir mit Herz und Mund", „Warum soll ich mich denn grämen / hab ich doch Christum noch", „Die Sonne, die mir lachet, ist mein Herr Jesus Christ", „Sollt ich meinem Gott nicht singen / sollt ich ihm nicht dankbar sein ...", denn er war durch dunkle Nächte des Krieges und des Leids hindurchgeführt worden, durch körperlichen Hunger und geistige Ungewitter. „Wach auf, mein Herz, und singe dem Schöpfer aller Dinge", „Lobet den Herren, alle die ihn ehren", blieb seine Mahnung. Des Abends bettete er sich und die Seinen in Jesu Liebe: „Breit aus die Flügel beide / o Jesu, meine Freude". Zum Advent gehört: „Wie soll ich dich empfangen", „Fröhlich soll mein Herze springen". Am Karfreitag beten wir an: „O Haupt voll Blut und Wunden". So bleibe es unsere Glaubens-

haltung: „Befiehl du deine Wege“ und „Gib dich zufrieden und sei stille“.
Er starb mit den Worten: „Kann uns doch kein Tod nicht töten / sondern reißt unsern Geist / aus viel tausend Nöten.“

JOACHIM NEANDER
* 1650 † 31. 5. 1680

Als junger Mensch führte Joachim Neander, Sohn eines Gymnasiallehrers in Bremen, keineswegs ein frommes Leben. Entscheidend für seine völlige Wandlung wurde erst eine Predigt des reformierten Pietisten Theodor Undereyck, Pastor an der Martinikirche. Nach Beendigung des Studiums der reformierten Theologie begleitete er auf Undereycks Rat fünf Söhne vornehmer Kaufherrenfamilien aus Frankfurt und Köln als Mentor nach Heidelberg, wo er selbst die Gelegenheit zu weiterem Studium wahrnahm. In Frankfurt, wo er als Hauslehrer tätig war, kam er mit Spener zusammen, der seine pietistische Haltung beeinflußte und vertiefte. Im Jahre 1674 berief man Neander zum Rektor der Lateinschule in Düsseldorf, zugleich sollte er als Hilfsprediger tätig sein. Er gründete hier Gemeinschaftskreise. Doch seine häufige Teilnahme an Erbauungsstunden, sogar während der Gottesdienstzeit, zog ihm den Zorn des Hauptpastors zu; vom Presbyterium brachte es ihm den Vorwurf des Separatismus ein. Da er in Düsseldorf nicht mehr predigen durfte, nahm er schließlich den Ruf nach Bremen an. In seiner Vaterstadt wurde er nun Frühprediger an der Martinikirche. Zu den um fünf Uhr stattfindenden Gottesdiensten kamen im Winter die Gemeindeglieder mit Handleuchten und kleinen Fackeln.
Im Jahre 1679 gab Neander seine siebenundfünfzig geistlichen Lieder heraus. Im Vorwort schrieb er, daß durch sie bei seinen Nächsten „etwas möchte gewonnen sein zur Tötung des alten und zur Erweckung des neuen Menschen, alles aber zur Ehre Gottes und zu unserer Seelen Seligkeit“. Die „Bundeslieder“ waren weithin im Versbau des Genfer Psalters ge-

dichtet. Zunächst hatte er sie für Hausandachten bestimmt. Bald aber weitete sich der Wirkungskreis aus. Einige seiner Texte und Melodien sind noch heute bekannt. Ehrfürchtig lassen sie uns Gottes Königtum preisen, so die beiden Königslieder: „Lobe den Herren, den mächtigen König der Ehren" nach der vertrauten Stralsunder Melodie und „Wunderbarer König, Herrscher von uns allen, laß dir unser Lob gefallen". Auch zur Erkenntnis eigener Sünde und Nichtigkeit wollte Neander die Christen führen, teils in bibelgebundener Sprache, teils auch unter dem Einfluß von Angelus Silesius. Dies zeigt etwa sein Abendlied: „Der Tag ist hin, mein Jesu, bei mir bleibe. O Seelenlicht, der Sünden Nacht vertreibe, geh auf in mir, Glanz der Gerechtigkeit, erleuchte mich, ach Herr, denn es ist Zeit... Da ist die Hand: Du mein, und ich bin dein." Joachim Neander starb, erst dreißigjährig, Pfingsten 1680. In Bremen ist er begraben.

GEORG NEUMARK
* 6. 3. 1621 † 8. 7. 1681

Georg Neumark wurde als Sohn eines Tuchmachers in Langensalza (Thüringen) geboren. Zwei Jahre nach seiner Geburt zog die Familie nach Mühlhausen, der befestigten Reichsstadt, um vor Kriegsgefahren besser geschützt zu sein. Ab 1630 besuchte Georg Neumark die Lateinschule in Schleusingen, anschließend das Gymnasium in Gotha. In der Schule liebte er besonders Musik und Dichtkunst. 1640 machte er sich auf, um an der Universität Königsberg Jura zu studieren. Königsberg hatte er sich ausgesucht, weil dort Simon Dach einen Lehrstuhl für Poesie innehatte. Von Leipzig mit einem großen Kaufmannstreck kommend, wurden sie bei Gardelegen so ausgeraubt, daß ihm nur sein Gebetbuch und einige Pfennig Bargeld blieben. Er gab aber seinen Plan nicht auf. Über Magdeburg, Lüneburg und Hamburg, wo er überall einige Wochen Aufnahme fand, gelangte er schließlich nach Kiel, wo ihm der aus Thüringen stammende Oberpfarrer Nico-

laus Becker beherbergte und ihm auch eine Hauslehrerstelle bei dem Amtmann Henning verschaffte. Noch am Abend der unerwarteten Wendung schuf er ein Danklied: „Wer nur den lieben Gott läßt walten / . . . den wird er wunderbar erhalten." Auch die Melodie stammt von ihm. Als es nach zwölf Jahren gedruckt erschien, war es längst weit bekannt. Im Hause des Amtmanns richtete Neumark neben dem eigentlichen Unterricht auch Sing-, Bet- und Lesestunden ein.
Im April 1642 konnte er nach schmerzlichem Abschied mit einem Segler nach Danzig auslaufen. Nach Abschluß des Studiums in Königsberg lebte er zwölf Jahre lang als freier Schriftsteller in Danzig und Thorn. 1646 verlor er bei einer Feuersbrunst seine Habe und alle Bücher. Trost fand er beim Propheten Jesaja, im 43. Kapitel: „. . . du bist mein . . ., so du durchs Feuer gehst, sollst du nicht brennen . . ., ich bin der Herr, dein Gott . . ., dein Heiland." Dem Lied: „Sei getrost und unverzagt" liegt dieses Erlebnis zugrunde.
Herzog Wilhelm II. von Weimar stellte Neumark, nachdem dieser viel auf Reisen war und keine rechte Heimat mehr gefunden hatte, 1652 als Bibliothekar an und ernannte ihn gleichzeitig zum Hofpoeten. Nun gründete er auch einen eigenen Hausstand, zwei Töchter wurden geboren. Er wurde Mitglied der „Fruchtbringenden Gesellschaft" in Weimar, dann deren Schriftführer. Oft versah er seine Gedichte mit Melodien und Instrumentalbegleitung. Von seinen Liedern wurden sechzehn in Gesangbücher aufgenommen. In den letzten Jahren fast erblindet, blieb sein Wahlspruch: „Ich lasse Gott in allem walten / Sein Wille bleibt mein fester Rat."

JOHN BUNYAN
* 1628 † 31. 8. 1688

John Bunyan aus Elstow (Bredfordshire) blieb, trotz vielfältiger Predigeraufgaben, Kesselflicker. Nach seiner Heirat begann er auch die Lektüre in der Bibel, und es erwachte in ihm religiöses Fragen. Zunächst jedoch führten ihn seine neuen

Erkenntnisse nur zur Achtung auf äußerliche Moral und Selbstgerechtigkeit. Erst nach längerer Zeit fand er zu tieferer Einsicht. Ehe er aber die „überströmende Gnade“ empfinden konnte, erlebte er Zeiten großer Verzweiflung und innerer Krisen.

Nach seiner Übersiedlung nach Bredford 1655 legte er vielen Menschen die Bibel aus. Er war in die Baptistengemeinde aufgenommen worden. 1656 begann er zu predigen, in Kirchen, Scheunen und auch unter freiem Himmel, bei Tag und bei Nacht, wo immer er die Menschen erreichen konnte, auch unterwegs in der Herberge und während seiner Arbeit. Oft mußte er sich verkleiden, da er diesen Dienst ohne bischöflichen Auftrag tat. Schließlich, 1672, wurde er ins Gefängnis gebracht. Der milde Bischof Barlow von Lincoln ließ ihn frei. Die Zeit der Gefangenschaft nutzte er, seine Gedanken aufzuschreiben. Es entstand „Die Pilgerreise“ in zwei Teilen. Der erste erschien 1675, der zweite 1685. In Form einer Wanderung, deren einzelne Stationen von der Bibel her beleuchtet werden, beschreibt er die Entwicklung seines inneren Lebens. Das Buch fand weite Verbreitung, es wurde in mehr als siebzig Sprachen übersetzt. Die Bilder, die er gebrauchte, sind einfach, doch äußerst lebensnah und packend, wie das Bild von der Zweifelsburg, in dem der Riese „Dukannstnichtmehr“ mit seinem Weibe „Traugottnicht“ die Pilger zu Tode schinden und zur Verzweiflung treiben wollen, bis die Gefangenen sich an den goldenen Schlüssel mit der Aufschrift „Gottverheißungen“ erinnern und dadurch entrinnen können.

Dieses Buch hat den Namen Bunyan weit über die Grenzen seines Heimatlandes bekannt gemacht.

JOHN ELIOT
* 1604 † 1690

John Eliot war 1631 unter dem Einfluß des Puritaners Thomas Hooker von England nach Massachusetts emigriert und wirkte dort bis zu seinem Tode als Pastor der Kirche in Roxbury.

Von einem Indianerjungen, der Englisch verstand, erlernte er die Sprache der damals schon dezimierten Indianer, besuchte sie am Charles River und fand durch seine Liebe Zugang zu ihren Herzen. Er befaßte sich mit literarischen Arbeiten, übersetzte viel und bildete erfolgreich indianische Prediger aus. Er verkündigte nicht nur das Evangelium, sondern lehrte die Indianer auch, Felder zu bestellen. Die Frauen lernten, Flachs zuzubereiten und zu spinnen.
Die christlichen Indianer sammelte er zunächst in der Stadt Nonantum und gründete dann für die Getauften die Siedlung Natick. 1674 gab es schon vierzehn derartige Städte.
Eliot übersetzte vor allem die Bibel für die Indianer, die 1663 gedruckt wurde. Seine Arbeit war reich gesegnet, doch der immer wieder aufbrechende Krieg zwischen den weißen Eindringlingen und den Indianern zerstörte viele Werke christlicher Liebe wieder. Bis ins hohe Alter hat John Eliot den schwerbedrängten Gemeinden gedient.

GEORGE FOX
* 1624 † 13. 1. 1691

George Fox, geboren in Fenny Drayton (Leicestershire), war der Sohn eines Webers. Von den Eltern zum geistlichen Stand bestimmt, wurde er dann aber zu einem Wollhändler in die Lehre gegeben. 1643 brach er mit der Staatskirche und der Gesellschaft und ging in die Einsamkeit, die unmittelbare Begegnung mit Gott zu suchen. Die „innere Erleuchtung", die ihm gezeigt hatte, daß nicht das Äußere, sondern das Innere die Autorität ist, der er folgen sollte, ließ ihn predigend durch das Land ziehen. Er verkündete überall das „innere Licht, das jeden erleuchtet, der in die Welt kommt". So trug er das „Zeugnis des Geistes" unter das Volk: Christus müsse in uns Wohnung machen. Nicht im „Turmhaus" (der Kirche) sei er zu finden. Geistliche Ämter und auch die Bibel und die Sakramente seien unnötig.
Die Kraft, von der Fox predigte, meinten er und seine Anhän-

ger in der zitternden Ekstase zu sehen. Die Wunderheilungen, die überliefert wurden, stempelten ihn zum Schwärmer.
1652 fand George Fox bei dem reichen Ehepaar Fell in Swarthmoor Aufnahme und damit ein Zentrum seiner Bewegung, die sich unter dem einstigen Spottnamen „Quäker" (Quäker heißt Zitterer) über die ganze Erde ausbreiten sollte. 1670 unternahm er eine Reise nach Westindien, Barbados, Jamaica und Nordamerika, 1677 nach Holland und Deutschland. „Fachet die euch von Gott verliehenen Gaben in euch an . . . Laßt euer Licht leuchten vor den Indianern, den Schwarzen und den Weißen, auf daß ihr der Wahrheit, die in ihnen ist, entgegenkommen möget."
Nach dem Tode des Gatten von Margarethe Fell wurde diese Fox' Lebensgefährtin. Ihr Haus und ihre ganze Persönlichkeit stellte sie in den Dienst seiner Bewegung. Zwischen 1650 und 1674 wurde ihre gemeinsame Tätigkeit des öfteren unterbrochen, da Fox immer wieder Gefängnisstrafen erdulden mußte.
Forderungen der Quäker wurden Redlichkeit, Ablehnung des Eids, Kriegsdienstverweigerung, Ablehnung der Sklaverei und die Gleichberechtigung der Frau.

RICHARD BAXTER
* 12. 11. 1615 † 8. 12. 1691

Richard Baxter, Sohn frommer Landleute in Rowdon (Shropshire), erhielt schon daheim entscheidende Glaubenseindrücke. Sein Vater las mit den Seinen die Bibel und legte sie aus. Die geistliche Bildung erwarb sich Baxter im Selbststudium; der Bischof von Worcester prüfte und ordinierte ihn 1638. Er war dann als Pfarrer der anglikanischen Gemeinde in Kidderminster tätig. Schon in dieser Zeit predigte er evangelistisch. Nach einiger Zeit als Feldkaplan im Parlamentsheer Cromwells und als Kaplan des Königs in London sollte er zum Bischof berufen werden, lehnte es aber ab.
1662 wurde er wegen seiner puritanischen Gesinnung seines Pfarramtes enthoben. Damals wurde die Staatskirche auf

Grund der Uniformitätsakte wiederhergestellt. Er begann nun ein Dasein als Wanderprediger. Er wurde oft verfolgt und sogar längere Zeit gefangengesetzt, als er unerwünschte Einigungsbestrebungen versuchte. „Im Notwendigen Einheit, im Nichtnotwendigen Freiheit, in allem die Liebe“ – von diesem Grundsatz ging er nicht ab.

Etwa 150 Schriften sind von Baxter erhalten, bekannt ist vor allem das Buch mit dem Titel: „Ewige Ruhe der Heiligen“ von 1649. Neben Ewigkeitsgedanken von erschütterndem Ernst betont er in dieser wie in vielen anderen Schriften die Versöhnung und das Verlangen nach Einigkeit und Frieden in der Kirche.

Baxter gründete 1653 die berühmte „Worcester Association“, eine Vereinigung mit dem Ziel der „fortgesetzten Reformation“. Als Evangelist war Richard Baxter ein Vorläufer des Pietismus. Nach Erlaß der Duldungsakte 1672 war Richard Baxter wieder als zwar angesehener, aber nonkonformistischer Geistlicher in London tätig. Baxterianismus nennt sich die engliche Spielart des milden Calvinismus, der wohl an eine Erwählung zur Seligkeit, nicht aber an eine Bestimmung zur Verdammnis glaubt.

CLAUDE BROUSSON
* 1647 † 4. 11. 1698

Nach der Aufhebung des Edikts von Nantes unter Ludwig XIV., das mühsam für die Rechte der Hugenotten erkämpft worden war, gab es für die Reformierten in Frankreich weder Kirchen noch Friedhöfe. Gottesdienste waren bei Androhung der Todesstrafe verboten, Beherbergung von Predigern oder Hilfe bei ihrer Flucht wurde mit Verurteilung zur Galeerenstrafe geahndet. Dennoch hörte die Verkündigung des Evangeliums nicht auf.

Auch Claude Brousson gehörte zu solch tapferen Predigern. In Nîmes geboren, war er Rechtsanwalt geworden. Seine ausgezeichneten juristischen Kenntnisse setzte er zur Verteidigung der reformierten Kirche ein. Man bot ihm eine Ratsstelle im Parlament von Toulouse an, um ihn für die Römische Kirche zurückzugewinnen. Er lehnte ab, versammelte dagegen Vertreter der Reformierten aus den Provinzen Languedoc, Vivaris und der Dauphiné in seinem Haus und faßte mit ihnen den Beschluß, am 27. Juni 1683 Gottesdienst in allen bedeutenden Orten zu halten, um den Willen zu bezeugen, unbedingt bei ihrem Glauben zu bleiben. Eine Denkschrift sollte dem König gegenüber das Vorgehen erläutern. Doch die Regierung sah in dem Plan offenen Aufruhr und begann mit neuen Verfolgungen.

Claude Brousson floh in die Schweiz, nach Lausanne. Dort lebte er mit Frau und Sohn und studierte die Heilige Schrift. Er bemühte sich sehr, den vielen französischen Flüchtlingen zu helfen. In Stuttgart, Nürnberg und Leipzig versuchte er, die protestantischen Mächte auf das Problem aufmerksam zu machen. Dann aber kehrte er nach Frankreich zurück und zog ab 1689 predigend durch den Süden des Landes und spendete die Sakramente. Später ging er nach Holland und ließ sich dort 1694 zum Prediger ordinieren. Zurückgekehrt, verbarg er sich monatelang in Wäldern, Höhlen und Steinbrüchen. Einige von ihm ausgebildete Prediger starben den Märtyrertod. Für seine Auffindung wurde ein Preis von fünfhundert Goldgulden ausgesetzt. „Ich hatte keine Gemeinde", schrieb er seiner Frau, „und jetzt, gottlob, habe ich ihrer eine solche Menge. Ich fühle mich unendlich viel glücklicher, als wenn ich an der besten Gemeinde in den Niederlanden angestellt wäre." Im Herbst 1695 predigte er in der Normandie den Gemeinden nördlich der Loire. Er konnte noch einmal nach Holland entkommen und hoffte, auf die Friedensverhandlungen in Ryswijk einwirken zu können. Nach vergeblichem Bemühen ging er im Sommer 1697 wieder nach Frankreich. Den Häschern in die Hände gespielt, wurde er nach Montpellier gebracht, gerädert und erdrosselt.

VI

VON ISAAK LE FÈBVRE
BIS CHRISTIAN FRIEDRICH SCHWARTZ

18. Jahrhundert

1702 Isaak le Fèbvre
1704 Reinhard Hedinger
1705 Philipp Jakob Spener
1714 Gottfried Arnold
1718 William Penn
1719 Bartholomäus Ziegenbalg
1727 Thomas von Westen
1727 August Hermann Francke
1728 Alexandre Roussel
1731 Die evangelischen Salzburger
1740 Johann Marteilhe
1746 Matthias Desubas
1749 Valentin Ernst Löscher
1750 Johann Sebastian Bach
1752 Johann Albrecht Bengel
1758 Hans Egede
1760 Nikolaus Ludwig Graf von Zinzendorf
1760 Antoine Court
1769 Gerhard Tersteegen
1769 Philipp Friedrich Hiller
1782 Friedrich Christoph Oetinger
1791 John Wesley
1792 Gottlieb August Spangenberg
1794 Paul Rabaut
1797 Johann Friedrich Flattich
1798 Christian Friedrich Schwartz

ISAAK LE FÈBVRE
* um 1648 † 13. 6. 1702

Isaak le Fèbvre ist der erste hier zu nennende evangelische Märtyrer des 18. Jahrhunderts.
Er wurde bei Nevers in Frankreich geboren, wuchs in einer angesehenen evangelischen Familie auf, studierte in Genf und Orléans und war dann einige Jahre Rechtsanwalt in Paris, anschließend Verwalter bei der reformierten Marquise von St.-André in Burgund.
Nach Aufhebung des Toleranzedikts von Nantes (am 18. Oktober 1685) wurde die Marquise vor die Wahl gestellt, entweder ihren Besitz und auch ihre Freiheit zu verlieren oder wieder katholisch zu werden. Sie entschied sich, schwer bedrängt, für das letztere und wollte le Fèbvre zum gleichen Schritt bewegen.
Er floh, wurde aber schon im Februar 1686 verhaftet und in Besançon zu lebenslänglicher Galeerenstrafe verurteilt. „Gott, der mein Herz und die Lauterkeit meiner Absichten kennt, stärkt mich. Meine Waffe ist das Gebet", teilte er Freunden noch mit, bevor er in Ketten über Dijon nach Marseille marschieren mußte. Den martervollen Dienst als Ruderknecht konnte er wegen seiner Schwäche nur kurze Zeit verrichten. Man brachte ihn deshalb in das Fort St.-Jean in Marseille. Dort in ein unterirdisches Gewölbe geworfen, das sogar für Tiere zu feucht war und nicht mehr als Pferdestall dienen konnte, lebte er elend und krank noch fünfzehn Jahre, sang oft Psalmen und schrieb eine viel bewunderte Abhandlung über die Notwendigkeit der Leiden.
Freunde setzten sich vergeblich für ihn ein.

REINHARD HEDINGER
* 7. 9. 1664 † 28. 12. 1704

Johann Reinhard Hedinger aus Stuttgart kam schon mit fünf Jahren aufs Gymnasium (das Tübinger Stift) und wollte, wie er gleich seinem Lehrer sagte, ein Doktor der Theologie werden.
Auf längeren Studienreisen durch England, Frankreich, die Niederlande und Norddeutschland lernte er die europäische Welt und die freigeistigen Strömungen der Zeit kennen. Mit dreißig Jahren wurde er zum Professor für Natur- und Völkerrecht an die Universität Gießen berufen. Nach vier Jahren wirkte er in seiner Heimatstadt als Hofprediger und Beichtvater des jungen württembergischen Herzogs, bewahrte sich aber in diesem Amt, allen Anfechtungen zum Trotz, seine völlige Unabhängigkeit.
Schon in seiner berühmt gewordenen Antrittspredigt hatte er gesagt, daß nach einem alten Sprichwort jeder die Schlösser der Herren meiden müßte, wenn er fromm leben, Gott dienen und nicht sein Seelenheil aufs Spiel setzen wollte. Öffentlich vor der Gemeinde bekundete er dem Herzog, daß er sich die Freiheit nehmen wolle, ihn jederzeit an das zu erinnern, was dem zeitlichen und ewigen Heil förderlich sei.
Der verschwenderisch lebende Hof und ein Fürst, der Prunk, Feste, Jagden und auch Sittenlosigkeit liebte, konnten mit Ungerechtigkeiten und Willkür schweren Schaden anrichten. Verbitterung und Laster wurden zu gefährlichen Geschwistern. Dagegen versuchte der fromme Prediger mit ganzer Kraft und Furchtlosigkeit anzukämpfen; sowohl in den Gottesdiensten, auf der Straße und in den Familien als auch am Hofe verhehlte er seine Meinung nicht.
Im Schwäbischen wußte man noch lange von Reinhard Hedinger, dem hochgelehrten Doktor der Theologie und frommen Mann, zu erzählen. Als der Herzog eines Sonntags während des Glockengeläuts mit seiner Begleitung lärmend zur Jagd ausfahren wollte, trat ihm der Hofprediger in den Weg. Böse forderte der Herzog die Freigabe der Straße und drohte zornig, er werde sonst seine Pferde nicht länger zügeln. Da habe

der Gottesmann gerufen: „Wenn Ew. Durchlaucht mit einem Käpplein voll Blut gedient ist – ich fürchte den Tod nicht!" Viele solcher Anekdoten wurden weitererzählt.
In der Blüte der Jahre starb Hedinger. „Inter jubilo morior", „unter Jubel sterbe ich", hatte er sich gewünscht.

PHILIPP JAKOB SPENER
* 13. 1. 1635 † 5. 2. 1705

Die lutherischen Theologen hatten sich bemüht, die reine Lehre vom Evangelium zu erhalten. Dabei war es zu unerquicklichen Streitigkeiten gekommen, aus denen schließlich eine starre, in ihren Gegensätzen versteinerte Orthodoxie hervorging. Deshalb entstand als Gegenbewegung der Pietismus, der gegenüber der dogmatischen Bekenntniskirche der Theologen und einem äußerlichen Gewohnheitschristentum und der Verweltlichung der Landeskirchen wieder stärker die religiös-sittliche Betätigung der Frömmigkeit (praxis pietatis) betonte.
Philipp Jakob Spener gab den Anstoß zum lutherischen Pietismus. Spener stammte aus einer Juristenfamilie in Rappoltsweiler im Oberelsaß und hatte im frommen Elternhaus schon Arnd(t)s „Wahres Christentum" und andere Erbauungsbücher kennengelernt. Er studierte mit einigen Unterbrechungen bis 1659 in Straßburg Theologie und auch Völkerrecht. Neben dem Hebräischen erlernte er noch das Arabische. Eine akademische Reise führte ihn nach Basel und Genf, wo er durch den zur reformierten Kirche übergetretenen Jesuiten Labadie und dessen Bibelkreise und Hausversammlungen sehr beeindruckt wurde. Über Stuttgart und Tübingen kam er nach Straßburg zurück, predigte schon 1663 am Münster über die Notwendigkeit der Wiedergeburt und betonte diese auch eindringlich in Vorlesungen über Galater 4,19.
Nach Abschluß seiner Studienzeit mit der Promotion zum Dr. theol. wurde er Pfarrer und Senior an der Barfüßerkirche in Frankfurt (M.). Hier kam es zur „Erweckung". Spener be-

gann mit kirchlichen Reformen, hielt seit 1670 regelmäßige Konventikel der „ernsten Christen“ und schrieb seine „Pia desideria oder Herzliches Verlangen nach gottgefälliger Besserung der wahren Ev. Kirchen“ (1675).
Diese Programmschrift des Pietismus fand großen Widerhall. In seinen Vorschlägen forderte Spener reichlichere Beschäftigung mit dem Worte Gottes, Privatversammlungen, Mitarbeit der Laien, die christliche Tat gegenüber dem bloßen Wissen, Liebe gegen Andersgläubige, Erziehung der jungen Theologen zur Frömmigkeit, praktische Ziele der Predigten, die erbaulich und nicht lehrhaft sein sollten.
Durch seine Berufung in die Dresdner Oberhofpredigerstelle (1686) gewann er noch größeren Einfluß, vor allem auf das benachbarte Leipzig, wo Francke und andere Vorlesungen an der Universität hielten, die Erbauungsstunden glichen.
1691 wurde Spener Propst und Pfarrer an St. Nicolai in Berlin und Mitglied der Kirchenleitung. Hier konnte er mit Erfolg an der Besserung der kirchlichen Zustände arbeiten und seinen Einfluß auf die neu errichtete Universität in Halle geltend machen, die bald ein Mittelpunkt der pietistischen Bewegung werden sollte. Spener ließ sich in seiner Sterbestunde das Hohepriesterliche Gebet des Herrn vorlesen, das er besonders geliebt hatte.

GOTTFRIED ARNOLD
* 5. 9. 1660 † 30. 5. 1714

Gottfried Arnold aus Annaberg im Erzgebirge war ein Lehrerssohn. Zeit seines Lebens blieb er ein sehr ausgeprägter Charakter, ein Individualist von großer Leidenschaftlichkeit.
Arnold hatte zunächst das Gymnasium in Gera besucht und ging dann 1685 zum Theologiestudium nach Wittenberg. Die Mittel für das Studium mußte er schwer verdienen. Durch diese harte Jugend war er früh gereift. Er erwarb den philosophischen Doktor, hat sich aber später dieser akademischen „Torheit“ geschämt. Die in Wittenberg gelehrte orthodoxe

Theologie ließ ihn kalt. Der erstarrten Frömmigkeit der Kirche stand er kritisch gegenüber, so daß er sich nicht entschließen konnte, ein geistliches Amt zu übernehmen. Als Einzelgänger und Sonderling wandte er sich schließlich Spener zu und fand durch ihn seinen Weg. Wegen seiner unduldsamen Haltung als Privaterzieher verlor er nach Speners Weggang aus Dresden seine Stellung, ging nach Quedlinburg und nahm dort eine ähnliche Arbeit an.

Von mystischen Gedanken Jakob Böhmes angeregt, schrieb er seine Schrift „Das Geheimnis der göttlichen Sophia" („Weisheit", um 1700 erschienen). Vorher hatte er schon in seinem Buch „Erste Liebe" der Kirche ein Spiegelbild aus der Märtyrerzeit vorgehalten, nachdem er gründlich das Urchristentum und die Zeit der Anfänge erforscht hatte. Dieses Werk trug ihm eine Berufung an die pietistische Universität Gießen ein, wo er mit seinen Geschichtsvorlesungen viele Studenten begeisterte. Doch noch immer unbefriedigt, ging er nach Jahresfrist nach Quedlinburg zurück und fand bei dem Diakonus Sprögel, dem Haupt eines pietistischen Zirkels, freundliche Aufnahme.

Hier erarbeitete er seine großes Aufsehen erregende „Unparteiische Kirchen- und Ketzerhistorie von Anfang des Neuen Testaments bis 1688". Er fand den Verdacht bestätigt und wies nach, daß die Kirche mit ihrer Verfolgung vieler unbequemer Menschen mit der echten Frömmigkeit gebrochen habe. Viele Verfolgte seien die wahren Gotteskinder gewesen, die „Ketzer" die wirklichen Christen.

Nach mystischem Grundsatz, der nur die Liebe zur himmlischen Sophia erlaubte, war er lange ehefeindlich gewesen. Im Jahre 1701 aber heiratete er die Tochter Sprögels, Anna Maria, und nahm auch eine Berufung zum Schloßprediger in Allstedt an.

Vier Jahre später ging er als Hofdiakon nach Quedlinburg und ließ sich nach weiteren zwei Jahren nach Perleberg versetzen. Er wurde ein guter Seelsorger und Jugenderzieher. Als 1714 preußische Soldaten als Werber in den Pfingstgottesdienst eindrangen, gab dies Arnold den Todesstoß. Er starb drei Tage danach. Zweiundfünfzig Bücher hat er verfaßt, auch das Lied: „O Durchbrecher aller Bande".

WILLIAM PENN
* 14. 10. 1644 † 30. 7. 1718

William Penn, Sohn eines Admirals aus London, schloß sich, ganz auf der Höhe der Bildung seiner Zeit, mit vierundzwanzig Jahren „offen und unwiderruflich" der Quäkergemeinde an und bewies, daß warmherzige Frömmigkeit und die gute Sitte der Welt sich nicht zu widersprechen brauchten. Er gab dem Quäkertum seinen humanen und, bei allem Ernst, liebenswürdigen Charakter.

Sein Vater hatte ihm neben einem großen Vermögen auch eine Schuldforderung an die englische Regierung hinterlassen. William Penn erbat sich als Entschädigung dafür das Land westlich von Delaware in Neuengland und schuf daraus den christlichen Freistaat Pennsylvania, ein heiliges Quäker-„Experiment", mit der Hauptstadt Philadelphia. Hier sollten unbedingte Religions- und Kulturfreiheit herrschen. William Penn gab Anweisungen zur Gründung von Siedlungen, zur Anlage von Straßen und Bergwerken und auch zur Erhaltung des Waldes (Pennsylvania = Waldland Penns). Durch eine Verfassung wurde bestimmt, daß es vor dem Gesetz keine Unterschiede im Hinblick auf Hautfarbe, Abstammung oder Religion geben dürfe.

Mit den Häuptlingen der Indianer schloß Penn Freundschaft und erhielt ihnen die Freiheit. Nur wer von ihm persönlich ermächtigt worden war, durfte mit ihnen Handel treiben, jedoch niemals Branntwein verkaufen. Dieses Abkommen mit den Indianern blieb leider das einzige seiner Art, „das nicht beschworen und nicht gebrochen wurde".

Über die Grenzen Pennsylvanias hinaussehend, hatte Penn als erster den Gedanken eines nach dem Grundsatz der Gewaltlosigkeit vereinigten Völkerbundes.

Dem Ruf Penns zur Auswanderung folgten viele Quäker aus Holland und England, ebenso Mennoniten und Unitarier. Wie kein anderer Europäer hat William Penn, der in Ruscomb (Berkshire) starb, das Vertrauen „der Söhne der Wildnis" genossen (nach einem Urteil des Historikers Ranke).

BARTHOLOMÄUS ZIEGENBALG
* 10. 7. 1682 † 23. 2. 1719

Bartholomäus Ziegenbalg, Sohn eines Getreidehändlers aus Pulsnitz in der Lausitz, hatte als Gymnasiast in Görlitz eine innere Wandlung erfahren, ging 1703 an die Hochschule in Halle und fand schnell persönliche Verbindung mit August Hermann Francke. Schon zwei Jahre später erreichte ihn auf einer Bildungsreise in Berlin der Ruf zur Mission.
Ziegenbalg legte daraufhin gemeinsam mit dem Mecklenburger Heinrich Plütschau in Kopenhagen sein theologisches Examen ab. Nach einer über zweihundert Tage dauernden Fahrt auf einem Segler kamen beide zur Südspitze Indiens, wo sie in einer dänischen Kolonie arbeiten sollten. Sie hatten nur das eine Ziel, das Evangelium in Indien zu verkünden, stießen aber auf unerwartete Widerstände: Der dänische Kommandant Hassius sah in ihnen nichts anderes als Aufpasser des Königs. Da er vieles zu verbergen hatte, drangsalierte er die christlichen Boten, behinderte ihre Arbeit auf alle erdenkliche Weise und wagte es sogar, Ziegenbalg einzukerkern.
Gerade dadurch aber wurde die Missionsarbeit unabhängig. Von weither kamen indische Gottsucher, um sich mit Ziegenbalg, der bald ihre Sprache beherrschte, zu besprechen. Er hatte sich allmählich mit ihren religiösen Vorstellungen vertraut gemacht.
Zwei Kirchen wurden gebaut. Er ließ auch eine der ersten Mädchenschulen in Indien errichten. Im Frühjahr 1711 vollendete Ziegenbalg die Übersetzung des Neuen Testaments in die Sprache der Tamulen. Noch im Herbst kamen drei Schriftsetzer aus Halle und brachten eine Druckerei mit tamulischen Buchstaben.
Auf einer Europareise sprach Bartholomäus Ziegenbalg in Halle, London und Kopenhagen über seine Arbeit. Dorothea Salzmann ging als erste Missionarsfrau mit ihm nach Indien, wo er in Trankebar, erst sechsunddreißig Jahre alt, gestorben ist.

THOMAS VON WESTEN
* 1682 † 9. 4. 1727

Im nördlichsten Teil Europas leben etwa dreißigtausend Lappen (die den Finnen verwandt sind). Meist ohne feste Wohnsitze, verdienen sie ihren Lebensunterhalt mit Fischfang, Rentierzucht und Holzwirtschaft. Schon im Mittelalter hatte man ihnen den christlichen Glauben bringen wollen. Die Besiedlung der Finnmark brachte zwar eine äußerliche Missionierung, doch keine geregelte Unterweisung im Glauben; so blieben heidnische Vorstellungen in den Herzen lebendig. Schließlich erhielt ein dänisches Missionskollegium zu Anfang des 18. Jahrhunderts die Aufgabe, das kleine Lappenvolk im lutherischen Glauben zu unterrichten.
1716 wurde Thomas von Westen aus Trondheim, Sohn eines Apothekers, der seit 1710 Hauptpastor in Weö in Romsdalen war, zum Bevollmächtigten der Lapplandmission bestellt und nach Trondheim berufen. Er sollte an der dortigen Domschule Lehrer und Katecheten für die Lappen ausbilden. Zwei ausgedehnte Fahrten halfen ihm, sich eine genaue Kenntnis von Land und Leuten zu verschaffen.
Er ordnete auch die richtige Zurüstung der Katecheten durch eine besondere Dienstanweisung. In seinem eigenen Hause hatte er einige Lappenkinder aufgenommen, die ihm später bei dem großen Vorhaben halfen.
Auf einer dritten Reise bat ihn die Jugend von Bodö und Umgebung um Glaubenslehre. Die Kinder von Harjangen konnten bereits die Bibel lesen. Voller Dank berichtete Thomas von Westen über seine Erfahrungen: „Ich habe fast jede Finnen- und Lappenbucht umwandert; weit über meine Arbeit hinaus hat mich der Herr gesegnet; seine Gnade war wie ein überschäumender Becher, mit vollen Garben darf ich zurückkehren."
Seine Kräfte waren nur begrenzt, aber seine Freude und seine Hoffnung für die Zukunft des Christentums unter den Lappen ließen nicht nach. Scharenweise suchten ihn, der nun in Trondheim bleiben mußte, Lappen auf, um ihm ihre Anhänglichkeit zu beweisen. Leider hörte er aber auch von manchen Rückschlägen, etwa von einem falschen Propheten in Salten,

der sich in Wunderheilungen versuchte und zum alten Götterdienst zurückführen wollte. Thomas war bereit, wenn es ihm ermöglicht werden sollte, auch unter Einsatz seines Lebens noch einmal zu einer Missionsfahrt aufzubrechen. Doch erlebte er das nicht mehr.

Sein ganzes Vermögen hatte er aufgebraucht. Als er nach schmerzhafter Krankheit im Alter von nur fünfundvierzig Jahren starb, mußten Freunde für sein Begräbnis aufkommen.

AUGUST HERMANN FRANCKE
* 22. 3. 1663 † 8. 6. 1727

Als Sohn eines Justizrats aus Thüringen in Lübeck geboren und in Gotha aufgewachsen, kam August Hermann Francke früh mit Reformbestrebungen in Verbindung, die zu einer Vorstufe des lutherischen Pietismus wurden. Doch erst eine plötzliche „Bekehrung" während seiner Vorbereitung auf eine Predigt über Joh. 20,31 vom „wahren und lebendigen Glauben" im Herbst 1687 führte ihn auf den Weg zum Pietismus. Er hatte vorher in Erfurt und Kiel (dort lernte er die kämpferische Orthodoxie kennen) studiert und sich in Hamburg hervorragende hebräische Sprachkenntnisse erworben. 1684 wurde er dort Professor für Hebräisch. Auf Speners Veranlassung ging er, aus Erfurt verwiesen, als Professor an die neugegründete Universität Halle und wurde zugleich Pastor in der Vorstadt Glaucha. Seine Überzeugungskraft, seine Arbeitsfreude und sein einzigartiges Liebeswerk überzeugten die Universitätsangehörigen und auch die Bürgerschaft: Halle wurde Mittelpunkt einer besonderen Form des Pietismus. Er zog die Studenten an, obwohl Francke sagte: „Ein Quentchen lebendigen Glaubens ist höher zu schätzen als ein Zentner des bloßen historischen Wissens, ein Tropfen wahrer Liebe mehr als ein ganzes Meer der Wissenschaft."

Mit dem „ehrlichen Kapital" von vier Talern sechzehn Groschen gründete Francke eine Armenschule. Es folgten ein Waisenhaus, ein Lehrerseminar, eine Erziehungsanstalt, eine Buch-

druckerei, ein Krankenhaus mit Apotheke, die Cansteinsche Bibelanstalt. Heute heißt der ganze Komplex die „Franckeschen Stiftungen“. So wurde August Hermann Francke ein Bahnbrecher der praktischen Liebestätigkeit im Protestantismus, ein Vater der „Inneren Mission“. Daneben nahmen sich die Franckeschüler Ziegenbalg und Plütschau der Heidenmission an. Francke selbst erstrebte eine Generalreformation der Welt durch ein erwecktes Christentum. Er knüpfte Beziehungen zu den Kirchen in Rußland, England und Dänemark an. Seine Kandidaten zogen als Prediger und Lehrer in viele Länder. Seine Gehilfen wurden: Freylinghausen, Ehlers, der Arzt und Liederdichter, Christian Richter, von Canstein, Neubauer, Herrenschmidt, von Bogatzky und Gottlieb Woltersdorf.
Bei seinem Tode unterrichteten über hundert Lehrer in neun Anstalten über zweitausend Kinder. Franckes Predigten und Schriften erreichten Auflagen von einer halben Million. Vierundvierzigtausend Briefe von seiner Hand sind erhalten.

ALEXANDRE ROUSSEL
* 1702 † 30. 11. 1728

Alexandre Roussel kam aus Uzès in Südfrankreich und wurde nach dem verschärften Edikt Ludwigs XV. vom Mai 1724 ein Prediger der „Kirche in der Wüste“.
Die reformierten Christen kamen nur noch nachts an oft ihnen selbst unbekannten Orten zusammen. Ihnen drohte wegen ihres Bekenntnisses stets lebenslängliche Galeerenstrafe, den Predigern der Tod, allen, die das römische Sterbesakrament verschmähten, der Schindanger.
Dennoch ließen sie sich weiter im Verborgenen durch todesmutige Prediger mit Wort und Sakrament stärken, obwohl viele entdeckt oder verraten wurden. So erging es schließlich auch dem jungen Roussel.
Seine versammelte Gemeinde wurde wie eine Herde umzingelt, ohne daß jemand entrinnen konnte. Der Prediger wurde gefesselt, mißhandelt, vor den Richter gebracht und zum Tod

am Galgen verurteilt. Alles Leid der für ihn bittenden Mutter, die einst Amme des Herzogs von Uzès bei Montpellier gewesen war, machte auf diesen keinen Eindruck. Er wollte trotz der mütterlichen Bitten seinen Milchbruder nicht retten, sondern der Tod des Ketzers sollte als abschreckendes Beispiel dienen. Die Mutter klagte dem Sohn: „Gott anrufen und ihm dienen ist in Frankreich ein todeswürdiges Verbrechen."
Alexandre Roussel ging, barfuß mit dem Strick um den Hals, seinen letzten Weg, auf dem er den 51. Psalm betete und sang.

DIE EVANGELISCHEN SALZBURGER
5. 8. 1731

Schon 1528 wurde ein früherer Barfüßermönch, Georg Schärer, der in Radstadt das Evangelium verkündigt hatte, zum ersten Märtyrer der Reformation im Erzbistum Salzburg. Der Gasteiner Ratsherr Martin Lodinger ging als erster Emigrant 1534 nach Süddeutschland. Die Gegenreformation verschärfte die Situation. 1588 wurde ein erstes erzbischöfliches „Reformationsmandat" erlassen, bald danach ein zweites. Bereits 1600 fand eine größere Schar Exulanten in Württemberg Aufnahme und gründete im Schwarzwald Freudenstadt. 1615 gingen etwa sechshundert aus Radstadt bis nach Mähren. 1684/1685 wurden mitten im Winter die Deferegger Talleute gewaltsam ausgetrieben, auch die Beamten und Knappen des Salzwerks im alten „Tyrnberg". Ihr Anführer, der Hutmann Joseph Schaitberger, hat durch seine Sendschreiben und sein berühmtes Trostlied eines armen „Exulanten" auch die späteren Auswanderer gestärkt. Insgesamt waren 1685 etwa tausend Evangelische nach Süddeutschland geflüchtet. Die eigentliche Verfolgung begann erst unter Erzbischof Firmian, der alle „Ketzer" aus dem Lande treiben wollte, „auch wenn künftig darin nur noch Dornen und Disteln wachsen sollten". Um so fester hielten die Evangelischen zusammen. Am 5. August 1731 schlossen dreihundert Männer in Schwarzach den „Salzbund" der Treue im evangelischen Glauben auf Leben und Tod.

Während man nachts in einsam gelegenen Häusern die Bibel las, betete und Glaubenslieder sang, standen an Wegen und Stegen die Wachen, um Häschern und Verrätern den Zugang zu verwehren.

Am Reformationstag 1731 wurden alle Protestanten durch ein Emigrationspatent des Landes verwiesen. Im Winter, unter außerordentlich harten Bedingungen, wurde der Erlaß durchgeführt. Weit über zwanzigtausend Salzburger, vorwiegend aus dem Pinzgau und dem Pongau, zogen als Exulanten in die Fremde, wandten sich zunächst nach Württemberg und Franken. Später folgten fast alle der Einladung Friedrich Wilhelms I., der „ihnen die hülfliche und mildreiche Hand zu bieten . . . in herzlichem Mitleiden“ aufgerufen hatte.

In zweiunddreißig Transporten wurden etwa zwanzigtausend Salzburger auf verschiedenen Wegen nach Berlin geleitet, von dort, teils über Stettin auf dem Seewege, teils zu Lande über Frankfurt und Küstrin, durch Pommern nach Königsberg, wo sie endlich im früheren Ostpreußen die neue Heimat fanden. Ausgerüstet waren sie mit Zugtieren, Pflügen und Saatgut. Häuser, Kirchen und Schulen wurden in großer Zahl gebaut. Bei der weiten Wanderung waren einzelne Familien schon unterwegs ansässig geworden, besonders in Ober- und Mitteldeutschland (vgl. Goethes „Hermann und Dorothea“). Ein Transport hatte zu zwei Dritteln aus Berchtesgadenern bestanden, vornehmlich Handwerkern (Drechslern und Schnitzern), die in Berlin in der Friedrichsstadt untergebracht wurden. Etwa siebenhundert von ihnen kamen nach Hannover, einige sogar nach Georgia in Amerika.

JOHANN MARTEILHE
*** um 1684 † um 1740**

Johann Marteilhe aus Bergerac wurde nach schweren Kindheitserlebnissen um seines Glaubens willen schon als Jüngling Galeerensträfling. 1702 kam er in Dünkirchen auf das Ruderschiff „Palme“, das einen erbarmungslosen Menschenschinder zum Kommandanten hatte. In einem Seegefecht verwundet, wäre Marteilhe beinahe als vermeintlich tot über Bord geworfen worden. Er war als Krüppel aber nun auf einer Ruderbank nicht mehr verwendbar und wurde vier Jahre als Schreiber eingesetzt. Als die Engländer nach Dünkirchen vordrangen, wurden die Galeerensträflinge in Ketten auf einen schrecklichen Todesmarsch nach Marseille geschickt. Doch schließlich mußten die Hugenotten freigelassen werden. So kamen diese Bekenner nach Genf, Bern, Frankfurt und hinunter bis Holland.

Johann Marteilhe ging mit einer Abordnung ehemaliger Gefangener nach England, um für die noch in Frankreich zurückgehaltenen Glaubensbrüder zu bitten. Danach ließ er sich in Holland nieder und konnte den Rest seines Lebens in Ruhe verbringen. Er hat dort seine Erlebnisse auf den Galeeren niedergeschrieben.

MATTHIAS DESUBAS
* um 1720 † 2. 2. 1746

Matthias Desubas, so nach seinem Geburtsort benannt, hieß eigentlich Matthias Majal. Er wurde als junger, noch nicht ordinierter Prediger unter den „Hirten in der Wüste" (nach ihren einsamen Versammlungsorten in den Cevennen so genannt) verhaftet und nach Vernoux ins Gefängnis gebracht. Unterwegs wollten ihn fünf Glaubensgenossen befreien, doch das Vorhaben mißlang, die fünf wurden erschossen.

Dies geschah im April 1745. Die Kunde davon verbreitete sich wie ein Lauffeuer. Scharen von evangelischen Männern und Frauen kamen nach Vernoux, um seine Freilassung zu erwirken, doch Desubas wurde nach Montpellier abgeführt und vor Gericht gestellt. Als der Kommandant fragte, ob die „Hirten in der Wüste" zu den Waffen aufgerufen hätten und mit den Engländern in Verbindung stünden, konnte der Gefangene dies nur verneinen. Dennoch wurde der junge Prediger zum Tod durch Erhängen verurteilt. Das Urteil fiel angeblich

auf Befehl des Königs so hart aus, da dieser eine Landung der Engländer an der französischen Mittelmeerküste fürchtete und argwöhnte, die Reformierten unterstützten sie.
Desubas standhaftes Sterben beeindruckte nicht nur die Protestanten, sondern auch die Katholiken. Vor seinem Tode mußte er noch die Verbrennung der Bücher mit ansehen, die man bei ihm gefunden hatte, im wesentlichen Erbauungsschriften.
Der Märtyrertod des sechsundzwanzigjährigen „Predigers in der Wüste" bereitete in allen Gemeinden großen Schmerz, aber stärkte auch die Herzen zu hoffendem Glauben.

VALENTIN ERNST LÖSCHER
* 29. 12. 1673 † 12. 2. 1749

In Sondershausen in weitverzweigtem Theologengeschlecht geboren, wollte Valentin Ernst Löscher selbst eigentlich die Familientradition nicht fortsetzen. Mit siebzehn Jahren wurde er Student der Geschichte und Philosophie in Wittenberg, wo sein Vater inzwischen Professor der Theologie und gleichzeitig Generalsuperintendent geworden war. Löscher ging für eine Zeit nach Jena und erwarb sich ein universales Wissen. Erst langsam traten auch theologische Interessen hervor. 1695 unternahm er eine Bildungsreise nach Holland und Dänemark. Schon als Magister hatte er unter großem Zulauf Vorlesungen gehalten. Er wurde dann 1698 Superintendent in Jüterbog, drei Jahre später in Delitzsch, 1707 Professor in Wittenberg und nach weiteren zwei Jahren Superintendent und Oberkonsistorialassessor in Dresden. Bis zu seinem Tode war er dort tätig.
Löscher war der würdigste, gelehrteste und auch maßvollste Vertreter der lutherischen Orthodoxie seiner Zeit. Er griff durchaus die berechtigten Forderungen des Pietismus auf, zumal Speners, indem er betonte: „Außer dem Bekenntnis des Glaubens und dem äußeren Tugendwandel gibt es etwas Innerliches, darin man wachsen kann; gläubiges Vertrauen, Gottesfurcht und Hoffnung des ewigen Lebens gehören dazu.

Wollte man das alles wegnehmen, so bliebe unser Glaube auf den Lippen und in leeren Gebärden." Die echte „Theologie des Herzens" habe nichts mit mystischer Schwärmerei zu tun. Doch er wandte sich gegen die von den Pietisten meist übertriebene Wertschätzung der eigenen Bekehrung, die man auf Tag und Stunde angeben sollte. Das Streben nach „Heiligung" dürfe nicht zu einer falschen „Heiligkeit" führen, daß man etwa glaube, mit der Sünde fertig zu sein und auf „die Welt" mitleidig herabsehen zu können. Im weiteren Gegensatz zur falschen Gesetzlichkeit vieler Pietisten betonte Löscher die sogenannten Mitteldinge, die weder geboten noch verboten sein dürften, wie Rauchen, Tanzen, Biertrinken, Theaterbesuch und ähnliches.

Löscher war Herausgeber der ersten theologischen Zeitschrift: „Altes und Neues aus dem Schatz theologischer Wissenschaften" von 1701; ab 1702 erschien sie unter dem Titel: „Unschuldige Nachrichten von alten und neuen theologischen Sachen".

Er schrieb „Merckwürdige Wercke Gottes" (1724) und andere Schriften, auch etwa hundertzwanzig Kirchenlieder. Zuletzt plante er ein Büchlein: „Vom Nutzen der Kernsprüche göttlicher Schrift in der Überwindung der Todesfurcht" und hatte dazu schon viele Trostsprüche zusammengestellt.

Im Herbst 1748 unternahm er eine letzte Reise zu seinen Kindern in Chemnitz, predigte im Advent in Dresden, wo er seine Dankbarkeit für fünfzig Jahre des Dienstes betonte.

JOHANN SEBASTIAN BACH
* 21. 3. 1685 † 28. 7. 1750

Die „Bache" musizierten durch viele Generationen hindurch in Thüringen. Johann Sebastian wurde in Eisenach als fünfter Sohn des Stadtmusikus und Geigers Ambrosius Bach geboren, der, wie auch die Mutter, früh starb. In Ohrdruf bei seinem älteren Bruder Johann Christoph erhielt er den ersten Musikunterricht. Als Fünfzehnjähriger wurde er Schüler (Chorsänger) der Michaelisschule in Lüneburg und besuchte von hier aus mehrfach Hamburg, Lübeck und Celle, wo damals ausgezeichnete Organisten und Orchester wirkten. 1703 wurde er Geiger in der Weimarer Hofkapelle, übernahm aber im gleichen Jahr das Organistenamt in Arnstadt, von wo aus er Buxtehude in Lübeck besuchte. Er blieb länger, als er Urlaub hatte, und verließ dieses Amt. 1707 wurde er Organist in Mühlhausen, wo er seine Base Barbara heiratete. 1708 lebte er als Organist und Konzertmeister in Weimar, 1717 in Köthen. Hier starb seine Frau. Nach anderthalb Jahren heiratete er wieder. Anna Magdalena geb. Wilkens. Beide Ehen waren kinderreich und glücklich.

Anna Magdalena starb 1760 im Leipziger Armenhaus, so schnell hatte man Johann Sebastian Bach vergessen, obgleich er gerade in Leipzig von 1723 an bis zu seinem Tode als Kantor und Organist an St. Thomas und St. Nicolai sein Amt im Dienste der Gemeinden geübt hatte.

Erst die durch Mendelssohn angeregte Wiederaufführung der Matthäuspassion 1829 hat das Werk Johann Sebastian Bachs wieder bekanntgemacht. 1851–1900 ist es in einer großen Gesamtausgabe erschienen: die h-Moll-Messe, das Weihnachtsoratorium, das Magnifikat, die Matthäus- und die Johannespassion, die Kantaten und Motetten, die Orchestersuiten, die Brandenburgischen Konzerte, das „Wohltemperierte Klavier", die Fugen und Orgelchoräle.

An jedem Sonntag, außer in der Fastenzeit, wurde in der Thomaskirche eine Kantate aufgeführt, die zum Predigttext in Beziehung stand.

Seine Kunst kam aus eigener inniger Andacht. Was er schuf, war immer inspiriert, im Gebet empfangen. Davon zeugen die Anfangs- und Schlußzeichen: J. j. = Jesu juva (Jesu, hilf) und S. D. G. = Soli Deo Gloria (Gott allein die Ehre!).

Zuletzt, halb erblindet, diktierte er seinem Schwiegersohn Altnikol eine Choralphantasie über die Melodie „Wenn wir in höchsten Nöten sein". Es klingt wie sein Sterbegebet: „Vor deinen Thron tret ich hiermit, o Gott, und dich demütig bitt: Wend nur dein gnädig Angesicht von mir blutarmen Sünder nit. Ein selig Ende mir bescher, am jüngsten Tag erweck mich, Herr, daß ich dich schaue ewiglich, Amen, Amen, erhöre mich!"

JOHANN ALBRECHT BENGEL
* 24. 6. 1687 † 2. 11. 1752

Johann Albrecht Bengel aus Winnenden, Sohn eines früh verstorbenen Diakons, erlebte eine schwere Jugend in bitterer Armut und schrieb doch später: „Meine Jugend war ein Meer des Erbarmens."
Bengel studierte in Tübingen Theologie. Eine schwere Krankheit brachte ihn an den Rand des Todes. 1713 wurde er Präzeptor an der Klosterschule Denkendorf bei Eßlingen, wo er im Laufe der Zeit mehr als dreihundert Schüler auf das theologische Studium vorbereitete. Alle zwei Jahre arbeitete er mit ihnen den griechischen Urtext des Neuen Testaments durch. Dabei gab er die Anweisung, sich bei jedem Bibelstudium ganz an den Text zu halten, ihn sodann auf sich anzuwenden, nichts in die Bibel hineinzutragen, doch alles aus ihr herauszuholen. „Nur einem frommen und gläubigen Sinn erschließt sich ihre Kraft und Herrlichkeit."
Bengel beschäftigte sich mit dem Werk und den Gedanken Speners und Franckes. So wurde er schließlich die führende Gestalt des schwäbischen Pietismus. 1741 wurde er in Herbrechtingen und Alpirsbach Prälat mit Amtssitz in Stuttgart, von 1749 an war er Konsistorialrat. Als Forscher, Pädagoge und Seelsorger schätzte man ihn sehr.
Sein bedeutendstes Werk ist sein „Gnomon" (Fingerzeig oder Zeiger an der Sonnenuhr), ein Wort-für-Wort-Kommentar. Er hatte sich dafür unter großen persönlichen Opfern sogar „asiatische" und „afrikanische" Handschriften beschafft, um alle Quellen kritisch prüfen zu können.
Sein Werk hat noch heute große Bedeutung und ist eine Fundgrube biblischer Erkenntnis und Auslegungskunst.
Die Richtschnur für sein Handeln blieb: „Gut Freund mit allen, die Jesus liebhaben, und im übrigen sich unabhängig halten." Bengel versuchte ein warmherziges christliches Leben in den Gemeinden und in den Schulen zu wecken und zu erhalten.

HANS EGEDE
* 31. 1. 1686 † 5. 11. 1758

Hans Egede aus Trondenes in Nordnorwegen wurde der Apostel Grönlands, wohin er am 3. Juli 1721 kam. Er war vorher Pfarrer auf einer Lofoteninsel gewesen und hatte nach elf Jahren dort sein Amt niedergelegt. Drei Jahre brauchte er, um eine Expedition auszurüsten, die über sechs Wochen auf See war, bis sie landete. Doch sie fanden keine Norweger, keine der erwarteten Normannen aus alten Zeiten, sondern zu ihrer Überraschung Eskimos, ganz und gar in Seehundfelle gekleidete kleine Leute. In ihren Hütten, von brennendem Tran verpestet, war es für die Missionare kaum auszuhalten.

Egede und seine unter inneren Opfern mitgezogene Frau nahmen trotzdem ihre Lebensweise an, lebten sich mit geduldiger Liebe in die fremde, begriffsarme Sprache ein und gewannen allmählich das Vertrauen der Eskimos. Nach zehn Jahren wurden alle Dänen in die Heimat zurückgerufen. Die Egedes blieben allein mit ihren Kindern in der christlichen Kolonie „Godhaab" (Gute Hoffnung) zurück.

Trotz des Widerstandes der Medizinmänner wandten sich immer mehr Eskimos an Hans Egede, wenn sie Rat brauchten. Unter vielen Entbehrungen hielt er aus, bis auf Veranlassung von Zinzendorf neue Mittel von Kopenhagen für die Grönlandmission bewilligt wurden und Brüdermissionare aus Herrnhut ihnen zu Hilfe kamen.

Einige ans Festland gefahrene Grönländer schleppten die Blattern ein, die sich mit großer Schnelligkeit verbreiteten. Tausende starben, von mehr als zweihundert Familien aus der Umgebung der Missionsstation waren kaum drei übriggeblieben. Auch Egedes Frau, die auf Grönland fünfzehn Jahre seine treue Gehilfin gewesen war, starb 1735.

Nun übernahm im Sommer 1736 sein Sohn Paul die Arbeit, während er selbst in Kopenhagen die Ausbildung von Katecheten für Grönland leitete. Egede starb im Alter von siebenundsiebzig Jahren in Stubbeck Jöbing auf Falster in Dänemark.

NIKOLAUS LUDWIG GRAF VON ZINZENDORF
* 26. 5. 1700 † 9. 5. 1760

Zinzendorfs Vater war sächsischer Minister in Dresden gewesen. Nach seinem frühen Tod und der Wiederverheiratung der Mutter wurde Nikolaus Ludwig von der Großmutter in Großhennersdorf erzogen.

„In meinem vierten Jahr fing ich an, Gott mit Ernst zu suchen." Später sagte er: „Ich habe nur eine Passion, die ist ER, nur ER." Ihm weihte er sein Leben.

Spener war sein Taufpate, Francke wurde im Halleschen Pädagogium von 1710 bis 1716 sein Erzieher. In Wittenberg mußte er der Familie zuliebe Jura studieren. Eine akademische Reise brachte ihn in Holland mit Reformierten, in Paris mit hohen katholischen Würdenträgern zusammen. Von 1721 bis 1727 wirkte er als Hofrat in Dresden und hielt bereits religiöse Konventikel. 1722 vermählte sich Zinzendorf mit Erdmuth Dorothea Gräfin Reuß in Ebersdorf und siedelte im gleichen Jahre die ersten mährischen Exulanten auf seinen Besitzungen in der Lausitz an. So bildete sich allmählich die Herrnhuter Brüdergemeine, der Zinzendorf nach seinem Ausscheiden aus dem Staatsdienst seine ganze Kraft und Liebe widmete. Mit der Verwirklichung christlicher Bruderschaft verband sich nun ein ökumenischer, überkonfessioneller Zeugen- und Botendienst unter Erweckten und noch nicht Erweckten. Zinzendorf wollte keine Separation, aber wegen vieler Besonderheiten des Gemeindelebens entstand doch eine Art Sonderkirche.

1734 ließ Zinzendorf in Stralsund, nach ersten inkognito gehaltenen Predigten, seine Rechtgläubigkeit prüfen und auch von Tübingen bestätigen, wo er sich ordinieren ließ. 1736 nahm er das Bischofsamt an, um einen kirchenrechtlichen Anschluß an die alte böhmische Brüdergemeine zu sichern. Das eigentliche Oberhaupt der Brüdergemeine blieb nach seinem Willen nur der „Generalälteste", Jesus selbst.

1736 aus Sachsen verbannt, war Zinzendorf bis 1750 mit seiner „Pilgergemeine" in der Wetterau, hier brachte er manchen kirchenfeindlichen Separatisten wieder auf kirchliche Bahnen. Nach längerem Aufenthalt in England war der Graf dann bis zu seinem Tode wieder in Herrnhut. Er unternahm noch viele Reisen, die ihn nicht nur durch ganz Deutschland führten, sondern auch nach Holland, Frankreich, England, Dänemark, Schweden, Böhmen, Rußland und in die Schweiz, zweimal auch nach Amerika.

Immer blieb es seine Überzeugung, daß die Kinder Gottes in allen Konfessionen eins sind. Mit seinem Lied „Herz und Herz vereint zusammen“ sind auch „Jesu, geh voran“ und „Herr, dein Wort, die edle Gabe“ neben den seit 1731 in ununterbrochener Folge gedruckten „Losungen“ ein unverlierbarer Beitrag zum Leben der Gemeinde geworden. Graf Zinzendorf wollte in allen Konfessionen den Glauben als „Herzensreligion“ wecken.

Seine „Frömmigkeit des Gemüts“ war im Gegensatz zum „Bußkampf“ des halleschen Pietismus mehr optimistisch und fröhlich gestimmt.

ANTOINE COURT
* 27. 3. 1695 † 13. 6. 1760

Antoine Court aus der Provinz Vivarais in den Cevennen wurde schon mit vierzehn Jahren Vorleser in geheimen hugenottischen Versammlungen, die er bald selbst einrichtete. Court ging einen gefahrvollen Weg, waren doch von 1685 bis 1762 in Frankreich über hundert Geistliche hingerichtet und über zweitausend auf die Galeeren gebracht worden.

Court durchzog die engere Heimat, auch die Dauphiné, und verbrachte den Winter 1714/1715 in Marseille, wo er mit Galeerensträflingen heimlich Psalmen sang und sie mit der Verkündigung des Evangeliums und der Spendung des heiligen Sakraments des Abendmahls stärkte.

1715 brachte er an einem Kreuzweg eine nächtliche Synode zusammen und organisierte dann allmählich im Süden wieder die bis dahin zersprengte Kirche. Im Jahre 1726 konnte in einem abgelegenen Tal in Vivarais am 16. Mai endlich eine

Nationalsynode der „Kirche in der Wüste" zusammentreten. Court bildete vor allem neue Prediger aus, gründete dazu auch in Lausanne, wohin er schließlich zu diesem Zweck gegangen war, ein Predigerseminar.
Fünfzehn Jahre lang war sein Leben stündlich bedroht, ein Kopfpreis in beträchtlicher Höhe war ausgesetzt worden. Außerdem zehrte das Sumpffieber an seinen Kräften.
Von Lausanne aus konnte er nun die Evangelischen in Frankreich mit Predigern, Bibeln und Büchern, mit Geld und Hilfsaktionen für die Gefangenen und Hinterbliebenen der Märtyrer unterstützen. Ihm ist es zu verdanken, daß die oft schwärmerisch gewordenen Hugenotten allmählich zu evangelischer Nüchternheit zurückgeführt werden konnten.
So gefährlich für ihn das Wirken in der Stille gewesen war, es wurde von Erfolg gekrönt. Schon 1728 gab es allein in Languedoc und in der Dauphiné etwa zweihunderttausend Protestanten in über hundert Gemeinden mit vier Geistlichen und achtzehn Kandidaten. Von 1743 bis 1752 erlitten die Hugenotten noch einmal furchtbare Verfolgungen, doch die evangelische Kirche lebte in Frankreich fort. Antoine Court reiste noch mehrmals in die Heimat, bevor er in Lausanne starb.

GERHARD TERSTEEGEN
* 25. 11. 1697 † 3. 4. 1769

Gerrit ter Steegen wurde in dem damals niederländisch-oranischen Moers am Niederrhein geboren. Er war das achte Kind eines Kaufmanns, der starb, als der Knabe sechs Jahre alt war. Er besuchte später die Lateinschule. Bei einer Feier hielt er eine Rede in lateinischen Versen. Doch mußte er, verarmt, frühzeitig das Gymnasium verlassen und in die Kaufmannslehre gehen. Hier beeinflußte ihn der quietistische Mystiker Wilhelm Hoffmann. Im Alter von etwas über zwanzig Jahren wechselte er den unruhigen Beruf des Kaufmanns mit dem stillen eines Bandwirkers. Fünf Jahre lebte er in fast völliger Einsamkeit, so daß eine zehn Wochen dauernde Krankheit von niemandem im Hause bemerkt wurde. Er erkannte in dieser Zeit, daß es völlig unmöglich sei, aus eigener Kraft Gott wohlgefällig zu werden.

Am Gründonnerstag 1724 hat er mit eigenem Blut ein Gelöbnis niedergeschrieben: „Ich verschreibe mich dir, mein Heiland Jesus Christus; befiehl, herrsche, regiere in mir."

Er verfaßte in der Folgezeit fünfundzwanzig Lebensbilder von katholischen und evangelischen Frommen, die in ihrer Gottinnigkeit seine Vorbilder geworden waren: „Leben heiliger Seelen". Langsam trat der stille Tersteegen aus seiner Verborgenheit hervor, predigte zu Hause, wohin viele Menschen fanden. Sie wollten auch beichten. Er sprach von nun an häufig in den religiösen „Übungen" Hoffmanns in Mülheim, wo er auch später wohnte und gestorben ist.

Mit sehr vielen Christen stand er brieflich in Verbindung. Viele lasen seine Schriften. Thomas von Kempens „Nachfolge" gab er neu heraus. Eigene Schriften sind „Geistliches Blumengärtlein inniger Seelen", „Kurze Schlußreime, Betrachtungen und Lieder über allerlei Wahrheiten des inwendigen Christentums", „Geistliche Brosamen", „Gedanken über die Welt des Weltweisen zu Sanssouci", „Der Grundriß der christlichen Wahrheiten" (als Katechismus für die Kinder seiner Geschwister geschrieben).

Seine Lieder hat man das Schönste in deutscher Sprache vor Goethe genannt. Es sind unverlierbare Kleinodien in unseren Gesangbüchern: „Gott ist gegenwärtig, lasset uns anbeten ..., wie die zarten Blumen sich entfalten und der Sonne stillehalten ...", „Ich bete an die Macht der Liebe, die sich in Jesu offenbart ..."

Tersteegen organisierte auch ein großes Hilfswerk. In der Pilgerhütte bei Heiligenhaus verband sich eine von ihm erweckte Schar junger Männer zu einer Bruderschaft. Tersteegen war oft selbst dort. Gelassenheit, Einkehr, Demut und Stille waren gesegnete Früchte seines Lebens.

PHILIPP FRIEDRICH HILLER
* 6. 1. 1699 † 24. 4. 1769

Philipp Friedrich Hiller, Pastorensohn aus Mühlhausen an der Enz, wurde in Denkendorf mit anderen schwäbischen Schülern von Bengel tief beeinflußt, studierte in Tübingen Theologie, wurde Magister und ging 1724 ins geistliche Amt. 1732 wurde er Pfarrer in Neckargönningen, 1736 dann in seinem Heimatort und schließlich in Steinheim bei Heidenheim.
Mit seiner kinderreichen Familie mußte er viel erleiden. Das schwerste war, daß er 1751 seine Stimme verlor und seine Gottesdienste einem Vikar überlassen mußte. Er beschränkte sich auf die Seelsorge, da er noch auf mäßige Entfernung verständlich war. So diente er den Kranken und Bekümmerten.
Er schuf in der Folgezeit über tausend Gedichte und Lieder, darunter wohl als reifstes und stärkstes: „Jesus Christus herrscht als König / alles wird ihm untertänig / alles legt ihm Gott zu Fuß." Er schrieb auch ein „Leben Jesu" in Reimen, ein „Nützliches Andenken für Konfirmierte". Ein anderes Buch wurden die „Gott geheiligten Morgenstunden in zwölf poetischen Betrachtungen des Morgentaus nach biblischen Sprüchen". Im Vorwort nennt er in aller Bescheidenheit seine Dichtkunst einen „Dienst des Evangeliums".
Berühmt wurde Hiller besonders durch sein „Geistliches Liedkästlein", das 1762 bis 1767 erschien. Es ist volkstümlich, biblisch und herzenswarm. Und so gehörte es bald zu den beliebtesten Andachtsbüchern in Württemberg.

FRIEDRICH CHRISTOPH OETINGER
* 6. 3. 1702 † 10. 2. 1782

Friedrich Christoph Oetinger, in Göppingen als Sohn eines Stadtschreibers geboren, studierte Theologie, „weil Gott dienen Freiheit ist", wurde 1731 Repetent in Tübingen, 1738 Pfarrer in Hirsau, 1743 in Schnaiheim, 1746 in Walddorf, 1752

Dekan in Weinsberg, 1759 in Herrenberg und von 1766 an Prälat in Murrhardt, wo er auch starb.

Zuerst von Leibniz beeinflußt, führte ihn in Tübingen ein Pulvermüller zu Jakob Böhme, in dessen Gedanken er die Grundrichtung seines ferneren Wirkens fand. Denn wenn man die Werke Gottes betrachte, verstehe man die Heilige Schrift, und diese wiederum führe zum Begreifen der Werke Gottes. Als Naturforscher meinte Oetinger durch ein Experiment mit zu Pulver zerriebenen Melissenblättern, die zu Melissenöl werden und sich dann wieder in Blätterform zeigen, Beweise für die Auferstehung des Leibes gefunden zu haben.

Berühmt ist sein oft zitierter Satz: „Leiblichkeit ist das Ende der Wege Gottes."

Oetinger hat den schwäbischen Pietismus entscheidend mitgeprägt. Er selbst war von Bengel beeinflußt, neigte aber noch stärker zur „Theosophie". Diesen Namen hat er seiner Verkündigung selbst gegeben. Er wollte die pneumatische, unzerstörbare Leiblichkeit der Werke Gottes betonen.

Viele seiner Gedanken wurden weitergeführt, unter anderem von Blumhardt und von den Anthroposophen.

JOHN WESLEY
* 17. 6. 1703 † 2. 3. 1791

John Wesley war der Begründer der Methodistischen Kirche. Er stammte aus einem anglikanischen Pfarrhause in Epworth (Lincolshire/Nordengland). Die Familie war sehr groß (achtzehn Kinder). So lernte er früh Bedürftigkeit und Armut kennen. Von 1720 an studierte er in Oxford, wurde 1725 Diakon, drei Jahre später Presbyter und half dann drei weitere Jahre im heimatlichen Pfarramt.

Er kehrte aber an die Universität zurück und wurde Mittelpunkt einer kleinen Gemeinschaft von Studenten, die sich zu einem zuchtvollen Leben verbunden und sich auch eine Regel, eine „Methode", gegeben hatten, nach der sie lebten: gemeinsame Lesung der Bibel, Gebet und Besuch von Gefangenen.

Wegen dieses ungewöhnlichen Lebens erhielten sie zum Spott den Namen „Methodisten“ oder gar „Bibelmotten“.
Sie waren fleißig, lasen täglich lateinische und griechische Autoren und auch das Neue Testament in der Ursprache, dazu mystische Texte. Sie begannen arme Kinder zu unterrichten. Von 1735–1737 wirkte John Wesley als Diasporapfarrer und Missionar in Georgia in Nordamerika, wo er Herrnhuter Brüder, unter anderem Spangenberg, und Salzburger Emigranten kennenlernte.
Die zentrale Thematik des deutschen Pietismus, besonders das Streben nach Wiedergeburt, Versöhnung und Heiligung, bestärkten ihn, sein eigenes Lebensziel in der Wiedergewinnung der urchristlichen Haltung und der Wiederherstellung der urchristlichen Wirklichkeit der Liebe zu verwirklichen. Er begann mit dem Liederdichten, doch innere Ruhe gewann er noch nicht. Er schrieb: „Ich habe einen Glauben, der für das schöne Sommerwetter taugt; aber wenn mir der Tod ins Angesicht schaut, dann verdüstert sich mein Geist ...“ Nach seiner Rückkehr erfuhr er im Mai 1738 bei einer Zusammenkunft, in der Luthers Vorrede zum Römerbrief vorgelesen wurde, die Stunde seiner „Bekehrung“, seiner Glaubensgewißheit. Kurz danach besuchte er Zinzendorf in Marienborn, Büdingen und in Herrnhut. Nun begann sein großer Dienst der Evangelisation, der unermüdlichen Predigt- und Seelsorgetätigkeit in der Heimat. Er wirkte an vielen Orten in England, Irland, Wales, auch in Schottland.
Täglich predigte er vier- bis fünfmal und gründete methodistische Gemeinschaften innerhalb der anglikanischen Kirche, bildete für sie auch Laienprediger aus. Er arbeitete besonders in Arbeitergegenden, unter den Kumpels von Kingswood, den Gießereiarbeitern in London und Newcastle.
Wesley predigte meist im Freien. Dabei richtete er sich zum Ärger vieler Pfarrer nicht nach Kirchspielgrenzen: „Mein Kirchspiel ist die Welt.“
Er wollte keine Abspaltung von der Kirche, konnte sie in Nordamerika aber nicht verhindern. Dort entstand die „Bischöfliche Methodistenkirche“ zuerst.
Auch soziale Ziele verfolgte Wesley, vor allem wandte er sich entschieden gegen den Sklavenhandel.

GOTTLIEB AUGUST SPANGENBERG
* 13. 7. 1704 † 18. 9. 1792

Der Pfarrerssohn Gottlieb August Spangenberg aus Klettenberg im Harz erfuhr als Student in Jena eine „Bekehrung" und wurde nun nicht Jurist, sondern Theologe. Ab 1729 war er Magister, dann einige Jahre Armenschullehrer, schließlich ging er als Adjunkt an die Universität Halle und arbeitete dort gleichzeitig als Gehilfe am Waisenhaus Franckes. Dies dauerte aber nur kurze Zeit, da man ihm seine Haltung gegenüber armen Brüdern, denen er Herberge bei sich bot, seine Ablehnung der Anrede „Hochwürden" und anderes als „affektierte Demut" auslegte. Nun rief ihn Zinzendorf nach Herrnhut.
Auf des Grafen Veranlassung ging Spangenberg für mehrere Jahre nach Amerika, nahm sich der ausgewiesenen Schwenckfeldianer an, ließ den Siedlern am Savannah das Land zumessen, rodete mit ihnen den Wald, streute die erste Saat und durchlebte mit ihnen die Mühsale des Anfangs. Er förderte auch die Christianisierung unter den Indianern.
1739 und 1744 war er wieder in Europa, wo er die wachsende englische Brüdergemeine beeinflußte.
Spangenberg wurde nach dem Tode Zinzendorfs sein Nachfolger, der zweite Bischof der Brüderkirche. 1751 bis 1753 und 1754 bis 1762 weilte er noch zweimal in Amerika. Obwohl im Jahre 1755 elf Brüder der dortigen Gemeinden, die eine Gemeinwirtschaft im Namen Jesu führten, während des Indianerkrieges erschlagen worden waren, äußerte Spangenberg seine ungebrochen starke Glaubenszuversicht und ließ ein Aufgeben der Indianermission nicht zu.
Begeisterung und Nüchternheit, Glaubensmut und ökonomisches Geschick hielten sich bei Spangenberg immer die Waage. „Gottes Wille geschehe, mein Wille vergehe; mich freut das Wort: Ich will dich mit meinen Augen leiten." Als verteidigender und auch manches verschweigender Biograph Zinzendorfs, als Verfasser der „Idea fidei fratrum" (Glaubenslehre der Brüdergemeinen), als Prediger und Briefschreiber festigte und verkirchlichte Spangenberg die Unität. Theologisch blieb er klar dem reformatorischen Erbe verpflichtet.

Seine „Kinderreden" und sein Lobpreis der „Heiligen Einfalt" spiegeln sein Inneres wider. 1791 siedelte er mit der Direktion nach Berthelsdorf über. Im August ließ er sich im Rollwagen aufs Erntefeld fahren, stimmte den Choral „Nun danket alle Gott" an, brachte den Schnittern einen Trunk und erteilte ihnen den väterlichen Segen.
Kind und Kindeskinder haben noch von diesem Bischofsbesuch auf dem Erntefeld erzählt. Dreißig Jahre war Spangenberg Bischof der Brüdergemeine, bis er mit achtundachtzig Jahren heimgerufen wurde.

PAUL RABAUT
* 1718 † 25. 9. 1794

Paul Rabaut, geboren in Bedarieux (Departement Herault), war 1738 Vikar in Nîmes. Er studierte ab 1740 an dem von Court geleiteten Seminar in Lausanne und ging als Pfarrer der „zweiten Wüstengeneration" nach Nîmes zurück, wo Verfolgungen seine Arbeit sehr erschwerten. Eine Kopfprämie war auf ihn ausgesetzt worden. Er wanderte deshalb unter wechselnden Namen und in verschiedenen Verkleidungen durch die Rhôneniederung und die Berge, lebte fast immer unter freiem Himmel, in entlegenen Hütten und Höhlen. Als Bäckergeselle oder Kaufmann getarnt, verrichtete er unerschrocken und unerschütterlich seine Amtshandlungen.
Er liebte seine verfolgte, leidende Kirche bis zur Selbstaufopferung und wurde ihr heimlicher Bischof. Große Mühe hatte er, seine Glaubensgenossen trotz der ungeheuerlichen persönlichen Quälereien, die ihnen angetan wurden, von Gewalttaten zurückzuhalten. Er selbst wagte sein Leben, als er eines Nachts vor den Kriegsminister trat und ihm eine Bittschrift überreichte. Dabei nannte er offen seinen Namen. Dieser Mut entwaffnete den Minister, so daß er gegen Rabaut nichts unternahm.
1761 und 1762 suchte noch einmal eine Welle der Verfolgung die Gemeinden heim.

Paul Rabaut, der einen umfangreichen Briefwechsel mit bedeutenden Persönlichkeiten führte, konnte 1788 erleben, wie ein von ihm erwirktes Toleranzedikt Gesetzeskraft erhielt. Er selbst mußte aber noch einmal in den Kerker. Sein ältester Sohn starb als Girondist auf dem Schafott.
Bald nach der Entlassung aus dem Gefängnis starb Rabaut in Nîmes.

JOHANN FRIEDRICH FLATTICH
* 3. 10. 1713 † 1. 6. 1797

Johann Friedrich Flattich, Sohn eines Amtmannes in Beyhingen bei Ludwigsburg, fand nach dem frühen Tod des Vaters in Bengel seinen geistlichen Vater. Von Maulbronn ging er nach Tübingen, wo er 1737 sein Studium beendete. Nach Vikarsdiensten an verschiedenen Orten wurde er 1747 Pfarrer in Metterzimmern und schließlich ab 1760 bis zu seinem Tode in Münchingen in der Nähe Stuttgarts. Er wurde durch Schlagfertigkeit und Mutterwitz zu einem „schwäbischen Original". Was er für recht erkannt hatte, das tat er, auch wenn es nicht zum guten Ton gehörte.
Er war ein biblischer Pietist, verbunden mit einer weltoffenen Aufklärungsfrömmigkeit, ein guter Pädagoge, der aber die bloße Moral ablehnte. Wahre Erziehung war ihm nur durch Wiedergeburt aus dem Heiligen Geist und der Liebe möglich. Er schrieb in diesem Sinn „Pädagogische Blicke".
In seinem Hause hatte er neben den ihm gebliebenen sechs eigenen Kindern (von vierzehn) viele Zöglinge, die er in großer Liebe und Geduld und mit Gebet ins Leben führte, wobei er die Grenzen einer rein humanistischen Erziehung gut kannte.
Über zweihundert junge Leute gingen durch seine weise, von christlichem Geist getragene Erziehung. Selbst als er schon hochbetagt war, meinte er, noch immer viel lernen zu müssen, „desto mehr reife ich für die Auferstehung".

CHRISTIAN FRIEDRICH SCHWARTZ
* 26. 10. 1726 † 13. 2. 1798

Christian Friedrich Schwartz, Sohn eines Bäckers und Bauern aus Sonnenberg in der Neumark, studierte in Halle Theologie und begegnete dort dem ostindischen Missionar Benjamin Schultze, der den Neudruck einer Tamulenbibel vorbereitete. Diese Arbeit wurde der Anlaß, daß auch Schwartz sich der Tamulenmission verschrieb. Am 30. Juli 1749 langte er in Trankebar an, wirkte dort bis 1762, dann in Tiruchirapalli und von 1772 bis zu seinem Tode in Tanjore. Obwohl körperlich schwach, hielt er täglich Predigten, sonntags in drei Sprachen.
Auf ausgedehnten Predigtwanderungen saß er lehrend unter einem Baum, in einer Hütte aus Palmblättern oder auf einer Rasenbank und bezeugte mit großer Liebe und Geduld das Evangelium. Er sang in Palästen der Vornehmen geistliche Lieder, tröstete Kranke in den Spitälern, war Erzieher des Prinzen Serfojee, Helfer in schwierigen Situationen und wurde auch Friedensvermittler. Ohne Ansehen der Person nahm er sich aller Ratsuchenden an. So konnte ein vornehmer Hindu zu ihm sagen: „Du bist ein Priester Gottes für alle Völker."
„Der Königspriester von Tanjore" genannt (ihm war sogar Regierungsgewalt im Fürstentum Tanjore übertragen), sorgte er wie ein Vater für die ihm anvertrauten Menschen.
Seine Weisheit bewährte sich auch in der Kastenfrage. Zu einem Taufschüler aus hoher Kaste sagte er: „Dein Hochmut gestattet es dir nicht, bei diesem Häuflein Paria zu sitzen. Höre aus der Entfernung zu" – der Erfolg war, daß sich der junge Mann bald nicht mehr an die Kastenvorschriften hielt.

VII

VON FRIEDRICH GOTTLIEB KLOPSTOCK BIS DWIGHT LIMAN MOODY

19. Jahrhundert

1803 Friedrich Gottlieb Klopstock
1808 David Zeisberger
1815 Matthias Claudius
1824 Hans Nielsen Hauge
1826 Johann Daniel Falk
1826 Johann Friedrich Oberlin
1826 Johann Peter Hebel
1834 Friedrich Daniel Ernst Schleiermacher
1837 Luise Scheppler
1841 Starez Leonid
1845 Elizabeth Fry
1852 Paavo Ruotsalainen
1854 Jeremias Gotthelf
1855 Claus Harms
1858 Johannes Evangelista Goßner
1859 Amalie Sieveking
1861 Lars Levi Laestadius
1864 Theodor Fliedner
1868 August Friedrich Christian Vilmar
1872 Wilhelm Löhe
1872 Nikolai Frederik Severin Grundtvig
1873 David Livingstone
1875 Hermann Friedrich Kohlbrügge
1877 Johann Heinrich Volkening
1878 Gustav Knak
1880 Johann Christoph Blumhardt
1881 Johann Hinrich Wichern
1884 Adrian Ludwig Richter
1892 Charles Haddon Spurgeon
1892 Karolina Fliedner
1894 Starez Feofan (Theophan)
1896 Johann Ludwig Schneller
1899 Dwight Liman Moody

FRIEDRICH GOTTLIEB KLOPSTOCK
* 2. 7. 1724 † 14. 3. 1803

Friedrich Gottlieb Klopstock wurde als Sohn eines Mansfeldischen Kommissionsrates in Quedlinburg geboren. Noch heute kann sein schönes Elternhaus unter dem Berg mit dem Dom Kaiser Heinrichs besichtigt werden, es beherbergt ein Museum. Als der Sohn sechs Jahre alt war, zogen die Eltern auf ein Gut bei Mansfeld.

1739 bezog Klopstock die Schule in Schulpforta, von dort ging er sechs Jahre später nach Jena zum Theologiestudium. In seiner lateinischen Abschiedsrede deutete er an, daß er Christus als größtes Thema der Dichtung ansah. In Jena begann er 1746 den „Messias“ (zuerst in Prosa) niederzuschreiben und setzte dann in Leipzig die drei ersten Gesänge in Hexameter. Zwei Jahre später erschien dieses Werk, zunächst anonym, unter dem Titel „Der Messias – ein Heldengedicht – in Halle bey Carl Herrmann Hemmerde 1749“.

Die Verse erregten Aufsehen, da die Betonung der Kraft des Gefühls, das nicht mehr dem Verstand unterworfen ist, sondern in der Tiefe der menschlichen Seele seinen Ursprung hat, gegenüber der Anbetung der Vernunft unerhört neu wirkte. Der Dichter hatte später eine neue lyrische Sprachform geschaffen, freie Rhythmen, sich nicht reimende Verse, die er auch in allen seinen „Oden“, seinen biblischen Dramen „Adams Tod“, „Salomo“, „David“, der „Hermann-Trilogie“ und in seinen Chorälen verwendete. Am „Messias“ arbeitete er noch fünfundzwanzig Jahre.

Klopstock wurde wie wenige Dichter verehrt. Der Hainbund feierte ihn, Bodmer lud ihn in die Schweiz ein, der dänische König zahlte ihm die Ehrenpension eines Legationsrates, der Markgraf von Baden ernannte ihn zum Hofrat. Vom Weimar der Klassik weniger beeinflußt, befreundete er sich mehr dem eher religiös ausgerichteten Kreis um Hamann, Herder und Claudius.

Jahrzehntelang lebte er in Kopenhagen, zuletzt in Hamburg, wo er mit großen Ehren unter Beteiligung verschiedener Bevölkerungsschichten in Ottensen bestattet wurde. Auf dem

Sarg lag aufgeschlagen ein Exemplar des „Messias“. In seiner Grabinschrift heißt es am Ende: „Er sang den Menschen menschlich den Ewigen, den Mittler Gottes.“
In der „Einleitung zu den geistlichen Liedern“ hatte Klopstock betont, daß auch das Erhabenste, was ein christlicher Dichter zu sagen vermag, nur ein schwacher Ausdruck und gleichsam nur ein Nachhall von demjenigen sein kann, was die Religion dem Christen zu denken und zu empfinden gibt.

DAVID ZEISBERGER
* 11. 4. 1721 † 17. 11. 1808

Der „Apostel der Indianer“, David Zeisberger, war der Sohn eines Brunnenmeisters aus Zauchental in Mähren. Die Eltern gehörten zur Brüderkirche und wanderten nach Herrnhut aus. 1735 gingen sie weiter nach Amerika, der Sohn flüchtete den Eltern ein Jahr später nach. Vier Jahre darauf zog er mit den Eltern von Georgia nach Pennsylvania, wo inmitten der Wildnis die Siedlung Bethlehem als erste Brüdergemeine der Neuen Welt erwuchs, von der aus unter den Indianern Mission getrieben werden sollte.
Der siebzehnjährige David wurde zuerst Kaufmann, dann Begleiter und Dolmetscher eines Missionars und schließlich selbst Missionar. Die außerordentliche Begabung, sich schnell mehrere Dialekte der Indianer aneignen zu können, war ihm sehr vorteilhaft. Auch an körperlicher Gewandtheit stand er den Indianern nicht nach und war in Sitten und Gebräuchen vieler Stämme bewandert. Später wurde er von den Irokesen und Delawaren sogar adoptiert, so groß war sein Ansehen bei ihnen. Zeugenmut, Sprachbegabung und Organisationstalent machten ihn schnell zur führenden Gestalt unter den Missionaren.
Weite Reisen führten ihn durch das heutige Pennsylvania und Ohio bis nach Kanada. Er gründete Siedlungen christlicher Indianer im Stil der Niederlassungen der Brüdergemeinen. Ackerbau und Viehzucht blühten auf, die Jagd trat zurück, ob-

gleich Zeisberger selbst manche Hirsche und Bären geschossen hatte. Jeglichen Handel mit Alkohol, dem „Feuerwasser", hielt er von den Siedlungen fern. Der große Rat der Irokesen übergab ihm nach Jahren sein ganzes Archiv, kostbare Wampumgürtel, Briefe, Verträge und andere Dokumente zur Verwaltung. Kein Weißer wurde mehr geliebt als „Ganousseracherie", ihr Apostel, mit dem sie oft und gern die Friedenspfeife rauchten. Gnadenhütten an der Mahony bei Philadelphia war der erste Stützpunkt der Mission. Doch das Vordringen der Weißen, die verschiedenen Kriege zwischen Engländern und Amerikanern und Indianern zwangen Zeisberger siebenmal, seine blühenden und geordneten Gemeinwesen der Zerstörung preiszugeben und nach Norden oder Westen zu verlegen.
Zeisberger lebte in glücklichen und leidvollen Zeiten unter seinen indianischen Brüdern, besuchte die Pflanzungen, sah nach der Mühle, war bei Kranken und erteilte Unterricht. Bei sinkendem Abend hielt er Gottesdienst, bei hereingebrochener Nacht träumte er, daß sich in schöner Zukunft eine ganze Nation von Delawaren, Irokesen, Mohikanern und Huronen um Gottes Wort sammeln und ein gutes, glückliches Leben führen möge.
Doch alle Hoffnungen wurden durch die Kriege, die Ausbeutung und Ausrottung der Stämme wieder und wieder zerstört. David Zeisberger starb im siebenundachtzigsten Lebensjahr in Ghosen am Muskingum (Ohio), er hinterließ Tagebücher und Übersetzungen und auch sprachwissenschaftliche Arbeiten.

MATTHIAS CLAUDIUS
* 15. 8. 1740 † 21. 1. 1815

Der Herausgeber des „Wandsbecker Boten" war ein Pastorensohn aus Reinfeld bei Lübeck. Er studierte in Jena Theologie, dann Rechts- und Staatswissenschaften. 1770 zog er nach Wandsbeck bei Hamburg und gab den „Wandsbecker Boten" bis zum Herbst 1775 heraus, für den er manches Lied dichtete und manche volkserzieherische Betrachtung schrieb.
Als Journalist in Hamburg hatte er die Bekanntschaft mit Her-

der und Lessing gemacht. 1772 heiratete er Rebekka, die Tochter eines Zimmermanns, ein „einfachs, ungekünsteltes Bauernmädchen“, für ihn eine Quelle des Glücks und Mittelpunkt eines gesegneten Familienlebens. Nach einer Unterbrechung von zwei Jahren, in denen er als Beamter in Darmstadt wirkte, zog die Familie wieder nach Wandsbeck. Ab 1788 war Claudius als Revisor an einer Bank in Altona tätig. Bis 1794 wurden ihnen zehn Kinder geboren. Die letzte Lebenszeit verlebte er im Hause seines Schwiegersohnes, des Verlegers und Buchhändlers Perthes in Hamburg.

Claudius hat die Kunst verstanden, mit wenigem glücklich und zufrieden zu sein. Unbeirrt ging er seinen stillen Weg als Schriftsteller. Scherz und Ernst, Gespräche und Gedichte, Briefe und Sprüche, erbauliche Betrachtungen und wertvolle Literaturkritiken zeigen, scheinbar ohne System und spielerisch verfaßt, seine hohe Kunst, die er bewußt auf die Erweckung des Menschen zur Ganzheit oder „Einfalt“ seines gespaltenen Lebens gebrauchte.

Claudius war entschieden im reformatorischen Erbe verwurzelt, doch offen auch für andere Konfessionen und Religionen. Selbst weder Aufklärer noch orthodox, gab ihm das Evangelium die Offenbarung Gottes in Jesus Christus, dessen Bote er in innerer Freiheit und unbekümmerter, umfassender, fröhlicher Frömmigkeit sein durfte.

In alltäglichsten Dingen erlebte Matthias Claudius die wunderbare Gegenwart Gottes. „Wir brauchen einen, der uns hebe und halte, dieweil wir leben, und der uns die Hand unter den Kopf lege, wenn wir sterben sollen.“ Aus dieser Erkenntnis heraus konnte er beten:

> „Gott, laß dein Heil uns schauen / auf nichts Vergänglich's trauen / nicht Eitelkeit uns freun / Laß uns einfältig werden / und vor dir hier auf Erden / wie Kinder fromm und fröhlich sein!“

HANS NIELSEN HAUGE
* 3. 4. 1771 † 29. 3. 1824

Hans Nielsen Hauge, ein Bauernsohn aus Tuna, wurde zum großen Erwecker Norwegens. In früher Jugend las er im Hause seiner frommen Eltern Luthers Hauspostille und Johann Arnd(t)s „Wahres Christentum". Einige Zeit war er in Frederikstad, arbeitete dort unter verwahrlosten Menschen und sah, wie sich Menschen verirren konnten. Er spürte aber auch, daß es nicht genug sei, ein rechtschaffenes Leben zu führen, und sehnte sich nach lebendiger Gemeinschaft mit Christus.

In die Heimat zurückgekehrt, fühlte er sich beim Pflügen an einem schönen Tage des Jahres 1796 von Gott angerührt und mit brennender Liebe erfüllt. Er wußte sich berufen. Nach einigem Zögern begann er, seine Wanderpredigten zu halten. Zuerst ging er auf die Höfe der Nachbarschaft, dann zog er weiter. Im Laufe von sieben Jahren durchzog er ganz Norwegen und legte mehr als 15 000 Kilometer zurück. Oft führte ihn sein Weg durch sehr einsame Gegenden. Viele gewonnene Freunde begannen wie er, im Lande zu evangelisieren. Hauge verlangte aber, daß sie ihre Berufsarbeit nicht aufgaben. Die entstandene Bewegung betonte die Bekehrung, die Notwendigkeit der Heiligung, des persönlichen Zeugnisses und die Pflichten gegenüber der Gemeinschaft. Als Hauge bei einem Aufenthalt in Kopenhagen, wo er viele seiner Schriften drucken ließ, auch eine Papiermühle besuchte, faßte er den Entschluß zur sozialen Arbeit.

Er begründete nun Unternehmen, um einer großen Schar seiner Freunde Arbeit und Verdienst zu verschaffen. Als Teilhaber dieser Werke sicherte er sich das Recht zu immer neuen Besuchen. Sein Bruder Michael gründete in Eike eine Papiermühle, dazu eine Gerberei, eine Knochenmühle und eine Gießerei. Fünzig Leute waren dort beschäftigt.

Am 25. Oktober 1804 begann Hauges große Leidenszeit. Auf Anordnung des Bischofs Peter Hansen wurde er in Oslo inhaftiert. Man warf ihm vor, er habe versucht, dem Volk „fanatische Grundsätze" einzupflanzen. Jahre hindurch dauerten die Untersuchungen und Verhöre. Darunter zerbrach seine

Gesundheit. Vom Herbst 1811 an durfte er bei seinem Bruder wohnen. Während er auf sein Urteil wartete, linderte er Nöte und tröstete Mutlose. Erst 1814 wurde er in allen entscheidenden Punkten freigesprochen.
In Backgaarden gründete er nun einen eigenen Hausstand. Die Familie erlebte aber viel Leid. Doch fanden alle, die kamen, eine offene Tür und ein warmes Herz. Auf seinem späteren großen Hof Bredvet sammelte seine zweite Frau viele junge Mädchen um sich und schuf so die erste christliche Haushaltungsschule im Land. Auf dem Friedhof in Aker erinnert noch heute ein Gedenkstein an Hans Nielsen Hauge.

JOHANN DANIEL FALK
*** 28. 10. 1768 † 14. 2. 1826**

Falk wurde als Sohn eines Perückenmachers in Danzig geboren und hat zunächst beim Vater auch dieses Handwerk erlernt. Seine Mutter erzog ihre acht Kinder im Herrnhuter Geist. Johann Daniel Falk wollte gern studieren. Die Familie war arm, aber auf Fürsprache seines Lehrers wurde ihm sein Wunsch von den Ratsherrn seiner Vaterstadt erfüllt. Einer der Räte sagte ihm, als er zum Studium der Theologie nach Halle aufbrach, feierlich beim Abschied, er, Falk, bleibe ihr Schuldner und solle nie vergessen, daß er ein armer Knabe gewesen sei. „Wenn dereinst ein armes Kind an deine Tür klopft, so denke: Wir sind's, die Toten, die alten grauen Bürgermeister und Ratsherrn von Danzig, die anklopfen, und weise sie nicht von deiner Tür." Johann Falk hat diese Worte immer beherzigt.
Unbefriedigt von der rationalistischen Theologie wandte er sich der Schriftstellerei zu, das Weihnachtslied „O du fröhliche" hat ihn zum Verfasser. Zunächst aber war er vornehmlich satirischer Schriftsteller und Privatgelehrter. Auf Wielands Rat kam er 1801 nach Weimar, wurde von Goethe und seinem Kreis zunächst herzlich aufgenommen, dann aber bald wegen seiner Spottlust abgelehnt, und man hätte ihn am liebsten aus dem Herzogtum verwiesen. Später, als Falk sich mutig gegen

die plündernde französische Soldateska für die Bevölkerung eingesetzt hatte, nannte man ihn „den gütigen Herrn Rat“ (er war Legationsrat geworden), auch das Verhältnis zu Goethe besserte sich.
Als ihm während einer Seuche im Gefolge des Krieges vier Kinder (1813) entrissen wurden, er selbst wochenlang bewußtlos gelegen hatte, erkannte Johann Daniel Falk seinen Beruf: Fürsorge für verwaiste, verwahrloste Kinder. Mit Hilfe treuer Freunde, der von ihm gegründeten „Gesellschaft der Freunde in der Not“, half er durch unverzinsliche Darlehen beim Wiederaufbau der Häuser und zerstörten Geschäfte. Zweihundert heimatlos gewordene Kinder brachte er bei ehrbaren Bürgern und gottesfürchtigen Handwerksleuten unter. 1819 starb sein neunzehnjähriger Sohn. Während Vater und Mutter noch am Sarge weinten, klopfte ein vierzehnjähriger Bettelknabe, um Herberge bittend, an die Tür. Falk nahm ihn auf wie ein eigenes Kind. Zwei Jahre später starb ihr letztes Kind, eine sechzehnjährige Tochter. Doch Falks Glaubenszuversicht und christliche Liebeskraft blieben unerschüttert.
Von 1816 bis 1825 baute er den „Lutherhof“ mit 200 Zöglingen zu einem ersten Rettungshaus aus. „Ich fand täglich mehr, daß die Liebe ein Gesicht des Herrn sei.“

JOHANN FRIEDRICH OBERLIN
* 31. 8. 1740 † 1. 6. 1826

Johann Friedrich Oberlin, Sohn eines Gymnasialprofessors in Straßburg, wurde 1767 Pfarrer in Waldersbach im Steintal (San de la Roche / Vogesen). Der Ort war fünfzig Kilometer von seiner Heimat entfernt und lag am Westhang des felsigen Hochfeldes. Es war eine sehr arme Gegend, die Wiesen waren versumpft und mit Felsgeröll bedeckt. Die fruchtbare Erde wurde bei Regengüssen in die Talgründe geschwemmt, die Berghänge waren kahl. An ihnen klebten die ärmlichen Hütten, in denen unwissende Leute in großer Armut und Mutlosigkeit lebten. Um ihnen zu helfen, hat Oberlin mit großer

Energie und Aufopferung als Bauer, Züchter, Arzt und Apotheker, vor allem aber als großer Seelsorger alles getan, die arme Gemeinde wirtschaftlich, religiös und sittlich zu unterstützen. In planvoller, unermüdlicher Arbeit baute er, stets selbst mit zugreifend, Wege und Brücken, verwendete neues Saatgut und richtige Düngung, gründete Handwerks- und Industriebetriebe, richtete Leih- und Sparkassen ein und schuf landwirtschaftliche Vereine. So wuchs die Bevölkerung in seinen Dörfern um das Zehnfache an und gesundete an Leib und Seele.
Oberlin richtete das vernachlässigte Schulwesen neu ein, sandte begabte Bauernburschen in auswärtige Lehrstellen, wobei er einen Teil ihres Lehrgeldes und ihrer Einkleidung übernahm.
Er begeisterte sich für Basedows Heilmethoden und für die Philanthropie. Offen begrüßte er auch die Französische Revolution. Die Verkündigung der „Menschenrechte" war ihm der Beginn des Reiches Gottes. Sein Grundsatz war: „Nichts ohne Gott, alles für den Heiland." Seine Predigten waren schlicht und anschaulich und bewegten die Herzen. Er blieb ein Gegner jeder Sektiererei und Frömmelei.

JOHANN PETER HEBEL
* 10. 5. 1760 † 22. 9. 1826

Johann Peter Hebel wurde in Basel als Kind einfacher Dienstleute geboren. Nach einem Jahr starb der Vater, nach dreizehn die Mutter. Sie wohnten danach in Hausen oberhalb von Schopfheim im Badener Markgräflerland, in dem Hebel gern Dorfpfarrer geworden wäre.
Er arbeitete nach dem Studium in Erlangen, erst als Vikar in Hartingen, dann am Pädagogium in Lörrach und 1791 am Gymnasium in Karlsruhe. 1798 wurde er Professor und Gymnasialdirektor. Von 1819 an wirkte er als Kirchenrat und Prälat der badischen Landeskirche. 1821 verlieh ihm die Universität Halle den Ehrendoktor. Hebel starb auf einer Dienstreise in Schwetzingen.

An seinem Geburtstag wurde lange Zeit noch in seiner Heimat Hausen im Tal der Wiese das „Hebelmahl" gehalten, bei dem die zehn ältesten Männer und Frauen bewirtet wurden, ein Brautpaar die Brautsteuer erhielt und fleißige Schüler Prämien bekamen.

Diese alemannische Gegend ist durch Hebels Dichtungen berühmt geworden: Er schrieb seine Gedichte in heimischer Mundart. Weit bekannter wurden seine Erzählungen, die er 1811 im „Schatzkästlein des Rheinischen Hausfreundes" veröffentlichte.

Hebel war ein Volkserzieher, doch mit unmerklich erhobenem Finger. „Kannitverstan", „Der Schneider von Pensa", „Unverhofftes Wiedersehn" gehören zu Kostbarkeiten der Weltliteratur. Gottes Heimlichkeiten und Wunder beschreibt Hebel, wie er sie geschaut und erlebt hat. Er sagte, er habe den freudigen Beruf empfangen, das Tun Gottes aufzudecken, das Lob vortrefflicher Menschen kundzumachen.

FRIEDRICH DANIEL ERNST SCHLEIERMACHER
*** 21. 11. 1768 † 12. 2. 1834**

Schleiermacher war der Sohn eines Feldpredigers und wurde, in Breslau geboren, herrnhutisch in Niesky und Barby erzogen. Als junger Student wandte er sich von der Brüdergemeine ab, nachdem er Kants Philosophie kennengelernt hatte, blieb jedoch immer etwas vom Herrnhuter Geist beeinflußt.

Nachdem er in Halle sein Studium der Theologie und Philosophie beendet hatte, war er von 1790 bis 1793 als Hauslehrer in Schlobitten, von 1794 bis 1796 als Hilfsprediger in Landsberg an der Warthe tätig und erhielt dann eine Anstellung als Prediger an der Berliner Charité. Hier verband ihn bald eine besondere Freundschaft mit dem Romantiker Friedrich Schlegel. Schleiermacher veröffentlichte auch selbst einige romantische Schriften, in denen er besonders die Einheit von Natur und Geist in der Liebe darlegte. 1799 erschien sein Buch

„Über die Religion / Reden an die Gebildeten unter ihren Verächtern". Religion ist danach für Schleiermacher die unbedingte Abhängigkeit des Menschen von Gott schlechthinnig, Anschauung und Gefühl, Sinn für das Unendliche, Wunder.
Nach vorübergehenden Diensten in Stolp und Halle wurde Schleiermacher 1808 Pfarrer an der Dreifaltigkeitskirche in Berlin und 1810 auch Professor an der neugegründeten Berliner Universität. Sein Einfluß war groß. Er erdachte auch eine eigene Philosophie, die selbständig neben seiner Theologie stehen sollte.
Schleiermacher kämpfte gegen die Spekulationen in der zeitgenössischen Dogmatik. Christus war ihm mehr als ein origineller, revolutionärer, menschenfreundlicher Lehrer des jüdischen Volkes, wie ihn die Theologen der Aufklärung darzustellen pflegten; mehr auch als ein Moralprediger. Er sah in Jesus die Offenbarung Gottes, den uns vor Gott vertretenden Erlöser. Seine „Glaubenslehre" (1821) ist noch heute in ihrer dialektischen Kraft und systematischen Geschlossenheit äußerst eindrucksvoll.
Als Schleiermacher seinen einzigen Sohn Nathanael im Alter von neun Jahren verlor, hielt er ihm selbst eine ergreifende Grabrede. Sicher hat man Schleiermacher mißverstanden, wenn man meinte, er habe durch seine Offenheit gegenüber der Kunst den Kultur-Protestantismus eingeleitet oder habe gar pantheistische Ideen gehabt. Sein Glaube war von Christus als Mitte bestimmt.
Als der Fünfundsechzigjährige auf dem Sterbebett das heilige Abendmahl empfangen hatte, sprach er als seine letzten Worte: „In dieser Liebe und Gemeinschaft sind und bleiben wir eins."

LUISE SCHEPPLER
* 4. 11. 1763 † 25. 7. 1837

Oberlin hatte 1783 plötzlich seine Frau Salome, die Mutter seiner sieben Kinder, verloren. Seine Mitarbeiterin wurde von dieser Zeit an Luise Scheppler; sie stand ihm bis zu seinem

Tode achtundvierzig Jahre lang zur Seite. Luise Scheppler war eine ausgezeichnete Lehrerin in den von beiden begründeten Kleinkinderschulen. Das Leben verstand sie als einen einzigen großen Gottesdienst, ihr Tagewerk sah sie unter dem Licht der Ewigkeit. Sie brachte den Bedürftigen und Leidenden Stärkung und Trost wie vorher die Pfarrfrau.
Die größte Freude hatte sie an den „Kinderstunden". Dreimal wöchentlich versammelte sie die Jugend um sich, erfand Beschäftigungsspiele und brachte den Größeren Zeichnen und Handarbeiten bei, lehrte sie auch die Namen von Pflanzen und Tieren. Sie wollte in ihre Herzen die Liebe zu den Wundern der Schöpfung und zum Vater im Himmelreich pflanzen.
Oberlin hatte sie im Gottesdienst für ihr „Amt" gesegnet. So wurde Luise Scheppler eine Diakonisse ohne Tracht und Haube. Ihre „Kinderschulen" haben sich als „Kindergärten" über die ganze Welt ausgebreitet. Den „Vater Oberlin" überlebte sie um elf Jahre. Treu setzte sie das Erziehungswerk fort.

STAREZ LEONID
*** 1768 † Oktober 1841**

Er hieß eigentlich Lew Nagokin und wurde in Zentralrußland geboren. Vom zwanzigsten Lebensjahr an bereiste er im Dienst eines Kaufmanns weite Gebiete. Doch nach zehn Jahren verließ er seine einträgliche Stellung und trat 1794 in die Mönchssiedlung Optina im Generalgouvernement Kaluga ein, wo er aber nur zwei Jahre blieb. In der Einsiedelei, die bei Orel von dem Abt Kischkin geleitet wurde, empfing er auch die Mönchs- und Priesterweihe und den Namen Leonid. Nach fünf Jahren wählten die Brüder ihn zum Abt. Diese Würde legte er nach vier Jahren nieder und begab sich mit zwei Gefährten in die Tiefe der Wälder und später in das Valamokloster auf einer Insel im Ladogasee. Hier lebte er nun als Starez.
Die Starzen vertraten keine mit dem Verstand zu begreifende Lehre. Sie lebten zurückgezogen in der Nähe einer Mönchssiedlung, bemüht, Novizen, die einen Starzen zum geistlichen

Vater erwählt hatten, den Weg der „Theodosis", der Verwirklichung Gottes in der Welt, zu führen. Dazu gehörten Gehorsam, Demut und anhaltendes Gebet. Ein Starez ging eigentlich aus dem Kloster wieder heraus in die „Welt". Dostojewski sagte von ihnen, daß sie „fast auf den Marktplätzen lebten". Die Einsiedelei eines Starez lag daher niemals besonders abgelegen; jeder sollte ihn finden können, um Trost und Rat zu suchen.

Das Kloster Optina, in das Leonid nach einem Menschenalter zurückgekehrt war, hat gerade im 19. Jahrhundert eine Fülle von seelsorgerlich wirkenden Gestalten hervorgebracht, so Tichon von Sadonsk und Seraphim von Sarow, der alle Menschen bei sich mit dem herzlichen Gruß willkommen hieß: „Du meine Freude!" Jeder Tag war neben dem Gebet und der Vertiefung in heilige Schriften den hilfesuchenden Menschen gewidmet. Starez Leonid sagte: „Ich rufe niemanden herbei, wer aber selbst zu mir kommt, den mag ich nicht hinausweisen. Viele, besonders aus dem niederen Volk, gehen aus Unverstand zugrunde und brauchen geistige Hilfe. Wie sollte ich mich ihrer himmelschreienden Not nicht erbarmen?"

Was er den Menschen bedeutete, stand auf seinem Grabstein: „Sein Andenken blieb in den Herzen vieler, die bei ihrem Kommen bei ihm Trost fanden."

ELIZABETH FRY
* 21. 5. 1780 † 12. 10. 1845

Die „Königin im Reiche der Barmherzigkeit", wie sie Wichern genannt hat, wurde als Tochter frommer Eltern, des Gutsbesitzers John Gurney und der Katharina Bell, in Norwich in England geboren. Als sie zwölf Jahre alt war, starb ihre Mutter. „Ich zweifle an allem", sagte sie danach und entfremdete sich dem Glauben. Sie liebte Tanzen und Reiten wie viele Mädchen ihres Alters und Standes, blieb aber innerlich friedlos. Mit sechzehn Jahren schrieb sie: „Ich bin wie ein Schiff auf dem Meer ohne Steuermann, eine Seifenblase ohne Vernunft.“ 1798 wurde sie durch die Predigt eines amerikanischen Quäkers für die „Gesellschaft der Freunde“ gewonnen. 1800 heiratete sie den reichen Londoner Kaufmann Joseph Fry, der ebenfalls Quäker war. Elf Kinder wurden geboren. Elizabeth kleidete und speiste die Armen, gründete Schulen und half mit Rat und Tat, wo sie nur konnte. 1813 machte sie ihren ersten Besuch im Frauengefängnis Newgate in London und war entsetzt, wie dort dreihundert Frauen, junge und alte, gesunde und kranke, in fast fensterlosem Kerker vegetierten und auf bloßer Erde schliefen. In dieser Umgebung lebten auch die Kinder. Nun hatte sie ihre Aufgabe gefunden.

Sie wurde der „Engel der Gefangenen“, sorgte unermüdlich für Änderung der Mißstände, forderte Gottesdienste, Unterricht und Seelsorge in allen Strafanstalten, Beaufsichtigung der gefangenen Frauen durch weibliches Personal, Beschäftigung der Inhaftierten, Trennung nach Alter und sittlichem Zustand, Betreuung der Kinder, Entlassenenfürsorge. Sie besuchte mehrmals Frankreich, vor allem Paris, war in Belgien und Holland, in der Schweiz, in Dänemark und in Deutschland. Elizabeth Fry nahm sich auch der weiblichen Dienstboten an. Zu den von ihr Betreuten gehörten Obdachlose, Schafhirten, Seeleute, Küstenwächter und ihre Familien, auch Armen- und Irrenhäusler.

Ihr Grundsatz blieb stets: Der Dienst an der Seele ist die Seele allen Dienstes.

Sie starb nach schwerem Leiden in Ramsgate mit den Worten: „Herr, behüte deine Magd.“

PAAVO RUOTSALAINEN
* 9. 7. 1777 † 27. 1. 1852

Der einfache finnische Bauer Paavo Ruotsalainen, der wohl lesen, aber nicht schreiben konnte, wurde zum Initiator der finnischen Erweckungsbewegung.

Er war in Tölvänniemi geboren worden. Seine Eltern mußten in der herben Natur der nördlich gelegenen Landschaft hart arbeiten, um ihre Kinderschar zu ernähren. Der Junge war lebhaft und zu allerlei Streichen aufgelegt. Als er bei seinem ersten Kirchgang eine Predigt vom Leiden und Sterben Jesu hörte, fragte der damals Sechsjährige erschrocken seinen Vater: „Wer ist getötet worden?“ Sein Onkel schenkte ihm eine Bibel, die er bis zu seinem sechzehnten Lebensjahr schon dreimal durchgelesen hatte. Da er sehr beunruhigt war, vor dem göttlichen Richter nicht bestehen zu können, machte er sich auf den Weg, um den mehrere Tagereisen entfernt wohnenden frommen Schmied Högmann, von dem er gehört hatte, aufzusuchen. Von ihm wurde er getröstet, daß Menschenkraft und sogar Gebete nichts helfen, wenn man damit etwas von Gott erzwingen wolle. Doch dürfe man sich in aller Sündhaftigkeit der Gnade Gottes im Vertrauen auf Christus nahen. In der ersten wie in täglicher Buße werde man ohne Verdienst begnadigt. Ruotsalainen sagte später: „Von da an brauchte ich niemand mehr um Rat zu fragen, sondern ich habe selber dem einen und anderen raten können.“ Er wurde nun zum Seelsorger. 1800 hatte er eine Kleinbauerntochter geheiratet, die nicht verstehen wollte, daß er, obgleich sie wenig Geld hatten, ständig Predigtreisen unternahm. Mit einem Schwiegersohn zusammen kaufte er später einen Hof in Nilsiä, der noch heute der „Wallfahrtsort“ der finnischen Erweckungsbewegung ist. Obrigkeit und auch Pfarrerschaft hatten seine Andachtsstunden sowie die über das weite Land sich verbreitende Bewegung mit Mißtrauen verfolgt.

JEREMIAS GOTTHELF
* 4. 10. 1797 † 21. 10. 1854

Jeremias Gotthelf war ein Pfarrerssohn aus Murten in der Schweiz und hieß eigentlich Albert Bitzius. Neben dem Studium der Theologie, das er 1815 begann und in Bern und Göttingen bis 1821 absolvierte, vertrat er zeitweise einen Freund in der Elementarschule. Später widmete er der Förderung des Schulwesens viel Kraft und verehrte besonders Pestalozzi. Fünf Jahre wirkte er in der großen Gemeinde Herzogenbuchsee im

Oberaargau. Sein Wirken kennzeichnen die Worte: „Wer die Wahrheit glaubt zu wissen und sagt sie nicht, dem gebührt Verachtung."
Nach einem Vikariat an der vornehmen Heiliggeistkirchengemeinde in Bern war er ab 1832 bis zu seinem Tode Pfarrer in dem stattlichen Bauerndorf Lützelflüh im Kanton Bern. Die Not der Armen lag ihm besonders am Herzen. Bald begann er unter dem Pseudonym Jeremias Gotthelf schriftstellerisch tätig zu werden.
Im Dezember 1837 erschien „Der Bauernspiegel oder Lebensgeschichte des Jeremias Gotthelf, von ihm selbst berichtet". Zwei Jahre später veröffentlichte er „Die Leiden und Freuden eines Schulmeisters". In seiner Schrift „Die Armennot" (1840) heißt es: „Wo das Christentum die Menschen nicht durchströmt und bindet, gehen sie auseinander. So kam der Hochmut über die höheren Stände; die niedriger gingen, sah man kaum an, die Armen vollends nicht, und persönliche Berührung mit ihnen hätte man für ein Unglück gehalten." 1841 erschien: „Uli der Knecht", 1846 „Uli der Pächter", danach „Geld und Geist" und „Änneli".
In seinen Büchern verstand er es, die Poesie des Sonntags als Sinnbild der Heiligung des Lebens zu preisen.

CLAUS HARMS
* 25. 5. 1778 † 1. 2. 1855

Der Müllerbursche und Bauernknecht Claus Harms aus Fahrstedt (Süderdithmarschen) kam erst spät zur Theologie und gelangte nach einem unbefriedigenden Studium an der rationalistischen Fakultät Kiel durch Schleiermachers „Reden über die Religion" zur Erkenntnis, daß der Mensch sich nicht selbst erlösen kann, sondern das Heil göttlichen Ursprungs ist. Als Diakon in Lunden trat er stets für das Volk ein. Seit 1816 wirkte er als Archidiakon an St. Nikolai in Kiel, wo er später als Propst (trotz verschiedener Berufungen; er sollte unter anderem Schleiermachers Nachfolger an der Berliner Drei-

faltigkeitskirche werden) blieb. Wegen völliger Erblindung mußte er sein Amt frühzeitig niederlegen.
Im Herbst 1817 griff er den Vernunftglauben scharf an. Bei der Neuherausgabe der fünfundneunzig Thesen Luthers fügte er ebensoviel eigene hinzu, in denen er scharf die „Götzen" Vernunft und Gewissen anprangerte. Sein erster Satz war: „Wenn unser Herr und Meister Jesus Christus spricht: Tut Buße, so will er, daß die Menschen sich nach seiner Lehre formen sollen; er formt aber die Lehre nicht nach den Menschen, wie man das jetzt tut dem veränderten Zeitgeist gemäß." Sein Bild unterschrieb er mit dem Schriftwort: „Wir nehmen gefangen alle Vernunft unter den Gehorsam Christi." Da seine Eltern, die redlichen Müllersleute, wenn sie nicht zur Kirche gehen konnten, die Sonntagspredigt immer aus einer Postille gelesen hatten, schrieb der Sohn selbst neben seiner großen „Pastoraltheologie" zwei „Winterpostillen" und zwei „Sommerpostillen". Seine Formulierungen waren kräftig und anschaulich. „Die Bibel", sagte er, „ist nicht dazu da, den Glauben aus ihr zu beweisen, sondern den Glauben mit ihr zu speisen."

JOHANNES EVANGELISTA GOSSNER
*** 14. 12. 1773 † 30. 3. 1858**

Johannes Evangelista Goßner war der Sohn frommer katholischer Eltern aus Hausen im schwäbischen Bayern. Nach dem Besuch der Schule in Augsburg und Studien in Dillingen und Ingolstadt wurde der Dreiundzwanzigjährige zum Priester geweiht. Früh wurde er von Schriften des „Wandsbecker Boten" und Büchern Tersteegens, Jung-Stillings und Lavaters angeregt. Großen Einfluß gewann auf ihn die vom katholischen Priester Martin Boos († 29. 8. 1825) geführte Erweckungsbewegung. Als Kaplan in Neuburg begann Goßner 1797 evangelisch zu predigen und wurde daraufhin 1802 in das Priestergefängnis Göggingen gebracht. Sechzehn Jahre lang konnte er dann, nach seiner Freilassung, als Pfarrer in Dirlewang und in München wirken, bis er, 1819 auf jesuitische Veranlassung

aus Bayern vertrieben, über Düsseldorf für etwa fünf Jahre nach Petersburg an die Malteserkirche ging.
Er schuf eine neue volkstümliche Übersetzung des Neuen Testaments, ein Gesangbuch für seine wachsende Gemeinde (aus der Malteserkirche mit „nur" fünfhundert Sitzplätzen war er in die Katharinenkirche übergewechselt, seine Erbauungsstunden hielt er in einem Tanzsaal, der über tausend Personen faßte), er schrieb sein berühmtes „Herzbüchlein" (in sechsundzwanzig Sprachen übersetzt) und sein „Schatzkästlein", das biblische Betrachtungen mit erbaulichen Liedern für jeden Tag im Jahr zur „Beförderung häuslicher Andacht und Gottseligkeit" enthielt. 1825 aus Rußland ausgewiesen, wirkte Goßner als Reise- und „Stubenprediger" in Hamburg, Leipzig und auf Gütern in Pommern und Schlesien. 1826 trat er zur evangelischen Kirche über und wurde 1829 Pfarrer an der Bethlehemskirche in Berlin, vorher Aushilfsprediger an der Brüderkirche und bei Schleiermacher, der ihn nach einer Predigt vor versammelter Gemeinde umarmt hatte.
Goßner war ein begnadeter Seelsorger, gründete Kleinkinderbewahranstalten, Männer- und Frauenkrankenbesuchsvereine, auch das Elisabeth-Krankenhaus in Berlin wurde auf seine Veranlassung errichtet. 1834 begann er das Monatsblatt „Die Biene auf dem Missionsfeld" zu schreiben. Die von ihm gegründete Missionsgesellschaft (die heutige „Goßnermission") konnte zu seinen Lebzeiten bereits hundertvierzig Missionare nach Ostindien aussenden, darunter sechzehn Theologen. Diese Arbeit hatte er mit sechs Handwerkern begonnen. Seine Lebenserfahrung faßte er in dem Satz zusammen: „Wer Jesus im Glauben sucht, dem müssen alle Berge aus dem Wege gehen."

AMALIE SIEVEKING
* 25. 7. 1794 † 1. 4. 1859

„Andern dienend, sich selbst verzehrend", das wurde der Wahlspruch der Hamburger Kaufherrentochter Amalie Sieveking. Sie war mutterlos aufgewachsen und hatte fünfzehnjährig auch den Vater verloren. Nach dem Tod ihres Bruders, eines Theologiestudenten, faßte sie den Plan zur Gründung einer Schwesternschaft, die für Gott zeugen sollte. Als 1831 die Cholera in Hamburg große Opfer forderte, hatte sie sich als Krankenpflegerin gemeldet und andere Frauen aufgerufen, sich freiwillig zum Helfen zusammenzuschließen. Trotz vielfacher Ablehnung und der Skepsis der Ärzte setzte sie sich durch. Ihre bestimmte, doch freundliche Art gewann die Herzen, Liebe und Dank der Kranken und der ihr bald unterstellten Pfleger und Wärterinnen. Sie meinte einmal: „Himmel und Erde miteinander zu verbinden, darin scheint mir der Kern fröhlicher Lebensweise zu liegen." So wollte sie die Geheilten auch nach ihrer Entlassung weiterbetreuen; sie fand nackte Armut, von der sie nie etwas geahnt hatte, und entwarf den Plan eines Frauenvereins für Armen- und Krankenpflege. Unermüdlich warb sie nun Mitglieder und Helfer.

Zunächst begann sie diese Arbeit mit zwölf Frauen. Anstatt Almosen zu geben, wurden Arbeitsmöglichkeiten verschafft. Viele Familien gesundeten. Der kleine Hamburger Verein wuchs von Jahr zu Jahr und konnte selbst ein Kinderhospital und Armenhäuser erbauen. Heimarbeiten wurden vermittelt. Zu der materiellen Hilfe mit Lebensmitteln und Feuerung kam eine herzliche seelsorgerliche Betreuung. Die erste Wohnsiedlung wurde erbaut, das Amalienstift, in dem achtzehn Familien ein Heim fanden (heute fünf Häuser mit hundert Wohnungen). Der zweimaligen Aufforderung Fliedners, das Amt der Vorsteherin am Mutterhaus in Kaiserswerth zu übernehmen, wollte sie nicht folgen, auch eine Berufung zur Oberin des Allgemeinen Hamburger Krankenhauses nahm sie nicht an.

Als ihr Verein fünfundzwanzig Jahre bestand, hielt Wichern die Festpredigt. Nach ihrem Heimgang trugen sie acht Brüder des Rauhen Hauses in einem schmucklosen Sarg zur Familiengruft des Syndikus Sieveking.

LARS LEVI LAESTADIUS
* 10. 1. 1800 † 21. 2. 1861

Der „Apostel der Lappen“, Laestadius, stammte aus einem alten schwedisch-lappländischen Pfarrergeschlecht. Sein Vater, Pfarrerssohn, war Vogt in einem Bergwerk, nach dessen Zerfall Leimsieder, Handelsmann und Siedler, immer unstet und ein Trinker. Seine Mutter war die zweite Frau. Sie brachte ihren Sohn Lars Levi, in der Birkenwiege verpackt, auf dem Handschlitten zur über vierzig Kilometer entfernten Pfarre zur Taufe. Ein Halbbruder aus erster Ehe wurde Pfarrer der nördlichsten Pfarrei Schwedens, nahm die arme Familie bei sich auf und brachte seine Brüder Lars und Petrus dann nach Uppsala zum Studium, starb selbst aber bald danach, so daß sie wieder in Not gerieten.

Doch Lars Levi Laestadius wurde nicht nur Theologe, sondern auch ein berühmter Botaniker, der sich besonders in der nördlichen Flora auskannte. Zwei seltene Gräser tragen seinen Namen. Mit vielen bedeutenden Forschern stand er im Briefwechsel. Seine erste Pfarre wurde, nach einer Hilfspredigerzeit in seiner Heimatgemeinde Arjeplog, Karesuando an der finnischen Grenze. Die Menschen dort waren abergläubisch, und viele waren Trinker. Laestadius schrieb daher eine Abhandlung: „Cramula mundi“ – „Der Welt Katzenjammer“. „Der Teufel kam mit einem Fäßchen auf dem Schlitten zu Aslak, dem Lappen. Den ersten und zweiten Schluck gab er umsonst, aber dann mußte Aslak zahlen ... Als Aslak nichts mehr hatte, sprach der Teufel zu ihm: ‚Nun gib mir deine Seele!‘ ‚Nimm sie hin‘, sprach müde und schwach Aslak ... Der schöne Garten Lappland war eine einzige Feuerglut ... hört ihr! Höllenfeuer ist um euch und in euch. Ihr brennt alle mit. Es ist ein ewiges Feuer.“

Eines Tages begegnete er einem jungen Mädchen, das zu den „Läsaren“ gehörte. Sie fragte ihn, der inzwischen Propst über sieben Lappenbezirke geworden war, ob er selbst dabei sei, Gott Frieden in seinem Leben machen zu lassen. Diese Frage gab den Anstoß zu der ab 1844 beginnenden Erweckung des lappischen und nordfinnischen Volkes.

1848 lebte Laestadius als Pfarrer in Pajala im Tornetal. Als er starb, geleiteten ihn viele seiner Freunde zur letzten Ruhe.

THEODOR FLIEDNER
* 21. 1. 1800 † 4. 10. 1864

Theodor Fliedner, ein Pfarrerssohn aus Königstein im Taunus, wurde zum Begründer der weiblichen Diakonie, ein Bahnbrecher für die Mitarbeit der evangelischen Frau in der Kirche.
Nach dem Studium in Gießen und Göttingen trat Fliedner sein erstes Pfarramt in der Diaspora an, in Kaiserswerth bei Düsseldorf. Die Armut der Gemeinde führte ihn auf Kollektenreisen nach Holland und England, wo er bei den Mennoniten das Amt der Diakonisse und die soziale Arbeit der Elizabeth Fry kennenlernte. Er wurde nun selbst auf diesem Gebiet aktiv.
Drei Jahre wanderte er die zwei Stunden Wegs nach Düsseldorf, um verwahrlosten Gefangenen zu predigen. 1833 gründete er die Rheinisch-Westfälische Gefängnisgesellschaft und drei Jahre später ein Heim für entlassene weibliche Strafgefangene (das erste war im Gartenhäuschen seines Pfarrhauses untergebracht).
Friederike Münster, seine erste Gattin, war eine aufopferungsfähige Gehilfin seines ständig wachsenden Werkes: eine Strick- und Kleinkinderschule (1835/1836) und ein Seminar für Volksschullehrerinnen (1844), ein anderes für Elementar-, Industrie- und höhere Töchterschulen (1859) standen unter ihrer Leitung. Neben dieser Lehrdiakonie begann die Pflegediakonie: eine Bildungsanstalt mit Krankenhaus (1836) für Pflegerinnen und Diakonissen.
Die Ruhrorter Arzttochter Gertrud Reichardt wurde am 20. Oktober 1836 die erste Kaiserswerther Diakonisse. Bald entstanden weitere Mutterhäuser (Paris, Straßburg, Dresden, Berlin, dann in Breslau, Königsberg, Stettin). 1844 wurde eine erste Gemeindeschwesternstation in Jöllenbeck bei Bielefeld besetzt.

1849 brachte Fliedner vier Diakonissen zur Gründung eines Mutterhauses nach Pittsburgh (USA), 1851 die gleiche Zahl nach Jerusalem. Es folgten Konstantinopel, Smyrna, Beirut, Bukarest, Florenz, Alexandrien. 1861 gehörten zu Kaiserswerth schon dreihundertachtzig Diakonissen und Probeschwestern. Man zählte dreiundachtzig auswärtige Stationen. 1844 hatte Fliedner auch eine Diakonenanstalt gegründet, die heute in Mülheim-Selbeck Diakone ausbildet. Im gleichen Jahre heiratete er ein zweites Mal, Karolina Bertheau. Fliedners letzte Worte „Todesüberwinder, Sieger" klangen ihr wie eine Ordination.

AUGUST FRIEDRICH CHRISTIAN VILMAR
* 21. 11. 1800 † 30. 7. 1868

Vilmar wurde in Solz (Kurhessen) geboren, gestorben ist er in Marburg. Die Studienjahre von 1818 bis 1820 in Marburg führten ihn zur rationalistischen Aufklärung, die er auch im ersten Jahrzehnt seiner Lehrtätigkeit (ab 1827 am Hersfelder Gymnasium) vertrat. 1831 wurde er liberaler Abgeordneter in der kurhessischen Ständeversammlung und Mitglied der Unterrichts- und Kirchenministerialkommission. Nach dieser vorübergehenden Tätigkeit in Kassel war Vilmar von 1833 bis 1850 Gymnasialdirektor in Marburg, blieb aber gleichzeitig Mitglied der Schulkommission. Geradezu als Reformator des hessischen Gymnasiums bestimmte er, daß neben der klassischen Bildung christliche Religion und Geschichte Haupterziehungsgegenstand zu sein hätten. In seinem Religionslehrplan trat er warm für das Alte Testament ein. Von 1850 bis 1855 übte Vilmar eine verantwortungsvolle Tätigkeit im Innenministerium in Kassel aus, gleichzeitig war er ab 1851 Vertreter des hochbetagten Generalsuperintendenten. 1855 wurde er zum Bischof gewählt. Die Wahl wurde aber vom Kurfürsten nicht bestätigt.

Vilmar erhielt daraufhin eine Berufung zum ordentlichen Professor der Theologie in Marburg. Zuvor hatte er, ein Freund der Brüder Grimm, eine glänzende „Deutsche Literaturgeschichte“ geschrieben, nun folgten sein „Collegium Biblicum“, seine „Theologie der Tatsachen“ und seine „Dogmatik“. In diesen Schriften entfernte er sich immer mehr von seinem früheren Rationalismus. So konnte er sagen: „Es ist nur eins, was helfen kann: ein reeller Glaube an den persönlich unter uns gegenwärtigen Heiligen Geist, an den leibhaftig in unserer Mitte gegenwärtigen Herrn Christus.“

WILHELM LÖHE
* 21. 2. 1808 † 2. 1. 1872

Wilhelm Löhe, ein Vater der Inneren Mission und eine der hervorragendsten Gestalten der lutherischen Kirche Bayerns, stammte aus Fürth. Nach dem frühen Tod des Vaters hat die fromme Mutter nicht nur das kleine Kaufmannsgeschäft ihres Mannes energisch fortgeführt, sondern auch ihre sechs Kinder zu guten Christen erzogen. Sie beeinflußte den Wunsch Wilhelms, Theologie zu studieren. Er besuchte das Gymnasium in Nürnberg und begann 1826 sein Studium in Erlangen. Für ein Semester studierte er auch in Berlin, nahm unterwegs Herberge in der Brüdergemeine Ebersdorf und stand in Leipzig an Gellerts Grab. In Berlin hörte er Schleiermacher auf der Kanzel und in Vorlesungen, fand aber weiter keinen Anschluß an das geistig großzügige Leben Berlins. Auch dem studentischen Treiben blieb er fern. Schon als Kind war er lieber allein als mit Gleichaltrigen zusammen gewesen. Im Oktober 1830 legte er sein Examen ab, wurde im folgenden Jahr ordiniert und wirkte dann sechs Jahre hindurch an zwölf Orten als Vikar oder in Aushilfsstellen, bis er endlich zum Pfarrer von Dettelsau gewählt wurde. Es war eine kleine Gemeinde in Mittelfranken in der Nähe der alten Markgrafenstadt Ansbach und des berühmten Klosters Heilsbronn. Hier wirkte er vom 1. August 1837 bis zu seinem Tode über vierunddreißig Jahre hindurch als treuer Seelsorger und großer Prediger, der in jeder Großstadt gern gehört worden wäre.

Bevor er die Pfarre übernahm, heiratete er Helene Andreae aus Frankfurt (M.), die in Nürnberg seine Konfirmandin gewesen war und nun in der glücklichsten Zeit seines Lebens seine helfende Pfarrfrau wurde und Mutter von drei Kindern. Sie starb aber schon nach sechs Ehejahren.
Bei gemeinsamen Hausbesuchen hatten sie viel Not gesehen: unversorgte Kranke und Behinderte. Auf der anderen Seite machte Löhe sich um die jungen Mädchen ohne Beruf und Lebensaufgabe Gedanken. So wandte er sich den Aufgaben der weiblichen Diakonie zu. 1843 gründete er zunächst einen Diakonieverein. Daraus entstand das große Neuendettelsau, ein ganzes Anstaltsdorf mit Diakonissenmutterhaus, mit Häusern für gefährdete Jugend, für Epileptiker und Schwachsinnige, später auch ein Brüderhaus für Diakone.
Für die Äußere Mission sandte er Diakone nach Nordamerika und Neuguinea.

NIKOLAI FREDERIK SEVERIN GRUNDTVIG
* 8. 9. 1783 † 2. 9. 1872

Im Udbyer Pfarrhaus auf Seeland geboren, wuchs Grundtvig in einer Umwelt konservativen Luthertums auf, machte sich aber durch Schule und Universität (Aarhus und Kopenhagen) die Aufklärung zu eigen. Die Vorlesungen seines Vetters Steffen (1802 bis 1803) und eine tragische Liebe während seiner Hauslehrerzeit wandelten ihn. Er wandte sich der Romantik zu. Aus Begeisterung für das nordische Altertum wurde er zum Dichter und Historiker. Nach einer erneuten Krise seines Lebens gelangte er zum orthodoxen, biblischen Christentum. Im Elternhaus überwand er eine schwere Depression und wurde anschließend Kastellan des Vaters. Von nun an stellte er sein Leben und seine Arbeit ganz in den Dienst am Nächsten, verteilte Saatgut des Pfarrhofes unter Arme und wirkte als Seelsorger. Seine gedruckte Examenspredigt unter dem Titel: „Warum ist des Herren Wort aus seinem Hause ver-

schwunden?“ hatte ihm einen Prozeß mit einem Verweis und viel Streit mit der Pfarrerschaft eingebracht. Von 1824 bis 1826, als er sein Amt niederlegte und sich schriftstellerischer Tätigkeit widmete, sah er im Leben der Gemeinde, nicht in theologischen Spitzfindigkeiten seine wichtigste Aufgabe.
Es erschienen drei Bände Predigten, über vierhundert Kirchenlieder, die weithin zu Volksliedern wurden, eine nordische Mythologie und eine Weltgeschichte in drei Bänden. Großen Einfluß übten seine Volkshochschulkurse (Bauernhochschulen) aus, in denen er das christliche Leben fördern wollte.
Von 1839 bis zu seinem Tode übernahm er doch wieder eine Pfarrstelle an einem Spital in Kopenhagen. Durch ein Staatsgesetz hatte er das Recht erhalten, freie Gemeinden innerhalb der Volkskirche zu bilden. Viele Studenten sammelten sich um ihn und trugen seine Gedanken in die Gemeinden. Der dänische König verlieh dem Achtzigjährigen noch den Bischofstitel.

DAVID LIVINGSTONE
* 19. 3. 1813 † 1. 5. 1873

David Livingstone, der große Entdeckungsreisende, Pfadfinder und Wanderapostel, stammte aus dem Dorf Blantyre bei Glasgow in Schottland, wuchs in armen Verhältnissen auf und arbeitete schon mit zehn Jahren in einer Baumwollspinnerei. Sechzehnjährig aber las der Fabrikarbeiter, der in Abendkursen Latein gelernt hatte, bereits Virgil und Horaz. Der Deutsche Karl Gützlaff weckte in ihm den Gedanken an eine christliche Verkündigung in China.
Deshalb studierte Livingstone in Glasgow Theologie und Medizin, während er im Sommer seinen Unterhalt an der Spinnmaschine als „Werkstudent“ verdiente. Der „Opiumkrieg“ machte eine Ausreise nach China unmöglich, so ging er auf dem Umweg über Rio de Janeiro 1840 nach Afrika. Er arbeitete zunächst, nachdem er ihre Sprache erlernt hatte, unter den Betschuanen. Da er auch als Mediziner helfen konnte,

wurde er bald vom Vertrauen der Bevölkerung getragen. Das ermöglichte ihm Reisen durch die Kalahariwüste. 1849 entdeckte er den Ngamisee.

Als erste eigene Station legte er mit einem Gefährten Mabotsa an. Hier wollte er afrikanische Prediger ausbilden. Ziegelstreichen, Seifenkochen, Ledergerben, Schmiede- und Schuhmacherarbeiten waren zunächst die Arbeiten, mit denen sie ihren Lebensunterhalt verdienten, daneben wirkte Livingstone als Arzt. Die Tochter des Missionars Moffat aus Kuruman, die schon in Afrika geboren wurde, nahm er zur Frau.

Bald darauf führte ihn der Weg zu den nördlich lebenden Bakwena, deren Häuptling er taufte und wo er Kolobeng gründete. Er konnte trotz allem seinen Forschertrieb nicht unterdrücken und unternahm große Entdeckungsreisen: 1853–1856 von den Makololo den Zambezi aufwärts, dann westlich nach Luanda in Angola (auf dem Rückweg entdeckte er die Victoriafälle).

Nach einem Zwischenaufenthalt in England (1856/1857), inzwischen weltberühmt geworden, unternahm er eine zweite große Reise (1858–1864) an den Zambezi und entdeckte das Schirehochland und den Nyassasee. Die dritte und letzte Reise (1866–1873) war der Erforschung Ostafrikas gewidmet. Livingstone war auf der Suche nach den Nilquellen.

Lange galt er als verschollen, bis ihn Stanley 1871 in Udjidji am Tanganjikasee fand. Livingstone war völlig erschöpft. Stanley blieb vier Monate bei ihm. Er urteilte: „. . . jeder Tag wurde für mich sozusagen eine Predigt. Sein ganzes Leben war eine einzige Befolgung der Bergpredigt Christi, ob er jetzt im Dschungel war, in einer Handelsniederlassung oder in einem wilden Dorf. Demutsvoll, mild, barmherzig, rein auch in Gedanken, friedvoll in seinen Handlungen . . ." Livingstone wollte Afrika für das Evangelium erschließen und meinte, eine Entfaltung der Wirtschaft sei die beste Waffe gegen die Sklaverei. Eines Morgens fanden ihn seine schwarzen Mitarbeiter tot auf den Knien vor seiner Bibel. Sie balsamierten ihn ein und trugen ihn zur Küste. In England wurde Livingstone in der Westminsterabtei beigesetzt.

HERMANN FRIEDRICH KOHLBRÜGGE
* 15. 8. 1803 † 5. 3. 1875

Der Vater Kohlbrügges stammte aus der Gegend von Osnabrück und war Seifensieder, die Mutter kam aus Holland. Ihr Sohn Hermann Friedrich wurde in Amsterdam geboren. Die Napoleonische Zeit brachte ihnen bittere Armut, der Sohn mußte seinem mühsam um die Existenz kämpfenden Vater helfen. Während er mit einer Hand die Rührstange betätigte, hielt er in der anderen ein Buch. Die Großmutter erzählte ihm die biblischen Geschichten, die auf den Kacheln des Herdes abgebildet waren, der Vater, der früh starb, deutete ihm das Alte Testament. Der Sohn hatte an des Vaters Sterbebett versprochen, sein 1823 begonnenes Theologiestudium bis zum Doktorat fortzusetzen.
Im Herbst 1826 wurde Kohlbrügge an einer lutherischen Diasporagemeinde Hilfsprediger, bald kam es jedoch zu Auseinandersetzungen mit dem leitenden Pfarrer, der rationalistisch predigte. Dagegen schloß Kohlbrügge sich dem Kreis der Erweckten um Bilderdyk und dem zum Christentum übergetretenen Juden Isaak da Costa an, der noch heute besonders in den Niederlanden als großer Dichter verehrt wird. Auch die Mystik Tersteegens beeinflußte ihn. Der Zugang zum Amt wurde ihm jedoch immer wieder verschlossen.
Da führte ihn eine Reise ins Wuppertal. Seine berühmt gewordene Gastpredigt in Elberfeld ließ endlich aufhorchen. Doch erst 1847, nachdem er bis dahin fast nur Privatgelehrter gewesen war, wurde er endlich Pfarrer der durch ein königliches Toleranzedikt geschaffenen „Niederländisch-Reformierten Gemeinde“ in Elberfeld. Vorher hatte er in einer Schrift den Gedanken geäußert, daß das Neue Testament schon im Alten gefunden werden müsse. Da seine Ordination in Elberfeld kein Pfarrer übernehmen wollte, erfolgte sie durch Älteste.
Seine Wirksamkeit war groß. Kohlbrügge stand auf vielen Kanzeln. Eine Entschädigung für alles in Holland erlittene Unrecht empfing er dadurch, daß ihn der bedeutende Abraham Kuyper zu Gastpredigten nach Amsterdam holte. Eng befreundet war er mit Gottfried Daniel Krummacher.

Sein Leben faßte er mit den Worten zusammen: „Das geht wohl alles kreuz und quer gegen unsere Gedanken und Erwägungen, aber gerade so geht es gut. Es gibt keinen anderen Weg der Gnade."

JOHANN HEINRICH VOLKENING
* 10. 5. 1796 † 25. 7. 1877

Volkening wurde in Hille bei Minden als Sohn eines Windmüllers geboren. Die fünfundneunzig Thesen Claus Harms' gaben ihm den Anstoß zum Nachdenken über das Werk Gottes. 1820 wurde er Pfarrer in Scharnhorst, von 1827–1838 wirkte er in Gütersloh, dann bis zu seinem dreiundsiebzigsten Lebensjahr in Jöllenbeck. Sein Ruf als Prediger gelangte weit über das Minden-Ravensberger Land hinaus. Die Erweckungsbewegung auch außerhalb Westfalens wurde vor allem durch seine „Kleine Missionsharfe" und das Minden-Ravensbergische Gesangbuch beeinflußt.

Die Gemeinden dieses Gebietes waren nicht sehr rege. Volkening verstand es, die Gewissen zu wecken. Die Verkündigung des Evangeliums fiel auf fruchtbaren Boden. Bald begann er im Dorf sonntags bereits um sechs Uhr morgens mit der Auslegung eines Psalms. Es folgte der Predigtgottesdienst, zu dem viele aus der Umgebung herbeiströmten. Auch an der nachmittäglichen Kinderlehre nahmen viele Erwachsene teil. Der Sonntag schloß meist im Pfarrhof mit der Singestunde für die reifere Jugend. Die Kirche wurde zu klein. Volkening blieb Lutheraner, wollte aber vom „Kaffdreschen" konfessioneller Rechthaberei nie etwas wissen. „Jeder sollte nur da und das reden, wo er wirklich glaubt."

Seine letzten Jahre verlebte Volkening in Holzhausen bei Lübbecke. An seinem Grabe bekannte ein Bauer: „Vor vierundvierzig Jahren hat he min Hart packt!"

GUSTAV KNAK
* 12. 7. 1806 † 27. 7. 1878

Gustav Knak, gebürtiger Berliner, wurde einer der führenden Männer der Erweckungsbewegung im norddeutschen Gebiet. Schon als Kandidat in Königswusterhausen wirkte er mit Erfolg in diesem Sinn. Später arbeitete er zusammen mit Pastor Moritz Görcke, dem Pfarrer von Pyritz, mit dessen Schwägerin Mathilde Wendt er sich verheiratete.
Die beiden „Frömmler“ arbeiteten außer in Pyritz auch in Bahn und Greifenhagen zusammen in Bibel- und Erbauungsstunden. Ende 1834 folgte Knak einem Ruf nach Wusterwitz im Kirchenkreis Dramburg, wo er fast sechzehn Jahre blieb.
Unermüdlich besuchte er seine Gemeindeglieder, richtete Sonnabendbetstunden im Pfarrhaus ein. Wie die Sonntagsgottesdienste zogen auch die Erbauungsstunden in der Woche Menschen von nah und fern an. Bald strahlte seine Tätigkeit auch auf die Pastoren der Synode aus. Auch Pastor Heinrich Ferdinand Achterberg (1810–1855) von der benachbarten Pfarre Rützow aus dem Kirchenkreis Schivelbein schloß sich der Bewegung an. Regelmäßige Hausandachten, Bibellesen und Gebet, auch das Singen geistlicher Lieder kamen in den Familien auf. So breitete sich christliches Leben aus.
Besondere Höhepunkte wurden die großen Missionsfeste. Über hundert Jahre hindurch feierte man in Rützow Kindermissionsfeste. Knak und Görke wurden weithin als Festprediger gerufen. Auf einer dieser Fahrten dichtete Knak sein Lied: „Laßt mich gehn, daß ich Jesus möge sehn“. Er gab auch einen „Reisepsalter“ heraus. 1850 wurde Gustav Knak Goßners Nachfolger an der Bethlehemsgemeinde in Berlin.

JOHANN CHRISTOPH BLUMHARDT
* 16. 7. 1805 † 25. 2. 1880

In Stuttgart geboren, wuchs Blumhardt im vom Reichgottesgedanken bewegten württembergischen Pietismus auf. Er studierte in Tübingen und war von 1830–1837 theologischer Lehrer am Basler Missionshaus, anschließend Vikar in Iptingen bei Vaihingen und wurde 1838 Pfarrer in Möttlingen bei Calw. Den Anstoß zu seiner Arbeit gab die Heilung eines „besessenen“ Mädchens in Calw. Viele Leidende kamen zu Blumhardt, dem Mann und Mittler der Hoffnung. Schon sonnabends kamen sie nach Möttlingen im schwäbischen Schwarzwald, um am Sonntag den Gottesdienst mitfeiern zu können. Am Karfreitag 1845 sollen es Leute aus hundertsechsundsiebzig Ortschaften gewesen sein, von denen die meisten im Freien lagern mußten.

1852 konnte Blumhardt das große, stattliche Gebäude in Bad Boll bei Göppingen erwerben; es wurde unter seiner Haushalterschaft zum großen Kur- und Erholungsheim. Allein im Jahre 1879 erhielt Blumhardt über tausend Telegramme aus aller Welt. Seine Glaubenszuversicht spricht aus seinem Lied: „Daß Jesu siegt, bleibt ewig ausgemacht / sein wird die ganze Welt / Denn alles ist nach seines Todes Nacht / in seine Hand gestellt / und alles muß vor ihm sich beugen / bis auch der letzte Feind wird schweigen / Ja, Jesus siegt!“

Blumhardt war auch schriftstellerisch tätig. Es erschienen ein Handbuch der Missionsgeschichte und eine Missionsgeographie, sechs Bändchen Andachten und die „Blätter aus Bad Boll“, die Wochenschrift für seine Freunde.

JOHANN HINRICH WICHERN
* 21. 4. 1808 † 7. 4. 1881

„Die Liebe gehört mir wie der Glaube“ – dieser Wahlspruch Wicherns sollte, wie er auf dem Kirchentag zu Wittenberg 1848 ausrief, das große Siegel aller kirchlichen Arbeit sein.

Wichern wurde in Hamburg als Sohn eines Notars geboren, der starb, als Johann Hinrich erst fünfzehn Jahre alt war. Die Frau und sieben Kinder hatte er verarmt zurückgelassen. Nach schwerer Jugend und harten Studentenjahren bestand Wichern in Hamburg sein theologisches Examen. In der Vorstadt St. Georg wurde er Oberlehrer in der Sonntagsschule des Pastors Rautenberg, in der Arbeiterkinder unterrichtet wurden. Hier faßte er den Plan eines Rettungshauses und Rettungsdienstes. „Ruges Haus", nach dem früheren Besitzer benannt, ist als „Rauhes Haus" weltberühmt geworden. Am 31. Oktober 1833 zog Wichern mit seiner Mutter und den Geschwistern ein. Bis Ende des Jahres hatte er schon vierzehn Knaben aufgenommen, jugendliche, fast verkommene Vagabunden. Seine Willkommensworte waren entscheidend für sein Wirken und seine großen Erfolge: „Mein Kind, dir ist alles vergeben. Sieh um dich her, in was für ein Haus du aufgenommen bist. Hier ist keine Mauer, kein Graben, kein Riegel; nur mit einer schweren Kette binden wir dich hier, du magst wollen oder nicht; du magst sie zerreißen, wenn du kannst; diese heißt Liebe, und ihr Maß ist Geduld."

In Hamburg-Horn fügte sich nun bald Haus an Haus. Seine Helfer zog Wichern sich im eigenen Brüderhaus heran: Im Laufe von zehn Jahren, von 1845 bis 1855, hat er über 500 Brüder ausgesandt, die in den verschiedensten Diensten eingesetzt wurden. Wichern erreichte weite Kreise durch seine „Fliegenden Blätter aus dem Rauhen Haus". „Die Innere Mission hat zu ihrem Zweck die Rettung des Volkes aus seiner geistigen und leiblichen Not durch die Verkündigung des Evangeliums und durch die brüderliche Handreichung der Liebe", wurde der von Wichern geprägte erste Satz der Verfassung des Zentralausschusses der Inneren Mission, zu dessen Gründung Wichern wesentlich beitrug.

1856 ließ Wichern sich, unter Beibehaltung seines Hamburger Amtes, in den Evangelischen Oberkirchenrat nach Berlin berufen und wurde gleichzeitig Referent für das Gefängniswesen im Innenministerium. 1858 gründete er in Spandau das „Johannesstift". Seine weiteren Vorhaben der Sozialreform konnte er leider weder im Oberkirchenrat noch im Ministerium durchsetzen. Von 1866 an war er durch einen Schlaganfall schwer behindert und mußte daher 1874 seine Ämter niederlegen. Er lebte noch sieben Jahre in Hamburg.

ADRIAN LUDWIG RICHTER
*** 28. 9. 1803 † 19. 6. 1884**

Ludwig Richter war der Sohn eines Zeichners und Kupferstechers, sein Großvater war Kupferdrucker. Später war der Vater Professor für Landschaftskunst an der Akademie. Ludwig wurde 1835 sein Nachfolger. Vorher arbeitete er in der Werkstatt seines Vaters. Sieben Monate dauerte eine Reise, die er als Zeichner mit einem russischen Fürsten durch Südfrankreich und nach Paris unternahm. Der Buchhändler Arnold ermöglichte ihm anschließend eine dreijährige Studienfahrt nach Italien. Zurückgekehrt, heiratete er Auguste Freudenberg, die ihm aber schon 1854 durch den Tod entrissen wurde. Nun ging er zunächst nach Meißen an die staatliche Zeichenschule, acht Jahre später wurde er nach Dresden berufen. Seine Eltern waren, obwohl katholisch, nicht kirchlich gebunden, er selbst aber hatte in Rom den Zugang zum Malerkreis der Lukasgilde, den „Nazarenern", gefunden, zu denen unter anderen auch Schnorr von Carolsfeld und Wilhelm von Kügelgen gehörten. Dieser Künstlervereinigung war Kunst ohne Religion undenkbar.
Neujahr 1825 schrieb Richter in sein Tagebuch, das er mit der Anrufung Gottes begann: „Ich fange nun erst an zu leben, nämlich im Glauben und in der Wahrheit." Mit Freunden besuchte er die Gottesdienste des evangelischen Gesandtschaftspredigers, konvertierte jedoch nicht.
In Rom hatte Richter sich an einem Wettbewerb beteiligt. Die gestellte Aufgabe war eine „schnelle Komposition". Richter zeichnete einen Zug sächsischer Landleute mit Kindern, die auf einem Pfad durch hohes Korn einer fernen Dorfkirche zuwandern. Er malte und zeichnete in der Folgezeit das Familienleben in seiner Verflechtung mit der Natur und der Welt

des Glaubens, der Kinder Freuden und Leiden, die Liebenden am Quell, die Schnitter bei der Heimkehr im sinkenden Abend. Fünfzehn Volksbücher aus dem deutschen Sagenschatz illustrierte er, dann die Märchen des Musäus und Bechsteins, Gedichte Hebels, Horns Spinnstubengeschichten, Verse des „Wandsbecker Boten“, die biblische Geschichte, das Vaterunser, die Glaubensartikel. 1852 wurde er zum Ehrenmitglied der Münchner Kunstakademie ernannt, 1859 zum Ehrendoktor der Universität Leipzig. Seit 1872 kehrte er jährlich in Bad Boll ein.

Auf seinem Grabstein steht: „Christus, der ist mein Leben.“ In Dresden-Loschwitz hat man ihm ein Denkmal errichtet.

CHARLES HADDON SPURGEON
* 19. 6. 1834 † 31. 1. 1892

Spurgeon, der „Fürst unter den Predigern“, wurde in Kelvedon (Essex) als Sohn eines Independentenpredigers geboren. Die Familie stammte von holländischen Flüchtlingen ab, die vor Herzog Alba einst nach England geflohen waren. Eines Tages hörte Spurgeon einen Laienprediger. Da war es ihm, als ob dieser nur zu ihm spräche.

1850 ließ er an sich in einem Fluß die Wiedertaufe vollziehen. Später ist er allerdings aus der Union der ihm zu engen Baptistengemeinden wieder ausgetreten. Er predigte in Scheunen und auf Dächern. Im Selbststudium eignete er sich die Grundsprachen der Bibel an, aber auch Kenntnisse in den Naturwissenschaften.

1857 gründete er ein eigenes „Pastor's College“, ein Predigerseminar, aus dem siebenhundertzweiundvierzig Prediger hervorgegangen sind. Daneben widmete er sich der Erziehung von Waisenkindern sowie der Hilfe für Arme und Alte. Zu seinen Gründungen gehören Schulen, Stadtmissionen und Sonntagsschulen. Die Mittel kamen aus Spenden.

Achtunddreißig Jahre lang predigte er im „Metropolitan Tabernacle“, sonntags meist zweimal. Viele Predigten wurden

gedruckt und weit verbreitet. Sein Hauptwerk ist der volkstümliche Psalmenkommentar „Davids Schatzkästlein“. Für die bildhafte Sprache sind schon die Titel seiner Schriften kennzeichnend: „Reden hinterm Pflug“, „Tauperlen und Goldstrahlen“, „Federn für Pfeile“.
Als er im Alter von achtundfünfzig Jahren in Mentone an der Riviera gestorben war, folgten wohl sechzigtausend Christen seinem Sarg. Spurgeon, der sich für die Sklavenbefreiung einsetzte, hielt sehr wenig von konfessionellen Grenzen und Streitigkeiten.

KAROLINA FLIEDNER
* 26. 1. 1811 † 15. 4. 1892

Karolina Fliedner geb. Bertheau, die zweite Frau Theodor Fliedners, kam aus einem Hamburger Hugenottengeschlecht. Sie übernahm mit ihrer Ehe nicht nur die Sorge für drei Stiefkinder und ihre sieben eigenen, sondern auch über Jahrzehnte als tüchtige Diakonissenmutter die große Kaiserswerther Schwesternschaft.
Es „umgab sie eine klare Ruhe, die Kraft ausströmte, eine stille frohe Sicherheit, die Geborgenheit verbreitete und Zutrauen weckte“. Theodor Fliedner sagte ihr am Tage vor seinem Tode: „Der Segen des Herrn komme über dich wie ein Strom, sein Friede wie Meereswellen, daß du davon ergießen kannst auf deine Kinder und Hausgenossen, auf die Anstalt und die vielen Anstaltsgenossen in der Nähe und Ferne. Der Herr wird dir zeigen, wie lange du so arbeiten sollst. Laß nicht außer acht die Gaben der Leitung, die dir verliehen sind.“
Mit Hilfe ihres Schwiegersohns Disselhoff hat Karolina Fliedner die Diakonissenanstalt noch neunzehn Jahre lang geleitet. Eng arbeitete sie auch mit Sophie Wagner zusammen. Bei einem ihrer Söhne, in Monsheim, war ihr ein friedlicher Lebensabend vergönnt, doch blieb sie in lebhaftem Briefwechsel mit ihren Diakonissen verbunden. Sie starb am Karfreitag 1892.

STAREZ FEOFAN (THEOPHAN)
* 1815 † 5. 1. 1894

Er hieß mit bürgerlichem Namen Georgi Gowarow und war der Sohn eines Dorfpriesters aus dem Gouvernement Orel. Während seiner theologischen Studien an der Geistlichen Akademie in Kiew besuchte er die berühmte Höhleneinsiedelei in der Nähe der Stadt, wo der Starez Parfenij lebte. Seine Weisungen an den jungen Besucher riefen in diesem eine solche Wandlung hervor, daß er kurz vor Vollendung des Studiums das Mönchsgewand nahm. Fünf Jahre lehrte Feofan an den Hochschulen in Kiew, Nowgorod und Petersburg Logik, Psychologie und Ethik, wurde dann in Petersburg an der Geistlichen Akademie Professor für christliche Sittenlehre. Er unternahm eine Reise ins Heilige Land, wo er zahlreiche Klöster aufsuchte, um von der Weisheit der orientalischen Mönche zu lernen. Von 1855 bis 1857 war er als Archimandrit Vorsteher der russischen Botschaftskirche in Konstantinopel und kehrte dann zu seiner Lehrtätigkeit nach Petersburg zurück. Die Berufung zum Rektor der Akademie lehnte er ab, wurde aber 1859 zum Bischof von Tambow, 1863 von Wladimir berufen.
Wegen seiner Herzlichkeit, seiner schlichten Einfalt, der Strenge seines Wandels und der Tiefe seiner Verkündigung wurde Feofan hoch verehrt. Wladimir war eine kirchen- und ikonenreiche Stadt, so daß er selbst mit großer Pracht umgeben war. Er ließ sich jedoch davon nicht blenden.
Achtundzwanzig Jahre hindurch, von 1866 an, als er seine Ämter niederlegte, lebte er in immer strengerer Klausur in der Wyschen-Einsiedelei unweit von Tarnow, die inmitten hoher Fichtenwälder lag. Die ersten sechs Jahre besuchte er noch regelmäßig die Gottesdienste und vollzog mit großer Andacht und Ehrfurcht gemeinsam mit der Priesterschaft die feierliche Liturgie.
Im Jahre 1872 aber errichtete er in einem Raum seines kleinen Hauses in der Einsamkeit einen Altar, verkehrte nur noch mit dem Abt, seinem Beichtvater und einem dienenden Bruder.
Hier in der Abgeschiedenheit beantwortete er Briefe, malte er Ikonen, drechselte, betete und studierte er. Seine Bibliothek bestand aus Schriften in verschiedenen Sprachen.

Am Vortage von Epiphanias wurde Feofan tot auf seinem Lager aufgefunden, mit auf der Brust gefalteten Händen. Er hatte sich „wie eine Kerze vor dem Angesicht Gottes verzehrt“.

JOHANN LUDWIG SCHNELLER
* 15. 1. 1820 † 18. 10. 1896

Schneller, ein schwäbischer Webersohn aus Erpfingen, wurde in armen Verhältnissen auf der Alb groß. Sein Urgroßvater war mit Salzburger Emigranten ins Land gekommen. Pfarrer und Lehrer förderten den Jungen in seinem Lerneifer, schon drei Jahre nach der Konfirmation bestand er mit Auszeichnung das Lehrerexamen. In dem kleinen Dorf Bergfelden auf der Alb begann er seinen Dienst, dann arbeitete er in Eislingen am Fuß des Hohenstaufen. Hier erwarb er sich in Werkstätten noch praktische Handwerkskenntnisse, um in der nahen Kinderrettungsanstalt in Göppingen mit mehr Sachkenntnis arbeiten zu können. Kurze Zeit war er Hausvater und Erzieher für entlassene junge Strafgefangene in Vaihingen und wurde dann, siebenundzwanzig Jahre alt, durch Spittler zum Leiter der Pilgermissionsanstalt St. Chrischona in Basel berufen, wo Handwerker zu Missionaren ausgebildet wurden. Sieben Jahre war er hier ehrenamtlich tätig.

Nachdem er geheiratet hatte (die ihm schon von Auendorf bekannte Magdalene Böhringer aus Eschenbach), mußte er aber Chrischona verlassen, weil Spittler wollte, daß die Brüder dort klösterlich lebten. Ihm wurde nun (1854) im Auftrag der Pilgermission die Leitung des Brüderhauses in Jerusalem übertragen, das acht Jahre vorher ohne Mittel und ohne klare Planung gegründet worden war. Das Brüderhaus befand sich bereits wieder in der Auflösung, da die von Chrischona ausgesandten Brüder sich der englischen Mission angeschlossen hatten. Schneller nahm die in den mohammedanischen Verfolgungen von 1860 verwaisten syrisch-christlichen Kinder in sein Haus auf. Allmählich erwuchs daraus das berühmte Syrische Waisenhaus, eine umfassende Erziehungs- und Missionsanstalt.

Jeder Zögling mußte neben den Unterrichtsstunden täglich ein bis drei Stunden Handarbeit leisten. Kritikern hielt er entgegen: „Sollten wir etwa gelehrte Bettler erziehen?“ Erst im Alter von achtzehn bis zwanzig Jahren gingen die Waisenhausschüler, gut ausgebildet, in verschiedene Berufe hinaus.

DWIGHT LIMAN MOODY
* 5. 2. 1837 † 22. 12. 1899

Der spätere große Evangelist Moody wurde in Nortfield unweit von Boston an der Ostküste der USA geboren. Schon im Alter von vier Jahren verlor er seinen Vater. Die Mutter gab trotz vieler Ratschläge die neun Kinder nicht in fremde Erziehung. Dwight ging mit siebzehn Jahren zunächst nach Boston in das Schuhgeschäft eines Onkels, besuchte dort eifrig noch die christliche Sonntagsschule, bis ihm eines Tages sein Lehrer überraschend die Frage vorlegte: „Willst du nicht endlich Ernst machen mit Jesus?“ Im Herbst 1855 ging er nach Chicago, das damals etwa fünfunddreißigtausend Einwohner hatte. Er mietete eine Kirchenbank mit dem Vorsatz, sie sonntäglich mit jungen Männern zu füllen, die er einfach auf der Straße ansprach oder aus Wirtshäusern herausholte. Bald konnte er vier Bänke besetzen.
Drei Jahre später gründete er eine eigene Sonntagsschule, die bald so bekannt war, daß sich eines Tages sogar Präsident Abraham Lincoln unter den Zuhörern befand. Moody lebte mit seiner Frau sehr ärmlich, konnte aber nach einem Brand, bei dem sein Heim und eine inzwischen errichtete Kapelle in Flammen aufgingen, inmitten des Trümmerfeldes einen riesigen Saal erbauen lassen, den schon am Tage der Einweihung tausend Kinder mit ihren Eltern besuchten. Moody gehörte zu den Vätern der Christlichen Studentenbewegung und zu den Förderern der Vereine junger Männer, die in dieser Zeit entstanden.
Eine ganze Reihe evangelistischer Schriften sind von ihm erschienen.

VIII

VON HUDSON TAYLOR BIS TOYOHIKO KAGAWA

20. Jahrhundert

1905 James Hudson Taylor
1905 Thomas John Barnardo
1910 Friedrich von Bodelschwingh
1910 Florence Nightingale
1910 Henri Dunant
1910 Lars Olsen Skrefsrud
1913 Elias Schrenk
1917 Hermann Bezzel
1918 Ludwig Ingwer Nommensen
1919 Christoph Blumhardt (Sohn)
1922 Pandita Ramabai
1924 Wilhelm Schmidt
1928 Mathilda Wrede
1929 Sundar Singh
1929 Karolina Utriainen
1930 Eva von Tiele-Winckler
1931 Nathan Söderblom
1937 Friedrich Weißler
1939 Paul Schneider
1942 Paul Richter
1942 Werner Sylten
1943 Erich Sack
1944 Max Joseph Metzger
1945 Ludwig Steil
1945 Georg Maus
1945 Dietrich Bonhoeffer
1945 Friedrich Justus Perels
1946 Fritz von Bodelschwingh
1960 Toyohiko Kagawa

JAMES HUDSON TAYLOR

*** 21. 5. 1832 † 3. 6. 1905**

Hudson Taylor war der Sohn eines Apothekers und Laienpredigers der Methodisten aus Barnsley (Yorkshire). Schon als junger Bursche gab er den Zehnten und vertraute bedingungslos der Fürsorge Gottes. Zu einer armen irisch-katholischen Frau zum Gebet gerufen, verschenkte er sein letztes Geld, das er bei sich trug, für ihre hohlwangigen Kinder.

Aus einem chinesischen Lukas-Evangelium lernte er mühsam die fremden Schriftzeichen, arbeitete als medizinischer Helfer bei einem Arzt und ging 1853, einer inneren Berufung folgend, an Bord eines Segelschiffes nach China. Im Elendsviertel von Schanghai eignete er sich nun die chinesische Sprache an und begann bald Evangelisationsreisen.

Er schrieb 1855: „Wo man auch hingeht, nichts als Städte und Dörfer voller Menschen, von denen kaum einer jemals den köstlichen Namen gehört hat, in dem allein Heil ist... Man muß einen starken Glauben haben, wenn man nicht verzweifeln will."

Bis zur ersten Heimreise hatte er nur sechzehn Christen und zwölf Taufbewerber gewonnen. Im kleinen Missionshospital fand er seine Lebensgefährtin. 1865 begann er nach Gründung der eigenen Missionsgesellschaft in Ningpo mit vierundzwanzig Gehilfen aufs neue die Arbeit. Auf der Schanghaier Konferenz von 1890 waren es schon tausend Helfer. Schließlich standen ihm Theologen, Ärzte, Architekten, Bankleute und Diakonissen für die gewachsenen Aufgaben zur Seite. Er hatte sie auf seinen Weltreisen gewonnen. Doch der „Boxeraufstand" von 1900 forderte von achtundfünfzig Missionsleuten und einundzwanzig Kindern den Märtyrertod. Fünf Jahre später starb Taylor selbst; er liegt in China begraben.

THOMAS JOHN BARNARDO
* 4. 7. 1845 † 19. 9. 1905

Barnardo, aus einem alten ägyptisch-spanischen Geschlecht, wurde in Dublin geboren. Er begann auf Taylors Rat 1866 ein Medizinstudium und wollte sich der Äußeren Mission anschließen.

Da er als Student jedoch in London stark verwilderten Jungen begegnete, fand er hier seine eigentliche Lebensaufgabe. Das erste war die Gründung einer „Lumpenschule", die schnell wuchs. Barnardo verschaffte sich Mittel für ein „Knabenheim", das vierundvierzig Zöglingen Raum bot und vor allem auch Werkstätten umfaßte. „Wenn der junge Mensch die Herrschaft über sein Handwerkszeug erlangt, gewinnt er auch in einem gewissen Maß die Herrschaft über sich selbst . . ."

„Mein Gebet für die Kinder geht dahin, daß sie gerettet werden möchten, nicht nur für das gegenwärtige, sondern auch für das künftige Leben." Immer war die Tür für heimatlose Kinder geöffnet, immer ein Bett bereit, stets brannte nachts ein einladendes Licht. Nachdem er geheiratet hatte, nahm Barnardo sich auch der Mädchen an und erbaute für sie in Ilford kleine Einzelhäuser, in denen eine „Mutter" mit ihrer Kinderschar, in der jedes Alter vertreten sein sollte, wie eine Familie leben konnte.

FRIEDRICH VON BODELSCHWINGH
* 6. 3. 1831 † 2. 4. 1910

Friedrich von Bodelschwingh, als Sohn des Oberpräsidenten der Rheinprovinz in Tecklenburg geboren (später war sein Vater Finanzminister in Berlin), wurde zunächst Landwirt, Verwalter eines großen Gutes, wobei er sich schon der dem Branntwein verfallenen Tagelöhner besonders annahm. Durch eine Schrift, die von einem armen Chinesenknaben berichtete, wurde er so bewegt, daß er 1854 mit dem Studium der Theo-

logie begann. Studienorte waren Basel, Erlangen, Berlin und Münster, wo er das Studium beendete.
Nach Paris gerufen, wurde er Seelsorger der Lumpensammler und Straßenkehrer. Er baute die Hügelkirche und ein Gemeindezentrum. Nachdem er seine Base Ida geheiratet hatte, wurde er Pastor in der Landgemeinde Dellwig in der Heimat. 1869 starben ihnen innerhalb von zwei Wochen ihre ersten vier Kinder an Diphterie. Bodelschwingh bemerkte: „... wie hart Gott gegen Menschen sein kann, und darüber bin ich barmherzig geworden gegen andere."
1872 übernahm er in der Nähe Bielefelds eine kleine Anstalt für Epileptiker mit einer Schwesternschaft, „Sarepta". So begann nun die „Stadt der Barmherzigkeit" Bethel unter seiner gesegneten Leitung heranzuwachsen.
Als Mitglied des Preußischen Landtags setzte er 1907 das „Wanderarbeitsstättengesetz" durch, gründete Arbeiterkolonien (Wilhelmsdorf und Freistatt im Wietingmoor, Hoffnungstal, Lobetal und Gnadental bei Bernau). Er gründete auch den Verein „Arbeiterheim".
Sein Motto: „Das Wort unheilbar steht im Wörterbuch eines Christen nicht mehr. Wer danken gelernt hat, ist gesund geworden, auch wenn er sein ganzes Leben in der Zelle zubringen muß." Seine Liebe blieb stets erfinderisch und aktiv.

FLORENCE NIGHTINGALE
* 15. 5. 1820 † 13. 8. 1910

Die Engländerin Florence Nightingale wurde in Florenz geboren und wuchs auf dem Herrensitz ihrer reichen Eltern in Lea Hurst auf. Sie zeigte früh ihre große Hilfsbereitschaft, die verbunden war mit einem starken Glauben. In ihrem Heimatdorf machte sie Kranken- und Armenbesuche. Später war sie in vielen Kranken- und Rettungshäusern tätig und ließ sich in Kaiserswerth bei Fliedner 1851 als freiwillige Krankenpflegerin ausbilden. Einige Zeit war sie auch bei den „Töchtern des heiligen Vinzenz" in Paris. Die Spitäler waren überall noch Stätten des Elends, des Schmutzes und sogar des Lasters.

Florence, die besonders nach dem Besuch von Kaiserswerth bekannt hatte, daß sie nun wisse, „was es heißt, zu leben und das Leben zu lieben", wurde in London Vorsteherin eines „Instituts für kranke Damen in beschränkten Verhältnissen" und packte ihre Aufgaben praktisch und energisch an. Später übernahm sie im Seuchenspital die Pflege Cholerakranker und fand nun öffentliche Anerkennung.

Im Krimkrieg (1853–1856) fuhr sie mit achtunddreißig Schwestern, darunter zehn katholischen, nach Skutari am Bosporus. Unter Schwierigkeiten nahm sie die Arbeit auf. Schließlich waren sie fünfundachtzig Helferinnen. Sie verlangte von Freunden und Feinden, Offizieren und Beamten eine „christliche Behandlung" aller Verwundeten. Nachts, das Licht mit der Hand schützend, ging sie durch die Reihen der Elenden und stärkte sie schon durch ihre bloße Anwesenheit.

Nach der Beendigung des Krieges diente sie weiter in vielen Werken christlicher Barmherzigkeit. Sie machte so die Krankenpflege in England zu einem geachteten Frauenberuf.

In der Paulskirche in London liegt sie begraben, ein Denkmal ehrt ihr Andenken.

HENRI DUNANT
* 8. 5. 1828 † 30. 10. 1910

Henri Dunant, in Genf als Sproß einer alten Hugenottenfamilie und Sohn eines Rats- und Kaufherren geboren, war von Beruf Bankier. 1859 wollte er im Hauptquartier des Kaisers Napoleon III. Finanzpläne für Algerien vortragen. Als er jedoch das Elend des Schlachtfeldes sah, wurde er zum Gründer des „Roten Kreuzes".

In Castiglione fehlte es sowohl an Ärzten und Pflegern als auch an Verbandzeug und Medikamenten. Vor allem blieben verwundete „Feinde" unbeachtet. Dunants „Sono tutti fratelli!" (Wir sind alle Brüder!) fand Gehör. Neununddreißigtausend

Soldaten hatten in der blutigen Schlacht in Solferino bei Mantua den Tod gefunden, doch nun half man Freund und Feind ohne Ansehen der Person.

Diese Arbeit wurde Dunants Lebensaufgabe. Er reiste in diesen Angelegenheiten viel herum und brachte auch finanzielle Opfer. In der Genfer Konvention von 1866 wurde die Neutralisierung des Sanitätsdienstes feierlich anerkannt. Dunant, der schon mit zwanzig Jahren in Genf einen Saal zur Evangelisation unter jungen Männern gemietet hatte und zu den führenden Gründern der Weltorganisation des CVJM gehörte, hatte seine finanziellen Mittel erschöpft und wurde schnell vergessen. Erst viel später spürte ihn ein Reporter in einem Armenhospital in der Schweiz auf. Sein Testament schloß er verbittert, ohne jedoch seinen Glauben verloren zu haben: „Ich wünsche zu Grabe getragen zu werden wie ein Hund, ohne eine einzige Eurer Zeremonien, die ich nicht anerkenne. Ich rechne auf Eure Güte zuversichtlich, über meinen letzten irdischen Wunsch zu wachen. Ich bin ein Jünger Christi wie im ersten Jahrhundert und sonst nichts. Amen."

LARS OLSEN SKREFSRUD
* 1840 † 11. 12. 1910

Skrefsrud war Norweger und stammte aus Lillehammer im Gulbrandstal. Sein Vater war von Beruf Zimmermann. Nachdem seine fromme Mutter früh gestorben war, wuchs er unter drückenden Verhältnissen auf. Dann wurde er Lehrling bei einem Kupferschmied, der Anhänger des Revolutionärs Thrane war. Als Lars an einer Demonstration teilnahm, die in eine Plünderung ausartete, wurde er verhaftet und, da er keine Namen anderer Teilnehmer nennen wollte, zu vier Jahren Gefängnis verurteilt.

Die Zeit der Haft in Oslo ließ er nicht nutzlos verstreichen. Er wurde überzeugter Christ. Aus Büchern, die ihm durch den Gefängnisdirektor vermittelt wurden, erarbeitete er sich eine umfassende Bildung, er lernte auch die alten Sprachen.

Nach Verbüßung der Haft fand er in der Heimat keine Arbeit, die Handwerksmeister lehnten die Einstellung eines politisch Vorbestraften ab. Erst als er in einer Mechanikerwerkstatt in Gjövik eine Anstellung fand, besuchte er in Abendstunden Vorlesungen. Trotz der ihm nun entgegengebrachten Hochachtung und seines großen Wissens nahm man ihn in Stavenger nicht als Missionsschüler an. Auch die Kirche wollte Vorbestrafte nicht in ihrem Dienst verwenden.

Durch die Empfehlung der Brüdergemeine kam Lars Skrefsrud aber 1861 zur Goßnermission nach Berlin und wurde schon zwei Jahre später, nach mit Auszeichnung bestandenem Examen, nach Chota Nagpur in Indien geschickt, das 300 km von Kalkutta entfernt ist. In Rantschi begann er zunächst die Sprache zu erlernen, bis er gemeinsam mit dem dänischen Ingenieur Börrensen, der auch seine Frau und die Braut von Lars aus der Heimat mitgebracht hatte, nach Westbengalen zu den Santals ging.

Gemeinsam halfen sie bei der wirtschaftlichen Entwicklung des unterdrückten Stammes und seiner Christianisierung. Sie schufen Schriftzeichen für die schwer erlernbare Santalisprache und richteten bis 1873 bereits zweiunddreißig Schulen mit fünfhundert Schülern ein. In der Heimschule von Ebenezer wurden achtzig Jungen und dreißig Mädchen erzogen.

Die junge Frau von Lars starb früh, er selbst erkrankte am Sumpffieber und mußte mehrfach in die Heimat fahren. Dort predigte er in überfüllten Kirchen. Bis ins hohe Alter gab er diese Arbeit nicht auf.

ELIAS SCHRENK
* 19. 9. 1831 † 21. 10. 1913

Der als Sohn eines Schneiders und Kaufmanns in Hausen bei Tuttlingen geborene Elias Schrenk kam 1853 nach Freiburg im Breisgau als kaufmännischer Angestellter zu Karl Mez und erlebte bei einer Einladung, wie dieser am Schluß der Abendandacht (nach dem Essen mit der Familie) auf den

Knien betete. Das packte den jungen Elias so sehr, daß er später schrieb: „Mein Herz sprach zu allem Amen."
Ein knappes Jahr danach wurde er in Basel Missionszögling und fünf Jahre darauf an die Goldküste in Afrika entsandt. Allerdings war er meist mit einer ihn nicht befriedigenden Verwaltungsarbeit betraut. 1866 heiratete er eine Schweizer Pfarrerstochter. 1872 kehrten sie endgültig nach Europa zurück und ließen sich zuerst in Bern nieder.
Von 1875 an war er Missionsprediger für Hessen und Thüringen. Der Wohnsitz war nun Frankfurt. Ein Jahr darauf zog er mit seiner Familie (acht Kinder) nach Marburg, um sich, frei von kirchlichen Bindungen, ganz der Evangelisation widmen zu können. Von 1890 an wohnten sie in Barmen, 1911 zog Elias Schrenk in ein stilles Haus in Bethel, wo er auch gestorben ist, nachdem er noch eine praktische Auslegung der sieben Sendschreiben der Offenbarung vollendet hatte.
Schrenk verkündigte die schlichte biblische Wahrheit von Buße, Gnade und Glauben.

HERMANN BEZZEL
* 18. 5. 1861 † 8. 6. 1917

Bezzel, in Wald bei Gunzenhausen geboren und dort auch an der Seite seiner Eltern begraben, war zu Beginn des 20. Jahrhunderts wohl der bedeutendste Lutheraner in Bayern. Wo er auch wirkte, ob als Lehrer am Gymnasium in Regensburg (ab 1886 nach seinem Studium in Erlangen) oder ein Jahr danach als Inspektor des dortigen Internats, von 1891 bis 1909 als Rektor der Neuendettelsauer Anstalten, schließlich als Präsident des Oberkonsistoriums in München (von 1909 bis zu seinem frühen Tod im Kriegsjahr 1917), immer blieb für ihn der Hauptinhalt seines Lebens sein Auftrag zur Verkündigung des Evangeliums und zur persönlichen Seelsorge. „Der Knecht Gottes", „Auf ewigem Grunde", „Dienst und Opfer" nannte er daher seine Hauptschriften.
Als er das Alumnat übernommen hatte, das seit der Refor-

mationszeit in Regensburg bestand, hatte es nur noch neun Zöglinge. Durch Bezzels Aufopferung wuchs die Schülerzahl schnell auf über fünfzig, so daß das Haus erweitert werden mußte.

Bevor er die Löheschen Anstalten übernahm, besuchte Bezzel Bad Boll und schrieb begeistert über die dortige Weitherzigkeit: „Wer an der Wahrheit des Christentums zweifelt, der schaue es in Boll; wer aber die Herrlichkeit der evangelischen Kirche in ihrer geschichtlichen Ausprägung kennen möchte, der wird sie in Dettelsau finden. Beide Anstalten, scheinbar so verschieden, sind eines Stammes."

In Neuendettelsau bemühte sich Bezzel in Predigt und Unterricht der Schwesternschaft, die Kraft des Glaubens zu zeigen.

In den letzten Jahren seines Lebens wurde er in München zum Bischof berufen. Er regierte nicht vom grünen Tisch aus, sondern traf seine Entscheidungen an Ort und Stelle in den Gemeinden.

Oft hat Hermann Bezzel von sich selbst bekannt: „Christ ist mein Name. Lutheraner mein Beiname."

LUDWIG INGWER NOMMENSEN
* 6. 2. 1834 † 23. 5. 1918

Nommensen war Sohn eines Schleusenwärters der kleinen Hallig Nordstrand vor Husum und wuchs als Gänsejunge, Schafhirte und Bauernknecht auf. Im Alter von zwölf Jahren von einem Fuhrwerk überfahren, lag Ludwig Ingwer Nommensen über ein Jahr gelähmt und sollte sogar amputiert werden. Doch schließlich gesundete er. Die ganze Zeit hatten er und seine Mutter den Glauben daran nicht verloren.

Nach dem frühen Tod des Vaters mußte er die Familie ernähren und konnte erst nach der Verheiratung einer Schwester seinen Berufswunsch verwirklichen. Er wollte Missionar werden. Es wurde ein schwerer Weg; so einfach, wie er es sich vorgestellt hatte, ließ sich dieses Ziel nicht erreichen. Er wurde erst Schulhelfer in Risum und in Gotteskook, wo ihn ein Pa-

stor unterrichtete. Im August 1857 fand er Aufnahme im Barmer Missionsseminar und wurde erst vier Jahre später zu den Batak ausgesandt, nachdem er in Holland deren Sprache erlernt hatte.
Entscheidend für die Erfolge Nommensens war, daß er unter den Bataks nicht als Fremder lebte. Er ernährte sich wie sie und schlief in ihren Hütten. 1869 konnte er die erste Kirche im Hochtal erbauen.
1881 wagte er den Vorstoß zum Tobasee, dann begründete er eine allmählich auf viertausend Seelen wachsende Gemeinde in Pearadja, danach auch eine im Süden des Landes.
Gleichzeitig mit den christlichen waren auch islamische Missionare ins Land gekommen. Doch alle Missionsunternehmen Nommensens, des immer mehr geliebten „Tuan", blieben stets frei von verletzender Polemik.
Bedürfnislosigkeit und Furchtlosigkeit und eine nie versiegende Geduld waren seine Haupttugenden.
Nommensen starb hochbetagt in Laguboti am Tobasee auf Sumatra.

CHRISTOPH BLUMHARDT (SOHN)
* 1. 6. 1842 † 2. 8. 1919

Christoph Blumhardt, geboren in Möttlingen, trat 1869 in die Arbeit seines Vaters ein und übernahm nach dessen Tod ganz die Leitung von Bad Boll. Unter seiner Leitung konnten die Heime in der gewohnten Weise weiterarbeiten.
Christoph Blumhardt stand den Entwicklungen seiner Zeit offen gegenüber und übernahm viele der sozialen Forderungen. Dabei blieb sein Glaube und seine Lebenshaltung immer dem Pietismus verbunden.
Außer der Arbeit in den Heimen widmete er sich auch politischen Aufgaben. So gehörte er zu den religiösen Sozialisten. Den Problemen der Arbeiterschaft versuchte er als sozialdemokratischer Abgeordneter von 1900 bis 1906 im württembergischen Landtag Gehör zu verschaffen. Die Zuversicht, daß end-

lich etwas getan wird, verließ ihn bis zum Tode nicht. Seine letzten Worte beweisen das: „Es wird regiert", soll er gesagt haben.

PANDITA RAMABAI
* 1858 † 5. 4. 1922

Pandita Ramabai war die Tochter eines gelehrten Brahmanen, also eines Angehörigen der obersten Kaste der Hindus. Diese Kasten der Priester, Gelehrten, Dichter und Politiker gelten nach den alten Gesetzbüchern als heilig und unverletzlich. Der Vater unterwies seine Tochter in indischer Weisheit, in der Mythologie und Philosophie der Veden. Sie lernte auch Sanskrit und handelte damit gegen das Verbot ihrer Kaste, die das keinem Mädchen erlaubte. Jahrelang wanderte die Familie dann von einem Heiligtum zum anderen und lebte von Almosen. Als sie zwölf Jahre alt war, konnte Ramabai schon achtzehntausend Verse aus den Purana auswendig, die sie an vielen Orten vortrug. An den Wallfahrtsorten wurde sie hoch verehrt. Später erhielt sie von gelehrten Brahmanen Kalkuttas den Titel „Pandita" (d. h. etwa „Professorin"). Die Eltern starben am Hungertyphus. Ihr Glaube an die Hindureligion mit dem Fluch des Kastenwesens und der sozial schlechten Stellung der Frau, vor allem der Witwen und Waisen, war schon lange erschüttert. In Vorträgen wandte sie sich als Vorkämpferin nun auch gegen die Kinderheirat und die Behandlung der Witwen. Sie heiratete einen Sudra, einen nicht-brahmanischen Rechtsanwalt, der aber schon nach anderthalb Jahren starb. Dann zog sie mit ihrer kleinen Tochter Manorama nach Poona, einer großen Stadt in Maharaschtra.

Sie veröffentlichte Berichte über das indische Mädchenschulwesen, das von hundert Millionen knapp zweihunderttausend Kinder erfaßte. In dieser Zeit begann sie das Neue Testament zu lesen. 1883 reiste sie zu Vorträgen nach England, um das Gewissen der Welt aufzurütteln. Hier ließ sie sich mit ihrer Tochter am Michaelistag taufen. Ihr Buch „Die Hindufrau höherer Kasten" wurde sehr bekannt. Mit dem Erlös gründete sie „Sarada Sadan" („Stätte der Weisheit"), das für zweitausend Kinderwitwen zur Heimat wurde. In Poona entstand unter ihrem Einfluß ein Lyzeum, dessen Schülerinnen das Abitur ablegen konnten. Ihre Tochter wirkte dort später als hervorragende Lehrerin. Über tausend Menschen, die während einer Hungersnot entwurzelt wurden, siedelte sie auf ihrem eigenen Grund und Boden bei Khegaon an. So entstand „Mukti" („Stätte der Rettung") mit zweitausend Bewohnern und Gärtnereien, handwerklichen Betrieben und Schulen.

Zwanzig Jahre leitete Pandita Ramabai das große Werk. Sie übersetzte auch die Bibel. In ihren letzten Tagen sagte sie: „Die Wege göttlicher Führung sind mannigfach wie die Herzen der Menschen, das Ziel bleibt völliger Gehorsam, unbedingte Hingabe."

WILHELM SCHMIDT
* 18. 2. 1856 † 16. 2. 1924

Wilhelm Schmidt kam aus Wegeleben bei Halberstadt, er war der Sohn eines Botengängers. Das Lernen in der Schule machte ihm Mühe, doch zu seinen Klassenkameraden hatte er ein gutes Verhältnis. Er erlernte das Schlosserhandwerk und ging mit siebzehn Jahren als Handwerksbursche auf die Wanderschaft. Unterwegs kaufte er sich oft gute Bücher. In einer Herberge in Dresden verkaufte ihm ein Kamerad ein Neues Testament, in dem er eifrig zu lesen begann.

Er ging weiter seinem Beruf nach, nahm sich aber viel Zeit und Stille zum Nachdenken, regelmäßig besuchte er auch den Gottesdienst. Eines Tages sah er die Zeichnung einer Heißdampfmaschine in allen Einzelheiten vor sich. Da er den Feiertag nicht entheiligen wollte, brachte er seine Erfindung erst am folgenden Tage zu Papier. Diese Zeichnung zeigte er einem Maschinenbauingenieur, der ihm das Studium an einer Technischen Hochschule ermöglichen wollte. Zunächst ließ Schmidt seine Erfindung patentieren. Nach und nach brachte er noch

etliche Verbesserungen an. Er fand Mitarbeiter und Anerkennung. Sein Heim in Benneckenstein im Harz hielt er oft für Schülerbibelkreise geöffnet. Die Fülle seiner Erfindungen, über tausend Patente, machte ihn weltberühmt, vor allem die Heißdampflokomotive. Schmidt wurde zum Ehrendoktor ernannt.
Doch auch an den Ereignissen der Welt ging er nicht vorbei. Er bedauerte die Unvernunft der Menschen. „Was nutzen alle Erfindungen, wenn die Welt in Blut und Tränen untergeht?“ In Kassel-Wilhelmshöhe liegt er begraben.

MATHILDA WREDE
* 14. 3. 1864 † 25. 12. 1928

Die Schwedin Mathilda Wrede, der „Engel der Gefangenen“, wurde als Gouverneurstochter in Vaasa in Finnland geboren. Als Kind sah sie einige Male, wie man Gefangene behandelte. Als sie bei einer großen Gesellschaft, zu der sie mit eingeladen war, einen Laienprediger hörte, entdeckte sie ihre Lebensaufgabe. Zögernd erlaubte der Vater ihr, den von ihr geplanten Dienst aufzunehmen. Sie war erst zwanzig Jahre alt, als ihr durch den Oberstaatsanwalt die Genehmigung zum Besuch aller finnischen Gefängnisse gegeben wurde. Sofort begann sie mit ihren Reisen. Wo Hilfe nötig war, griff sie tatkräftig zu. Oft bestand diese darin, die Häftlinge anzuhören und mit ihnen über ihre Probleme zu sprechen. Mathilda Wrede kümmerte sich jedoch auch um die Lebensbedingungen der Gefangenen.
Viele der nach Sibirien Verbannten begleitete sie bis zur Grenzstation. Ihr Vater schenkte ihr ein Haus für die Betreuung Entlassener.
1925 nahm sie an der Weltkonferenz für praktisches Christentum in Stockholm teil. „Mein ganzer Wille ist darauf eingestellt, den Pfad meines Königs zu Ende zu gehen, so wie er sich mir zeigt. Der Auftrag des Königs hat Eile.“ Sie starb in Helsinki.

SUNDAR SINGH
* 3. 9. 1888 verschollen 1929 (Gedenktag 16. 4.)

Auf dem indischen Subkontinent gibt es verschiedene Religionsgemeinschaften. Eine von ihnen vereinigt Hinduismus und Islam in einem bildlosen Monotheismus. Ihre Mitglieder nennen sich Sikhs.
Im Grenzgebiet zwischen Pakistan und Kaschmir wurde in einer Sikh-Familie eines reichen Grundbesitzers in Rampur am Indus Sundar Singh geboren und im Glauben seiner Väter erzogen. Die Mutter wünschte nichts mehr, als daß ihr Sohn ein Sadhu, ein Mann Gottes werde. Von einem alten Sikh-Meister wurde er in der Jogatechnik ausgebildet. Er besuchte die Schule der christlichen Presbyterianer, weigerte sich jedoch, die Bibel zu lesen. Eines Tages zerriß er in Gegenwart seiner Eltern das Neue Testament und warf es ins Feuer. Mit fünfzehn Jahren wandelte er sich jedoch völlig. 1928 beschrieb er das Ereignis so: „Ich bin am Kreuz für dich gestorben und die ganze Welt! Diese Worte brannten sich mit Blitzesschärfe mir ins Herz und erfüllten mich mit unaussprechlicher Freude und seligem Frieden."
1905 wurde er in der Thomaskirche in Simla getauft. Nun war Sundar Singh ein Sadhu. Die erste Predigtreise führte ihn durch das Pandschab nach Kalkutta, Bombay und Madras. Diese Tätigkeit fiel ihm nicht leicht. Einmal bekannte er: „Ich komme mir vor wie ein Klumpen zergehenden Salzes; aber ich will mich gern auflösen, wenn nur Indien mit dem Evangelium gesalzen wird."
Seine Reisen führten ihn auch nach Südindien und Ceylon (heute Sri-Lanka). Er besuchte Malaysia, Japan und China, 1920 auch England und Australien, 1922 Palästina und Westeuropa. In Schweden war er Gast Söderbloms.
Besonders aber fühlte er sich nach Tibet gezogen, wo er auf einer Wanderung 1929 verschollen ist.

KAROLINA UTRIAINEN
* 30. 6. 1843 † 14. 7. 1929

Karolina Utriainen war mit einem Charisma besonderer Art begabt. Sie predigte in einem schlafähnlichen Zustand. Karolina wurde als Tochter eines Tagelöhners in Finnland geboren. Die erste „Predigt" hielt das Mädchen, als sie durch den Tod einer Freundin tief erschüttert wurde. Viele Menschen kamen, um die Neunjährige zu hören. Sie selbst konnte sich nach dem Erwachen an nichts erinnern. Bis ins Jahr 1913 hinein entstanden über zwanzigtausend Predigten, die oft mitstenographiert wurden. Ab 1913 kam es zu keiner Predigt mehr.

Karolina Utriainen heiratete 1864 und schenkte vier Kindern das Leben.

Sie starb nach einem begnadeten Leben, das ungezählte Menschen zum Glauben geführt hat.

EVA VON TIELE-WINCKLER
* 31. 10. 1866 † 21. 6. 1930

Im Schloß zu Miechowitz bei Beuthen, im früheren Oberschlesien, wurde Eva von Tiele-Winckler geboren und ist dort auch in ihrem „Friedenshort" gestorben.

Von ihrer katholischen Mutter beeinflußt, neigte sie sich mystischen Gedanken zu, die durch die Lektüre eines Buches von Tauler noch bestärkt wurden. Die Mutter starb aber, als Eva erst dreizehn Jahre alt war. Der evangelische Vater heiratete wieder. Die Stiefmutter war eine bewußt evangelisch gesinnte Frau. Eva dagegen behielt noch lange die Neigung zum klösterlichen, mystisch frommen Leben bei. Um sie zu fördern, wurde sie von den Eltern nach Bethel geschickt und fand in Bodelschwingh ihren geistlichen „Vater", der sie zu leiten verstand und ihre besonderen Gaben erkannte. „Mutter Eva" schrieb später: „Was mich in jenen kritischen Jahren (sie

meinte ihre seelengefährdende Neigung zum klösterlichen Leben mystischer Versenkung) zurückgehalten hat, eine Bahn zu betreten, in die es mich mächtig zog, war sein Vertrauen, das mich stärker band als die stärksten Ketten."
Ihr Vater schenkte ihr 1888 den „Friedenshort". Hier entstand eine Stätte barmherziger Liebesarbeit. Später waren es achtundzwanzig Häuser. Nach der Einweihung des Heimes zog sie ganz zu den Kindern. „Ich kann keine Mutter sein, wenn ich nicht auch drüben bei meinen Kindern schlafe", begründete sie ihren Schritt.
„Vater Bodelschwingh" holte sie für über fünf Jahre als Oberin nach Sarepta bei Bethel und riet ihr dann, in Miechowitz eine eigene Schwesternschaft zu begründen.
In Davos, wo sie sich einige Zeit zur Genesung aufhielt, traf sie mit Hudson Taylor zusammen. 1905 reiste „Mutter Eva" nach England.
Von ihren Schwestern wurden nicht nur Kinder in Familiengruppen betreut, sondern auch Gefangenenfürsorge betrieben. An Aufgaben fehlte es nicht. 1912 schickte sie auch Schwestern in die Äußere Mission.

NATHAN SÖDERBLOM
* 15. 1. 1866 † 12. 7. 1931

Der schwedische Erzbischof Nathan Söderblom hatte sein Leben der ökumenischen Bewegung und der Versöhnungsaktion der Kirchen gewidmet.
Er wurde in Trönö bei Söderhamm als Pfarrerssohn geboren und studierte in Uppsala Theologie, wo er später wirkte und auch gestorben ist. Zuerst war er dort Geistlicher an der psychiatrischen Klinik, dann etwa sieben Jahre Pfarrer der schwedischen Gemeinde in Paris. Von 1901 an wirkte er als Professor für Religionsgeschichte und Religionsphilosophie in Uppsala, von 1912 bis 1914 in gleicher Eigenschaft in Leipzig. Seine ersten wissenschaftlichen Arbeiten waren der altpersischen Religion gewidmet, am bekanntesten wurde seine Ein-

führung in die Religionsgeschichte (1920). Professor Söderblom betonte wie Rudolf Otto das „Heilige" in der Religion. Der Offenbarungsgedanke und Luthers Werk beschäftigten ihn sehr. Zugleich zeigte er für den modernen Katholizismus reges Interesse.
1914 wurde Söderblom zum Erzbischof Schwedens gewählt. Bis zur Weltkonferenz für praktisches Christentum in Stockholm 1925 war aber noch ein weiter Weg. Nur Söderbloms Zuversicht und unermüdlichen Tätigkeit ist das Zustandekommen der Konferenz zu verdanken. Er schrieb einmal: „Das Entscheidende ist nicht das, was Menschen sagen oder nicht sagen über alle möglichen Dogmen oder Kultgebräuche, sondern das Schwere und Einfache zugleich ist, daß ein armer sündiger Mensch zu glauben wagt, daß Gott sich um ihn kümmert und daß Jesus Christus für ihn gestorben ist."
Bis zu seinem Tode war er rastlos tätig. Im Dom zu Uppsala wurde er beigesetzt.

FRIEDRICH WEISSLER
* 18. 4. 1891 † 19. 2. 1937

Friedrich Weißler war Sohn jüdischer Eltern, wurde aber schon früh getauft. Er studierte Jura, war im ersten Weltkrieg Soldat und wurde 1919 in den Staatsdienst aufgenommen. 1922 heiratete er die Pfarrerstochter Johanna Schäfer. Verhältnismäßig schnell war er Landgerichtsdirektor geworden. 1933 wurde er wegen seiner jüdischen Abstammung aus dem Staatsdienst entlassen. Als im Jahre 1934 durch die Dahlemer Synode eine vorläufige Kirchenleitung gebildet wurde, berief man den ehemaligen Landgerichtsdirektor aus Magdeburg, der auch ein bekenntnistreuer Christ war, als juristischen Berater in die Kirchenkanzlei.
Er arbeitete hier an der Denkschrift mit, die Einspruch gegen die Vergötterung von Blut und Rasse, Volkstum und Ehre erhob. Auch das Schlagwort vom positiven Christentum wurde einer scharfen Kritik unterzogen. An Hand einer Fülle sorg-

fältig ausgewählter staatlicher Maßnahmen führte man den Nachweis, daß die Zerstörung der kirchlichen Ordnung durch die NSDAP und durch den Staat planmäßig betrieben wurde. Auch die Konzentrationslager wurden als belastend für das evangelische Gewissen bezeichnet. Man warnte vor der Häufung der Eide und verwahrte sich gegen den Vorwurf, daß durch das Evangelium von Jesus Christus eine wesensfremde Sittlichkeit in das deutsche Volk eindringe. Diese Denkschrift sollte zur gegebenen Zeit Hitler vorgelegt, vorher aber geheimgehalten werden. Durch Indiskretion kam sie jedoch vorzeitig in die Auslandspresse und wurde in einer Baseler Zeitung veröffentlicht. Nun bekannte sich auch die Kirchenleitung zu ihr.
Im Oktober 1936 wurde Weißler nachts durch Beamte der Geheimen Staatspolizei in seiner Wohnung verhaftet. Er kam in Einzelhaft. Erst auf wiederholte Bitten hin wurde ihm seine Bibel ausgehändigt, einige Male konnte er seine Frau, einmal auch seine Mutter kurze Zeit sprechen. Seine beiden Söhne im Alter von acht und elf Jahren hat er nicht wiedergesehen. Im Februar 1937 nach Sachsenhausen abtransportiert, wurde er noch einige Tage und Nächte grausam gequält und schließlich erschlagen. Um einen Selbstmord vorzutäuschen, wurde der Tote noch aufgehängt. Nach langen Bemühungen der Kirchenleitung konnte die Leiche in der Stille auf dem Stahnsdorfer Friedhof (unter Beobachtung der Gestapo) beigesetzt werden.

PAUL SCHNEIDER
* 29. 8. 1897 † 18. 7. 1939

Paul Schneider stammte aus einer reformierten Familie, dem Pfarrhaus zu Pferdsfeld, Kreis Kreuznach, das er mit seinen Gärten, seinen schlichten, bäuerlichen Menschen und auch seinen Tieren immer geliebt hat. Sein Vater war, besonders nach dem frühen Tod seiner Frau, sehr in sich gekehrt und einsam. Gesetzlich streng führte er die Gemeinde und auch die Erziehung seiner Kinder.

Paul Schneider studierte, aus dem ersten Weltkrieg heimgekehrt, nicht Medizin, wie er geplant hatte, sondern Theologie in Gießen, Marburg und Tübingen. Nach seinem ersten Examen arbeitete er im Ruhrgebiet mehrere Monate lang in einem Stahlwerk und setzte nun große Hoffnung auf die Arbeiterschaft. Lange dachte er an die Abschiedsworte: „Du bist einer der Unsrigen, du solltest bei uns bleiben."

Paul Schneider ging ins Vikariat zum Vater in Hochelheim. Anschließend besuchte er das Predigerseminar in Soest. Hier wurde Karl Heim sein Lehrer. Adolf Schlatter schätzte er auch sehr.

In der Berliner Stadtmission lernte Schneider unter einfachen Menschen wahre Christen kennen. Nach dem Hilfspredigerdienst in Essen wurde er Nachfolger seines Vaters in Hochelheim. Seine Frau stammte aus einem schwäbischen Pfarrhaus. Kurze Zeit gehörte er zu den Deutschen Christen. Dann wurde er nach Dickenschied im Hunsrück strafversetzt, weil er die Pfarrernotbunderklärung verlesen hatte.

Anläßlich der Beerdigung eines Hitlerjungen kam es zu schweren Zusammenstößen mit der NSDAP. Paul Schneider wurde in sogenannte Schutzhaft genommen. Mehrfach wurde er später vorgeladen und verwarnt. Doch konnte er nicht mehr schweigen. Nach einer zweiten Haftzeit in Koblenz Juni/Juli 1937 wurde er im Oktober erneut verhaftet und im Advent in das Konzentrationslager Buchenwald eingeliefert. Da er sich weigerte, die Hakenkreuzfahne zu grüßen, bekam er Dunkelarrest zur Einzelhaft hinzu und Stockhiebe. Doch jeden Morgen wurde er zum Prediger, hielt mit lauter Stimme eine Andacht, damit ihn die Kameraden in den Nachbarzellen hörten, und erduldete dafür Mißhandlungen. Am Ostermorgen 1939 rief er über die Stille des Appellplatzes: „So spricht der Herr: Ich bin die Auferstehung und das Leben."

Im Sommer war er körperlich zugrunde gerichtet und wurde schließlich durch eine überdosierte Strophanthinspritze ermordet.

PAUL RICHTER
* 4. 7. 1894 † 13. 8. 1942

Paul Richter wurde als Sohn eines Handwerksmeisters in Kaitz in Sachsen geboren, seine Mutter war eine Lehrerstochter aus der Lausitz. Nachdem er im Advent 1920 in Bad Elster ordiniert worden war, wurde er zuerst Pfarrer in Bärenstein im Erzgebirge und übernahm 1928 die Pfarre Wilsdruff in Sachsen. In der Zeit des Kirchenkampfes hielt er sich zur Bekennenden Kirche. Im Frühjahr 1942 erreichte ihn die Nachricht, daß ein Lehrer der Volksschule als Offizier gefallen sei. Paul Richter suchte die Witwe auf, um ihr seelsorgerlich beizustehen. Dem Schreiben seines Truppenteils an sie entnahm er, daß der Lehrer sich das Leben genommen hatte, weil unter seiner Aufsicht bei einem Schießunglück sieben Soldaten ums Leben gekommen waren. Tief betroffen wandte Pfarrer Richter sich an die Witwe mit den Worten: „Wir wollen Ihren Mann der Barmherzigkeit Gottes befehlen." Die Frau aber verfluchte Gott, die Kirche und ihre Diener. Ein weiteres seelsorgerliches Gespräch war unmöglich.

Wenige Tage später wurde Paul Richter mit der Begründung verhaftet, er habe eine Offizierswitwe in roher Weise beleidigt, sei der Front in den Rücken gefallen und habe die Widerstandskraft des deutschen Volkes zu zersetzen versucht. Seine Frau scheute sich nicht, immer wieder auf dem Polizeipräsidium vorzusprechen, obgleich man auch ihr nun mit Verhaftung drohte. Ihr Mann sollte zur „Umerziehung" nach Dachau gebracht werden. Unterwegs erkrankte er an einer Nierenkolik und mußte für längere Zeit in ein Lazarett in Plauen im Vogtland eingeliefert werden. So konnte seine Frau unverhofft noch einige Tage mit ihm zusammen sein und auch das heilige Abendmahl mit ihm feiern.

In Dachau wurde Richter dem Pfarrerblock zugeteilt. Sein Magenleiden verschlimmerte sich durch die ungenügende Verpflegung, so daß er beängstigend abmagerte und wegen völliger Entkräftung schließlich in die Krankenbaracke kam, wo er schon nach kurzer Zeit starb. Ein befreundeter Superintendent in Borna hielt ihm den Nachruf mit den Worten aus dem

Johannes-Evangelium: „Wer aus der Wahrheit ist, der höret meine Stimme."

WERNER SYLTEN
* 9. 8. 1893 † 26. 8. 1942

Werner Sylten hatte Theologie studiert und seinen Dienst im Erziehungsheim „Himmelstür" bei Hildesheim begonnen. Hier hatte er auch seine Frau kennengelernt. Er übernahm dann die Leitung eines Mädchenerziehungshauses in Köstritz. Hier verlor er bald seine unter schweren Depressionen leidende Frau.
Als Sylten wegen seiner jüdischen Herkunft sein Amt und gleichzeitig seine Dienstwohnung verlor, nahm ihn der damalige Pfarrer Heinrich Grüber in Berlin als verantwortlichen Mitarbeiter in sein Büro auf, das er für die Unterstützung „nichtarischer Christen" eingerichtet hatte. Hierdurch fand Sylten nicht nur eine wichtige, ihn befriedigende Aufgabe, er konnte auch seine Kinder mit der treuen Haushälterin wieder zu sich nehmen.
Sylten verhalf vielen Verfolgten zur legalen und auch illegalen Auswanderung, unterstützte Mittellose und vermittelte Angeklagten oft juristischen Beistand. Doch Weihnachten 1940 wurde Heinrich Grüber verhaftet und in das Konzentrationslager Dachau gebracht, acht Wochen später nahm man auch Sylten, zwei Tage vor der Einsegnung seines Sohnes Reinhard, fest. Vom Polizeigefängnis am Alexanderplatz aus konnte er noch einige Male brieflich mit seinen Angehörigen in Verbindung treten. Dann brachte man auch ihn nach Dachau. In einem Brief aus dem Lager schrieb er: „Wenn es finster ist, strahlen die ewigen Sterne um so heller, und wenn wir auch lang und weit voneinander getrennt sind, ... so wissen wir durch Christus, daß Gott der Herr nur Gutes mit uns vorhat, auch wenn es manchmal ganz anders aussieht. Vergeßt nicht, auch im Leid dankbar zu sein!"
Im Lager schwanden seine Kräfte schnell. Hände und Arme

waren zuletzt so mit eitrigen Wunden bedeckt, daß er in den Krankenblock eingewiesen wurde. Zu seinem Geburtstag 1942 wagte Grüber noch, ihm eine Scheibe Brot und zwei Mohrrüben zu überbringen, konnte auch durch Bestechung noch einmal einen kurzen Aufschub seines Abtransportes erwirken. Dann stand Sylten wieder auf der Liste. So führte man ihn in den Tod.

ERICH SACK
* 1. 4. 1887 † 24. 1. 1943

Erich Sack wurde in Goldap geboren, besuchte in Gumbinnen das Gymnasium und studierte in Königsberg Theologie. Als Hilfsprediger begann er an der Kapellengemeinde St. Anschar in Hamburg, die enge Beziehung zu diakonischen Werken hatte (zumal zu dem lutherischen Diakonissen- und Krankenhaus Bethlehem). Kurz vor Ausbruch des ersten Weltkrieges übernahm er eine Pfarrstelle in Lyck im damaligen Ostpreußen. Es gelang ihm, die Stadt vor der drohenden Zerstörung zu bewahren.

Nachdem er Pfarrer in verschiedenen Gemeinden gewesen war, wurde er 1924 Seelsorger in Lasdehnen im Kreis Pillkallen und erwarb sich hier die Achtung seiner Gemeindeglieder.

Da er ab 1933 aus seiner Bekenntnistreue und der inneren Ablehnung des Nationalsozialismus kein Hehl machte, ließ ihn bald die Geheime Staatspolizei nicht mehr aus den Augen. Er wurde bespitzelt und häufig verhört. Als er im Konfirmandenunterricht die Bemerkung machte: „Ein Volk, das seinen Glauben verleugnet, wird niemals siegen", war der Grund für seine Verhaftung gefunden.

Zehn Tage blieb Erich Sack in Tilsit in Untersuchungshaft. Im August 1942 wurde er nach Dachau gebracht und sofort einem Arbeitskommando zugeteilt. Seine Kräfte waren bald aufgezehrt. Gegen Ende des Jahres gelang es dem Sohn, den Vater im Lager zu besuchen, und er war erschüttert von seiner Er-

schöpfung und Entkräftung. Schon wenige Wochen danach starb Erich Sack.
Die Witwe und seine acht Kinder durften den Toten nicht mehr sehen. Erst im März wurde ihnen eine Aschenurne übersandt.

MAX JOSEPH METZGER
* 3. 2. 1887 † 17. 4. 1944

Der römisch-katholische Priester Dr. Max Joseph Metzger wurde in Schopfheim in Baden geboren, studierte in Freiburg im Aargau und promovierte in Freiburg im Breisgau. Im ersten Weltkrieg wurde er Feldprediger. Als Pazifist legte er dieses Amt nieder. Auf der Völkerbundkonferenz 1928 in Den Haag hielt er eine viel beachtete Rede.
1927 gründete er in Meitingen bei Augsburg die „Christkönigsgesellschaft", einen Bund gläubiger Katholiken, die sich zum Dienst Gottes in der Welt senden lassen wollten. Der Bund sollte zu einer Weltorganisation ausgebaut werden, daher versuchte Dr. Metzger, der sich selbst „Bruder Paulus" nannte, auf einer Reise durch Südamerika seine „Christkönigsgesellschaft vom Weißen Kreuz" weltweit auszubreiten. Außerdem setzte er sich für die Una-Sancta-Bewegung ein.
Seine Aktivitäten wurden von den Bischöfen mit Bedenken beobachtet. Er erhielt jedoch die Erlaubnis seiner Oberen, an der ökumenischen Konferenz von Lausanne teilzunehmen. In Rom sollte er darüber berichten.
Den Nationalsozialisten war er von vornherein verdächtig. Schon 1934 wurde er vier Wochen und 1939 elf Monate gefangengehalten. Nach Ausbruch des zweiten Weltkrieges förderte er gemeinsam mit evangelischen Christen den Plan, der schwedische Erzbischof Eidam möchte Hitler ins Gewissen reden. Bei einer zu diesem Zweck in Berlin stattfindenden Besprechung wurden alle Teilnehmer verhaftet. Metzger schrieb noch, er habe sein Leben für den Frieden der Welt und die Einheit der Kirche angeboten. Nach kurzer Zeit wurde er durch das Fallbeil getötet.

Viele katholische Priester wurden wie er Opfer des faschistischen Terrors. Hingewiesen sei vor allem auf Pater Maksymilian Kolbe.

LUDWIG STEIL
* 19. 10. 1900 † 17. 1. 1945

Ludwig Steil, in Büttringhausen bei Düsseldorf geboren, gehörte als Student der Theologie zur Deutschen Christlichen Studentenvereinigung und trat nach einer Arbeit in Bethel in den Dienst der westfälischen Kirche. In der Gemeinde Holtershausen starb jung seine Frau. Anfang der dreißiger Jahre wurde er Pfarrer in Wanne-Eikel.
Gleich zu Beginn des Kirchenkampfes schloß er sich der Bekennenden Kirche an und wurde schnell einer ihrer führenden Männer. Er wollte sich nicht vorschreiben lassen, mit wem er umgehen sollte. In seine Kirche konnten alle kommen. Im Sommer 1944 war er bei einer Vortragsreihe für Angefochtene von der Geheimen Staatspolizei abgehört worden. Wegen „Lähmung der Widerstandskraft des Volkes" wurde er verhaftet und fand in einer Zelle der Steinwache in Dortmund Gebetsgemeinschaft mit zwei katholischen Priestern. Drei Wochen nach seiner Festnahme erhielt Ludwig Steil auf seine Bitte hin die Bibel und sein Losungsbuch ausgehändigt. Darüber schrieb er freudig seiner zweiten Frau, er habe alle Losungen seit dem Tag der Verhaftung nachgelesen, und sie seien ihm zu einem Kalender der Güte Gottes geworden. In einem Brief heißt es: „Du mußt die Gemeinde von mir grüßen . . ., sage ihnen, daß der Lobgesang nicht verstummen darf! Was ist das überhaupt für ein herrliches Lied: ‚Womit soll ich dich wohl loben'! In den Liedern leben wir mit denen, die schon vollendet sind. Aber der Lobgesang derer, die aus Not und Elend kommen, ist gewiß schöner als der der Engel, die nie anders als mit einem Gottesauftrag ‚im finstern Tal' gewandert sind."
Im Oktober brachte man ihn zusammen mit anderen Leidens-

gefährten nach Herne, im Dezember begann eine furchtbare zwanzigtägige Fahrt in vergitterten Güterwagen, die auf weiten Umwegen nach Dachau fuhren. Hunger und Kälte hatten seine Kräfte schon bei seiner Ankunft zermürbt. Pfarrbrüder fanden ihn in der überfüllten Krankenbaracke. Hier lagen vor allem ausländische Häftlinge mit Typhusverdacht.

GEORG MAUS
* 5. 6. 1888 † 15./16. 2. 1945

Der Pfarrerssohn Georg Maus, in Bottendorf bei Schaumburg geboren, studierte in Marburg Theologie, wandte sich aber nach seinem ersten theologischen Examen der Sprachwissenschaft zu und ging dann in den höheren Schuldienst. Nach dem ersten Weltkrieg wurde er zuerst Studienassessor in Wetzlar. 1936 erhielt er in Wuppertal eine feste Studienratsstelle. Die Schule wurde 1943 bei einem Fliegerangriff völlig zerstört. Georg Maus wurde nach Idar-Oberstein versetzt.
Von Anfang an setzte er sich für die Bekennende Kirche ein, in seiner Wohnung in Benrath fanden die ersten Sitzungen des Bruderrates statt. Außerdem sammelte er die bekenntnistreuen Lehrer. Als den Pfarrern der Religionsunterricht in den Oberklassen untersagt wurde, richtete er einen Ersatzunterricht ein. Oft rieten ihm Freunde zu mehr Vorsicht, doch diese Warnungen konnten ihn nicht hindern, das zu tun, was nach seiner Meinung getan werden mußte. Viele Kollegen rückten mehr und mehr von ihm ab, so daß es um ihn immer einsamer wurde. Als nach einem Angriff auf Elberfeld im Jahre 1943 die ganze Stadt durch Phosphor in Flammen stand, äußerte er während der anstrengenden Rettungsarbeiten in Gegenwart von Zeugen: „Dieses Feuer ist das Gericht Gottes über unsere Stadt, weil wir auch als Christen zu allen Freveln und Greueln schweigen." Ein Angehöriger der Geheimen Staatspolizei schlug ihn bewußtlos. Erst eine Äußerung im Unterricht im Mai 1944 gab den Anlaß zu seiner Verhaftung. Das Thema der Blutrache hatte er zum Anlaß genommen, über die

Feindesliebe zu sprechen. Diese Worte Jesu könnten auch durch das Propagandaministerium nicht aufgehoben werden. Wegen „Zersetzung der Wehrkraft" wurde Dr. Maus zu zwei Jahren Gefängnis verurteilt. Auf dem Transport von Berlin nach Dachau verhungerte er, seine Leiche warf man aus dem Zug.

DIETRICH BONHOEFFER
* 4. 2. 1906 † 9. 4. 1945

Dietrich Bonhoeffer, Sohn eines Professors für Psychiatrie, kam aus Breslau. Er hatte in Tübingen und Berlin Theologie studiert und sich für Systematische Theologie habilitiert. 1928 arbeitete er als Vikar in Barcelona, 1929 als Jugendpfarrer am Wedding. 1930 weilte er zu einem Studienjahr in New York, anschließend wieder in Berlin, nun als Dozent und Studentenpfarrer an der Technischen Hochschule in Charlottenburg und Jugendsekretär des Weltbundes für Freundschaftsarbeit der Kirchen. 1933 war er als Auslandspfarrer in London tätig, seit 1934 als beratendes Mitglied des Ökumenischen Rates.
Als er eine Eingabe Berliner Pfarrer der Bekennenden Kirche an die „Nationalsynode" unterschrieben hatte, die gegen Irrlehre und Gewaltherrschaft, gegen den Arierparagraphen und das Führerprinzip in der Kirche protestierte, verlor er sein Amt und wurde 1935 Leiter des Predigerseminars der Bekennenden Kirche in Zingst auf dem Darß, dann in Finkenwalde bei Stettin.
1938 wurde er aus Berlin ausgewiesen, sein Seminar in Finkenwalde zum zweiten Mal aufgelöst.
In seinem Buch „Nachfolge", das 1937 erscheinen konnte, schrieb er: Die Kirche sei nicht unsichtbar, sondern „die Nachfolgenden sind die sichtbare Gemeinde, ihre Nachfolge ist ein sichtbares Tun, durch das sie sich aus der Welt herausheben, oder es ist eben nicht Nachfolge. Und zwar ist die Nachfolge so sichtbar wie das Licht in der Nacht, wie ein Berg in der Ebene. Flucht in die Unsichtbarkeit ist Verleugnung des Ru-

fes!“ Das Evangelium müsse unverfälscht verkündigt werden, auch die Bergpredigt, gelebt in einer „mündigen“ Gemeinde und Welt.
Mit Sorge sah Bonhoeffer, wie die Bekennende Kirche mundtot gemacht wurde. So fand er, nachdem er selbst 1940 Redeverbot und auch Schreibverbot erhalten hatte, ohne beide Verbote zu beachten, zur politischen Widerstandsbewegung.
1942 unternahm er unter Lebensgefahr eine Reise nach Stockholm. Er sollte Bischof Bell von Chichester und über ihn die englische Regierung über den inneren Widerstand in Deutschland unterrichten. Doch das Unternehmen hatte keinen Erfolg.
Im April 1943 wurde er von der Gestapo verhaftet und zunächst nach Tegel gebracht.
Im April 1945, als die Rote Armee schon in der Nähe Berlins kämpfte, wurde Dietrich Bonhoeffer auf Befehl Himmlers im KZ Flossenbürg, wie vorher sein Bruder Klaus und zwei Schwäger, ermordet.

FRIEDRICH JUSTUS PERELS
* 13. 11. 1910 † 23. 4. 1945

Friedrich Justus Perels wuchs in Berlin auf und arbeitete dort im Schülerbibelkreis mit. Als Jurastudent in Heidelberg und Berlin gehörte er zur Christlichen Studentenvereinigung. Nach seinem Referendarexamen und auch nach der Assessorprüfung 1936 war er als juristischer Berater für den Pfarrernotbund und die Bekennende Kirche tätig.
Er wurde so Anwalt der Verhafteten, versuchte den Gefangenen die Freiheit wieder zu verschaffen, Familienangehörige von Insassen der Konzentrationslager zu unterstützen, Juden ihr Los zu erleichtern, ihnen Verstecke zu vermitteln oder ihnen die Flucht zu ermöglichen. Die Gefahren standen ihm immer vor Augen, aber er nahm sie bewußt auf sich: „Es fallen jetzt so viele im Kampf für dieses System, ich finde es besser, man fällt im Kampf gegen dieses System.“

Im Oktober 1944 wurde er verhaftet, da er angeblich von der Existenz von Widerstandskreisen und dem Plan des Anschlags auf Hitler gewußt habe. Qualvolle Vernehmungen, Mißhandlungen und Verhöhnungen wegen seiner „nichtarischen" Herkunft folgten. In der Gerichtsverhandlung schrie ihm der berüchtigte Vorsitzende des Volksgerichtshofes, Freisler, der am Tag darauf von einer Bombe erschlagen wurde, entgegen: „Nach dem Krieg wird die Kirche abgeschafft." „Die Kirche wird bleiben", war die ruhige und feste Antwort des Angeklagten.

In seinem letzten Brief an seine Frau stehen die Worte von dem Trost, den er durch seinen Glauben, die Bibel und das Gebet finde. „Heute am Karfreitag steht der ganz große Trost des Kreuzes Jesu Christi unmittelbar vor unseren Augen. Das ist eine starke und ewige Gewißheit, daß er für unsere Sünden dahingegeben ist und daß wir durch seine Wunden geheilt sind. Diese Gewißheit gibt er uns und macht uns damit in der größten Trübsal fröhlich und reißt uns aus Angst und Qual."

In der Osternacht reichte ihm sein mitgefangener Freund Ernst Bethge heimlich das Abendmahl. In der Nacht zum 23. April wurde er in der Nähe des Potsdamer Bahnhofs durch Genickschuß ermordet und verscharrt.

FRITZ (FRIEDRICH d. J.) VON BODELSCHWINGH

*** 14. 8. 1877 † 4. 1. 1946**

Fritz von Bodelschwingh übernahm 1910 die Arbeit seines Vaters in Bethel mit gleicher Tatkraft und Güte wie dieser. Fünfunddreißig Jahre hindurch bewahrte und vermehrte er den Anstaltsbund mit allen Einrichtungen.

Er war ein Schüler von Hermann Cremer und Adolf Schlatter in Greifswald und Tübingen gewesen. In seinen Predigten konnte er alle packend und bewegend ansprechen.

1933 wurde er zum Reichsbischof gewählt, aber von den Nationalsozialisten nicht bestätigt. Doch blieb er der heimliche Bischof der Evangelischen Kirche. Fritz von Bodelschwingh war ein Mann, der immer etwas von der „dienenden Kirche" wußte.

Als die Ausmerzung des sogenannten lebensunwerten Lebens („Euthanasie") begann, leistete er Widerstand und erreichte gemeinsam mit Pastor Braune in Hoffnungstal, Landesbischof Wurm und dem katholischen Bischof von Münster, Graf Galen, daß diese grausame Aktion abgebrochen werden mußte. „Wir müssen hineinspringen in die Flut des Elends; es gibt keine Not, über der nicht Gottes Barmherzigkeit leuchtet."

Er wollte, wie er gesagt hat, daß die dienende Kirche immer eine Kirche der stillen, der kleinen, der wahrhaften, der tapferen Leute sein möchte.

TOYOHIKO KAGAWA
* 10. 7. 1888 † 23. 4. 1960

Toyohiko Kagawa war der Sohn eines hohen japanischen Staatsbeamten in Kobe und seiner Nebenfrau, einer Geisha, verlor beide Eltern in seinem vierten Lebensjahr und wurde von der kinderlosen Hauptfrau lieblos erzogen. Mit elf Jahren konnte er ihr Haus verlassen.

Doch seine tränenreiche Kindheit hatte ihn schon zum „flammenden Herzen in Gottes Hand" bereitet. Die Familie verarmte. Toyohiko Kagawa bezog die Schule der Presbyterianer in Tokio und wurde 1905 als Schüler Christ. Nun wurde er aus dem Familienverband ausgestoßen. Im Sommer 1907 erkrankte er an einer tuberkulösen Lungenentzündung. Nach seiner Genesung faßte er den Entschluß, im Armenviertel von Kobe das ihm wiedergeschenkte Leben zu opfern.

Weihnachten 1909 lud er seine Habseligkeiten auf einen Karren und zog in die Vorstadt Shinkawa, die eine der schlimmsten Elendsviertel Osakas war. Vierzehn Jahre lang lebte er

hier und versuchte den Bewohnern das Evangelium zu predigen und vorzuleben. Mehr und mehr mußte Kagawa aber erkennen, daß ein einzelner, sosehr sein christliches Beispiel auch wirkte, gegen die große Not wenig ausrichten konnte.
Er studierte, nachdem er 1913 geheiratet hatte, in Amerika noch zwei Jahre Theologie, Psychologie, Naturwissenschaften und Soziologie, um sich nach seiner Rückkehr der damals von der Regierung noch verfolgten sozialistischen Bewegung anzuschließen und mit der ausgebeuteten Arbeiterschaft Demonstrationen und Streiks zu organisieren. Neben Wohlfahrtseinrichtungen gründete er gemeinsam mit seiner Frau gewerk- und genossenschaftliche Unternehmungen, die vor allem zur Befreiung der unter Zinsknechtschaft lebenden Bauern diente.
Neben der praktischen Arbeit fand er noch Zeit, über hundertfünfzig Bücher zu schreiben.

ALPHABETISCHES NAMENSVERZEICHNIS

Bisher in dieser Reihe erschienen:

Richard Brüllmann (Hrsg.)

Aktuelle Bibelzitate von A–Z

4000 Zitate zu 700 Stichwörtern für alle,
die denken, reden und schreiben

288 Seiten, Best.-Nr. 55783

Stichwörter wie Asozial, Alkohol, Atheismus, Bestechlichkeit, Büchermachen, Charme, Darlehen, Demokratie, Emanzipation, Faulheit, Feindesliebe, Medikamente, Völkerverständigung, Wahrsagerei, Wohlstandsgesellschaft, Zärtlichkeit bis Zivilcourage zeige, wie hochaktuell die Bibel ist.
Dieses Buch erfüllt einen praktischen Gebrauchszweck. Es will dem Benutzer, der Aussagen zu einem bestimmten aktuellen Thema sucht, treffende Zitate zur Verfügung stellen. Insofern ist es eine unentbehrliche Arbeitshilfe für den täglichen Gebrauch im Haus, in der Schule und Gemeinde.

In Vorbereitung:

Rolf Sättler

Guten Morgen

365 Andachten, Anekdoten, Anregungen
und Aussprüche

ca. 200 Seiten, Best.-Nr. 57100

Jan Dobraczyński

Das heilige Schwert

368 Seiten, Paperback

Jan Dobraczyński gilt als einer der bedeutendsten christlichen Autoren Polens. Der Held seines Romans ist Paulus von Tarsus, der die Wandlung der antiken Welt zum sogenannten christlichen Abendland einleitete. Dobraczyński entwirft ein lebendiges Bild von der brodelnden Unruhe in Palästina und den Kämpfen der urchristlichen Gemeinde am Rand des östlichen Mittelmeers und läßt uns die Entwicklung der römischen Christengemeinde unter Petrus und ihre grausame Verfolgung durch Nero miterleben. Der Autor gestaltet mit meisterhafter Sprachkraft eine Epoche, die zu den erregendsten unserer Geschichte gehört, zu einem packenden Zeitgemälde.
Das Werk verrät nicht nur historisches Einfühlungsvermögen, sondern auch eine tiefe Vertrautheit mit dem Geist des Neuen Testaments.

Alfred Salomon

Heiko Bojes Höllenfahrt und Rettung

152 Seiten, Paperback

„Fromme Bücher sind selten von ansprechender literarischer Qualität. Bei Alfred Salomons Lebensroman eines Alkoholikers ist das anders. Daß ein alter Mann wie er, einst Jugendpastor der Bekennenden Kirche Berlin, so einen lebenssprühenden, in der Wortwahl lebendigen und realistischen Roman schreibt, sollte die jungen Autoren der frommen Szene beschämen. Salomons Buch ist spannend und spielt heute, hier, nebenan.
Der Autor erzählt die Geschichte Heiko Bojes, eines jungen Mannes aus gutem Haus, der so langsam, aber sicher mit vollen Segeln in den Alkoholismus rutscht. Salomon läßt seinen Heiko dabei locker vom Hocker erzählen, schwadronieren und schnoddern — ganz so wie einer sich wohl erlebt, wenn er mit voller Fahrt in den Abgrund fährt und auch noch Spaß dran hat — bevor er endgültig abstürzt. Eins der guten Bücher über das Problem Alkohol, gut zum Selberlesen, gut auch zum Verschenken."
(Ulrich Eggers)

Auszug aus dem Roman

Das heilige Schwert

Die düstere Treppe dröhnte unter dem Scharren unzähliger Füße.

Von Entsetzen gejagt, drängten die Menschen aufgeregt nach unten, schoben sich, dicht aneinander, angsterfüllt und stumm vor Schrecken vorwärts, dem Aufschrei nach, der jäh aus der Stille des dunklen Hofes zu ihnen gedrungen war und sie unvermittelt aus der tiefen Versunkenheit gerissen hatte, mit der sie seit vielen Stunden den Worten des Apostels lauschten.

Es war ein Schrei wie aus einer anderen Welt, grauenhaft in seiner schrillen Verlorenheit, und die Menschen folgten ihm blind, als seien sie fast willenlos durch das Leid getrieben, von dem er kündete.

Jetzt umstanden die ersten die wimmernde Frau und blickten schweigend auf den leblosen Körper des Knaben, vor dem sie hingesunken war. Die Männer schüttelten mitleidig die Köpfe, und die Frauen stimmten jammernd in die Klagerufe der Mutter ein. Keiner der Umherstehenden rührte eine Hand. Hier noch helfen zu wollen, erschien ihnen allen zwecklos. Der Knabe, der aus dem dritten Stockwerk gefallen war, gab kein Lebenszeichen mehr von sich.

Fast unbemerkt in der allgemeinen Verwirrung war Paulus auf den Hof getreten. Jetzt schob er sanft die dicht zusammengeballte Menge auseinander und drang allmählich bis zur vordersten Gruppe vor.

Voll tiefen Mitgefühls schaute er auf die unglückliche Mutter, kreuzte die Hände vor der Brust und begann zu beten.

Während seine Lippen sich lautlos bewegten, trat eine starke Spannung auf sein Gesicht. Plötzlich kniete er nieder, umfaßte den Knaben mit seinen Armen und richtete ihn mühsam auf.

Die Arme des Leblosen fielen am Körper herab, dumpf schlugen die Hände auf die Steinplatten auf, und der Kopf hing schlaff im Nacken.

Wieder bewegten sich die Lippen des Apostels, als wiederhole er mehrfach ein kurzes Wort. Gebannt verfolgten die Umstehenden seine Anstrengung; kaum schien er den ohnmächtigen Körper halten zu können. Doch niemand kam ihm zu Hilfe. Wie gelähmt schauten sie auf ihn.

Plötzlich schrie jemand auf, und sofort geriet die Menge in Bewegung und drängte neugierig näher.

Über die bleichen Wangen des Knaben lief ein leichtes Zittern. Die bisher starr geöffneten Lippen schlossen sich halb, und den Körper schien ein leiser Lebensstrom zu bewegen.

Zahlreiche Hände streckten sich jetzt vor, um Paulus zu helfen.

„Er lebt!" schrie wie von Sinnen die Mutter auf. Mit flakkerndem Blick beobachtete sie das Gesicht des Knaben und sah, wie seine Lippen sich langsam wieder öffneten.

„Er lebt!" Mit beiden Händen umklammerte sie die Schultern des Knaben und zerrte an seinem Arm.

„Er lebt!"

Sie sprang auf.

„Seht her, Leute, er lebt!"

Mit zitternden Fingern wies sie auf seine Augen, die langsam wieder Glanz bekamen, und auf das schwache Lächeln, das jetzt die Lippen des Knaben zu umspielen begann.

„Er lebt wieder!"

Erregt wandte sie sich Paulus zu und rief, mit der Hand auf ihn weisend:

„Seht! Er hat ihn auferweckt! Er! Der Große! Der Heilige!“

Sie fiel vor ihm auf die Knie, ergriff seine Hand und versuchte, sie zu küssen.

Doch Paulus entzog sie ihr und trat unwillkürlich einen Schritt zurück.

„Bist du von Sinnen, Weib?“ rief er beinahe streng. „Jesus hat dir deinen Sohn wiedergegeben, nicht ich. Danke Ihm dafür!“

Langsam bahnte er sich einen Weg durch die Menge, und die Menschen wichen scheu vor ihm zurück.

So schritt er wieder auf das Haus zu, unscheinbar und ärmlich unter den großen Fischern und Handwerkern, die ihn gut um Haupteslänge überragten.

Keiner wagte ihn aufzuhalten. Sie streckten nur ihre Hände nach ihm aus, und voller Ehrerbietung berührten sie seinen Mantel und sein Gewand.

Als er das bemerkte, wehrte er sie ab und verbarg seinen Unmut hinter einem Lächeln.

Ehrfurchtsvolle Blicke folgten ihm. Er aber schaute zu Boden und kehrte langsam in den schwülen, von flackernden Öllämpchen trübe erhellten Raum des oberen Stockwerks zurück und setzte bald danach seine Predigt fort.

Unter erregtem Flüstern waren ihm die Menschen aus dem Hof gefolgt.

„Er hat ihn wirklich auferweckt!“ raunte eine Frau ergriffen hinter ihm her, und eine andere fiel ihr bestätigend ins Wort: „Er ist ein großer Wundertäter. Auch die alte Doris hat er geheilt.“

„Doris?“ Mehrere drehten sich gespannt um. „Was du nicht sagst!“

„Was, das wißt ihr nicht? Ihre Tochter nahm heimlich seinen Gürtel und legte ihm einen anderen um. Mit seinem alten, zerfransten aber umgürtete sie ihre Mutter. Und die Krankheit schwand sofort ..."

„Sie kränkelte doch so viele Jahre?"

„Jetzt wurde sie sofort gesund. Ihre Tochter kam gestern, um Paulus zu danken. Die Alte kann schon ohne Hilfe vom Bett aufstehen."

„Unglaublich! Seit Jahren war sie ans Bett gefesselt."

„Und was sagte er, Praxedis?"

„Er sagte: Freue dich, meine Tochter. Danke Jesus dafür. Er ist es, der deiner Mutter die Gesundheit wiedergab. Meines Gürtels hat es dazu nicht bedurft."

„Ohne den Gürtel wäre Doris weiter krank geblieben."

„Er ist wie die Götter, die zur Erde niedersteigen."

„Still! Was schwatzt du da? Er sagt, daß es keine Götter gibt. Nur einen Gott."

„Jesus Christus."

„Und er? Was ist er?"

Mit noch größerer Inbrunst lauschten die Frauen jetzt seinen Worten. Keinen Blick ließen sie von dem dunklen, leuchtenden, wie aus poliertem Stein gehauenen Gesicht mit dem silbergrauen Bartwuchs, den schwarzen Augen, die aus rötlichen Lidern hervorsprühten und von einer breiten Stirn umrahmt waren, über der sich krauses Haar lockte.

Niemand störte sich daran, daß der unansehnlich, ja ärmlich gekleidete Mann nicht so wirkungsvoll und fließend sprach, wie man es von den redegewandten Philosophen gewöhnt war, die ihre Lehre auf Plätzen und Straßen verkündeten.

Seine Worte klangen hart, seine Rede war zuweilen ein wenig unbeholfen und stockend, und oft mußte er, um sich besser verständlich zu machen, seine mit Leinenlappen umwickelten Hände zu Hilfe nehmen, deren Finger derbknochig und von starken Gelenkknoten entstellt waren.

Und trotzdem hingen alle aufmerksam an seinem Munde, wenn er sprach, und wer ihm zuhörte, spürte, wie er jedes Wort selbst zutiefst miterlebte. So schwang noch in den heftigen Vorwürfen, mit denen er seine Zuhörer nicht zu verschonen pflegte, ein Bedauern darüber mit, daß er so sprechen mußte, ein Mitleid, das von tiefer Zärtlichkeit getragen war. Und immer wieder kehrte er zu der Bitte zurück, an die er sie nicht oft genug mahnen konnte: Denkt nicht nur daran, was euer ist, sondern denkt daran, was des Nächsten ist. –

Als es Zeit zum Essen war, beendete Paulus seine Predigt. Auf einen Wink von ihm standen die Frauen auf und eilten mit Brot und Wein herbei. Sie umdrängten ihn geschäftig, denn eine jede wollte ihn gern bedienen. Er aber tat, als bemerke er ihren Eifer nicht. Aus dem ersten Korb nahm er Brot, unter die nächste Kanne hielt er sein Trinkgefäß. Dann erhob er sich. Wie er so dastand, gedrungen und klein von Wuchs, wirkte er fast unscheinbar. Sein Kopf neigte sich mit einem schmerzlichen Ausdruck der linken Schulter zu. Aber die Menschen sahen nur das sanfte Lächeln, das seine leicht gewölbten, halb geöffneten Lippen jetzt umspielte.

Alle standen auf, und eine tiefe Stille trat ein.

Paulus sprach ein kurzes Gebet. Dann umarmte er den ihm zunächst Stehenden und küßte ihn. Dieser gab den Kuß an seinen Nachbarn weiter und dieser an den nächsten. Durch den ganzen Versammlungsraum pflanzte sich diese innige Gebärde fort. Alle küßten einander, Freie und Unfreie, Reiche und Arme. Für einen Augenblick vergaß ein jeder sein Los, die Ärmsten fühlten sich wieder als Menschen, die Glücklichsten verspürten das Bedürfnis, an ihrem Glück auch andere teilnehmen zu lassen.

Geflüsterte Bekenntnisse wurden ausgetauscht: „Es tut mir leid, Bruder ... trag es mir nicht nach, wenn ich Böses zu dir gesprochen habe ...“

Zuweilen waren es auch nur stumme Geständnisse. ‚Habe ich dir ein Huhn gestohlen, vergib mir!' ‚Nannte ich dich einen Dummkopf, willst du es mir verzeihen?' Man antwortete von ganzem Herzen: „Ich verzeihe dir, aber verzeih du auch mir; vergiß es, wie auch ich mich nicht mehr daran erinnern will ..."

Endlich war der Kreis der Vergebung geschlossen. Nun beugte sich Paulus zu dem Jüngling neben ihm und hieß ihn aus der Papyrusrolle, die er vom Gürtel gezogen hatte, den Gesang des Jesajas vorzulesen:

„Macht doch die Tore auf!
Ein frommes, treuergeben Volk zieht ein.
Du wahrst den Frieden einem Herzen, das sich tröstet,
den Frieden, weil es sich auf Dich verläßt." –

Als er geendet hatte, neigten die Versammelten ihre Häupter und antworteten: Amen! So sei es!

In die Stille tönte wieder die tiefe Stimme des Lehrers. Er streckte seine Hand aus und nahm ein Brot. Langsam erhob er sein Gesicht unter dem gelblichen Schein, der von den Steinsäulen-Lämpchen herabfloß.

Leise und eindringlich begann er zu sprechen und seinen Zuhörern von dem geheimnisvollen Ereignis seines Lebens zu künden. Er war ganz in die Erinnerung an jenen Tag versunken, dessen Wunder er seinen Hörern deutlich machen wollte.

Die Menschen hielten den Atem an. Denn zwischen dem, was Paulus gesehen hatte, und ihrer Welt, dem Alltag des lärmenden Hafens, klaffte ein tiefer Abgrund.

Der Gast vom europäischen Festland war für sie der Bote aus einer fremden Welt erschütternder Geheimnisse. Oft hatten sie befürchtet, daß jenes Leben, von dem sie erfahren hatten, vielleicht gar nicht wirklich war; vielleicht nur ein schönes Märchen, zum Troste ausgedacht, um ihnen ihr schweres Schicksal leichter zu machen.

Aber Paulus sagte klar und einfach: „Der Herr hat es mir gesagt“ und „Ich habe es gesehen“.

Und als er das Brot brach, erschauerten sie, denn es wurde ihnen bewußt, daß dieses Brot kein Brot mehr war. Die Stücke Brot wanderten von Hand zu Hand, der Kelch berührte viele Lippen.

Demütig senkten sie ihre Häupter, knieten nieder und verdeckten ihr Gesicht. Sie küßten den Kelch, bevor der Wein ihre Lippen netzte.

Ihrem Munde schien es nur Brot und Wein. Aber die Macht der Worte des Mannes, der selbst alles gesehen hatte, zerstreute ihre Zweifel und bestärkte sie in ihrer Hoffnung. Allzusehr hatte die lange Zeit der Erwartung an ihrer Geduld gezehrt. Denn schon waren fünfundzwanzig Jahre verflossen seit jenem Tage der Wandlung und all dessen, was sich danach ereignet hatte.

Und immer wieder brach Paulus das Brot und sprach bei jedem Stück die Worte, die in jener Nacht gesprochen worden waren.

Die weiter entfernt standen, traten näher heran, um mit ausgestreckten Armen ehrfürchtig das Brot zu empfangen. Manche nahmen auch ein zweites Stück und wickelten es sorgsam in ein reines Tüchlein, um es mit nach Hause zu nehmen und ihren Angehörigen zu bringen.

Erst als alle ihr Teil aus der Hand des Lehrers empfangen und mit ihm gebetet hatten, setzte er sich wieder und hieß die knienden Jünger aufstehen.

Jetzt wurde das Mahl aufgetragen, das der Goldschmied Amphiaros und der Kaufmann Sergius gestiftet hatten; aber auch der arme Fischer Bartakes hatte seinen gesamten nächtlichen Fischfang dazu beigesteuert.

Schüsseln mit griechischer Mehlsuppe wanderten von Hand zu Hand, Fleisch und Fisch, Körbe mit Bohnen, Knoblauch,

Oliven, Trauben und Äpfeln, danach das mit Käse, Honig und Mohn gefüllte süße Gebäck. Aus den bauchigen Tonkrügen wurde reichlich Wein nachgeschenkt.

Alle schmausten und tranken nach Herzenslust, und kaum einer sah auf, als Paulus sich leise von der Tafel erhob und den Raum verließ.

Sie wurden sein Verschwinden erst gewahr, als mehrere Fremde eintraten und nach Paulus Ausschau hielten: Gajus, Aristarch, Sosipater, Sekundus, Tichikus und Trophimus, die Abgesandten der Gemeinden aus Beröa, aus Derbe und Thessalonich, die gewohnt waren, das alljährliche Opfer für die Armen der Kirche zu Jerusalem darzubringen. Sie waren einige Tage vor Paulus aus Europa eingetroffen und wollten von hier aus gemeinsam mit ihm die Reise fortsetzen.

Auch Lukas aus Antiochia war unter ihnen, der mit Paulus nach Troas gekommen war, ein noch junger Mann, der sich aber wegen seines ärztlichen Wissens eines großen Ansehens bei ihnen erfreute.

Aufgeregt gingen sie an den Tisch zu Timotheus und bestürmten ihn, der dem Lehrer am nächsten stand, mit Fragen.

Timotheus breitete ratlos die Hände aus. „Vorhin sagte er mir, alle sollten nach Assos segeln, er aber wolle zu Fuß hingehen. Mit wem? habe ich ihn gefragt. Allein, hat er geantwortet. Und als ich ihm widersprach, als ich sagte, er könne unmöglich allein gehen, nahm er mich bei der Hand, schüttelte sie leicht und sagte lächelnd: ‚Ich habe es nicht gern, wenn du widersprichst. Ich will es so. Genügt dir das nicht? Wir treffen uns in Assos . . .!‘ “

„Will er heute noch fort?“

„Ja. Deshalb habe ich euch ja rufen lassen.“

„Aber er darf nicht allein gehen. Er ist doch krank.“

„Nun, und die Juden! Kaum ist es uns gelungen, die zu überlisten, die ihm in Kenchreä auflauerten.“